应用文写作教程

唐世贵　主编

科学出版社
北京

内 容 简 介

本书是根据教育部颁发的《应用文写作教学基本要求》大纲编写，是具有前瞻性的一本适用于普通高校的公共课、专业课、素质（通识）课教材。其主要内容包括应用文写作理论、范文、范文评析、训练与实践。

本书遵循应用文的实用性模式化写作规律——理论学习→范文模仿→训练实践的教学过程，从应用文结构——约定俗成的固定模式入手，避免了传统教材从内容入手，重复而冗长的叙述过程，从而可以使学生在短时间内掌握上千种应用文体的写作技能，突出了本书的实践性特征。

本书适合大中专院校各专业学生作为教材使用，也可作为各行业专业证书考取者的参考书。

图书在版编目（CIP）数据

应用文写作教程/唐世贵主编. —北京：科学出版社，2011
ISBN 978-7-03-029742-6

Ⅰ.①应… Ⅱ.①唐… Ⅲ.①汉语-应用文-写作-教材 Ⅳ.①H152.3

中国版本图书馆 CIP 数据核字（2010）第 242707 号

责任编辑：王剑虹 王昌凤/ 责任校对：张怡君
责任印制：张克忠 / 封面设计：鑫联必升

科学出版社 出版
北京东黄城根北街 16 号
邮政编码：100717
http://www.sciencep.com
北京市安泰印刷厂 印刷
科学出版社发行 各地新华书店经销
*
2011 年 1 月第 一 版 开本：720×1000 1/16
2011 年 1 月第一次印刷 印张：20 1/2
印数：1—6 000 字数：386 000

定价：35.00 元

本书编委会

主　　编：唐世贵

副 主 编：杨晓培　唐晓梅　王丽霞

审稿专家：章跃进　熊墨辉　李　诺

编辑委员会成员：李海峰　徐小红　位　剑

皇甫雪隽　罗圣文　肖福州

刘中民　胡顺如　史雪飞

甘益香　宋丽娟　许国兴

熊慧麟　漆园芳　陈野静

曾文鑫　潘　颖　袁林芳

王玉洁　张美丽　侯柯文

林青国　姚　丽　黄　鑫

干惠超　周　莹　罗正生

李仲先　何　青　邹吉辉

前　言

天下文章，不外乎两大类：一类是实用型应用文；另一类是审美型文学作品。从先秦到两汉，直到南北朝，这两类文章统称“文学”。“文学”一词最早出现在孔子的《论语》中，那时的文学并不是今天意义上的文学，而包括天下所有的文章。南北朝时期，出现了“文笔”之争，文学从此走向了自觉，开始从广义的“文学”中独立出来，成为今天意义上的文学。

从写作学角度来看这两类文章，应用文是一种具有固定格式的模式化写作，而文学作品却是一种独创性的审美写作。写作的表达方式不同，形成了这两类文章的不同性质，应用文是具有功利性的实用型文章，而文学作品却是无功利性（当下文学的商品化，另当别论）的审美型文章。当然，还有介于二者之间的通讯、报告文学和部分说明文等文章。

应用文写作是目前普通院校的一门必修课、选修课、素质（通识）课。无论是在校学习期间，还是在毕业后的工作、生活中，每个人都必须学会，而且只有写好应用文，才能适应21世纪知识经济社会的要求。因为当我们大学毕业，走上工作岗位时，可能会遇到起草工作安排、总结，或者需要进行某些研究课题等更重大的应用文写作实践，假如我们具有熟练的应用文写作技能，配合我们所掌握的专业特长与工作业务专长，在实际操作中，定能胸有成竹，如同庖丁解牛，游刃有余。

本书侧重选取学生在学习、工作、生活中使用频率较高的50余种常用文种，如近年来大学生使用较多，但大多数应用文写作教材未加说明的“博客”、“申论”、“导游词”、“毕业论文设计”、“竞聘书”、“创业规划书”等，工科学生使用较多的“实验报告”、“学术论文”等。对那些目前使用频率较低的文种，如“决心书”、“电报”等未予以收录。本书共分九章编排，分别是：第一章，绪论；第二章，人际交往类文书；第三章，事务性文书；第四章，公文文书；第五章，法规制度类文书；第六章，经济管理类文书；第七章，新闻宣传类文书；第八章，法律文书；第九章，科学实践类文书。其中，以第四章公文文书为重点。

本书打破了传统应用文写作从内容入手的那种编排体例，从应用文写作的结构入手来编写，这样就避免了过去那种应用文写作教材在结构上“各自为战”的冗长叙述，从而增加了范文的比重，为学习者学习和实践提供了较多的模仿资料。正因为是从结构入手的，加之大部分的应用文章都有一个约定俗成、固定的、基本相似的结构，只要掌握了这种结构，那么大部分应用文的结构，在短时间内，在学习者的心中就有了一个大致的轮廓，即“成竹在胸”！然后通过每一种应用文文种的理论学习与实践，最终就会掌握应用文的这种模式化写作规律了。因此，本书采取文例的编排体例，对每个文种理论独特个性化的教学，都有“范文”作支撑。考虑到教师教学的灵活性，并专门罗列了少量、必要的“训练与实践”题目，这样为教师和学生教与学，为最后实践提供了参照资料，但在师生的互动中，亦可以补充一些题目，因而不论是教师还是学生，都有较大的自主学习、实践的空间。因此，本书首先安排文种写作理论学习，寻找该文种与其他文种的个别性，使学生从理论中懂得该文种在何种情况下使用、如何来写作，获得理性认识。在对范文评析中了解其具体特点，获得如何模仿的感性认识。最后在写作训练中将这些认识转化为写作能力，写出符合要求的应用文来。本书按照“理论—模仿—实践”的顺序，循序渐进，符合大学生的认识规律和学习习惯。

本书将文种写作理论的重点放在本格式与其他文种格式的细微区别上，而没有重复地宣讲每一文种的写作格式。严格来说，相对文学创作而言，应用文写作就是在其固有的模式下的一种功利性的模仿写作，因为它既不是创新，也不是用来审美的，而是实用的，所以它不需要去标新立异，更不需要去独创什么。如果说应用文写作能够发挥作者个人专长的话，也只能是如何对客观事实进行取舍，运用通顺、明白的语言文字，来使一定范围内所有的人都能读得懂、听得懂，从而达到应用文写作的目的。为此，对范文的选择，本书不仅选有一些离我们已经很远但是经典的应用文章，而且更多地选用了离我们很近、紧扣时代脉搏、比较成熟的应用文章，提供给学生进行模仿写作。写作训练是以教师和学生互动为前提的，以写为主，学练结合，以实现“会思考”、“会模仿”、“会写好”为教学要求，以达到提高应用文写作能力为教学目的。这就是本书实用性模式化写作的最大特色。

目　　录

第一章　绪　　论

第一节　应用文发展简介

应用文作为管理国家、处理公私事务、记事明理、传递信息的一种文字载体，它的使用在我国是“古已有之”的。我国最早出现的应用文是“卜辞”，主要是用来卜卦的。这些卜辞可以看做殷代王室的档案材料，是我国有实物可考的最早的文书。根据《尚书·序》中的记载：“古者伏羲氏之王天下也，始画八卦，造书契（指文字），以代结绳之政，由是文籍生焉。”这里的“文籍生焉”可认为是指应用文的产生。关于“结绳记事”，《老子》中有“使民结绳而用之”的说法。《庄子·胠箧》云：“昔者……祝融氏、伏羲氏、神农氏，当是时也，民结绳而用之。”《说文解字·叙》中有“神农氏结绳而治，而统其事”的说法。郑玄的《周易注》中也说“结绳为约，事大，大结其绳；事小，小结其绳”。从这些古典文献中可以发现，统治者借助结绳来进行管理，而且结绳的大小能够标示记载的不同内容，用这种简单的方法帮助记忆，达到应用的目的。

如果按照鲁迅先生在《且介亭杂文·门外文谈》中的观点：“人类是在未有文字之前，就有了创作的，可惜没有人记下，也没有法子记下。我们的祖先原始人，原是连话也不会说的，为了共同劳作，必须发表意见，才渐渐地练出复杂的声音来，假如那时大家抬木头，都觉得吃力了，却想不到发表，其中有一个叫道‘杭育杭育’，那么，这就是创作；大家也要佩服、应用的。”即认为文学产生的源头可以上溯到文字发明以前，那么在中国应用文的历史上，“结绳记事”则应是应用文的“原始形态”。因为它是一种典型的象征性记事的方式，满足了人们在经济生活中的需要，其目的在于应用。但从客观上讲，应用文作为一种文字载体，应该是在文字产生之后产生的。

我国现存最早的一部历史文献汇编是《尚书》，又称《书经》。它收录的夏、商、周各代的典、谟、训、诰、誓、命等，均为春秋以前历代史官收藏的政府重要文件和政治论文，如《盘庚》、《洪范》、《大诰》、《牧誓》等。《荀子·劝学》称：“《书》者，政事之纪也。”《史记·太史公自序》也说：“《书》记先王之事，故长于政。”从

文体的角度去考察，《尚书》应是我国第一部以应用文为主体的文章集。

据考证，“应用文”一词最早见于南宋张侃的《跋陈后山再任校官谢启》一文中：“骈四俪六，特应用文耳。”《拙轩集·卷五》意为六朝、唐初时所写的应用文字，包括公文、书信、契约等，都采用四字、六字句式，相间成对的骈体文来表现。而正式将应用文作为一种文体提出的是清朝的刘熙载，他在《艺概·文概》中说：“辞命体，推之即可为一切应用之文。应用文有上行，有平行，有下行。重其辞乃所以重其实也。”他从理论上对应用文所作的这一明确而又简要的理性总结，至今仍具有指导意义。

如果以史为纲、以时间为线，我们可以把应用文的发展大致划分为七个阶段。

(1) 原始社会是应用文的孕育时期。这一时期人们出于生产、生活的各种实际需要，创造了原始形态的“应用文”，除典型的“结绳记事”之外，还包括其他有资料可考查的实物记事和图画记事以及口头形态。

(2) 从奴隶社会到秦统一中国以前的战国时期，可以称为应用文的发端时期。这一时期随着文字的产生，开始出现了最早的书面语言应用文章，而且形成了众多体裁，成为秦汉及以后应用文体裁发展、演进的先河。比如，从作为古代应用文“信史”开始的殷墟甲骨刻辞到钟、鼎、彝、器铭文及春秋战国时期的各种书（如策书、上书、玺书、盟书、书等），檄，祝，颂，箴，诔，吊，赋，以及司法文书，经济契券等，都初具应用文的实用性与严肃性的特点。

(3) 秦汉时期是应用文的发展时期。秦统一中国后，进行了政治、经济、文化上的一系列改革，如“书同文、车同轨”等。应用文受此影响，日趋规范化。如秦初并天下，首改政令，确定“命”为“制”，“令”为“诏”，天子自称为“朕”，首开公务应用文体裁规范化之先河。汉承秦制，并有了进一步发展，具体表现在文章的体裁上。东汉蔡邕在《独断》中说：“其命令，一曰策书，二曰制书，三曰诏书，四曰戒书。”又云：“凡群臣上书天子者有四名：一曰章，二曰奏，三曰表，四曰驳议。”正如刘师培在《中国中古文学史》中指出的那样：“文章各体，至东汉而大备。”特别值得指出的是，这个时期第一次确立了上行文和下行文的区别和各自的文体。同时，这一时期各种体裁的文章出现了不少名篇，如东方朔的《上书自荐》、贾谊的《陈政事疏》、晁错的《论贵粟疏》、赵充国的《上屯田便宜十二事奏》等都对后代产生了深远的影响。

(4) 魏晋南北朝时期可称为应用文的成熟时期。这一时期各种公、私应用文的体裁特点明显形成，而且文体也略有增加，如三国之后，增加了一种平行文“移”。公务应用文的体裁在汉代趋于规范的基础上，在实际使用中发展得更加切实可行，出现了不少脍炙人口的名篇，如曹操的《述志令》、陈后主的《咨询诏》，这些诏令

典雅凝重、温润深厚。又如孔融的《荐祢衡表》、诸葛亮的《出师表》，此二表被刘勰在《文心雕龙》中并称为“表之英也”。最为著名的首推诸葛亮的《出师表》，如陆游诗《书愤》中称：“《出师》一表真名世，千载谁堪伯仲间。”杜甫诗《蜀相》中又云：“三顾频烦天下计，两朝开济老臣心。出师未捷身先死，长使英雄泪满襟。”此表被尊为“历代表之精英”。另外，私人应用文在魏晋南北朝时期也出现了较多的体裁与名篇，体裁有书信、颂赞、诔碑、哀祭等，其中有名的如嵇康的《与山巨源绝交书》、邱迟的《与陈伯之书》、刘伶的《酒德颂》、贾谊的《吊屈原文》等。特别值得一提的是，这一时期古代应用文写作理论基本形成，尤其是南朝齐、梁时期文学理论批评家刘勰的《文心雕龙》，对历代各种应用文体裁的功用、特点、写作规律进行了全面、深入、系统的分析研究，对今天的应用文研究具有重要价值。

（5）隋、唐、宋时期是应用文发展的高峰时期，出现了一些新的文体，如唐代皇帝下行的应用文称作册、制、敕。册、制、敕用法各有不同，敕又分为发敕、敕旨、论事敕、敕牒等。这一时期应用文受唐宋诗词文的影响，各种体裁的名篇云集，如韩愈的《答李翊书》、《祭十二郎文》、《柳子厚墓志铭》，王安石的《答司马谏议书》，柳宗元的《段太尉逸事状》，骆宾王的《讨武瞾檄》等，不胜枚举。各种应用文文体之完备，从《唐六典》、《宋史》中可见一斑。

（6）元、明、清时代可称为应用文的稳定时期。稳定是相对于唐、宋应用文高峰时期而言的。明、清时代应用文的体裁也有所变化，但在明代没有出现类似于唐宋八大家那样杰出的作家，应用文也无崛起之势；在清代，文章虽有发展，但应用文也不如唐宋时期那样“丰盛”。这一时期突出的特点是，应用文文体的分类更加详细。例如，明代的上行文就有题、奏、启、表、笺、讲章、书状、文册、揭贴、制对、露布、译等，而经常使用的也只有题、奏、启、揭帖等几种。下行文种类也很多。总的看来，文体的类别越分越细，至明、清时期，已经十分烦琐，直到清末，才有所改观。

（7）“五四”运动前夕至当代是应用文的重大变革时期。这种变革突出表现在：一方面，应用文在表达上发生了重大变化，白话文逐步替代文言文成为应用文的主要特征；另一方面，就是应用文的体裁发生了重大变化。不仅许多封建时代所使用的应用文名目被废止，如公文中历代使用的制、诏、诰、敕、戒、第、册及表、章、奏、议、疏、上书、封事、弹事等均予废止，体裁变得相当简要，如1912年南京临时政府颁布的第一个公文程式条例，其文体极为简要，计有令、咨、呈、示、状等五种，而且由于新的社会需要产生了新的应用文体裁，原有的某些体裁有所变革。新中国成立以后，我国公文制度不断完善，历经1951年、1981年、1987年、1993年、2000年的五次修订，各种公文体裁的用途或使用范围日益规范化。另外，书信

也出现了众多的类别，如礼仪性的、批评建议性的、请求性的、证明性的书信等。随着经济生活的不断发展与变迁，出现了众多的经济文书，如商品说明书、广告、经济合同、鉴定书、市场调查、公关策划书、招标书、投标书等；还有法律文书，如起诉状、上诉状、答辩状等，这些类别都是为了适应人们的种种需要而产生的，并随着社会发展而不断演进。

中国著名教育家叶圣陶曾很有见地地指出："大学毕业生不一定要能写小说、诗歌，但一定要能写工作和生活中实用的文章，而且非写得既通顺又扎实不可。"他为什么这么看重大学生"一定要能写工作和生活中实用的文章"呢？我们在《大趋势——改变我们生活的十个新方向》中找到了国际性的新答案。美国著名的未来学专家约翰·奈斯比特在这本风行全球的书中指出：在工业社会向信息社会过渡中，有五件"最重要"的事情应该记住，而其中的一件就是，在这个文字密集的社会里，我们比以往任何时候都要具备最基本的读写技能。这里所说的"读写技能"，首先就是足以应付日常工作和生活所需要的写作能力，也就是应用文写作能力。这就明确地指出，在信息密集的社会中，人人都需要学会应用文写作，否则就难以"应付"日常工作和生活的需要。

美国前总统克林顿首倡"知识经济"后，联合国的研究机构及经济合作与发展组织正式提出"知识经济"的概念，迅速得到了不少国家著名学者的赞同，并在经济界和政治界达成共识："当今世界已从工业经济时代向知识经济时代悄然转变，知识经济将成为21世纪经济发展的主流，21世纪是知识经济发展的时代。"所谓知识经济是指建立在知识的生产、分配和使用上的经济，它是相对于农业经济、工业经济而言的新经济形态。知识经济是指把知识作为最重要的资源，把人创造知识和运用知识的能力看做最重要的经济发展因素，其主要特点是信息化、网络化和智能化。专家们指出：21世纪将是一个"知识化了的全球社会"。充满这个社会的将是各种数字符号与信息流，而接通这个社会各个部分的则是既四通八达又快捷方便的信息网络。全球发展的大趋势是"知识经济一体化"，这种一体化将是在"知识经济化"与"经济知识化"双向转化中不断发展的，而这种双向转化离不开应用文。因为应用文的本质特征主要是管理功能、中介功能、告知功能、协调功能、导向功能、知照功能、凭证功能、规范功能、联系功能和交流功能等。如果削弱或取消这些功能，这种经济知识化与知识经济化的双向转化是很难或根本无法完成的，国家、政党、企事业内部上下左右的协调、沟通、管理就有可能受阻，国家与国家、政党与政党、地区与地区、组织与组织的交往就难以规范和畅达。回顾人类走向物质文明、政治文明、精神文明的历程中应用文所起的作用，展望21世纪的发展前景，我们深切地感到应用文不仅对国家间、政府间、政党间、社团间、行业间和人与人之间的交往

有着其他文种不可替代的作用，而且与维系社会稳定，促进世界和谐、有序、高效、持续发展，有着直接的关联。

写作是人类社会运用书面语言进行的一种创造性的思维活动。自古以来，人们为把自己对自然现象、社会生活的认知成果用于当时，传之久远，坚持不懈地探索着写作文章的理论，同时给后人留下了许多极为丰硕的文章遗产。可以这样说，没有写作，便没有历史，没有文章，便没有今日的文明世界。因而，当今写作由两大系统支撑：一是应用写作，即模式化写作；二是文学创作，即审美独创。由此而产生的文章亦分两大门类：一是应用文；二是文学作品。

客观而论，“应用文”这个词，不带任何政治色彩，不过中国内地、香港、台湾等地区对它的概括、解释、界定不尽相同。这里举例分析，观其异同。

中国香港的陈跃南教授在《应用文概说》一书中说：“‘应用文’就是‘应付’生活，‘用’于实务的‘文章’。凡个人、团体、机关相互之间，公私往来，用约定俗成的体裁和术语写作，以资交际和信守的文字，都叫应用文。”①

中国台湾的张仁青教授在《应用文》一书中说：“凡个人与个人之间，或机关团体与机关团体之间，或个人与机关团体之间，互相往来所使用之特定形式之文字，而为社会大众所遵循、共同使用者，谓之应用文。”②

中国内地的洪望云教授在《应用文写作学概论》一书中说：“应用文是社会团体、政党、国家、机关、企事业单位和人们在日常工作、生活中，为处理公私事务而经常使用的具有某些比较固定格式的一种实用文体。”③

中国内地、香港、台湾等地对应用文的概括、界定，既有相同或相似之处，也有相异之处。在文字表述上相同的是“个人、团体、机关”。在意思上相似的是“约定俗成的体裁”、“特定的形式”、“比较固定的格式”、“公私往来”、“处理公私事务”、“互相往来”；不同的是“以资交际和信守”，是西方社会对应用文作用的常用提法，而“遵循”与“信守”是有区别的，“信守”比“遵循”更能反映社会的法制和国民素质等方面的情况。“信守”是自觉自愿的、忠诚地遵守，而“遵循”则带有强制性，是遵照、依照、遵从。

应用文与文学作品一样，都是“文”，但应用文重在“应用”二字，这是区分文学作品最突出的特征。“应”者，对应、适应、应承、应制、应付也。“用”者，派用、需用、运用、实用也。如前所述，正因为应用文是国家管理、行政机构运作、人际交往须臾不可离开的重要文体，它不仅关系到现代化科学管理，促进国家间、

---

① 陈跃南：《应用文概说》，香港山边社，1998年，第1页。

② 张仁青：《应用文》，台湾文史哲出版社，1993年，第1页。

③ 洪望云：《应用文写作学概论》，湖北科技出版社，1993年，第2页。

社团间、人与人之间的协调和有序发展，而且对于提高工作效率、增加效益、维系社会稳定、促进发展也有直接关系。故此，应用文写作，就是应主体需用、客体实用的文稿写作。“写”则是用笔或键盘书写、记录，“作”则是制作、撰述、创作。而“明道”、“信守”、“致用”决定了应用文写作的基本属性，又具有写作的一般含义。由此可为应用文定义如下：

应用文是国家机关、政党、社会团体、企事业单位和个人在日常工作、生活中，为处理公、私事务而实用的具有宣事明理，进行信息传递的一种约定俗成、模式化的书写载体。

第二节　应用文写作与文学创作

天下文章不外乎应用文章和文学作品这两大类，后者是为了审美，以艺术真实为其特点；前者却是为了实用，以客观真实为其特点。因而，应用文写作和文学创作是具有截然不同的特点和要求的两种重要写作形式。文学是以语言文字为工具形象化地反映客观现实的艺术，包括戏剧、诗歌、小说、散文等。文学创作是以塑造文学形象为目的，是一种具有形象性、审美性和独创性的写作实践活动，而应用写作是以适合社会实用性为目的的写作实践活动，具有实践性、规范性和简明性的特点。

相对于文学创作，应用文写作主要有以下四个特点。

一、起草应用文的被动性和目的性

从创作动机来看，文学创作是写作者的主动写作，而应用文写作具有很强的被动性。一般来说，文学创作是写作者自主地反映客观世界或主动表达某种思想感情形成的；而应用文的撰写却是为了满足公、私事务活动处理的需要，是因事或受命成文。起草应用文不是取决于个人的意图和兴趣，而是由于实际公、私事务活动处理的需要或者是领导的公务安排。如公务活动中，年终上级机关要求报送工作总结和下一年度的工作计划；私务活动中，以字为凭，具有一定的约束力。

应用文写作的这一特点，要求写作者在写作过程中必须采取换位思维的方式，主动地站在所代言的组织的角度和立场上积极思考问题，提出观点和主张。写作者在写作构思中，既要有对实际工作清晰的了解和准确的判断，也要有对宏观政策的透彻理解和贯彻落实；既要能够突出工作重点把握关键问题，还要能够做到胸怀全局统筹合理安排；既要善于准确把握领导者个人语言特点和思维习惯，还要兼顾上级要求和写作规范。只有积极地换位思维，才能够准确地把握应用文写作的规律和

特点，写出高质量的应用文来。

二、应用文写作要求的时效性

从写作过程上看，文学创作没有时间要求，比较自由宽松，而应用文制作处理上有比较严格的时间限制。文学创作没有什么时限性，曹雪芹写《红楼梦》，“批阅十载，增删五次”，留下了不朽的艺术杰作。应用文的制发是为了解决实际工作中的问题，应用文写作无论是向上级报送文件，还是向下级布置工作，通常都有完成的时限要求。应用文的写作时限与工作问题的解决紧密相连。时间一过，应用文就丧失法律作用和约束力了。

总之，应用文写作是一项要求具有较强的综合知识和较丰富的实践经验的工作，要求写作者不仅要有较高的政治理论水平和政策水平，还要有较好的写作基础和逻辑思维能力；既要有较丰富的工作经验和业务工作知识，还要有较强的学习能力和扎实的工作态度与一定的语言文字功底。否则，很难驾驭好应用文，写出高质量的文章来。

三、应用文内容表达的权威性

从内容表达上看，文学创作的内容表达相对比较自由，仅代表作者个人的观点和见解；而应用文写作具有较强的权威性和约束力。文学创作的目的是为审美而非实用，即使是领导者个人的作品，也不具备权威性和约束力。应用文是随着阶级、国家、文字的产生而产生的，而公文却是行政管理的一种有效手段，担负着国家管理和社会管理的重任。公文写作必须严格遵照、贯彻、落实党和国家的路线、方针、政策，讲求政治性，要体现权威性、严肃性、庄重性，对受众有很强的法律作用，必须按照公文的要求遵照、办理和执行。正所谓“一字人应用文，九牛拔不出”。应用文写作强调对象化的思维方式，写作者的思维要服从于客体对象的需要，把握对象的特征，根据对象的实际情况去组织应用文的内容，从而达到办事的目的。这就要求从事应用文写作的人员要认真学习党的路线、方针、政策，学习上级的指示精神，并结合本地区、本部门实际有效加以落实。

四、应用文写作格式模式化

从表现形式上看，文学创作鼓励独创性，讲究“文似看山不喜平”；应用文写作的模式化特点比较明显。文学创作个性更为张扬，形式更加灵活，写法更加多样，鼓励写作者展示艺术想象与形象思维，突破束缚，创造崭新的艺术境界。与文学创作相比，应用文写作模式化思维明显，逻辑性强，结构严谨，写作比较枯燥。应用

文体式和格式上的一致性、标准化特点是应用文写作的规范要求。应用文区别于其文学作品的一个鲜明特点就是应用文具有固定的和惯用的体式和格式。从公文文面格式处理上看，公文格式具有规范化和标准化的特点，1999 年国家质量技术监督局发布了《国家行政机关公文格式》(GB/T 9704-1999)。另外，《国家行政机关公文处理办法》和《党的机关公文处理条例》分别对行政公文和党务公文作出了规定，从文种、行文规则、公文用纸、公文办理等方面提出了明确的要求。从应用文正文的写作看，应用文的开头、主体、结尾具有惯用的方式，有各部分的习惯用语，各个文种主体部分的结构安排方式也有通常惯用的写作方法。例如，"通知"文种的写作，开头先写通知因由、再写通知事项，最后是结尾习惯用语；"请示"的写作，要写明请示理由、请示事项、结尾；"计划"的写作，在主体部分要写明目标、措施、步骤。

应用文的模式化是适应应用文实用性的要求而形成的，简洁明了，有利于受众了解应用文的主要意图，不致产生理解上的歧义，有利于公、私事务处理，在实际应用文处理中具有重要的意义。根据应用文写作的这一特点，应用文写作人员学习和掌握各个文种的不同特点和要求，能够更快地掌握应用文写作规律，提高公、私事务处理效率。"照猫画虎"，进行仿写与模写是提高应用文写作能力的一条捷径。

第三节　应用文结构模式及写作实践

一、应用文写作模式及训练要求

（一）应用文写作模式

应用文的内容，其本质就是实用性，因所属专业不同，就其内容往往具有专一性，而又显得千差万别，这就是应用文的个性特征。应用文的内容不是作者杜撰出来的，往往是由教师或上级领导及主考单位提供的，所以学生或考生只能依据现成的材料来确立主旨（其主旨就隐含在所给材料中)、组织安排写作。

应用文既要体现其实用性的本质，又要求一种模式化写作，这种模式化就是 2000 余种应用文的共性特征。任何一种应用文都是由标题、正文、结尾三大部分构成的。其正文又是以"三段式"，即"前言"、"主体"、"结语"构成的。

应用文的标题源自于所给材料，因此它不是没有依据，往往标题现旨，只有这样才不会造成文不对题，尤其是《申论》写作。应用文的标题往往由"单位＋时间＋内容（事由）＋文种"四部分构成，例如，《成都市人民政府××××年市政建设远景规划》。一般应用文可以视具体情况，省略"单位"或"时间"，甚至"内容

(事由)”，只保留“文种”，如一周工作安排、学习计划、告示等。

应用文标题还有各种表述方式，但上述却是最基本的，也是最实用的，这是学生或考生首先必须要掌握的。应用文标题，除法规、规章加书名号，一般不用标点符号，但有的可加引号。公文式标题“关于”的用法，表示对事由在中心词语中起关涉、介绍、提示、隔离的作用，与事由部分组成介宾结构，大多数情况下不能省略，例如，《×××大学××××年关于学生政治思想工作的意见》、《关于教学事故的通报》。标题常用黑体或宋体，字号在二号至三号之间。

应用文正文“三段式”结构模式用图示表示如下。

正文：
- 前言：①依据，即该文写作的背景
  - ②目的，即该文的主旨是什么
  - ③原因，即该文写作的内部、外部动因
  - ④意义，即该文写作的效果如何
- 主体：写出事件或人物的时间、地点或前因后果，这是该文的核心部分
- 结语：一般应用文结语为发号召、提出要求或希望、归纳主旨，而公文结语往往是一种套语，千篇一律，但有的公文是可以省略结语的

从图示中可以看到应用文正文“三段式”结构模式一目了然。可以说，从古至今所有应用文正文都是这一结构模式，国家公务员考试的《申论》写作、毕业生所写的毕业论文，概莫能外。可把此结构模式与论说文结构模式进行对照学习。

正文的“前言”部分有四小点要写，但不是每一小点都必须写，而是根据所给材料，所确立的主旨来选其一点作为重点来写，其他几点都可以略写或不写。例如，2008年中央国家机关录用国家公务员考试《申论》写作《人与自然》，依据所给的一组材料，确立主旨（即标题）后，“前言”部分就应该重点分析介绍“目的”，次写其“意义”，略写其“依据”、“原因”，只有这样主次分明，才能在有限的字数里表达清楚。应用文的“前言”开头用语：从背景入手，概述情况，说明该文的写作依据，常用“根据”、“遵照”等领起。分析介绍目的，常用“为了”、“为”等领出下文。交代原因，常用“由于”、“因为”、“鉴于”等。申述意义，常常阐明观点、表明态度、提出问题、慰问祝贺、引述来文、列序号开头等。

正文的“主体”部分是该文的核心，它将要写出人物、事件的时间、地点及前因、后果等四个方面。这四个方面也不是面面俱到，仍然要依据所给材料选其一点作重点叙述，其他几点进行略叙，绝对不要平均用力。应用文正文结构层次：第一层为“一、”第二层为“（一）”，第三层为“1.”，第四层为“（1）”，第五层为“①”，第六层用“A、B、C、D”。正文字体一般为三号仿宋体字，行距一般在25～35磅。

用纸国际上通用 A4 纸，党政机关常用 16 开纸，页边距左右常留 28 毫米，上下常留 25 毫米，页码常选“1”或“－1－”。

正文的“结语”部分，一般应用文主要写发号召、提要求或希望、归纳主旨等三个方面，究竟应该重点写哪一方面，仍然要依据所给材料来定。假如上述三个方面在主体部分已经写了，并已表述清楚，那么，这个结语就可以省略不写，让其自然结尾。

应用文的结尾部分，主要是写出单位、时间，个别文种可能还有附件。在时间表述上，一般应用文使用阿拉伯数字，而公文却要使用汉字数字，其附件往往属于主体部分，而不属于结尾部分。

应用文的表达方式：常用叙述、说明、议论三种。一般应用文是以叙述为主要表达手法，叙述分为顺叙、倒叙、插叙三种，这三种表达手法，又以顺叙为主。说明分为定义说明、释义说明、分类说明、举例说明、比较说明、引用说明等。议论由论点、论据、论证三要素构成，有例证法、引证法、对比法、因果法、反证法。《申论》、毕业论文这种典型的论说文，是以议论为主要表达手法，辅之以叙述、说明。广告、解说词、宣传稿、讲话稿等，亦可以采用描写、抒情表达手法，以吸引观众注意力，增强其效果，烘托其气氛。

（二）应用写作训练要求

1. 突出学生主体地位，增强写作技能

传统的“以书为本”的指导思想与新的教学理念相差甚远，高校学生普遍缺乏应用写作知识和写作技能，这显然适应不了社会的需要。教学指导思想要转变到“以人为本，以练为主”上来，确立学生主体地位，加强写作训练，一方面，在训练手段上予以调整，以满足主体的需要，提高主体的综合素质；另一方面，在写作训练的过程中，加大训练量和指导力度，实现以讲为主到以练为主的根本转变，彻底革除应用写作教学重理论、轻实践，重知识、轻技能，严重忽视能力培养的弊病。

2. 充分调整教学内容，提高写作能力

作为一门实用性很强的边缘性学科，其反映的内容及反映的方式，会随其特殊的描述对象的变化作相应的调整。一是将本学科一些最新研究成果和信息充实到教学中。例如，“运思理论”的引用，即强化写作思路教学，试图从思维模式及思维认识方法的角度，引导和启发学生的应用思维能力，突破教学中强制学生被动感知的单一教学方法。二是着眼于现代社会发展的实际，适当调整一些文种。例如，随着

用人机制改革的不断深入，“竞聘演讲词”这种新型文书就很有实用性。三是科学确定轻重比例关系。可以根据使用频率的高低，对所学文种分为“必会”和“应知”两部分。对于必会部分，训练的重点是会写、写好；对于应知部分，学生只掌握基本知识和写作要领即可。四是突出理论实践的普遍指导意义。例如，在训练中，或主旨不突出，或选材不典型，或结构不合理，或语言不得体，诸如此类的毛病，有针对性地加以指导。

3. 更新教学方法，明确训练目标

教学方法是提高应用写作教学质量的关键。一方面，采用“粗放型”授课方式。对于那些简单易学的文种，可由教师引导阅读一定量的范文，通过阅读达到悟其意、知其序、识其辞、辨其技，掌握其写作方法；对于重点文种，可以展开课堂讨论，精选典型的范文或“病文”，进行鉴赏或会诊，以明正纠误。另一方面，因文而异或因事而异地采用不同的教学方法。“以人为本、以练为主”的教学思想，就要求教师把眼睛盯在学生写作技能和综合素质增强这一训练目标上。教学效果就自然会事半功倍。例如，“案例教学法”，它的最大优点是直观、形象地为学生的写作训练提供学习的样板。比较法、情景模拟、集中讲评等教学方法，也非常适用。

4. 注重训练设计和方式，培养综合素质

写作训练是将应用写作的理论知识转化为实际写作能力，是学生写出规范应用文的重要保证。应用写作所涉及的内容多是学生不曾实践的。因此，制定有效的训练设计、采用恰当的训练方式就显得非常必要。训练设计必须注重和解决好三个问题：一是针对性，即体现现代社会的需要性、学生毕业后的岗位特点；二是目的性，即对每个文种的写作要符合什么样的标准，教师都应该讲清楚；三是训练量要保证。即在有限的课时内尽可能多积累经验，掌握写作规律。训练方式主要有三种：一是完整式写作训练，其中包括材料作文和命题作文。材料作文可以结合社会需要提供材料，假设为某个单位代写公文的通知、函、招标书等。命题作文都是按照所给标题，联系实际，根据自己搜集和掌握的材料写成文章，如可以根据大学生就业难的问题要求学生写一篇调查报告等。二是局部式写作训练。如要求学生根据正文给文章加标题；给文章补充开头、中间或结尾；编写写作提纲，为各段加小标题等，以培养学生的思维能力、归纳能力、概括能力和解决问题的能力。三是修改文章训练。如提供一篇病文，要求学生从主旨、结构、材料、表达、语言等各方面进行修改。经过如此严格的训练，校正不足，强化写作能力。

二、应用文的语言文字运用

应用文的写作目的可以说是以传递信息为主，因此应用文行文务必简洁。具体来讲，简洁应包括以下一些内容：首先，文字要简练，篇幅要短小精悍。应用文写作要惜墨如金，要选用简洁的词语，要删去可有可无的段落。要实话实说，不穿靴戴帽，冗长的文章往往淹没了主题，同时也浪费了阅读时间，降低了办事效率。其次，扫除套话、空话、废话。文字是用来表情达意、传递信息的，如果为写作而写作就会废话连篇。日常应用文更要避免说无用的话，读者希望得到的是你提供给他的信息，“言之无文，行而不远”。

应用文的语言，常用专用语，分为开头语、称谓语、经办时态语、引述语、期请语、征询语、期复语、表态语、综述转接语、结尾语等。介词短语，表对象范围，如“对”、“向”、“关于”等；表目的，如“为”；表根据，如“依据”；表时间，如“当前”等。数字术语，准确、科学，注意增、减的表达，确数和约数的区分，以阿拉伯数字为主。模糊语言，如“基本上”、“大多数”等。“的”字短语，在规章中常用，如“情节严重的”。应用文中还有一些固定的文言词汇和句子，体现其准确性、简明性。日常应用文所引用的内容，往往是作出判断、处理事情的依据，因此要反复核对，做到准确无误，引用话语要写原话，不任意改动，必要时还要注明出处。下面列举一些实例。

1. 称谓用语

此类用语有“我”、“本”、“你”、“贵”、“该”等。

(1) 自称：“本”、“我”、“敝”。如“本厂”、“我校”、“敝公司”等。

(2) 称对方：“你”、“贵”。如“你局”、“贵公司”等。

(3) 称他方：“该”。如“该同学”、“该生”、“该同志”、“该厂”，其中“敝”是谦称，“贵”是尊称，其他上下级通用。

2. 经办用语

此类用语有“经”、“业经”等，表示经办工作处理过程已结束，表明处理时间和经过情况。例如：

(1)“经召集有关班委讨论，……”

(2)“上述各款，业经董事会批准……”

3. 引叙用语

此类用语有“前接”、“近接”、“顷接”、“悉”、“收悉”、“敬悉”等引叙来文时的用语。例如：

(1)“近接贵公司来函……”

(2)“你校关于××问题请示悉（收悉）……”

(3)“来函敬悉……”

4. 期请用语

此类用语表示期望、请求，有“即请照办”、“希即遵照”、“请”、“拟请”、“希望”等。例如：

(1)“……以上各点，即请查照。”

(2)“现将《规定》发给你们，希即遵照（执行）。”

(3)“……请（希）即按有关规定办理。”

5. 表态用语

此类用语有“照办”、“同意”、“不同意”、“可行”、“不可”等。例如：“对××问题，同意按来文意见办理。”

6. 征询、期复用语

(1) 征询用语，如“当否”、“妥否”、“是否可行”、“可否”等。

(2) 期复用语，如“请批示”、“请核示”、“请回复”、“请指示”等。例如：“上述报告，如无不当，请批示。”“上述处理意见，如无不当，请批转执行。”

7. 综述过渡用语

此类用语有“为此”、“对此”、“综上所述”等，一般用在前文末或后文开头，起过渡作用。例如：

(1)“对此，特提出下列意见……”

(2)“为此，必须重申……”

(3)“综上所述，要求……”

8. 结尾用语

此类用语指一般函件或公文的结尾处用语，有“为要”、“为盼”、“为荷”、“特此通知（通报……）”等。例如：

(1)“望给予接待为荷（为感）。”

(2)“请拨冗函复为盼。”

(3)“务希结合本地实际情况执行为要。”

9. 应用文的句式

(1) 句中介词结构较多，如“有关……问题”、“关于……通知”、“根据……文件”、“为了……特制订本计划”。

(2) 句式多为叙述句和祈使句，不用感叹句和反问句。

(3) 积极修辞手法几乎不用，仅用消极修辞手法。日常应用文要少用修辞，若确实必要用的话，要注意用得恰当、合适，不可滥用。一般来讲，应用文中常用的修辞格式有比喻、对比、引用、设问、反问等。应用文是实用性很强的文体，运用语言表达意思必须确切，因此像“夸张”这种言过其实的修辞格式是绝对不能随便用的。“双关”的修辞方式也不适用于应用文。总之，“准确”是应用文语言的基本要求。

三、应用文章的修改

有人说，文章是改出来的。此话不一定全对，却也道出了修改对于文章写作的重要性。古今中外许多作家的写作实践很好地证明了这一事实，即好文章、好作品都是经过多次修改而成的。因此，应用文的写作也要十分注意修改这一环节，只有这样，才能真正写出好的应用文来。一句话，修改文章是为了提高质量。

写文章是给人看的，写应用文更是如此。我们强调修改，也是对读者负责的一种表现。一篇错漏百出的文章，不仅无益于读者，反而会伤害了读者。

修改文章也是提高写作能力的重要途径，不要小看文章的修改。人们在修改文章时，往往能发现自己的优点和不足，而自己发现写作上的优点或缺点往往比别人告诉你更能指导自己以后的写作。

修改日常应用文也要有耐性，要有正确的认识，思想上要重视。从来没有什么一挥而就、文不加点的人，因此重视修改是改好、写好应用文的心理基础。修改日常应用文还要有“割爱”的精神。修改的过程也就是删节的过程，“删”才能突出中心，“删”才能去掉一些芜杂和不当的东西。要有勇气对自己的文章动手术。

诵读是修改的一个好方法。写完之后，可以先通读一遍，看看前后是否连贯，有无写错、漏写的句子，有无逻辑不清的地方。一般来说，一篇文章反复诵读之后，

何处好、何处有毛病就清清楚楚地显出来了。

请别人改也是文章修改的一个重要方法。听听别人的意见，会大大提高修改的质量。自己由于局限于某种框框之内，往往在经过修改之后就很难再发现什么问题，所以此时请别人看看、改改往往会有意想不到的收获。

修改文章，首先从内容修改起。应用文阅读对象固定，目的性强。无论反映情况、说明问题、交流信息、总结经验、提出建议，其主要部分都是内容。修改内容方面就是要看看该写的是否全写进去了，写清楚了没有。

格式规范是应用文的一大特点，除内容的修改外，就要看应用文的格式是否合适。日常应用文种类繁多，格式也有些许区别。有的有称呼、署名，有的没有。同样是条据类，借条、领条、留言条格式也有差别。在格式上出问题一般是初学写应用文的人常犯的毛病，因此要依据范文，对照修改，格式规范。同时还要注意词句、标点符号等的修改。

最后介绍文章修改符号。为了标明修改的情况，要使用符合习惯、为社会公认的修改符号。现根据1981年12月公布的《中华人民共和国专业标准、校对符号及其用法》，下面仅介绍几种常用的修改符号。

（1）增补号：或。用在需要增补的字词的位置上。

（2）删节号：。表示删去词语或句子。

（3）颠倒号：，。用在颠倒字、词、句的中间。

（4）移位号：，。用在需要移动位置的地方。

（5）分段号：。把原来的一段分成两段，在需要分段的地方标示。

（6）连接号：。两段连接为一段，用在需要连接的地方。

（7）复原号：△△△。用不同颜色笔在已经删去的字词句下面画△△△，表示复原，同时在原删节号上画两道竖线。

（8）离空号：＃＃＃（用于中文、拼音字母）。标在需要离空的位置上，空一字距用“＃”，空两字距用“＃＃”。

✻ 训练与实践

1. 请口述中国应用文发展过程。
2. 谈谈应用文章与文学作品的联系与区别。
3. 分析下面文章在字、词、句方面有哪些问题，然后再把它们改正过来。

我学校××学院××系××科研室×××同志，××××年从××工业大学××专业本科毕业，分配到我校任教师以来，工作积极认真负责，教学、科研双丰收，都取得了显著成绩，于××年被聘为讲师。

该同志一人单身在我校工作，家庭的其他成员全部住在你们市，其妻×××同志在贵厂工作。不但夫妻分居两地成为织女牛郎，且下有尚满周岁的儿子，上有体弱多病的老父母亲，需要照顾。根据该同志几次申请，经我校领导研究，为解决×××同志夫妻两地分居并照顾家庭存在的特殊困难，我校同意该同志调往贵厂工作的要求。现特致函与你们厂领导商洽，并请尽快函复。若贵厂厂长同意考虑×××同志的这一要求，接到你们复函后我们即将该同志的档案寄给该厂人事部门审查。

第二章　人际交往类文书

第一节　人际交往类文书概述

应用写作是一种社会实践活动，也是社会生产关系的反映。个体或组织机构通过应用文来确定和传递自己的社会身份并建立各种社会关系。由于历史文化、风俗习惯、社会规约、思维方式、道德和价值观念的差异，不同的主体在人际交往中使用不同的应用语体，构建不同的社会活动和身份关系。每篇应用文都是在特定的社会环境中发挥着交际的作用。在不同的交际语境下，应用写作也会采用不同的表达方式，达到不同的交际目的，同时构建不同的社会关系。

当前，党和政府正在积极倡导和建设和谐的社会，不同国家、不同民族、不同社会的应用文和谐沟通，与不同国家、不同民族、不同社会的人的和谐相处是一致的；应用文中的态度、语言选择的倾向与人的政治立场、价值取向也是一致的；应用文之间的交际能够和谐、顺利，与良好的社会环境、友善的人际关系也是密不可分的。所以应用写作与人的和谐、社会和谐紧密相连。因此，从构建和谐社会与和谐人际氛围的角度看，在应用文写作活动中要做到以下几点：其一，合法使用应用文。应用文的表达要依法进行，尤其是组织机构的发文不能违法。在写作实践中若遇到被滥用、占用等，必须据理力争。这里的“理”是法理，是国家的各种法律依据，因为应用文是受法律保护的，任何滥用和占用的行为都可以说是违法行为。据理力争，应用文表达是以法律为武器，通过公开、公平、公正的表达手段，获得应该享有的表达权利。其二，正确行使应用文。正确使用应用文是国家、民族和个人的综合素质的体现，与政治、经济、文化、教育等也是紧密地联系在一起的。尤其与语言政策、语言态度、语言选择、语言规范等有千丝万缕的联系，同时也跟应用文语言能力、表达技巧有关。所以，要做到正确使用应用文，就必须增强综合素质，提高应用文写作水平，掌握应用文的写作规律。其三，平等互动行文。在应用文书交际活动中，拥有平等互动的表达权主要是尊重对方应用文表达权，交际的双方应该形成互相尊重、密切配合的话语氛围，共同遵守应用文中的一条重要原则——“合作原则”。同时，应用写作交际活动是互动的，“互动”具体表现为应用文交际的双方，在交际的过程中一般要实现从表达角色到接受角色的转换和从接受角色到表达角色的转换，即表达者会转换为接受者，接受者也会转换为表达者，互相逆转，循环往复。在这种转换中，应用文交际的双方都同样享有权利，享有利用应用文为己服务的机会。只有这样，他们之间的关系才是和谐的、友好的。尤其是现在网络的发达，从“日志”到“微博”，每个人都有通过网络合法地发表自己观点的权利。其四，遵守沟通的社会规范。人际关系很大程度上是由应用文的规范构成的。因此，在使用应用文沟通的时候，我们要遵守制约着这些应用文的规范，如规范性的应用写作语言的使用，只有这样我们才可以合理和正确地使用应用文与人沟通。

人际交往文书既包括公务活动中使用的文书，同时也包括了个人在日常工作、生活交往中所使用的书信等。

第二节　公共关系类文书

一、开幕词、闭幕词

（一）开幕词

1. 开幕词的概念

开幕词是在一些大型会议开始时由会议主持人或主要领导人所作的开宗明义的讲话。它具有宣告性、提示性和指导性。

2. 开幕词的特点

一是简明性。开幕词要简洁明了、短小精悍，最忌长篇累牍，言不及义，多使用祈使句，表示祝贺和希望；二是口语化。它的语言应该通俗、明快、上口。

3. 开幕词的种类

开幕词按内容可以分为侧重性开幕词和一般性开幕词两种。侧重性开幕词往往对会议召开的历史背景、重大意义或会议的中心议题等作重点阐述，其他问题一带而过。一般性开幕词则只对会议的目的、议程、基本精神、来宾等作简要概述。

4. 开幕词的写作方法

开幕词通常由标题、称谓及正文三部分组成。

(1) 标题通常有三种写法：一是用会议名称做标题；二是前边再加上领导人姓

名；三是用提示内容中心或主旨的标题，在后面通常加上副标题。

（2）称谓一般写在标题下行顶格，称呼通常用“同志们”、“朋友们”、“各位代表”等。

（3）正文一般包括开头、主体和结尾。开头写宣布开幕之类的话。主体部分一般包括以下内容：会议的筹备和出席会议人员情况；会议召开的背景和意义；会议的性质、目的及主要任务；会议的主要议程及要求；会议的奋斗目标及深远影响等。但写作中一定要把握会议的性质，郑重阐述会议的特点、意义、要求和希望，对于会议本身的情况如议程等，要概括说明，点到为止；行文则要明快、流畅，评议要坚定有力，充满热情，富于鼓舞力量。最后是结尾，一般都是“祝大会圆满成功”之类。

☆ 展览会开幕词范文

在“中国国际××展览会”开幕式上的讲话

女士们、先生们，同志们：

早上好！由新加坡××有限公司主办，中国××协会与我分会所属的上海市国际贸易信息和展览公司承办的“中国国际××展览会”今天在这里隆重开幕了。我谨代表中国国际贸易促进委员会上海市分会、中国国际商会上海分会表示热烈祝贺！向前来上海参展的西班牙，比利时，中国台湾、香港地区，以及我国各省、市的厂商表示热烈的欢迎！

本届展览会将集中展示具有国际水准的各类××产品及生产设备，为来自全国各地的科技人员提供一次不出国的技术考察机会；同时，也为海内外同行共同切磋技艺创造了条件。

朋友们，同志们！

上海是中国最重要的工业基地之一，也是经济、金融、贸易、科技和信息中心。上海作为长江流域乃至全国对外开放的重要窗口，将实行全方位的开放。我国政府已将浦东的开发开放列为中国今后十年发展的重点，上海南浦大桥的正式通车，将标志着浦东新区的开发已经进入实质性的启动阶段。上海将进一步改善投资环境，扩大与各国、各地区的合作领域。我真诚地欢迎各位展商到上海的开发区和浦东新区参观，寻求贸易和投资机会，寻找合作伙伴。作为上海市的对外商会——中国国际贸易促进委员会上海市分会将为各位朋友提供卓有成效的服务。

最后，预祝“中国国际××展览会”圆满成功！

谢谢大家！

☆ 范文评析

不论是开幕词还是闭幕词的称谓，都必须单独成为一个自然段，绝对不要与下文的内容连成一段。称谓在开头，必须顶格写，中间的称谓，必须空两格写。后面的所有讲话稿类文种全部如此。该文用简明的语言，充满热情地介绍本次展览会的背景和意义，以及展览会的目的。

（二）闭幕词

1. 闭幕词的概念和种类

闭幕词是一些大型会议结束时由有关领导人或德高望重者向会议所作的讲话。具有总结性、评估性和号召性。

闭幕词与开幕词一样，具有简明性和口语化的特点，其种类与开幕词相同。

2. 闭幕词的写作方法

闭幕词由标题、称谓和正文三部分组成，标题与称谓的写法与开幕词基本相同。在标题和称谓之后，另起一段首先说明会议已经完成预定任务，现在就要闭幕了；然后概述会议的进行情况，恰当地评价会议的收获、意义及影响。核心部分要写明会议通过的主要事项和基本精神、会议的重要性和深远意义、向与会人员提出贯彻会议精神的基本要求等。一般来说，这几方面的内容都不能少，而且顺序是基本不变的。写作时要掌握会议情况，有针对性地对会议内容予以阐述和肯定；同时，可以对会议未能展开都已认识到的重要问题作出适当强调或补充；行文要热情洋溢，文章要简洁有力，起到激发斗志、增强信念的作用。结尾部分一般先以坚定语气发出号召，提出希望，表示祝愿等；最后郑重宣布会议闭幕。

闭幕词出现在会议终了，因此，要写得与开幕词前后呼应、首尾衔接，显示大会开得很圆满、很成功。

☆ 校运动会闭幕词范文

×××大学第二十届田径运动会暨第十届达标运动会闭幕词

各位老师、同学们:

我校第二十届田径运动会暨第十届达标运动会，在组委会的精心组织下，经由全体工作人员、评判员的辛勤工作和全体运动员的奋力拼搏，较为圆满地完成了预定的各项比赛项目，此刻就要落下帷幕了。在此，我代表组委会，向为此次运动会作出不懈努力的全校师生表示深深的谢意！向取得名次的同学们和获奖的班级表示衷心的祝贺！

在为期三天的运动会上，全体师生团结和气、文明参赛，赛场上奋力拼搏，赛场下加油鼓劲。在比赛过程中，许多同学自动扶持摔倒的同学，热心辅助受伤运动员，充分体现了“友情第一，比赛第二”的体育精神。全体运动员、评判员严格遵守竞赛规则，积极履行自己的职责，积极发扬吃苦耐劳的精神，奋力战胜了恶劣天气造成的影响，赛出了水平，赛出了

风尚，获得了体育竞技和精神文明的双丰收。但同时，还应该看到我们自身存在的不足，部分同学的达标成绩不够理想，这就要求我们在日常的体育教学和训练中，要注重增强身体素质的磨炼和体育竞技水平的提高，使同学们在德智体各方面得到发展。

体育运动可以培育我们的意志力，意志力是我们成功的要诀。我们如果把在体育运动中培育的意志力，运用到今后的学习中去，无疑会绽开灿烂的成功之花。

但愿全校师生以本次运动会为契机，发扬成绩、克服不足，在此后的各项工作中，为××大学加倍努力，全力拼搏、再创佳绩！

感谢大家。

☆ **范文评析**

本文首先说明××大学第二十届田径运动会暨第十届达标运动会已经完成预定任务，现在就要闭幕了；然后概述运动会的进行情况，恰当地评价运动会的成果、意义及影响；最后向全校师生提出了殷切的希望，这样与开幕词前后呼应、首尾衔接，显示大会开得很圆满、很成功。

二、讲话稿、演讲稿

（一）讲话稿

1. 讲话稿的概念

在日常生活和工作的特定场合，我们常常会当众发表讲话，这种讲话常常需要事先写好书面稿件，这种稿件就是讲话稿。它的使用范围很广，种类也很多，诸如用于各种大小会议上的发言稿、报告稿、领导人讲话稿、开幕词、闭幕词、欢迎词、欢送词、悼词、祝词，以及群众集会上的演说词、课堂讲稿、法庭辩护词等。

2. 讲话稿的特点

1）主旨鲜明，重点突出

如果一个领导在台上讲话，说了很多，听众还不知道他要表达什么意思，这个讲话稿一定是不成功的。领导讲话稿要做到主旨鲜明、重点突出。针对什么问题、表明什么观点、拥护什么方针、传达什么政策、批评什么错误、提出什么要求等，都要集中明确。

为了做好这一点，讲话稿的写作首先要注意围绕一个中心话题来写，其次要注意抓住要点、突出重点，不要面面俱到。

2）语言通俗，表达生动

常见有些领导在台上讲话时，台下的听众或心不在焉，或窃窃私语，或左顾右盼，或昏昏欲睡，这样的讲话根本达不到预期的目的，不是成功的讲话。造成这种情况的原因可能是讲话稿内容空洞，也可能是语言枯燥、表达生硬，引不起听众的兴趣。

语言通俗、表达生动，是领导讲话稿的基本特点之一，在写作中必须注意这一点。为此，八股腔调不能有，枯燥的说教不能有，要使用生动活泼的语言，要有启发性和吸引力。

3）台上台下，双向交流

讲话稿在引起台下人思想和感情的共鸣时，才算是真正被听众接受了。事实上，讲话稿虽然是一个人说、众人听的单声话语，但台下听众用表情与讲话人进行的无声交流，决定了讲话不是单向性的，而是跟听众的相互交流。为此，撰写讲话稿时必须心中有听众，要预测听众可能出现的反应，力求与听众形成共鸣。

3. 讲话稿类型

1）宣传鼓动性讲话

在誓师会、动员会、庆祝大会、成立大会、运动会开幕式、群众集会等大会上，运用较多的是宣传鼓动性的讲话稿。这种讲话稿，重视思想的宣传和精神的鼓舞，一般不作指示、不部署工作，但可以改变听众的精神面貌，唤起听众投身某项工作或事业的热情。

2）分析指导性讲话

布置中心工作，或研究某一问题，或统一与会者思想的会议，运用较多的是分析指导性讲话。这种讲话针对某项工作、某一问题，进行深刻的理性分析，深入浅出，循循善诱，逻辑性强，说服力强。

3）总结评论性讲话

总结会、表彰会、办公会、经验交流会及大会闭幕式上的领导讲话，侧重于总结评论。或对前一段的工作，或对大会的成果，或对各种有价值的意见或建议，作一番总结评论，肯定成绩，指出问题和今后努力的方向，是这种讲话的主要内容。

4. 讲话稿写作格式

1）标题、日期和称谓

（1）标题。领导讲话稿的标题有两种写法。一是单标题，由讲话人姓名、会议名称、文种组成，如《×××在中共中央纪律检查委员会第二次全体会议上的讲话》；

也可以省略讲话人姓名，如《在中华人民共和国澳门特别行政区成立庆祝大会上的讲话》。二是双标题，将主要内容或中心思想概括为一句话做主标题，再由讲话人姓名、会议名称、文种组成副标题，如《把教育工作认真抓起来——邓小平同志在全国教育工作会议上的讲话》。

(2) 日期。将讲话当天的日期用汉字书写，加括号置于标题下方中央。

(3) 称谓。根据会议的性质、与会者的身份，分别使用“同志们”(党的会议常用)、“各位代表”(代表大会常用)、“各位专家学者”(学术会议常用)、“女士们，先生们”(国际性会议常用)等称谓。

2) 正文

(1) 引言。讲话稿的引言有多种写法，归纳起来有下列几种主要类型。一是强调时间、空间，概略描述场面。庆祝大会比较多地采用这种引言。例如：“今夜月明风清，波平如镜。中葡两国政府在这里举行庄严的澳门政权交接仪式，宣告中国政府对澳门恢复行使主权。历史将永远记住这一举世关注的重要时刻。”(××年12月20日《在中葡澳门政权交接仪式上的讲话》)二是表示慰问和祝贺。上级领导出席下属某部门或系统会议时的讲话，较多采用这种引言。例如：“今天，我来参加这个会议，主要是表示对教育工作的支持，并且向你们，向全国教育工作者表示慰问。”(××年5月19日《在全国教育工作会议上的讲话》)三是开门见山，提出中心话题。在传达精神、布置工作的会议上的讲话，较多采用这种引言。例如：“最近，中央强调一个重要精神，就是领导干部一定要讲政治。我在十四届五中全会、中央经济工作会议、中央军委扩大会议、中央政法工作会议、全国宣传部长会议以及在北京、西北、广东的考察中，都讲了这个问题。党内外普遍认为，现在强调这个问题很有必要，也很重要。今天，我想就这个问题再讲点意见。”(×××《关于讲政治》)

(2) 主体。作为讲话稿的核心部分，讲话稿在写作中需要注意的问题无非是主题明确、内容充实、层次清楚、表达通畅、文字准确。关于内容、文字问题无须多说，这里重点强调结构的安排。主体部分的层次安排主要是并列和递进两种方式。并列式结构就是将几个方面的问题相互并置地排列起来，说完一个，再说一个，各个层次之间如果相互交换位置，一般不影响意思传达。在部署工作的会议或总结性的会议上的讲话，这种写法比较常见。递进式结构是由现象到本质、由表层到深层的层次安排方法，各层意思之间呈现逐层深入的关系。在统一思想的会议上，较多采用这种讲话方式。讲话稿的主体，因会议不同、讲话人的身份不同、内容侧重点不同、领导之间先后讲话的次序不同，其写法也会有较大的差异。以上说的两种结构方式，只是就大体而言，具体操作起来还需要灵活处理。

3）结尾

相当多的实用文体都不一定要有结尾，但讲话稿不同，它一定要有一个结尾。否则，听众会认为，××领导还没有讲完怎么就转身下台去了？

写结尾要注意两点：首先，结尾要结在必然收束的地方。主要内容表达完毕了，主体部分结构完整了，文章就到了要结束的地方。这时如果还不结束，听众就会不耐烦。反过来，如果内容还没表达完，主体还不完整，即使有一个专门的结束语，文章也不完整。其次，可采取自然结束和专门交代两种结尾方式。自然结束不用专门的结束语，但听众都能听得出来，讲话到这里结束了。专门交代则使用模式化的结束语。

☆ 领导讲话稿范文

保持共产党员先进性教育活动动员大会上的讲话

同志们：

今天，我们在这里隆重召开保持共产党员先进性教育活动动员大会暨党员挂牌上岗仪式，主要任务是认真贯彻落实上级党委关于先进性教育活动的精神，对我们公司开展先进性教育活动进行具体部署，动员公司各基层党支部和全体党员干部，进一步统一思想，提高认识，明确要求，精心组织好这次先进性教育活动，为公司的全面发展提供强大的政治动力和组织保证。

下面，就如何深入扎实地开展好先进性教育活动，我讲三个方面的问题。

一、要充分认识先进性教育活动的重大意义

保持共产党员先进性是党的自身建设的根本任务。在全党开展以实践“科学发展观”重要思想为主要内容的保持共产党员先进性教育活动，是党中央作出的一项重要部署，是“三个代表”学习教育活动的延续和深化。前几天，中心党委专门组织召开了先进性教育活动动员大会，对活动提出了明确要求，并作出了具体安排和部署，这充分表明了中心党委对开展好这项活动的强大决心。作为基层党组织，我们要充分认识到开展好这项活动，对于抓好党的基层组织建设，发挥基层党支部的战斗堡垒作用，发挥党员的先锋模范作用，实现更快更好的发展，具有十分重要的意义。

第一，从与时俱进的时代要求看，开展先进性教育活动，是全面贯彻“三个代表”重要思想，提高基层党组织执政能力的迫切需要。先进性是我们党的根本特征，始终坚持“三个代表”，永葆党的先进性，是我们党的生命所系、力量所在。胡锦涛总书记强调，“加强党的先进性建设，始终是我们党生存、发展、壮大的根本性建设。抓住了先进性建设，就抓住了党的建设的根本，就抓住了加强党的执政能力建设、巩固党的执政地位的关键”。加强党的执政能力建设，最核心的任务就是保持党的先进性。抓好发展这个第一要务、实现公司跨越式发展的历史重任，主要落在了公司各基层党支部和270名党员肩上，这是历史时代赋予我们的使命。广大党员干部能不能保持先进性，直接关系到我们能不能实现全面发展、协调发展

和科学发展。开展先进性教育活动，就是要把全公司的广大党员锤炼成“三个代表”重要思想的坚定实践者；就是使广大党员不断提高自身素质，始终发挥先锋模范作用；就是使各基层党支部不断提高创造力、凝聚力和战斗力，始终发挥领导核心作用和战斗堡垒作用；就是帮助广大党员进一步树立和落实科学发展观，不断提高执政能力，使发展的速度更快、质量更高，更符合职工群众的利益和愿望。

（省略）

同志们，保持共产党员先进性教育活动，是我们各级党组织当前的一项重要政治任务，是广大党员组织生活中的一件大事，公司全体党员一定要按照上级党委的统一部署和要求，以高度的责任感、饱满的精神状态，积极参与，务求实效，充分发挥好基层党组织的战斗堡垒作用和共产党员的先锋模范作用，为公司的持续稳定发展作出更大的贡献。

☆ 范文评析

这是一篇某领导在共产党员先进性教育动员大会上的讲话，文章开门见山，提出了会议的中心任务。正文用并列式结构对被动员者提出了具体要求。结尾强调了共产党先进性教育的重大意义，并向公司全体共产党员提出希望和发出了号召。

（二）演讲稿

1. 演讲稿的含义、特点和类型

1）演讲稿的含义

演讲稿又称演说词，它是在大会上或其他公开场合发表个人的观点、见解和主张的文稿。演讲稿的好坏直接决定了演讲的成功与失败。

演讲稿像议论文一样论点鲜明、逻辑性强，但它又不是一般的议论文。它是一种带有宣传性和鼓动性的应用文体，经常使用各种修辞手法和艺术手法，具有较强的感染力。

演讲未必都使用演讲稿，不少著名的演讲都是即兴之作，由别人经过记录流传开来的。但重要的演讲最好还是事先准备好演讲稿，因为演讲稿至少有两个方面的作用：其一，通过对思路的精心梳理，对材料的精心组织，使演讲内容更加深刻和富有条理。其二，可帮助演讲者消除临场紧张、恐惧的心理，增强演讲者的自信心。

2）演讲稿的特点

（1）整体性。演讲稿并不能独立地完成演讲任务，它只是演讲的一个文字依据，是整个演讲活动的一个组成部分。演讲主体、听众对象、特定的时空条件，共同构成了演讲活动的整体。撰写演讲稿时，不能将它从整体中剥离出来。为此，演讲稿的撰写要注意以下几个方面：首先，要根据听众的文化层次、工作性质、生存环境、品位修养、爱好愿望来确立选题，选择表达方式，以便更好地沟通。其次，演讲稿不仅要充分体现演讲者独到、深刻的观点和见解，而且还要对声调的高低、语速的快慢、体态语的运用进行设计并加以注释，以达到最佳的传播效果。另外，还要考虑演讲的时间、空间、现场氛围等因素，以强化演讲的现场效果。

(2) 口语性。口语性是演讲稿区别于其他书面表达文章和会议文书的重要方面。书面性文章无须多说，其他会议文书，如大会工作报告、领导讲话稿等，并不太讲究口语性，虽然由某一领导在台上宣读，但听众手中一般也有一份印制好的讲稿，一边听讲一边阅读，不会有什么听不明白的地方。演讲稿就不同了，它有较多的即兴发挥，不可能事先印好讲稿发给听众。为此，演讲稿必须讲究“上口”和“入耳”。所谓上口，就是讲起来通达流利。所谓入耳，就是听起来非常顺畅，没有什么语言障碍，不会发生曲解。具体要做到：①把长句改成适听的短句；②把倒装句改为常规句；③把听不明白的文言词语、成语加以改换或删去；④把单音节词换成双音节词；⑤把生僻的词换成常用的词；⑥把容易误听的词换成不易误听的词。这样，才能保证讲起来朗朗上口，听起来清楚明白。

(3) 临场性。演讲活动是演讲者与听众面对面的一种交流和沟通。听众会对演讲内容及时作出反应：或表示赞同，或表示反对，或饶有兴趣，或无动于衷。演讲者对听众的各种反应不能置之不顾，因此，写演讲稿时，要充分考虑它的临场性，在保证内容完整的前提下，要注意留有伸缩的余地。要充分考虑到演讲时可能出现的种种问题，以及应付各种情况的对策。总之，演讲稿要具有弹性，要体现出必要的控场技巧。

3) 演讲稿的种类

演讲按不同的分类标准，可以分成很多种类型，譬如领导人演讲、竞赛性演讲、论辩性演讲、竞选演讲、就职演说等。我们按照内容、性质的不同，把演讲稿分为以下三种类型。

第一类，政治鼓动类。是指政治家或代表某一权力机构的要员阐述政治主张和见解的演讲稿。各级领导的施政演说，新当选的领导人的就职演说，政治家的竞选演说等，都属于这一类型。著名的范例有林肯的《在葛底斯堡的演讲》、丘吉尔的《在美国度圣诞节的即兴演讲》，以及马丁·路德·金的《我有一个梦》等。

政治类演讲稿有三大特点：

一是话题的政治性。这类演讲涉及的往往是重大的政治问题，关系到国家、政党、民族以及改革、和平与进步等。演讲者要表明自己的政治倾向，宣传自己的政治观点，力求正确把握历史的发展方向。

二是内容的鼓动性。这类演讲是为一定的政治目的服务的，通过演讲，让听众

了解自己的施政纲领或政治观点，从而获得理解和支持，这是最基本的演讲目的。因此这类演讲，都要具备强烈的鼓动性、感召力和说服力。

三是严谨的逻辑性。政治鼓动类的演讲稿，在提出问题、分析问题、解决问题的过程中，要显示出无懈可击的逻辑力量，只有这样才能使听众口服心服，才能赢得听众的理解和支持。

第二类，学术交流类。学术演讲稿是传播、交流科学知识、学术见解及研究成果的演讲文稿。随着科学事业的发展，四化建设的需要，国内外学术交流活动的日益增多，学术演讲或学术报告的活动也越来越多。不仅专业科学技术工作者要参加各种各样的学术活动，进行学术演讲，一些机关、企事业单位的领导也要经常参加学术类的活动，也要成为科学技术方面的内行。因此，学术演讲稿具有广阔的应用范围。

学术演讲稿具有下列特点：

一是学术性。所谓学术性，首先，是指讨论的问题是科学性的，而不是社会性的；其次，是对某一学科领域中的现象或问题的系统剖析和阐述，能够揭示事物的本质及发展的客观规律。

二是创造性。所谓创造性，就是对科学问题有独特的发现和独到的见解。要在前人研究的基础上有所前进，而不是原地踏步。因此，学术类演讲不能泛泛地讲一般的知识，而要有自己的新材料、新方法、新见解。

三是通俗性。学术演讲具有很强的专业性，它要涉及许多有关复杂抽象的科学道理和不易被一般人所理解的专业术语，这样就给听众对演讲内容的理解造成了一定的困难。另外，演讲这种口头传播方式稍纵即逝，不能像阅读文章那样反复咀嚼，这样也影响传播的效果。为此，撰稿时要对某些专业知识进行必要的注解，要把抽象深奥的科学道理表达得深入浅出，通俗易懂。

第三类，思想教育类。思想教育类的演讲稿是针对现实生活中人们的思想动态、思想倾向和思想问题，以真切的事实、有力的论证、充盈的感情来讴歌真善美、鞭挞假恶丑。引导听众树立正确的人生观、世界观，激励听众为崇高的理想、事业而奋斗。这类演讲稿适用于演讲比赛、主题演讲会、巡回报告等。

思想教育类的演讲稿有以下特点：

一是时代性。思想教育类的演讲稿所涉及的内容大都是现实生活中比较突出的问题，都具有浓郁的时代气息。撰写这类演讲稿时，要把握时代精神，如实宣传现实生活中的新人、新事、新思想、新风尚。

二是劝导性。思想教育类演讲的目的是劝说、引导、警示，让人们在人生的道路上走好每一步。为此，演讲者要站在特定的立场上，通过大量翔实的材料，具体生动地阐明自己的观点，使听众在不自觉中受到感染，并引起思想上的共鸣。

三是生动性。思想教育类的演讲，并不是用抽象的说教方式把自己的观点强加于人，而是运用具体生动的事例和形象直观的表达，去打动听众，使之自觉自愿地接受演讲者的观点。

2. 演讲稿的写法

1）确定讲题，选择材料

(1) 根据演讲活动的性质与目的来确立讲题。所谓讲题，就是演讲的中心话题。演讲稿的撰写必须在一个有社会或科学价值、有现实意义或学术意义的特定问题中展开，否则，将是无的放矢。演讲者总是根据演讲的性质、目的来确定选题的。若被邀请作学术演讲，就应该介绍自己最新的研究成果或自己掌握的最新的学术信息，这样的话题才最具学术性。如果是在思想教育性的演讲活动上作演讲，就应该针对现实中最新鲜的现象和听众最关心的问题发表见解。即使是竞选演说和就职演说，也要把握住听众的理想和愿望来选题。

(2) 根据演讲主题与听众情况来选择材料。材料是演讲稿的血肉，所以材料的选择和使用在演讲稿的写作过程中是一个重要的环节。首先，要围绕主题筛选材料。主题是演讲稿的思想观点，是演讲的宗旨所在。材料是主题形成的基础，又是表现主题的支柱。演讲稿的思想观点必须靠材料来支撑，材料必须能充分地表现主题，有力地支持主题。所以，凡是能充分说明、突出、烘托主题的材料就应选用，否则就舍弃，要做到材料与观点的统一。另外，还要选择那些新颖的、典型的、真实的材料，使主题表现得更深刻、更有力。其次，材料的选择还要考虑到听众的情况。听众的政治素质、社会地位、文化教养，以及心理需求等，都对演讲有制约作用。因而，选用的材料要尽量贴近听众的生活，这样，不仅容易使他们心领神会，而且听起来也会饶有兴趣。一般而言，对青少年的演讲应形象有趣，寓理于事，举例要尽量选择他们所崇拜的人和有轰动效应的事；对工人、农民的演讲，要生动风趣、通俗浅显，尽可能列举他们周围的人和发生在他们中间的事作例子。而对知识分子的演讲，使用材料则必须讲究文化层次。

2）精心安排好开头、主体和结尾

不同类型、不同内容的演讲稿，其结构方式也各不相同，但基本都是由开头、主体、结尾三部分构成的。各部分的具体要求如下。

第一，开头要先声夺人，富有吸引力。演讲稿的开头，也叫开场白，它犹如戏剧开头的“镇场”，在全篇中占据重要的地位。

开头的方式主要有以下四种。

(1) 开门见山，亮出主旨。这种开头不绕弯子，直奔主题，开宗明义地提出自己的观点。如1941年李卜克内西《在德国国会上反对军事拨款的声明》开头就说："我投票反对这项提案，理由如下：……"

(2) 叙述事实，交代背景。开头向听众报告一些新发生的事实，比较容易引起人们的注意，吸引听众倾听。如1941年7月3日斯大林《广播演说》的开头："希特勒德国从6月22日向我们祖国发动的背信弃义的军事进攻，正在继续着。虽然红军进行了英勇的抵抗，虽然敌人的精锐师团和他们的精锐空军部队已被击溃，被埋葬在战场上，但是敌人又从前线调来了生力军，继续向前闯进。……我们的祖国面临着严重的危险。"

(3) 提出问题，发人深省。通过提问，引导听众思考一个问题，并由此造成一个悬念，引起听众欲知答案的期待。如曲啸的《人生·理想·追求》就是这样开头的："一个人应该怎样对待自己青春的时光呢？我想在这里同大家谈谈我的情况。"

(4) 引用警句，引出下文。引用内涵深刻、发人深省的警句，引出下面的内容来。如一位大学生的演讲稿《我的思考与奋起》，开头就很精彩："一个人如果一辈子都不曾混乱过，那么他从来就没有思考过。"

开头的方法还有一些，不再一一列举。总之，无论采用什么形式的开头，都要做到先声夺人，富于吸引力。

第二，主体部分要层层展开，步步推向高潮。演讲稿的主体，要层层展开，步步推向高潮。所谓高潮，即演讲中最精彩、最激动人心的段落。在主体部分的行文上，要在理论上一步步说服听众，在内容上一步步吸引听众，在感情上一步步感染听众。要精心安排结构层次，层层深入，环环相扣，水到渠成地推向高潮。

主体部分展开的方式有以下三种。

(1) 并列式。并列式就是围绕演讲稿的中心论点，从不同角度、不同侧面进行表现，其结构形态呈放射状四面展开，宛若车轮之轴与其辐条。而每一侧面都直接面向中心论点，证明中心论点。

(2) 递进式。即从表面、浅层入手，采取步步深入、层层推进的方法，最终揭示深刻的主题，犹如层层剥笋。用这种方法来安排演讲稿的结构层次，能使事物得到由表及里的深入阐述和证明。

(3) 并列递进结合式。这种结构，或是在并列中包含递进，或是在递进中包含并列。一些纵横捭阖、气势雄伟的演讲稿常采用这种方式。

第三，结尾要干脆利落，简洁有力。演讲稿的结尾，是主体内容发展的必然结果。结尾或归纳或升华，或希望或号召，方式很多。好的结尾应收拢全篇，卒章显志，干脆利落，简洁有力，切忌画蛇添足，节外生枝。

☆ 演讲稿范文

尊重不同文明，共建和谐世界

——温家宝总理在法国巴黎综合理工大学的演讲

（二〇〇五年十二月六日，巴黎）

尊敬的教育部长先生，尊敬的校长先生，同学们，老师们：

法国巴黎综合理工大学是法兰西的骄傲。这里聚集了才华横溢的知识精英，培养出许多像贝克莱尔、勒威耶、阿莱这样的杰出人才，为法兰西乃至世界文明的进步作出了贡献。应邀来这所知名学府演讲，我感到很高兴。

我演讲的题目是：尊重不同文明，共建和谐世界。

在人类社会的历史长河中，我们勇敢、智慧和勤劳的祖先创造了丰富多彩的文明。随着时间的推移，这些文明有的成为了历史，有的生生不息地一直延续下来，有的相互交融产生了新的文明。今天，人类文明正在发生深刻的变革。科技进步和经济文化交往缩短了各种文明之间的距离。无论在巴黎的香榭丽舍大街还是在北京的长安街，都可以看到不同服装、不同肤色、不同母语的人们接踵而行。无论在东方还是西方，人们的交往从来没有像今天这样密切，影响人们日常生活的因素已不再局限于某一种文化。文化是一个民族的灵魂，是她赖以生存和延续的基础。无论对中华民族还是对法兰西民族来说，我们各自继承和发扬的文化都是民族之根、国家之魂。文化多样性是人类文明的重要特征。文化多样性之于人类社会，就如同生物多样性之于自然界一样，是一种客观现实。只有尊重文化的多样性，才能使人类文明得以发展。

如何才能使不同文明共存和发展，归根到底在于“和”。这就是国与国之间的和平，人与人之间的和睦，人与自然之间的和谐。

站在人类文明发展的高度上，我们应该把和平放在第一位。不同文明的国家之间有没有可能和平相处？答案是肯定的。我们生活的这个星球上，有60多亿人口，200多个国家，2500多个民族，6000多种语言，有基督教、天主教、伊斯兰教、佛教和道教等多种宗教。正是这些不同文明的相互依存、相互交流、相互借鉴、相映生辉，才构成今天这个丰富多彩的世界。中国自古就有以和为贵、和而不同、和实生物的思想。“以和为贵”就是说国家之间、民族之间、人与人之间要以团结互助、友好相处为最高境界；“和而不同”就是说一个国家、一个民族既能容纳不同的文明存在，又能保留自己的优秀文明传统；“和实生物”就是说只有不同文明之间相互吸收借鉴，才能文物化新，推进文明的进步。“和”是中国文化传统的基本精神，也是中华民族不懈追求的理想境界。早在一千多年前，中国的唐代对外交流就非常活跃。世界上与唐朝交往的国家有七十多个。丝绸之路上和平的使团、商队络绎不绝。中国文化那时就传播到了东罗马帝国、阿拉伯国家，同时唐代的舞蹈、音乐、绘画、食品、服装、宗教也吸纳了外来文化的精华，将中华文明推向一个新的高峰。

人与人之间的和睦相处是社会文明的重要标志，也是国家稳定的基础。中国古代著名思想家孟子说过：“天时不如地利，地利不如人和。”就是说只要人们和睦相处，就什么困难都

能克服。要真正实现人与人之间的和睦，就需要发展社会生产力，消除贫穷与落后，使人们过上富裕的生活；就需要实现社会的公平与正义，坚持法律面前人人平等，尊重和保障人权；就需要提倡不同民族、不同信仰的人们相互包容、相互尊重、与人为善、以邻为伴。

人与自然的和谐相处是人类文明发展的前提。中国文化提倡“天人合一”的思想。所谓天人合一，包含着人与自然界相统一的意思。资源与环境是人类生存的基本条件，人类文明的发展从来就是依附于自然的。人可以认识自然，在与自然的和谐相处中谋生存、求发展，而不能破坏自然。有的古文明由兴盛走向衰败的一个重要原因就是对自然界肆意开发和掠夺，最终导致自然对人类的惩罚，酿成了文明的悲剧。因此，关爱自然，善待自然，是全人类的共同利益。一个失衡的地球是支撑不起现代文明大厦的。

刚刚过去的20世纪是人类文明大发展的时期。在这100年中，科技上的进步、经济上的发展、思想上的解放和艺术上的创新，都是人类智慧空前的展现，是以往几千年都难以做到的。然而，事情还有另外一面，20世纪同样见证了人类之间的相互残杀，对自然的大规模破坏和大量的贫困、饥荒、疾病。21世纪人类文明正面临前所未有的发展机遇，也面临空前的挑战。只有实现了国与国之间的和平，人与人之间的和睦，人与自然之间的和谐，人类文明才能持续发展。

世界上任何一种文明都是在变革中发展进步的。中国古代的哲学经典《周易》提出“穷则变，变则通，通则久”的思想。中华文明源远流长，却不是一成不变的。几千年来，中华文明延续发展，虽然在近代曾经一度落后，但又能奋起图强，大步前进，这不是偶然的。中华文明发展的基础和内在动力，在于它的刚健自强，在于它的独立意志，在于它的开放包容，在于它的维新变革。中华文明正是通过不断变革而传承下来并发扬光大的。

上个世纪中叶，新中国的成立，标志着“中国人从此站立起来了”。这是中华文明漫长历史中的一个重要里程碑。中国的社会主义社会是一个变革的社会，是一个开放的社会，是一个不断发展和完善的社会。改革开放将贯穿中国社会主义现代化建设的全过程。上世纪70年代末以来，中国在社会主义制度的基础上实行了改革开放的政策。中国的改革是全面的改革，我们在推进经济体制改革的同时，积极推进政治体制、文化体制和社会管理体制等方面的改革。实行改革开放，就是要充分激发亿万人民群众的积极性和创造性，进一步解放和发展生产力，不断满足人们日益增长的物质文化需要；就是要充分吸收和借鉴世界一切优秀文明成果，使社会主义永葆生机与活力；就是要贯彻科学发展观，构建和谐社会，实现人的全面发展；就是要健全民主制度，扩大公民有序的政治参与，贯彻依法治国的基本方略，建设社会主义法治国家。总之，我们通过改革将使社会更加发达、更加自由、更加平等，也更有秩序、更有法制，使中华文明更加灿烂辉煌。

摆脱贫困、谋求发展，是一代又一代中国人的追求和梦想。多少年来，我们的民族，即使在最艰难的时刻，心中总有着一盏明灯，它照亮我们的前程，使每个中国人燃起希望和勇气的火焰。我们深知，中国是一个拥有13亿人口的不发达国家，在发展中所遇到的问题，无论就其规模还是复杂性而言，都是举世罕见的，彻底摆脱贫困和落后还有很长的路要走。但我们坚信，一代又一代中国人传承着希望和勇气的灯火，不畏艰辛、百折不挠、团结奋斗，一定能够把中国建设成富强、民主、文明的社会主义现代化国家。

中国坚定不移地走和平发展道路，实行互利共赢的开放政策。全世界有识之士都看到，中国的发展对世界是机遇，而不是威胁。中国的稳定和发展本身就是对世界和平与繁荣的贡献。中华民族的悠久历史和深重灾难，培养了她自强不息、厚德载物的民族精神。中国作为世界大家庭中的一员，千百年来虽饱经忧患，但以自己的勤劳和智慧推动着世界文明的进步与发展。中华民族历来是一个讲信修睦、崇尚和平的民族。近代以来，中华民族曾经饱受列强入侵的苦难，深知和平的可贵。中国走和平发展道路是基于中国历史文化传统和现实利益需要的必然选择，是长期的、坚定不移的。

女士们，先生们：

中法之间的文化交流是东西方文明发展史上的佳话。中国人很早就对法国文化产生了浓厚兴趣。卢梭、孟德斯鸠等思想家的书籍很早就翻译成中文，在中国进步知识分子中广为流传。法国大革命“自由、平等、博爱”的理念传到了中国，为中国近代反对封建主义和殖民主义运动提供了精神武器。那时，中国的思想家严复就提出了“身贵自由、国贵自主”的观点。中国现代的许多革命家、思想家、文学家和艺术家都曾求学法国，受过法国文化的熏陶。中国老一辈领导人周恩来、邓小平曾在法国勤工俭学、追求新知。

从 17 世纪开始，中国的《论语》、《大学》等儒家经典，就通过法国传入欧洲。巴黎曾成为欧洲“中国文化热”的中心。法国的一批杰出的思想家，如笛卡儿、伏尔泰、魁奈、孟德斯鸠，都对中国文化有很深的研究。伏尔泰在其名著《风俗论》中写道：“中国拥有世界上任何其他国家无法相匹配的悠久历史，而且形成了光辉的理性主义文化。当世界上其他民族尚处在神话传说的时代，中国人已经在编撰自己的历史了。”许多法国现代的政治家和文学家对中国文化都有很深的感情。1960 年诺贝尔文学奖得主、法国诗人圣-琼·佩斯的长篇杰作《远征》就是他在北京西郊的一座道观中完成的。

当前，中法关系正处在历史上最好的时期。战略互信不断增强，经贸关系日益密切，文化交流空前活跃。中国政府珍视同法国的友好合作关系，中国人民珍惜同法国人民的友好情谊。我们把法国看做值得信赖的朋友和伙伴。我们对中法关系的前景充满信心。

女士们，先生们：

文化是沟通人们心灵最好的桥梁。法兰西文明和中华文明，都是世界文明百花园的奇葩，都有着厚重的历史积淀，都在创新中迸发着无穷的活力。我希望，刚刚结束的中法文化年能够成为中法文化交流与合作的历史新起点。“为了祖国、科学与荣誉”是贵校的校训，也代表了法国青年的理想与追求。青年是国家的希望，是世界的未来。我热切期待着：中法两国人民特别是两国青年携起手来，加强交流，增进了解，使中法文明交相辉映，共同构建和平、和睦、和谐的新世界！

☆ 范文评析

此文是一个大国总理代表国家，虽然是向一所大学的学生的演讲，实际上也是向整个法国人民发出的友好声音。总理开篇即讲：“法国巴黎综合理工大学是法兰西的骄傲。这里聚集了才华横溢的知识精英，培养出许多像贝克莱尔、勒威耶、阿莱这样的杰出人才，为法兰西乃至世界文明的进步作出了贡献。”给他的标题“尊重不同文明，共建和谐世界”奠定了基础。正文从三个方面“这就是国与国之间的和平，

人与人之间的和睦，人与自然之间的和谐”阐明了这一主题。结尾引出了该校的校训“为了祖国、科学与荣誉”，来与演讲的开头进行照应。

三、贺词、祝词

（一）贺词

1. 贺词的概念和特点

贺词，是向别人表示庆贺的话。把贺词用信函发出，叫贺信或贺函。把贺词用电报发给被庆贺者的，叫贺电。把贺词书写在画片上向人庆贺喜庆之事的，叫贺卡。如果赠送对联以向人表示庆贺，则是贺联。如果同时用礼物表示庆贺，所送的礼物就叫贺礼（贺彩）。

2. 贺信的写作格式

无论哪种形式，贺信的写作格式都和书信相同，包括标题、称谓、正文、结尾、落款五部分。

第一，标题。标题居中写上“贺信”或“致×××的贺信”。字体可以大一些。

第二，称谓。称谓单独成行，顶格书写单位名称或个人的姓名、称呼（如“先生”、“女士”）和必要的修饰语（如“尊敬的”、“亲爱的”），称呼语后要加冒号。

第三，正文。正文另起一行空两格书写贺信内容，一般包括以下几个方面：

（1）点明写贺信的缘由和背景。

（2）精当分析对方取得成果的主观原因和客观原因。如果是祝贺重要会议的召开，应说明会议的内容及其重要性。如果是寿辰贺词，应简练、概括地说明对方的贡献和品德。

（3）表示热烈的祝贺、赞颂，有时还可以写祝贺者的决心。

（4）热情的鼓励、殷切的希望及双方共同的理想。

第四，结尾和落款略。

3. 贺卡的写作

贺卡是表示庆贺的卡片，古已有之，典型的是“拜年帖子”，装在精美的小拜盒里，派专人送达。现在贺卡可由邮递的明信片代替。当然，贺卡是专递还是邮寄，是明卡还是封卡，都影响贺语的措辞。

现在贺风日炽，各种专用贺卡相继问市。贺婚卡、教师卡、父亲卡、母亲卡、生日卡、情人卡、贺年卡等都有了。当然自制的贺卡更别致、更有意义。

贺卡的用语，也有其特点：

一是简洁明快，多为单句。如“祝你生日快乐”、“幸福永远伴随着你”等，即使写个三五句或更多几句也很少使用关联词语。

二是感叹句、祈使句。如“祝你在大学里学习进步”、“敬贺父亲六十大寿，你的强健身体，你的快乐精神，是我们全家人的幸福”。

三是省略句。如“圣诞节快乐”、“永攀高峰”、“春节愉快"等，都省略了主语。

四是比喻句、象征句和拟人句。如“寿比南山松不老，福似东海水长流”、“芝兰万年香”等。

五是针对性。例如，一对恋人，男士赠送女士一个双心连锁贺卡，上面写着“你锁在我心坎里，丢了小钥匙”，幽默风趣，情意深长。

4. 写作要求

第一，贺词用语不多，语意要突出。向谁贺，贺什么，关系如何，受贺者有何嗜好、忌讳和特长等，都决定了贺词的针对性。

第二，根据时间、场合、对象等不同而措辞，贺词要恰当得体，合情、合理、合礼。

☆ 贺词范文

在春节招待会上的贺词

尊敬的各位参事、各位馆员、同志们、朋友们：

今天我们欢聚一堂，共迎新春佳节。在这喜庆的时刻，我代表党中央、国务院向诸位国务院参事、中央文史研究馆馆员，以及全国各地的参事、馆员，向所有在座的同志们、朋友们致以节日的问候和良好的祝愿！

××年是我国改革开放××周年，也是我们党和国家发展历史上不同寻常的一年。在这一年里，我们国家经受了种种严峻的考验，取得了举世瞩目的成就。在党中央、国务院的领导下，全国军民团结拼搏，战胜了历史上罕见的洪涝灾害，谱写了一曲战天斗地的壮丽凯歌。面对亚洲金融危机影响的加深，我们实行积极的财政政策，扩大内需，加强基础设施建设，使国民经济继续保持较快的增长速度，改革开放和现代化建设各项事业继续向前发展，我国的国际地位进一步提高。

××年是我们国家发展历史上具有重要意义的一年。我们将迎来建国××周年。我们要在以×××同志为核心的党中央领导下，高举邓小平理论伟大旗帜，全面贯彻党的十七大精神，继续推进改革开放和现代化建设，以崭新的姿态迈向新世纪。我们进行的是一个伟大的事业，要团结一切可以团结的力量，调动一切可以调动的积极因素，发挥各方面的积极性，为实现建设有中国特色社会主义的共同理想而齐心协力，努力奋斗。

党中央、国务院对国务院参事室和中央文史馆的工作非常重视。去年中秋节，×××出

席茶话会，亲自为新聘参事、馆员发聘书并作重要讲话。国务院参事室和中央文史研究馆伴随着新中国走过了半个世纪，各位参事、馆员几十年来为我国社会主义革命和建设做了大量的工作。新中国参事制度是中国共产党领导的多党合作和政治协商制度的组成部分；是推进民主政治建设，加强决策的科学化、民主化的实际举措；是反映社情民意，听取社会各界意见的重要渠道。中央文史馆集中了一大批年高德劭的文史界名人，开展文史研究，修史立志，进行书画创作，为弘扬中华民族的优秀传统文化，传播社会主义精神文明作出了有益贡献。希望各位参事、馆员先生们积极开展工作，为现代化建设建言献策，为发展社会主义物质文明和精神文明多做有益的事情，为实现祖国的和平统一大业作出贡献。

最后，祝各位参事、各位馆员、同志们、朋友们春节愉快，身体健康，阖家幸福！

谢谢大家！

☆ 范文评析

每到春节，党中央统战部门都要为民主党派、民主人士举行春节招待会，借此来宣传共产党的统战政策。这篇贺词的开篇，就对与会者表示祝贺，然后转入贺词的正题。从当前的形势，到对历史的回顾，并对大家的工作进行了赞赏。结尾是贺词惯用的敬辞。

（二）祝词

1. 祝词的概念

祝词，亦叫祝辞，是对人或事表示良好祝愿的言辞、文章和讲话稿。祝词是国际、国内人际交往活动中必不可少的交际工具和手段。

1）祝词的特性

（1）事先性。祝词与贺词都表示祝贺之意，有时两个词也可以互用，但祝词一般用于对未成事情或正在进行的事情的事先性预祝，有时也用于事后的祝贺；而贺词一般用于事情已成，对之表示庆贺、道喜之意。

（2）广泛性。祝词的广泛性是指祝词的对象很广泛。以人为祝词对象，长辈、平辈、晚辈，上级、平级、下级，男女老少都可以，既可以是知名人士，也可以是平民百姓，都可以通过祝词的形式增进感情，加深交往。以事为祝词对象，范围也很宽，比如，生日聚会、庆祝寿辰、开业典礼、朋友联欢会、同学聚会等，都可以使用祝词来渲染气氛，活跃场面，增进彼此的友谊。

（3）严肃性。尽管说祝词有调节气氛的作用，但由于祝词一旦脱口而出，就不便更改，从这个意义上说，祝词又具有一定的严肃性。在一些比较随便的场合，如在聚会、庆功会、喜宴等轻松愉快的气氛中，祝词人常常是触景生情，即兴而发，恰到好处，但要求祝词人必须是机智灵活，善于表达，否则，就有可能闹笑话，出洋相。在一些比较正规的场合，如举行国宴、迎送贵宾时，祝词人往往是事先有所准备，起码要打好草稿，或口头或书面。总之，祝词要准确无误，表达要自然得体。

2）祝词的分类

根据祝愿的对象不同，祝词分为吉日喜庆祝词、寿诞祝词、事业祝词、祝酒词四类。

（1）吉日喜庆祝词。吉日喜庆祝词主要包括节日祝词、生日祝词、结婚祝词（包括金婚祝词、银婚祝词等）以及迎送宾客的祝词等。这类祝词往往灵活机动，可以随机应变，其目的是为了表示良好祝愿。

（2）寿诞祝词。寿诞祝词是对老人长寿的祝愿，有的在60岁、70岁、80岁等整年岁时祝寿；有的在66岁、73岁、84岁等传统寿岁时祝寿。除了祝老人长寿这一愿望外，也表达了晚辈对长辈的尊重和爱戴，是对老人一生功绩的肯定和祝贺。因此，这类祝词若是恰当得体，对寿诞老人将是莫大的安慰。有的寿诞祝词也可以是寿诞老人自己写的。

（3）事业祝词。事业祝词的对象，既可以是个人，祝其事业有成；也可以是单位或集体，祝其事业发达。这类祝词可以是一般性质的，也可以是纪念性质和礼尚往来性质的。

（4）祝酒词。祝酒词随着各种酒会、宴会、招待会的日益增多而逐渐使用广泛。好的祝酒词能给人以启发和教益，起到活跃气氛、增进感情的目的。但要根据酒会的具体情况，针对不同的对象祝词。

☆ 晚宴祝酒词范文

在中国国际××展览会上的祝酒词

女士们、先生们：

晚上好！“中国国际××展览会”今天开幕了。今晚，我们有机会同各界朋友欢聚，感到很高兴。我谨代表中国国际贸易促进委员会××市分会、中国国际商会××分会，对各位朋友光临我们的招待会，表示热烈欢迎！

“中国国际××展览会”自上午开幕以来，已引起了我市及外地科技人员的浓厚兴趣。这次展览会在上海举行，为来自全国各地的科技人员提供了经济技术交流的好机会。我相信，展览会在推动这一领域的技术进步以及经济贸易的发展方面将起到积极作用。

今晚，各国朋友欢聚一堂，我希望中外同行广交朋友，寻求合作，共同度过一个愉快的夜晚。

最后，请大家举杯，为“中国国际××展览会”的圆满成功，为朋友们的健康，干杯！

☆ 范文评析

贺词与祝词的区别在于贺词面对的是过去，而祝词面对的却是未来。从篇幅上

看，祝词比贺词简短。因而，宴会祝词的开头，往往是对与会者的欢迎，然后转入正题。正文简单明了地提出预祝的对象，要达到什么样的目的即可。结尾便是套语。

2. 祝词的写作格式

口头祝词和书面祝词都需要一定的构思和酝酿，从广义上说，都属于“写作”，只是腹稿和手稿之分。祝词的写作具有固定的模式或格式，一般应包括以下五个方面的内容：标题、称谓、正文、结语和落款。

第一，标题。祝词的标题要写在正文的上方居中，如“元旦祝词”、“给×××教授的祝词”。有的祝词可不用标题。

第二，称谓。在标题之下顶格写称谓，如“×××同学”、“ ×××小姐”、“ ×××先生”等，具体怎样称呼祝词的对象更合适，要根据对象的性别、职业及身份地位等而定。

第三，正文。正文所列内容一定要条理分明，让人看了、听了一清二楚。或问候、祝愿，或赞颂、讴歌，或提出自己的想法和希望，都要以褒为主，以赞颂为主旨。而不要列出几大过错，那样就把祝词写成鉴定、评定书了。如果非提缺点不可，也要把握分寸，而且最好是不提。

第四，结语。这部分主要写敬语，如“祝×××健康长寿”、“祝×××先生生意兴隆，财源滚滚”、“祝×××与×××百年好和”等。

第五，落款。落款处应署上祝词者的姓名和祝词的详细日期，即年、月、日。在署名时，如果是晚辈向长辈祝词，落款时要写“学生×××”或“晚辈×××”等；如果是平辈之间或长辈向晚辈祝词，则只写上自己的名字就可以了。有的祝词可以没有落款，比如当场即兴祝词，祝词人和日期都清清楚楚，就没有必要再说了。

祝词的基本格式和结构是由上述五部分构成的，但在写作过程中要依据具体情况灵活掌握，不能死板、教条，否则就会不合时宜。

3. 祝词的写作要求

第一，要了解祝词对象。好的祝词除了语言慎重、注重感情以外，还要了解祝词对象。“没有调查就没有发言权”，同样，没有对祝词对象的充分了解，也就没有祝词的依据，也就不可能写出非常理想的祝词。可见，了解祝词对象不但是重要的，而且是必要的，甚至是写祝词时的首要准备，只有这样，才能避免在写祝词时张冠李戴，漏洞百出，闹笑话。

第二，语言要慎重。作为一种社会礼仪，祝词语言一定要达到以下几个标准：准确、简练、通俗、优美。准确是最基本的要求。对人、对事都要客观公正，实事求是，不能因为是祝词，就过分夸张；当然，必要的、恰如其分的溢美之词是无可厚非的。简练是在准确之上的又一高层次要求。

祝词常常是很简短的，有时甚至少到几个字，言简意赅，既能给人以回味，又能节约时间，这样的祝词是普遍受人欢迎的。通俗，即深入浅出，雅俗共赏，而非流于庸俗，落入俗套。要达到这一标准并非易事，它需要祝词人具有极高的驾驭语言的能力。

优美是对祝词的最高要求：不仅要求祝词能传情达意，而且要同时给人以美的艺术享受，这种优美有时并不在于其华丽的辞藻，而主要在于其构思的巧妙，能够给人以耳目一新之感。

第三，要流露真情实感。祝词，表达的是美好的祝愿，是令人高兴和愉快的事。但是否能达到这样的效果，还主要在于祝词者的感情流露。如果祝词的内容是发自祝词者内心的，是有感而发的，那么就是真情，否则，就是虚情假意。人都是有感情的，对于真情假意，人们是很敏感，并能很容易识别。所以，写作祝词一定要发自肺腑地祝愿，要流露出真情实感，否是，就会引起别人的反感，倒不如不祝词为好。

☆ 祝词范文

“港人治港”的重要体现

——祝贺香港特别行政区第一任行政长官产生

经国务院任命，香港特别行政区第一任行政长官业已产生。这是香港历史上的一件大事，是全国和国际社会关注的一件大事。它标志着香港新时代的即将到来。我们向 600 多万港人和第一任行政长官董建华先生表示热烈的祝贺！

从香港特别行政区筹委会的成立到全部是香港永久性居民组成的 400 人的推选委员会的组建，从第一任行政长官产生办法的制定到行政长官参选人的报名、候选人的提名，到推选委员会委员以无记名投票选出行政长官人选，直至中央人民政府的任命，香港特别行政区第一任行政长官产生的整个过程，正是广大港人开始民主参政，登上“港人治港”的历史舞台的过程。它再一次向世人表明，中国政府在香港实行“港人治港”、“高度自治”的决心是坚定不移的。令人欣喜的是，第一任行政长官产生的过程中，广大港人以各种方式积极参与，表现出很高的热情。这种热情及其蕴含的“筹建特区，匹夫有责”的精神，乃是明天香港稳定繁荣的广泛而深厚的基础。

第一任行政长官产生全过程之公正、公平和公开性，有目共睹，有口皆碑。提名、选举、投票、唱票、计票，无不集思广益，坚持民主程序，且实施公正的监督，对中外记者开放，从而确保了每一位推委会委员都能够完全按照自己的意愿，投下神圣的一票。事实表明，只有在香港即将回归祖国的今天，港人才得以在民主的道路上迈出具有历史意义的一步。广大港人在民主参政的同时，也创造了一些切合香港实际、独具特色的民主形式。推委会委员与

候选人之间的问答，不仅是对候选人的一种考察，也是围绕治港蓝图而展开的建设性意见的大融汇、大交流，它所营造出的同心同德、共建香港的良好气氛，赢得香港社会的普遍赞誉。

现在，筹建香港特别行政区的工作进入了新的阶段。第一任行政长官将根据基本法的规定和全国纪检监察的有关决定，负责筹组香港特别行政区第一届政府，工作繁重而紧迫。作为第一任行政长官，还要为将来在香港特别行政区成功地实践“一国两制”的方针、为全面贯彻基本法，做好开创性的工作，任重道远。

我们相信，有祖国人民的支持，有包括 18 万公务员在内的广大港人的共同努力，有筹委会卓有成效的工作基础，第一任行政长官一定能不负众望，带领 600 多万港人，保持香港的长期繁荣稳定，共创更美好的明天。

☆ **范文评析**

本祝词是在报刊上发表的，它是代表中央政府对香港的第一任行政长官的产生表示的祝贺。祝词开头从背景入手，表达了全国人民对香港人民以及行政长官董建华本人的祝贺；接着从“港人治港”的高度自治，到行政长官公平的产生，来体现我们党“一国两制”的方针；结尾表达的是有全国人民的支持，第一任行政长官一定能够带领香港人民共创香港美好的明天的希望。

第三节　日常事务文书

一、请柬、聘书

（一）请柬

1. 请柬的概念

请柬是在邀请公众或亲友参加庆典、宴会、纪念会、展览会等活动时常用的通知性的人际交流形式。

2. 请柬格式内容

第一，封面：注明“请柬”、“恭请”等。

第二，顶格写被邀请人的名字及称谓。

第三，内容另起一行，空两格，交代活动内容、时间、地点。

第四，结尾具礼、发柬者名称及时间（必要时，可附上入场券）。

☆ **请柬范文**

请　柬

×××女士/先生：

兹定于9月12日晚7：00～9：00在市政协礼堂举行仲秋茶话会，届时敬请光临。

此致

敬礼！

××市政治协商委员会

××年9月10日

☆ **范文评析**

此篇是政协邀请有关人士仲秋聚会发出的一份请柬，既庄重严肃，又显示出喜庆气氛和对知名人士的尊重。时间、地点和具体内容在短短的一句话中全部表达出来，显得简洁明确。

3. 结婚请柬格式

人们在结婚、祝寿、生育或举行其他庆典活动时，为邀请亲友赴宴或与会，也常常需要发请柬给被邀请者。发请柬是为了表示对客人的尊敬，也表明邀请者的郑重态度，所以请柬在款式和装帧设计上应美观、大方、精致，使被邀请者体味到主人的热情与诚意，感到喜悦和亲切。现在通行的请柬形式有双柬帖与单柬帖两种：双柬帖即双帖，将一张纸折成两等分，对折后成长方形；单柬帖即单帖，用一张长方形纸做成。无论双帖、单帖，帖文的书写或排版款式均有横排、竖排两种。请柬的篇幅有限，书写时应根据具体场合、内容、对象，认真措辞，行文应达、雅兼备。达，即准确；雅就是讲究文字美。在遣词造句方面，有的使用文言语句，显得古朴典雅；有的选用较平易通俗的语句，则显得亲切热情。不管使用哪种风格的语言，都要庄重、明白，使人一看就懂，切忌语言的乏味和浮华。

☆ **娶儿媳宴请客人婚柬范文**

请　柬

×××先生：

小儿王××与张××女士结婚，荷蒙厚仪，谨订于×月×日下午六时喜酌候教，王××暨男×××鞠躬。席设聚宝饭店，恕不介催。

☆ 范文评析

此篇是邀请亲友的婚柬，显得古朴庄重，又体现了喜庆和对亲友的敬重。时间、地点和具体内容在短短的一句话中全部表达出来，显得简洁明确。

（二）聘书

1. 聘书的概念

聘书是聘请书的简称。它是用于聘请某些有专业知识或名望权威的人完成某项任务或担任某种职务时的书信文体书。聘书在应用写作中起着重要的作用。

2. 聘书的写作

聘书一般已按照书信格式印制好，中心内容由发文者填写即可。

完整的聘书格式一般由以下几部分构成。

1）标题

聘书往往在正中写上“聘书”或“聘请书”字样，有的聘书也可以不写标题。已印制好的聘书标题常用烫金或大写的“聘书”或“聘请书”字样组成。

2）称谓

被聘者的姓名称呼可以在开头顶格写，而后再加冒号；也可以在正文中写明受聘人的姓名称呼。常见的印制好的聘书则大都在第一行空两格写“兹聘请××……”。

3）正文

聘书的正文一般要求包含以下内容：

（1）交代聘请的原因和请去所干的工作，或所要去担任的职务。

（2）写明聘任期限，如“聘期两年”、“聘期自2011年2月20日至2014年2月20日”。

（3）聘任待遇。聘任待遇可直接写在聘书之上，也可另附详尽的聘约或公函写明具体的待遇，这要视情况而定。

（4）正文还要写上对被聘者的希望。这一点一般可以写在聘书上，但也可以不写，而通过其他的途径使受聘人切实明白自己的职责。

4）结尾

聘书的结尾一般写上表示敬意和祝颂的结束用语，如“此致”、“敬礼”、“此聘”等。

5）落款

落款要署上发文单位名称或单位领导的姓名、职务，并署上发文日期，同时要加盖公章。

聘书写作的注意事项：聘书要郑重严肃，对有关招聘的内容要交代清楚。同时聘书的书写要整洁、大方、美观。聘书一般要短小精悍，不可篇幅太长，语言要简洁明了、准确流畅，态度要谦虚诚恳。聘书是以单位名义发出的，所以一定要加盖公章，否则为无效。

3. 聘书的作用

聘书在这些年来使用的很多，招聘人才为现今用人制度的主要形式，也为聘请书的使用提供了广阔的市场。聘书在今天人们的生活中起到了重要的作用。

（1）加强协作的纽带。聘书把人才和用人单位很好地联系起来。一个单位在承担了某项任务后，或在开展某项工作的时候，为了请到一些本单位缺乏的人才，就需要用聘书。聘书不只使个人同用人单位联系了起来，同时还加强了不同单位之间的合作，使之可以互通有无，互相支援，聘书就这样起到了不可替代的纽带作用。

（2）加强应聘者的责任感、荣誉感和促进人才交流。应聘者接到聘书也就等于必须为自己所聘的职务、工作负有责任，会尽力做好自己的工作。因为聘书是出于对受聘人极大的信任和尊重才发出的，这无形中就加强了受聘人的责任感。同时受聘人往往是在某方面确有专业知识或能作出特殊贡献的人，所以聘书的授予也就促进了人才的交流，可以较充分地发挥受聘人的聪明才智。

（3）表示郑重其事、信任和守约。

4. 聘书的适用范畴

一般来讲聘书适用于以下一些情况。

学校、工矿企业等在需要某方面有专业知识或有专业技能的人才时，发出聘书。这种情况下，往往是用人单位承担了某项工作，依靠自己本单位或现有的人才资源无法顺利完成任务；或者由于企业的发展，事业的扩大，必须新聘用一些有专业知识，在工作中起重大作用的人。总之，这是一种对专业人才所发的聘书。

社会团体或某些重要的活动为了提高自身的知名度、扩大影响力，常常聘请一些有名望的人加盟或参与，以期更好地开展活动。例如，聘请名人做顾问、做指导、做某项比赛的评委等均属于这种情况。

☆ **聘书范文**

聘　书

为了提高我协会的知名度和影响力，经过中华摄影协会常委研究决定，特聘请×××先生为我协会终身荣誉会长，指导我协会全面日常工作。

此致

敬礼

中华摄影协会（盖章）

××年2月22日

☆ **范文评析**

聘书的称谓，指的是被聘者的姓名称呼，可以在开头顶格写，而后再加冒号。本聘书在正文中写明受聘人的姓名称呼。常见的印制好的聘书则大都在第一行空两格写“兹聘请××……”。

本聘书的正文包含以下一些内容：首先，交代聘请的原因和请去所干的工作，及所要去担任的职务。其次，写明聘任期限：终身荣誉会长。正文写上对被聘者的希望，指导本会日常工作。

本聘书的结尾写上表示敬意语，即“此致”、“敬礼”。

本聘书的落款署上发文单位名称，并署上发文日期，同时加盖公章。

二、讣告、悼词、墓志铭

（一）讣告

1. 讣告的概念

讣告又称“讣闻”、“讣文”。“讣”原指报丧的意思，就是将人去世的消息报告给大家。讣告是机关、单位、个人，把某人去世的不幸消息向逝者的亲戚、朋友、家属发出通告性文书。党和国家领导人去世，是国内发生的大事，现在一般不用讣告而用公告或宣告，以表示隆重、庄严。生死是人生中的大事。人去世后，机关、单位或生者亲属一般要进行一些悼念活动，来表示对逝者的哀悼之情、寄托哀思，上至国家领导下至平民百姓无不如此。自古以来，人们在进行悼念活动时已形成了一些较为稳固的形式，然而对于这些文体的写作情况，人们却知之较少，所以本章将有关文体的写作格式和要求进行专门介绍，以期对大家有所帮助。

2. 讣告的种类

讣告一般分为以下三种。

(1) 一般式讣告。这种讣告是人们常用的讣告。它的写法是：①在开头一行中间写“讣告”二字，或在“讣告”前冠上逝者的姓名，如“×××讣告”。字体要大于正文的字体。②写明逝者的姓名、身份，因何逝世，逝世的日期、地点、终（享）年岁数。③简介逝者生平，着重简略介绍逝者生前具有代表性的经历。④通知吊唁、开追悼会的时间、地点。⑤署明发讣告的团体或个人的名称，以及发讣告的年、月、日。

(2) 公告、宣告式讣告。这种讣告隆重、庄严。一般用于党和国家领导人和国内的重要人物或影响较大人物。它是由党和国家机关、团体作出决定发出的。公告、宣告式讣告的写作：①标出发公告或宣告的单位名称和逝者的姓名，如“中共中央、全国人大常委会、国务院”、“×××同志逝世”。②标明文种“公告”或“宣告”。③正文写公告或宣告内容，一是公布逝者逝世的消息，如逝者的职务、姓名、逝世原因、时间、地点以及终年岁数；二是简介逝者生平和对逝者的评价，以及对逝者表示哀悼之词；三是署明公告或宣告时间。

(3) 新闻报道式讣告。这种讣告作为一则消息在报纸上公布，旨在让社会各界人士知道。这种讣告的内容和形式都很简单，但也有的报道得较详细。

3. 讣告的形式

一般性讣告是最常见的讣告形式，主要内容包括以下四个方面。

(1) 标题。标题一般有两种形式：一种由文种名称组成，在头一行中间写上“讣告”二字；另一种由逝者名和文种名共同构成。如“鲁迅先生讣告”。

标题一般要字体略大于正文字体，或者给标题字加黑。

(2) 正文。讣告的正文通常要写出下面几项内容：首先写明逝者的姓名、身份、死因、逝世的日期、具体时间、地点、终年岁数。这里需指出的是，终年也有的写为享年，意思是享受过的有生之年。享年一般用于自己的长辈或人们所敬重的老者。终年指死时已活到多少岁。终年的用法较为广泛，不带有感情色彩。其次简介逝者生平主要经历及政治、学术、艺术、技术等方面的主要成就。需要指出的是这里逝者的经历是其代表性的经历，而不是其个人履历的一种复写。最后告知吊唁、追悼会的时间、地点、接送车辆安排等其他有关事宜。

(3) 落款。讣告的落款署明发讣告的单位、团体或个人的名称及姓名，以及发讣告的时间。

（4）一般性讣告注意事项。讣告的语言要求准确、简练、严肃、郑重。

时代变化了，有些词语带有极强书面语味道的，在行文时，理应淘汰，如要用“先父”、“先母”代替过去的“先考”、“先妣”。

凡讣告的用纸，依据我国的传统忌用红色，一般用白纸、上书黑字即可。

一般性讣告需在告别仪式之前尽早发出，以便逝者亲友及时地作出必要的安排和准备，如备花圈、写挽联等。

☆ 讣告范文

鲁迅先生讣告

鲁迅（周树人）先生于一九三六年十月十九日上午五时二十五分病卒于上海寓所，享年五十六岁。即日移置万国殡仪馆，由二十日上午十时至下午五时为各界瞻仰遗容的时间。依先生的遗言：“不得因为丧事收受任何人的一文钱。”除祭奠和表示哀悼的挽词、花圈等以外，谢绝一切金钱上的赠送。谨此讣闻。

鲁迅先生治丧委员会
蔡元培、内山完造
宋庆龄、A. 史沫特莱
沈钧儒、萧三、曹靖华
茅盾、胡愈之、胡风
周作人、周建人

☆ 范文评析

本文标题由姓名和文种构成。

正文写明鲁迅的姓名、死因、逝世的日期、地点、享年岁数。最后告知吊唁、追悼会的时间、地点和有关事宜。特别指出先生生前遗言：“不得因为丧事收受任何人的一文钱。”因而，除祭奠和表示哀悼的挽词、花圈等以外，谢绝一切金钱上的赠送。

本讣告的落款署明发讣告的单位的名称与个人的姓名，而未表明发讣告的时间。

（二）悼词

1. 悼词的概念

悼词是对逝者表示哀悼的话或文章，它有广义和狭义之分。广义的悼词指向逝者表示哀悼、缅怀与敬意的一切形式的悼念性文章，狭义的悼词专指在追悼大会上对逝者表示敬意与哀思的宣读式的专用哀悼的文体。今天的悼词是从古代的诔辞、哀辞、吊文、祭文一步步演化而来的。诔辞作为我国哀悼文体的最古老形式，最早是一种专门表彰逝者功德的宣读性的哀悼文体。哀辞文体是诔辞的旁支。诔辞的对象主要是王公、贵族、士大夫并以颂赞逝者功德为主；而哀辞的对象主要是“童弱夭折，不以寿终者”，同时以抒发生者哀悼之情为主。吊文指凭吊性的文章，“吊”有慰问之意。吊文内容较诔辞、哀辞广泛，也较其庞杂。可以说吊文是我国古代群众性的哀悼文体。它不一定是歌颂功德的文字，如汉代司马相如的《吊秦二世赋》。吊文也可以对具体的事物而言，成为一种咏怀性的文体，如《吊古战场文》之类。祭文是古时祭祀天地鬼神和逝者时所诵读的文章。屈原的《九歌》是最早的祭文。祭文范围较广，只有祭奠逝者的文章才属于哀悼文体的范畴。今天我们所说的悼词是“五四”新文化运动的产物，它反映出新时代的新变化，无论在形式还是在内容上，与古代的诔辞、哀辞、吊文、祭文均有实质性的不同。

2. 悼词的特征

与古代哀悼性文章相比，悼词具有以下两个特征：

(1) 总结逝者生平业绩，肯定其一生的贡献。现代性悼词是一种具有高度思想性和现实性的文体，人们以此既寄托哀思，又通过逝者的业绩激励后来者。如毛泽东同志在追悼张思德同志的追悼会上所致的悼词，留下了《为人民服务》这一不朽篇章。它不知激励了多少勇于牺牲、为民请命的革命志士，直至今天它还具有很强的现实意义。

(2) 表现形式和表现手法的多样性。悼词既可以写成记叙文或议论文，又可以写成优秀的散文作品；既能以叙事为主，又能以议论为主，还可以抒情为主；既有供宣读的形式，又有书面形式。概括来讲，充分肯定逝者对社会的贡献，真诚表达生者对逝者的悼念和敬意，以质朴无华的语言和多种多样的形式体现化悲痛为力量的积极内容。这就是现代悼词的基本特征。

3. 悼词要注意的问题

(1) 明确写悼词的目的是主要介绍逝者的生平事迹，歌颂逝者生前在革命或建设中的功绩，让人们从中学习逝者好的思想作风，继承逝者的遗志。但是这种歌颂是严肃的，不夸大，不粉饰，要根据事实，作出合理的评价。

(2) 要化悲痛为力量。有的逝者生前为党、为人民做了很多好事，他们的美德会时时触动人们的心灵，悼词应勉励生者节哀奋进。

(3) 语言要简朴、严肃、概括性强，这也是写悼词应注意的问题。

4. 悼词的基本格式和写作

通常来讲，宣读体悼词形式相对稳定，这里主要介绍一下宣读体悼词的格式写法。宣读体悼词主要由三部分构成。

1）标题

标题的组成方式有两种情况：一种是直接由文种名称作为标题，如《悼词》；另一种由逝者姓名和文种名共同构成，如《在宋庆龄同志追悼会上的悼词》。

2）正文

悼词的正文通常由开头、中段、结尾三部分构成。首先，开头以沉痛的心情说明召开或参加此次追悼会的目的，尽可能全面而准确地说明逝者的职务、职称和称呼，以示尊崇，要注意这些称呼之间的先后排列顺序，然后简要地概述逝者何年、何月、何日、何时、何原因与世长辞，以及所享年龄等。其次，中段承接开头、缅怀逝者。这是悼词的主体部分。该部分主要由两方面组成。一是介绍逝者的生平事迹，即对逝者的籍贯、学历以及生平业绩进行集中介绍，应突出逝者对人民、对社会的贡献。二是对逝者的思想、精神、作风、品质、修养等作出综合的评价，介绍其对他人和社会产生的积极影响，如鼓舞、激励了青年人，为后人树立了榜样等。该部分的介绍可先概括地说，再具体介绍；也可先具体地介绍，再概括地总结。再次，结语主要写明生者对逝者的悼念及如何向逝者学习、继承其未竟的事业、化悲痛为力量，为国家、为社会作出更大的贡献等内容。最后要写上“永垂不朽”、“精神长存”或“安息吧 ”之类的话。悼词的结语要积极向上，不应该是消极的，所以最后的结语尽量不用“安息吧”这句话，因为“安息吧”是西方天主教为逝者举行仪式时用的一句话，这里面含有人生在世是痛苦的，只有死后才能幸福的消极思想。

3）落款

悼词一般在开头就已介绍了参加追悼会的人员情况，所以悼词的最后落款一般只署上成文的日期即可。

5. 悼词的分类

悼词分类有不同的角度和标准。

1）按照用途分

(1) 宣读体悼词。这种悼词专用于追悼大会，由一定身份的人进行宣读。它是对在场参加追悼会的同志讲话，而不是对逝者讲话。悼词表达出全体在场的人对逝者的敬意与哀思，同时勉励群众化悲痛为力量。宣读体悼词以记叙或议论逝者的生平功绩为主，而不以个人抒情为主。另外，宣读体悼词受追悼大会本身的时间、地点、条件的限制，在形式上相对来说也较为稳定。

(2) 艺术散文类悼词。这类悼词内容广泛，包括所有的向逝者表示哀悼、缅怀与敬意的情文并茂的文章，这类文章大都发表在报纸杂志上。这种文章通过对逝者过去的事情的回忆，展现逝者的品质和精神，虽志在怀念，但却落脚在逝者的精神对活着的人的鼓舞和激励上。

2）按照表现的手段分

(1) 记叙类悼词。记叙类悼词以记叙逝者的生平业绩为主，并适当地结合抒情或议论。这是现代悼词最常见的类型。朴实的记叙文体，字里行间却充满对逝者的哀悼和怀念之情。宣读体悼词和书面体悼词均可以采用这种形式，如朱自清的《哀韦杰三君》。

(2) 议论类悼词。以议论为主，抒情、叙事为辅的悼词，这类悼词重在评价逝者对社会的贡献。议论类悼词能够和现实生活紧密结合，是社会意义较强的一种哀悼文体，如恩格斯的《在马克思墓前的讲话》。

(3) 抒情类悼词。这类悼词以抒发对逝者的悼念之情为主，并适当地结合叙事或议论。抒情类悼词经常以抒情散文的形式出现，文学色彩浓厚，能在情感上打动人。它与一般抒情散文的不同在于悼词的情感不同于普通的情感。它崇高而真挚，质朴而自然，如郭沫若的《罗曼·罗兰悼词》。

☆ 悼词范文

×××同志的悼词

今天，我们怀着十分沉痛的心情，悼念我们的好经理×××同志！

×××同志系中国共产党党员，××公司经理，因病多方治疗无效，于××××年二月五日晚八时五十分在县人民医院不幸逝世，终年五十七岁。

×××同志××××年三月参加革命，××××年六月参加中国共产党，历任百货公司营业员、采购员、会计、财务股副股长、百货公司经理等职。在长期的革命工作中，他大公无私，热爱集体，工作积极，勤勤恳恳，认真负责，任劳任怨，作风平易近人，谦虚谨慎，是党的好干部。他三十多年如一日地忠于党和人民的事业，为党的财贸事业做了大量的工作，作出了一定的贡献！

现在，×××同志与世长辞了，使我们党失去了一个好党员，使我们财贸战线失去了一个好干部，我们感到无限悲痛！

我们沉痛地悼念×××同志，我们要化悲痛为力量，学习×××同志勇往直前的革命精神和大公无私的高贵品质，在党的领导下，为建设我们伟大的祖国，为实现四个现代化而努力奋斗！

×××同志安息吧！

☆ **范文评析**

本文开头以沉痛的心情召开×××同志追悼会，接着准确地说明逝者的职务、职称和称呼，以示尊崇；紧接着简要地概述逝者的革命经历，积劳成疾与世长辞；然后对逝者的思想、精神、作风、品质、修养等作出综合的评价，介绍其对他人和社会产生的积极影响。结语是套语。

（三）墓志铭

1. 墓志铭的概念

墓志铭是中国古代一种悼念性的文体。

2. 墓志铭的表达方式及内容

墓志铭一般在埋葬逝者时，刻在石上，埋于坟前，一般由志和铭两部分组成。志多用散文撰写，叙述逝者的姓名、籍贯、生平事略；铭则用韵文概括全篇，赞扬逝者的功业成就，表示悼念和安慰。但也有只有志或只有铭的。

墓志铭可以是自己生前写的，也可以是别人写的，主要是对逝者一生的评价。

墓志铭在写作上的要求是叙事概要，语言温和，文字简约。墓志铭一般是铭主死后由别人撰写，偶有铭主本人生前撰写的。

墓志铭为在坟墓中或坟墓上，以逝者生平事迹所写的一份简介，尤其对于伟大或值得纪念的人其墓经常有墓志铭，在中国和西方都存在这种习俗，但是近代中国已不流行写墓志铭。

墓志铭是给过世的人写的。在古代，墓志主要是把逝者的简要生平刻在石碑上，放进墓穴里，中国人讲究立德、立言、立行，去世后这些都是要写进墓志铭，以求得人死留名。

在现代，主要是记述一生的重要事件，然后对人做一个综合的评价。

一般而言，墓志铭使用韵文写作，中西方皆然，但也有例外，如韩愈的《柳子厚墓志铭》为无韵散文。

3. 名人墓志铭举例

1）数字铭

16世纪德国数学家鲁道夫穷其毕生精力，把圆周率计算到小数点后35位，是当时世界上最精确的圆周率数值，他的墓碑上就刻着这一组数字。而“37，22，35，

RI. P”是美国影星玛丽莲·梦露的墓志铭。这几个数字给影迷留下了一个谜，最终梦露研究会将谜底揭破，它们分别表示着梦露的胸围、腰围、臀围，说明逝者生前的爱美心愿。

2）图示铭

古希腊著名数学家阿基米德的墓碑上刻着球内切于圆柱的图形，以纪念他发现球的体积和表面积均为其外切圆柱体积和表面积的2/3这条著名的几何学原理。德国数学家高斯因其发现了正17边形的尺规作法，他的墓碑上刻上了一个正17边形。法国生物学家巴斯德的墓碑上刻着许多小鸡、小羊和小狗。

3）美诗铭

英国诗人雪莱的墓志铭是莎士比亚《暴风雪》中的诗句：“他并没有消失什么，不过感受了一次海水的变幻，他成了富丽珍奇的瑰宝。”法国浪漫主义诗人缪塞的墓志铭是他写的六行诗：“等我死去，亲爱的朋友，请在我的墓前栽一株杨柳。我爱它那一簇簇涕泣的绿叶，它那淡淡的颜色，使我感到温暖亲切，在我将要永眠的土地上，杨柳的绿荫啊，将显得那样轻盈，凉爽。”

4）幽默铭

伟大的戏剧家、诗人莎士比亚墓碑上刻着他临终前为自己撰写的幽默的铭文：“看在耶稣的份上，好朋友，切莫挖掘这黄土下的灵柩：让我安息者将得上帝祝福，迁我尸骨者定遭亡灵诅咒。”大文豪萧伯纳的墓志铭：“我早就知道无论我活多久，这种事情还是一定会发生的。”作家海明威的墓志铭：“恕我不起来了！”

5）名字铭

法兰西民族英雄，法国前总统戴高乐的墓碑上只刻有他的名字“夏尔·戴高乐”。曾经“捕捉”天上雷电的美国科学家富兰克林的墓碑刻的是“印刷工富兰克林”，因为他毕生引为自豪的，还是他青年时代做过的印刷工。

☆ 墓志铭范文

胡适墓志铭

这是胡适先生的墓，生于中华民国纪元前二十一年，卒于中华民国五十一年。这个为学术和文化的进步，为思想和言论的自由，为民族的尊荣，为人类的幸福而苦心焦思，敝精劳神以致身死的人，现在在这里安息了！我们相信形骸终要化灭，陵谷也会变易，但现在墓中这位哲人所给予世界的光明，将永远存在。（毛子水《胡适墓志铭》）

☆ 范文评析

中西方写作墓志铭的目的基本上是相同的，而在表达方式上各具特色。西方人以幽默、

简洁的文字出奇制胜，引起人们的关注。中国人却叙述逝者的生平、功绩，不乏有夸饰的色彩——文过饰非。

✲ 训练与实践

1. 你对人际关系类文书怎样来理解？

2. 谈谈讲话稿与演讲稿的联系与区别。

3. 根据下面的内容，代拟一份请柬。

××贸易公司拟于××××年1月28日（星期二）下午4：00在外贸大厦多功能厅举行迎新春茶话会，邀请顺通公司总裁刁习海先生参加。请你为盛发贸易公司拟写一份请柬。

4. 根据下面的文字写一篇500字的演讲稿。

近一个世纪前的1911年是中国旧历的辛亥年，一年伊始，反清起义便接连不断。继4月间的广州黄花岗起义后，5月四川发起了保路运动，以孙中山、黄兴为领袖的同盟会在武汉秘密建立了中部总会，武昌的文学社和共进会便积极准备相机发动武装起义。10月9日，负责军事组织的孙武在俄租界配制炸药不慎引爆，领导机关遭到破坏，名册、印信被抄，起义总指挥蒋翊武出走。10日晨，革命党人刘复基、彭楚藩、杨宏胜被捕遇难。在此危急关头，新军中革命党人主动联络，决定按原计划立即起义。晚上8点多钟，新军工程营、辎重营首先发难，首先是工程第八营的几个士兵拒交子弹，打死了前来镇压的反动军官，打响武昌起义的第一枪。工程营夺占了楚望台军械库，推左队队官（相当于连长）吴兆麟为临时总指挥，各营革命党人纷纷响应。当晚，起义军兵分三路向总督署及第8镇司令部发起进攻，炮击总督署，湖广总督瑞徵、第8镇统制张彪仓皇出逃。11日天亮后起义者便占领了武昌全城，革命党人的“十八星旗”高高飘扬在黄鹤楼上。

5. 请代拟一份在大学生新生入学典礼上的讲话稿。

6. 请为你去世的亲友撰写一份悼词。

第三章　事务性文书

第一节　事务性文书概述

事务文书是机关、团体、企事业单位和个人在处理日常事务时用来沟通信息、安排工作、总结得失、研究问题的实用文体，是应用写作的重要组成部分。

作为个人工作、生活文书（简历、应聘书、求职信）的写作，必须以真实为基础，在文书中按照写作模式如实地进行表述，才可能实现自己的目的。

作为公务文书，由于这类管理类文体处理的日常事务亦为公务，所以事务文书属于广义的公文范畴。它与狭义公文（行政机关 12 类 13 种，党内机关 14 种）的区别在于：一是无统一规定的文本格式；二是不能单独作为文件发文，需要时只能作为公文的附件行文；三是必要时它可公开面向社会，或提供新闻线索（如简报）或通过传媒宣传（如经验性总结、调查报告等）。其类别有：计划类文书、报告类文书、简报类文书和会议类文书。

事务文书的政策性很强，它是党和国家的方针政策在有关实际工作中具体的体现。拟稿者须认真领会有关的政策，并运用政策原则去指导工作。同时，事务文书还必须以法律规定为依据，不能与现行政策和法规相抵触。

撰写事务文书要了解实际情况，进行深入细致的调查研究，尽可能多地搜集、积累材料，只有这样才能明情况、知变化、定决策，才能发挥事务文书的指导性功能与务实的作用。

事务文书，或拟订计划，或制定规范文书，或调研总结，或拟会议材料，都是为了解决工作中的实际问题，因此必须要实事求是，要解决的问题具有科学的可行性。

事务文书的格式虽然不像行政公文那样程式化，但许多文种的格式也有约定俗成的共同特点。在结构方面，事务文书要求开门见山、突出重点、层次分明；在语言方面要求用语准确，尤其是公务类文书，更讲究炼词炼句，不能出现歧义，表述不能模糊。

第二节 个人事务性文书

一、简历

（一）个人简历的概念和特点

个人简历就是对某个人的生活经历有重点的加以概述的一种应用文书。

个人简历是对一个人生活经历的精要总结，在一定程度上是一个人的整体形象的缩影，因而是现代社会人事档案的一个重要组成部分，也是考察干部、选拔任用人才等必需的一份重要资料。个人简历和求职信同等重要，不能马虎了事。正因为这样，个人简历在写作上讲求真实性、正面性和精炼性。真实性是指写简历时一定要客观理性地总结自己的经历，做到真实、准确、不夸大、不缩小、不编造，这样才能取信于人，具有保存的价值。正面性是指内容应当是正面性的材料。负面的内容要远离简历。精炼性是指个人简历要越短越好，在大多数情况下，一两页就足够了。

个人简历可以采用第一人称，自己写自己，也可以采用第三人称，为他人而写。

个人简历有三种典型的形式，可以采用其中的任何一种，每一种都有它特定的目的和特有的说服力。

(1) 年代顺序排列型个人简历。用这种形式写简历时，对个人经历、学习或社会实践活动中取得的成就，应按照时间先后顺序排列，重点应强调近几年的情况。它的优点是看上去一目了然，容易看懂，这是普遍采用的形式。

(2) 实用型个人简历。这种简历是把个人取得的成就分别列在不同的实践活动名称下，将具体日期写上，把它们作为辅助资料。也就是说，把你认为是最重要的成就排列在前面。这种简历可以掩饰你就业经历不足的劣势，可以针对你最感兴趣的职位目标组织个人经历背景。

(3) 目标型个人简历。大多数个人简历着重于过去，目标型简历则着重于未来。在写明具体求职目标（意向）之后，第一项内容的标题应是“能力”，其中列举5～8种你所能做好的事情；也可以列举你认为可以胜任的、与你的求职目标相关的岗位，即使你过去从未实际做过的也可以。第二项内容的标题应是“成绩与才能”，应该从你过去非职业性的成就中选出具体事例，而且事例最好与“能力”一项遥相呼应。这种简历的优点是可以让你的未来上司去想象你可能在哪个职位上会取得好成绩，而这些工作你并未做过。

按年代顺序排列型和实用型简历也都需说明求职目标，留存的余地较大，目标型简历针对性强。采用何种简历，应视个人的需要和目标，看哪种形式最能表现你的优点和长处。

（二）个人简历写作格式

个人简历的写作格式一般由六个部分组成，即标题、个人基本情况、个人履历（学习经历、工作经历、所获得的各种奖励和荣誉）、应聘的职位和目标、联系方式、列举证明材料部分等。自己写自己的还可以加上署名和日期。

(1) 标题。可以直接写“简历”二字，也可以在简历之前冠以姓名和称谓。

(2)“本人基本情况”部分。包括姓名、年龄（出生年月）、性别、籍贯、民族、学历、学位、政治面貌、学校、专业、身高、毕业时间等。一般来说，本人基本情况的介绍越详细越好，但也没有必要画蛇添足，一个内容要素用一两个关键词简明扼要地概括说明一下即可。

(3)“个人履历”部分。主要是个人从高中阶段至就业前所获最高学历阶段之间的经历，应该前后年月相接。主要内容包括下面三点。

一是“本人的学习经历”部分。主要列出大学阶段的主修、辅修与选修课科目及成绩，尤其是要体现与你所谋求的职位有关的教育科目、专业知识。不必面面俱到（如果用人单位对你的大学成绩感兴趣，可以提供给他全面的成绩单，而用不着在求职简历中过多描述这些东西），要突出重点，有针对性，使你的学历、知识结构让用人单位感到与其招聘条件相吻合。

二是“本人的工作经历及特长”部分。包括做过哪些社会实践工作、有什么建树或经验教训。作为应届毕业生则是主要突出大学阶段所担任的社会工作、职务，在各种实习机会当中担当的工作。对于参加过工作的研究生，突出自己在原先岗位上的业绩也是非常重要的。

三是所获得的各种奖励和荣誉。这部分包括上学期间、军队服役、出版物上发表的论文、发表演讲、社团成员资格、奖励和获得承认的计算机技能、专利权、语言技能、许可证书和资格证书，个人兴趣爱好也可以列上两三项，让用人单位了解求职者的工作、生活情况。

(4)“求职意向”（也称求职目标）部分。主要表明本人对哪些岗位、行业感兴趣及相关要求。要表明自己应征的职位，说明自己具备哪些资格和技能，想找什么样的工作。

(5)“联系方式”部分。同封面所要突出的内容一样，一定要清楚地表明怎样才能找到你，如区号、电话号码、手机号、E-mail 邮箱和 QQ 号码等。

（6）列举证明材料部分。简历的最后一部分，一般是列举有关的证明人及有关附加性参考材料，附加性材料包括学历证明、获奖证书、专业技术职务证书、专家教授推荐信和所发表的论文著作等。证明人，一般提供3～5个，是对你求职资格、工作能力和个人情况的保证人。因此一般选择在校期间或以前工作单位或所参加社团中比较熟悉且又知名的人，一般不要选择自己的父母或亲戚。让别人作证明人，事先应征得选取对象的同意。在证明人栏目中要详细说明证明人的姓名、职务、工作单位及联系方式。

总之，个人简历的写法没有必要千篇一律，形式也不是纸介质一种。采用哪种形式，要因人而异，要突出个性、富有创意，向用人单位展示自己、达到成功推销自己的目的。

☆ **范文赏析**

在美国耶鲁大学的入学典礼上，校长每年都要向全体师生特别介绍一位新生。去年，被校长隆重推出的，是一位自称会做苹果饼的女同学。在这么多学生中，为什么单单这位女同学如此幸运呢？原来，在耶鲁大学，每年入学新生都要填写自己的特长，而在当年的学生中，其他新生填写的都是诸如运动、音乐、绘画等，只有这位女生以擅长做苹果饼为“卖点”，结果便脱颖而出。这就是“具体详细”给这位女学生带来的成功。毫无疑问，如果这位女学生在特长一栏填写的是“擅长厨艺”而不是“会做苹果饼”的话，恐怕幸运不会降临到她的头上。

（三）个人简历的写作技巧

简历的内容、式样设计方案，仁者见仁，智者见智，然而关键要记住：任何一个好单位，在招聘时收到的求职简历都会堆积如山。和你的预想正好相反，没有哪个人事主管会逐一仔细阅读简历，更多的情况是匆匆过目。无法吸引他们注意的简历很可能被忽略，永久地沉睡在纸堆里。因此，突出个性、与众不同便是设计个人简历成功的法宝。个人简历写作时要注意做到以下几点：

（1）内容上突出个性。内容就是一切，所以一定要突出你个人的能力、成就以及过去的经验，使你的简历更出众。写作时应该注意先将本人具备的能力和所取得的成绩一一列出，然后仔细分析你的能力并阐明自己能够胜任这份工作的理由。强调以前的成就，然后一定要写上结果，比如可以这样写：“组织了公司人员调整，削减了无用的员工，使公司每年节约人民币550 000元。”

（2）形式上与众不同。如果想在竞争中求职成功，首先就要将简历设计得与众不同。要从形式到内容把简历设计得落落大方，不落窠臼，并因此脱颖而出，任何一位招聘者都会对别出心裁的简历感到眼前一亮。曾经一位女生就将简历设计成了一份精美的小礼品，结果这份简历不但被招聘方细细品味，而且这位女生的细心、聪慧等优点也得到了赏识，最后求职成功。

（3）篇幅上短小精美。要使招聘者在最短的时间内读到更多的信息。篇幅最好不超过两页（A4复印纸），如果你在校期间已有著作问世或担任组织、团体职务，就要一一列出，实实在在的实践，远比没有成果的虚衔更让人信服。如果字数超出，可以另写一页附录。

（4）表达上转劣为优。如果你只是一个刚毕业的学生，而正在与那些有相同学历但是有更多工作经历的人竞争。年轻，缺乏相关职业的丰富工作经历是你的弱势。写作时需要巧妙处理，以转劣为优。如可以在简历中的工作技能部分强调“勤奋苦干……迅速掌握新技能”，以此来弥补所欠缺的工作经验，或表示愿意接受较低的薪水，不起眼的工作任务，长时间或在常规工作时间外工作。在简历中有效地掩饰工作记录空白、频繁离职和教育背景缺陷等问题，也许能为你获取工作的机会。

（5）强调成功的经验。招聘人员总是想要你拿出真正具有实力的证据。这就需要你拿出以前取得的成绩，以及你的前雇主从你那里得到了什么益处，包括节约了多少钱，多少时间，取得的创新等。这样，你成功的概率将高许多。

（6）用词上力求精确。阐述技巧、能力、经验要尽可能的准确，既不夸大也不误导。恰如其分地表达出你所写的与实际能力及工作水平相同。还要写上以前工作的时间和单位。不要写错别字，出现错别字会表明人的素质不够高。

☆ 个人简历范文

个人简历

◆个人资料

姓　名：×××	政治面貌：×××
性　别：×	学历：×××
年　龄：××	系　别：×××
民　族：××	专　业：×××
籍　贯：××××××	健康状况：××

◆知识结构

主修课：×××

专业课程：×××

选修课：×××

实习：×××

◆ 专业技能

接受过全方位的大学基础教育，受到良好的专业训练和能力的培养，在地震、计算机等各个领域，有扎实的理论基础和实践经验，有较强的野外实践和研究分析能力。

◆ 外语水平

2010 年通过国家大学英语四级考试；2011 年通过国家大学英语六级考试。有较强的阅读、写作能力。

◆ 计算机水平

熟悉 DOS、Windows98 操作系统和 Office97、Internet 互联网的基本操作，掌握 FORTRAN、Quick-Basic、C 语言等。

◆ 主要社会工作

小学：班劳动委员、班长。

中学：班长、校学生会主席、校足球队队长。

大学：班长、系学生会主席、校足球队队长，校园国旗班班长。

◆ 兴趣与特长

☆喜爱文体活动、热爱自然科学。

☆小学至中学期间曾进行过专业单簧管训练、校乐团成员，参加过多次重大演出。

☆中学期间，曾是校生物课外活动小组和地理课外活动小组骨干，参加过多次野外实践和室内实践活动。

☆喜爱足球运动，曾担任中学校队、大学系队、校队队长，并率队参加多次比赛。曾获××市足球联赛（中学组）“最佳射手”称号并参加过××××嘉士伯××市大学生足球联赛。

◆ 个人荣誉

中学：××优秀学生。××优秀团员、三好学生、优秀干部。××英语竞赛三等奖。

大学：校优秀学生干部××××、××××年度三等奖学金与××××年度二等奖学金。

◆ 主要优点

★有较强的组织能力、活动策划能力和公关能力，如在大学期间曾多次领导组织大型体育赛事、文艺演出，并取得良好效果。

★有较强的语言表达能力，如小学至今，曾多次作为班、系、校等单位代表，在大型活动中发言。

★有较强的团队精神，如在同学中，有良好的人际关系；在同学中有较高的威信；善于协同“作战。”

◆ 自我评价

活泼开朗，乐观向上，兴趣广泛，适应力强，勤奋好学，脚踏实地，认真负责，坚忍不拔，吃苦耐劳，勇于迎接新挑战。

◆ 求职意向

可胜任应用××××及相关领域的生产、科研工作，也可以从事贸易、营销、管理及活动策划、宣传等方面的工作。

☆ 范文评析

个人简历有许多种写法，但却不能违背它的写作结构原则，也就是正文必须是一个三段式结构，即前言部分，简单介绍个人的资料；主体部分介绍个人的经历及成就；结语部分提出求职意向。本简历没有写证明材料和证明人，作为大学生的求职简历，这部分可写可不写。这份简历比较符合简历的写作模式，行文处理方面详略得当，一目了然。

☆ 应聘书范文

应　聘　书

尊敬的公司领导们:

你们好!

非常感谢你们在百忙之中阅读我的个人简历，给了我一次迈向成功的机会！常听有人感慨某次好运的降临使他过上了与以前不一样的生活。而我想的是：他今天拥有的一切其实是自己去努力争取的结果。

在校内，我认真学习，努力做好自己的工作，经常参加一些课外活动，曾是院舞蹈队的成员，并且多次参与院举行的文艺晚会，从而使自己具有良好的身体素质和心理素质。在校外，我常常参加社会上的实践来吸取工作经验。当面对工作时，我会给自己定下一个目标：就是不怕苦，要有责任心，要果断！因此，经常得到领导们的肯定和支持。大学三年里我努力学习专业知识，从各门课程的基础知识出发，掌握其基本技能技巧，学以致用、举一反三，力求把所学到的知识融会贯通。最后，再次感谢你们阅读此简历，望各位领导给我一个机会，我会用行动来证明一切，衷心祝愿公司事业蒸蒸日上。

此致

敬礼!

应聘人：×××

××××年5月10日

☆ 范文评析

要想应聘成功，应聘人就得照顾招聘单位的情绪。本文开头对公司领导表示感谢能在百忙中阅读作者的简历，并提出自我奋斗的决心。正文对自己在校努力学习，取得优良成绩作了简单的介绍，着重介绍参加课外活动，扩大知识面和培养社交能力，理论联系实际，从而全面提高个人的素质。然后祝愿公司蒸蒸日上。结语是套语。

应聘书应该与个人简历一起发出，因而它们之间可以互为补充，互相佐证。

二、求职信

1. 求职信的含义

求职信是向用人单位自荐谋求职位的书信。它分成自荐信和应聘信两种，这是一种随着社会经济的发展而产生的新的应用文体。随着改革开放的不断深入和经济的较快发展，人才的流动将日益频繁，求职已成为一种社会化的活动。在美国、日本等经济发达国家，求职不仅是行为科学研究的重要内容，并已发展成为一种专门的艺术——求职艺术。

2. 求职信的特点

求职信写作时要讲求针对性、自荐性和独特性。

针对性，是指要针对求职单位的实际情况、读信人的心理和个人的求职目标写。否则，求职信会因为针对性不强而石沉大海。

自荐性，是指要恰当地推介自己。求职信是沟通求职者与用人者的一种媒介，在相互不熟悉不了解的情况下，写作者要善于推介自己，并恰如其分地表现自己，用你的成绩、特长、优势，甚至用你的个性，你的“闪光点”吸引对方，使对方在即使未曾谋面的情况下，产生一种心动和值得一试的感觉。

独特性，是指内容和形式的不同一般。求职就是竞争，要想在竞争中取胜，必定要出类拔萃，不同一般。这一点要在你的信中得到充分体现。

3. 求职信的要素

求职信的写作包括四个要素。

(1) 求职目标，即你要求到什么公司或什么单位工作、你想干什么工作，这一点必须明确，绝不能模棱两可。

(2) 求职缘起，即交代求职的理由，说明你为什么要到该公司工作，你想获得那份工作的原因是什么。回答这个问题时，要简洁，不要啰嗦，既要实事求是，又要机智灵活。

(3) 求职条件，是求职的关键。写作时，要善于扬长避短，针对求职目标，表现自己的主要业绩和优势，在陈述自己求职条件的时候，一定要恰如其分。过于卑怯，读信人会认为你没有信心，缺乏进取心和创造力；一味浮夸，读信人会觉得你不知天高地厚，干事不踏实。

(4) 附件，是附在信末的，对你起着证明或介绍作用的有关材料。它包括你的个人简历、所学专业课程一览表、各门课程的成绩一览表、发表的论文或论著，单位、学校或某个教授、专家的推荐信等。附件在求职信的写作中具有重要意义。它不仅让读信人对你有具体的了解，还可增强他对你的信任感。

4. 求职信的基本格式

求职信的写作格式一般由六部分组成，即称呼、开头、正文、结语、附件、署名日期。

(1) 称呼。它是对读信人的称谓。由于读信人是公司或单位的负责人，故可直呼他为“××公司负责人”、“××厂厂长”、“××企业经理”等。求职信不同于一般的私人书信，故称呼时应注意，不要用“亲爱的”、“我最尊敬的”等刺人的字眼。为了礼貌起见，可用“尊敬的××”来称呼。

(2) 开头。一般书信的开头为问候语，但是求职信的开头，可直截了当说明自己写信的目的，表述时应简洁，并能吸引读信人看下去。

(3) 正文。这是求职信写作的重点。一般交代你求职的原因，应聘、应征的条件，尤其要注意表现你的主要成绩，突出你的优势。

(4) 结语。主要是强调你的愿望和要求。

(5) 附件。如前所述，选用的证明材料，应有必要的签名和盖章。

(6) 署名日期。要认真书写，不能潦草马虎。

5. 求职信写作时的注意事项

(1) 内容要简短。切忌长篇大论，篇幅一般控制在600字以内（附件除外）。

(2) 措辞有分寸。做到不卑不亢。过于谦卑，会给人庸碌无为的不良感觉；过于高傲，会给人轻佻浮夸的印象。

(3) 投单位所好。善于换位思考，从用人单位的角度出发考虑问题，有针对性地提供自己的背景材料，表现出独到的智慧和才干。

(4) 字迹要工整。洁净秀丽的字体本身就是一封最好的“介绍信”，容易给人留下良好的第一印象。

(5) 留联系方式。求职信一定要写清联系方式，包括邮编、通信地址、电话等。

6. 求职信的写作技巧

撰写一封得体的求职信，可能是你在寻找工作的时候遇到的棘手问题之一。在求职的过程中，体现个人才智并且文辞精美的求职信，一定有助于你谋求到一份理想的工作。因此，写求职信，还须讲究写作技巧，力求做到“情”、“诚”、“美”兼

备，以“情”感人，以诚“动”人，以“美”迷人。

（1）以“情”感人。人际关系是人与人之间情感的凝结。在人们的相互交往过程中，有以血缘为基础的家庭式情感，有以志向或义气为基础的朋友式情感，有以地缘为基础的邻里和老乡式的情感，还有以利益为基础的互惠式情感。这种情感贯穿于人际交往活动中。作为求职者，在相互较为陌生的情况下，要以情感人，关键是两点：一是把握用人者的心理，巧妙引入；二是寻找共同点，引起共鸣。

（2）以“诚”动人。求职信的“诚”主要表现在“诚意”和“诚实”两层含义。“诚意”就是要求态度诚恳，不能夸夸其谈。“诚实”就是要如实地写出你想从事某项工作所具备的条件，以及选择某项工作的原因，或者是为了发挥某项专长与特长，或者是为了照顾家里的老父老母，或者是受对方单位的某些优越条件的吸引等。诚实永远是人们所追求的最美好的品质，更是用人单位来衡量求职者的重要标准。

（3）以“美”迷人。一封文情并茂的求职信，往往会让人爱不释手。要使信写得“美”，应力求做到：语言要饱含感情，在求职信中，适当地选用一些谦辞、敬辞。如“恳请”、“敬请”、“您”、“贵公司”等，以表达和谐、亲切、相互尊重之意。语言要富于生气，不要死板呆滞，翻来倒去总是那么几个词语，让人看了厌烦。善于运用成语和口语，使语言表达更精湛、凝练、精辟、形象、上口。

☆ 求职信范文

求　职　信

尊敬的×××：

您好！请恕打扰。我是一名刚刚从×××大学商学院会计系毕业的大学生，我很荣幸有机会向您呈上我的个人资料。在投身社会之际，为了找到符合自己专业和兴趣的工作，更好地发挥自己的才能，实现自己的人生价值，谨向各位领导作一自我推荐。

现将自己的情况简要介绍如下：

作为一名会计学专业的大学生，我热爱我的专业并为其投入了巨大的热情和精力。在四年的学习生活中，我所学习的内容包括了从会计学的基础知识到运用等许多方面。通过对这些知识的学习，我对这一领域的相关知识有了一定程度的理解和掌握，此专业是一种工具，而利用此工具的能力是最重要的。在与课程同步进行的各种相关实践和实习中，具有了一定的实际操作能力和技术。在学校工作中，加强锻炼处世能力，学习管理知识，吸收管理经验。

我知道计算机和网络是将来的工具，在学好本专业的前提下，我对计算机产生了巨大的兴趣并阅读了大量有关书籍，Windows98/2000/XP、金蝶财务、用友财务等系统和应用软件，以及 Foxpro、VB 语言等程序语言。

我正处于人生中精力充沛的时期，我渴望在更广阔的天地里展露自己的才能，我不满足与现有的知识水平，期望在实践中得到锻炼和提高，因此我希望能够加入你们的单位。我会踏踏实实的做好属于自己的一份工作，竭尽全力的在工作中取得好的成绩。我相信经过自己的勤奋和努力，一定会作出应有的贡献。

感谢您在百忙之中所给予我的关注，愿贵单位事业蒸蒸日上，屡创佳绩。祝您的事业百尺竿头，更进一步！

希望各位领导能够对我予以考虑，我热切期盼你们的回音。谢谢！

此致

敬礼！

×××

××××年2月14日

☆ **范文评析**

求职信与简历、应聘书在写法与内容方面都基本相似。本文首先作了自我介绍，同时提出了求职的目的。正文对自己作了一番自我介绍，进行自我推销。结尾部分仍然是对招聘单位的祝词和惯用套语。

三、竞聘词

（一）竞聘词的概念和特点

竞聘词，又称竞聘演讲稿，或称竞聘讲话稿。它是竞聘者为了实现竞争上岗，展露自我具有足够的应聘条件的讲演稿。大至竞选总统，小到竞聘上岗，都要用到这种讲话稿。在我国，随着竞争上岗的普遍实行，竞聘讲话稿的写作越来越显得重要。

竞聘词实际上是演讲词中的一类，因此它除了具有演讲词的一般特点外，由于它是针对某一竞争目标而进行的，还有自己的“个性”，即目标的明确性。写作时要亮出自己所要竞聘的岗位目标：内容的竞争性，要显出“人无我有”、“人有我强”、“人强我新”的胜他人一筹的“优势”来，有时，甚至要化劣为优；主题的集中性，指表达的意思单一，不枝不蔓，重点突出；材料的实用性，指所选材料既是符合实际的，又是对自己竞争有利的；思路的“程序”性，指演讲词的思维脉络有一定的顺序，不像一般演讲词那么自由；措施的条理性，指在讲措施时要条理清楚，主次分明；语言的准确性，指要恰如其分地表情达意，所谈事实和所用材料、数字都要“求真求实”，准确无误。

（二）竞聘词的基本格式

竞聘词的写作格式与演讲词大致相同，只是在写法上还必须突出它自身的特点——应聘条件。这里说的应聘条件，包括个人的主观条件和竞聘者提出的未来的

任期目标、施政构想、措施方略等要项。因此，在结构上它可以分为以下三个部分。

一是标题，有三种写法。①文种标题法，即只标“竞聘词”；②公文标题法，由竞聘人和文种构成或竞聘职务和文种构成，如《关于竞聘××公司经理的演讲》；③文章标题法，可以采用单行标题拟制，也可采用正副标题形式，如《明明白白做人　实实在在做事——竞聘学校办公室主任的演讲词》。

二是称呼，即对评委或听众的称呼。一般用“各位评委”、“各位听众”即可。

三是正文，这是全文的重点和核心，应围绕以下几个方面展开：①开头，开门见山地叙述自己竞聘的职务和竞聘的缘由。应自然真切，干净利落。②主体，先介绍个人简历。简洁地介绍自己的情况，年龄、政治面貌、学历、现任职务等。再摆出自己优于他人的竞聘条件，如政治素质、业务水平、工作能力等。最后提出自己任职后的施政目标、施政构想、施政措施。③结语，用最简洁的话语表明自己竞聘的决心、信心和请求。

当然，竞聘词由于它要考虑多种临场因素与竞争对手因素，它的结构可以灵活多样，但是基本内容仍然离不开应用文的“三段式”模式。

（三）特别提醒

竞聘词中介绍个人简历时要讲求真实性、简要性，突出特殊性；展示工作能力时要突出工作成绩、优化工作思路；提出的施政措施要目标明确、实在；语言上要做到情真意切。

竞聘词的写作质量，不仅取决于竞聘者的文字水平，也是其政治素养、理论水平、业务能力等诸多方面水平的综合反映。因此，除了观点鲜明、内容充实、语言通顺外，还要注意如下问题：

(1) 实事求是，明确具体。竞聘者应实事求是，言行一致。每介绍一段经历、一项业绩都必须客观实在。给国家作出什么贡献，给单位创造什么效益，给职工提供什么福利，一定要清楚，不能吞吞吐吐，模棱两可。

(2) 调查研究，有的放矢。竞聘词是针对某岗位而展开的，因此，写作前必须了解岗位的情况，力争找到解决问题的最佳途径，以便战胜对手。

(3) 谦虚诚恳，平和礼貌。评审人员及与会者是不会接受狂妄傲慢、目中无人的竞聘者并委以重任的，所以，竞聘词写作上十分讲究语言的分寸，表述既要生动，有风采，打动人，同时又要谦逊可信，情感真挚。

（四）竞聘词的写作技巧

随着国家干部制度、人事制度以及机构改革形势的发展，越来越多的人将通过竞选的方式实现自己的人生理想。同时，随着社会竞争的日趋激烈，大中专毕业生的求职和下岗职工的再就业，也都面临着竞职、竞聘的考验。竞聘演讲为广大人才提供了一个充分展示自我、表现自我的舞台，为了获得竞争的胜利，有必要在竞聘词的写作上多花些工夫，因此，在写作上要注意如下技巧。

1. 开头要开门夺气

《孙子兵法·军争篇》曰："故三军可夺气，将军可夺心，是故朝气锐，昼气惰，暮气归。故善用兵者，避其锐气，击其惰归，此治气者也。"竞聘词的一个重要特点，就是要有竞争性，而竞争的实质就是争取听众的支持，鼓舞、壮大己方支持者的队伍，瓦解、分化对方支持者的营垒。做到这点的有效手段之一，就是在演说之初的几分钟内，在气势上争取主动，战胜对方。

竞聘者有如下几种表达方式：

(1) 豪爽潇洒型。例如："拿破仑曾说，不想当将军的士兵不是好士兵。本人虽算不上好士兵，但是也愿谨遵巨人教诲，当个好将军，故此登台亮相，毛遂自荐。"这番开头，具有将军的豪言、将军的壮举、将军的豪迈，豪放直爽，感染力强。

(2) 新巧睿智型。有一篇竞聘词是这样开头的："俗话说，胆小不得将军做。对此我却不敢苟同，有例为证：汉代韩信为渡过险境，忍受街上无赖的胯下之辱，可谓胆小，但是最终却成为将军。本人素以胆小著称，却偏有鸿鹄之志，故斗胆走上台来，倾诉心中宿愿，并自信会成为一个正直磊落、心地善良、胆小而不怕事的好官。"这种巧妙引用、独具匠心的开篇，机敏阐示、巧言入题的方法，能够充分展示竞聘者的卓识与聪慧，颇具征服力和向心力。有助于让竞聘者在短短的开篇中激起听众的兴趣，引起听众的注意。

(3) 坦率质朴型。常见一些人在竞聘的开篇即言："首先说明一下，此次登台，并无非当上官不可的奢望，只想响应一下人事制度改革的召唤，并借此结识一下新朋友，使大家认识我，了解我，喜欢我！"这类率直、真挚，少做作、去伪饰的开篇，容易为人所接受，自然而然也容易得到听众的支持。

2. 主体要突出要项及优势

毫无疑问，获取竞职演讲成功的关键部分就在主体部分。因此，在这部分的写作上，要突出要项，充分展示竞职者的竞争优势。具体地说，可以从以下几个方面努力。

一是任期目标。竞聘者提出的任期目标要明确且具体实在，才能使人信服。比如竞聘厂长，对未来的生产规模、产品质量、经济效益、技术水平、职工福利等项

目，任务、指标要明确，能量化的要尽量量化，不能量化的要具体化。如果为了争取听众而说大话，开空头支票，哄骗听众，听众是不会买账的。并且，竞聘者所定目标要具有竞争力，还必须注重目标的先进性。

二是施政构想。竞聘者写作时可以联系客观实际、体现岗位特点、注重难点问题、适应发展形势来谈施政构想，对未来的岗位工作做统筹安排。重点办哪几件实事，解决哪几个主要问题，特别是职工关注的焦点、难点问题，能在多大程度上解决、能解决多少，竞聘者都应该胸有成竹地提出来。

三是措施方略。竞聘者围绕实现未来的任期目标所提的方法、措施，必须切实可行。让人感到踏踏实实，可以操作。同时，思路要新颖独到，使人感到你有创新，有发展，高人一筹。这样，才会有吸引力和号召力。

四是个人优势。其内容广泛，包括个人的各种素质、能力、水平。其中，常提到的是：政治、思想、文化、义务、心理、身体等方面的素质；管理、公关、组织、协调、表达等方面的能力；政策、理论水平；个人资历、工作经验、专业技术等。这方面的内容，要根据设置岗位的实际需要，有选择、有针对性地介绍，或在经历上突出优势，或在素质上突出优势，或在构想上突出优势，或在语言技巧上突出优势等，宜简不宜繁，内容要充实。

3. 结语要恳切有力

竞聘词的结语，犹如乐曲结束时的“强音”，可以动人心魄，因此，也要认真对待，给听众留下更深更好的印象。它可以卒章显志表真诚，也可以发出号召表真心，也可以巧借“东风”表决心，还可以借景抒情显水平等。当然，也可以随要项的说完而结束，不狗尾续貂。

4. 讲究竞聘技巧

有竞争就有比较，有比较就有等级差距。每个竞聘者都希望自己成为优胜者，打铁需要自身硬，那固然是对的，但是在每个人各有短长的情况下，怎样取胜呢？是贬低别人、抬高自己，还是巧妙地说明“他行，我更行呢”？当然要采用后者。具体来说，一是要根据岗位工作的需要，善于扬己之长，用事实表明自己比对手更有特长；二是根据群众的美好愿望，善于体察民心，用事实表明自己比对手更能满足民众的急切需要；三是根据单位现有的条件，善于物尽其用，人尽其才，用比对手略胜一筹的任期目标，提出对手未曾想到的点子，说明自己比对手更有办法。

总之，竞聘者准备竞聘词，要善于扬己之长，避人之短，用事实说话，切忌吹牛、海夸、华而不实。

☆ 竞聘词范文

竞　聘　词

尊敬的各位领导、评委、同志们:

大家好!

我很高兴有机会参加今天的竞职。我叫×××，37岁、中共党员、大专文化，现任市文化馆副馆长，兼市艺术团副团长，州曲艺家协会理事。毕业于×××学院中文专业。××××年参加工作，当过市新华书店职员、市文化馆调研部主任职务，××××年任市文化馆副馆长。曾荣获××××年度全市先进工作者、全州文化辅导先进工作者等荣誉称号，并连续多年获全市文体系统先进党员、先进工作者称号。下面我将客观地说明我自己所具备的应聘能力，全面地论述我对于做好文体工作的总体思路和具体措施，并且，将心悦诚服地接受各位领导、评委和同志们的评判。

今天我参加市文化新闻出版和体育局副局长职位的竞选，我认为自己除了具备作为一名文体工作者须具备的政治坚定性、政治敏锐性，能够准确把握先进文化前进方向，还具备以下优势和条件:

第一，丰富的工作经验和较强的组织协调能力。参加高密度的群众性精神文明创建活动使自己积累了宝贵的工作经验。××××年我调入文化馆工作，10年来配合市委宣传部、文体局等相关部门策划组织了“全市歌咏大赛”、“春节联欢会”、“××之夜广场文艺晚会”、“××民俗节”以及国庆××周年、建党××周年、州庆××周年等大型文艺演出30余场。并创造性地开展工作，克服困难，组织全市青少年歌手大赛、书画广场表演赛等大型群众文化活动达20余次，促进了我市群众文化事业的发展。尤其是××××年开始担任全市广场文化活动指挥，至今成功策划组织了74场广场文化活动，因为是群众文化活动新领域，人手不够，自己就身兼节目编排、形式策划、文字撰稿、活动组织、协调调度、现场指挥、舞台监督、节目主持等数职。协调动员了全市63个部门，单位和社会团体，在取得了巨大社会效益的同时也大大提升了自身的协调组织能力和临场应变能力。××××年创建艺术培训中心，开展针对青少年的艺术培训，一方面加强了全市艺术水平梯级建设，一方面引导艺术培训向产业化发展，加强了对文化馆、艺术团的经济支持，提升了群众文化事业的发展后劲。另外我还积极参与过文体局其他几个重点部门的工作，积累了宝贵的工作经验，提高了我的工作能力和水平。

第二，深厚的文字功底和较高的文学素养。在组织、带动全市文艺爱好者不断进步的同时，自己加强学习，也得到了锻炼和提高。近几年全市大型文化活动的主持词，都是由我撰稿。在歌词创作上主要有市“税收之春”晚会主题曲《四月春之声》、××××市春节晚会主题曲《托起明天的太阳》；其他如表演唱词《我们是农电好职员》参加全州电力系统比赛获二等奖；演讲词《追求内在的永恒》获全州民政系统二等奖、《在平凡的岗位上铸就金融事业的辉煌》获得全州金融系统二等奖；论文《广场文化的认知传承发展》在××省第16届群众文化研讨会上获二等奖并在《群众文化研究》刊物上发表。从××××年起，开始参与文体局

一些大型材料的撰写工作，并频繁深入基层调研，掌握了全市文化体育工作的第一手资料。××××年～××××年形成9篇调查报告，在全州文化明星评比工作中共摘取了七颗文化明星。可以说，文字功底是做好领导工作的基础。我相信自己经过多年的磨炼，已经具有深厚的文字功底和较高的文学素养，适合今天竞选的岗位。

第三，较强的事业心和创新进取、求真务实的工作作风。我把事业比做生命一样重要。一个人在其位就应该谋其政，就应该为你所选择的事业负责，就应该不断进取。在市庆祝建市××周年庆典活动中，我针对市体育场的实际情况，大胆提出了用3200名学生翻花图案背景取代传统的木牌标语背景，并主动承担了翻花设计工作。亲自指挥协调四个学校，使翻花图案背景成功地首次展现在大型文体活动中。坚持创新使我选择的事业得以发展，也为我工作取得成功奠定了坚实的基础。

我选择参与今天的竞职，一方面，我觉得参与本身就是自我价值的体现；另一方面，我认为自己能胜任这个职位。希望通过新的岗位，给自己创造更广阔的发展空间，充分发挥潜在的才能，为建设和谐平安家园作出自己的贡献。

我深知，文体局副局长的工作不是轻而易举就能做好的，必须全力以赴，理清思路，找准工作的切入点和着力点。如果这次竞职成功，走上新的工作岗位，我将从以下几个方面入手。

第一，加强学习，提高自身综合素质。文体工作实际上是集政治、经济、文化、教育、科技、生活于一体的传统事业，覆盖面广。作为全市文体事业的带头人理应通晓各方面的知识，减少或消除“一知半解”的弊病，加强知识结构的完善、业务能力的锻炼和经验教训的积累。我虽然从事文化工作多年，但还缺少宏观管理工作的实践经验。为此，我更要加强学习，深入了解有关文体事业的法律、法规和业务知识及文化热点；深入基层、虚心求教，不断地用新知识充实自己、完善自己，提高自己的综合素质，以更好地适应新的工作岗位的需要。

第二，严于律己，勤政廉政。“打铁需得自身硬。”走向新的工作岗位，我一定按照党的干部纪律标准严格要求自己，勤政廉政、忘我工作，真正做到权为民所用，情为民所系，利为民所谋。

第三，确立目标，扎实工作，促进文体事业新发展。按照市委、市政府的总体工作部署，我会与其他班子成员加强团结，密切配合，互相支持，扎实工作。在工业立市、旅游兴市的战略中，确立以长白山旅游资源和朝鲜族民俗文化相结合为依托，以繁荣社会文化建设为先导，城乡文化协调发展，大力开发旅游文化、民俗文化、人文文化资源，开辟渤海古国文化发掘为新的业务增长点，通过文体事业的繁荣促进本地区经济实现跨越式发展的思路。营造一个高效运作、城镇并进、事业繁荣、产业兴旺的文化环境；抓住文化产业发展这个重点，实施精品工程、标志性文化设施建设工程和文化艺术人才培养工程；创造出先进的文化产品，建设成先进的硬件设施，培育出优秀的文艺人才，为促进我市文体事业和经济发展打造平安家园作出应有的贡献。

尊敬的各位领导、评委、同志们：

诚恳待人，为人正派是我的为人态度！勤奋务实，开拓创新是我的工作态度！如果组织上委以市文化新闻出版和体育局副局长的重任，我将不辜负大家的期望，充分发挥我的聪明才智，以昂扬的工作热情和高度的工作责任心，加倍努力地工作，使文体局的工作在各方面都有新的起色，新的突破，上升到一个新的台阶。同时，我也明白，参加这次竞选无论成功与否，对我而言都是一次历练和促动，也是一次学习和提高的机会。我都会一如既往地以无尽的热望去工作、去奋斗！继续塑造我市文体事业的灿烂辉煌！

谢谢大家！

☆ **范文评析**

竞聘词实际上是演讲词中的一类，因此它除了具有演讲词的一般特点外，由于它是针对某一竞争目标而进行的，还有自己的"个性"，即目标的明确性。本文写作时就明确自己所要竞聘的岗位目标：其内容的竞争性，更显出"人无我有"、"人有我强"、"人强我新"的胜他人一筹的"优势"来。

本文开篇作了自我简介，着重简介所获得的荣誉。主体从三个方面有理有据地介绍了自己的优势，显示了自己将作为一名副局长的气魄；接着对自己提出了三个方面的要求和目标，也就是自己的施政纲领；结尾是一种自然收束。

第三节 专用书信

一、介绍信、证明信

（一）介绍信

介绍信是用于证实本单位有关工作人员身份、介绍其工作使命、凭此与其他单位接洽工作的一种证明性函件。

1. 介绍信格式

一种是固定格式，印刷好的介绍信格式，留存根，有编号，便于查询。另一种是公用信纸临时书写，不受限制。

2. 介绍信写作格式

(1) 标题："介绍信"或"××单位介绍信"。

(2) 主送单位：顶格书写，加冒号。

(3) 正文：一要写清被介绍者姓名、身份、随行人数；二要写清接洽事项和要求；三要祈请用语或谦敬语，如"请予接洽"或"请予支持"，之后写"此致、敬礼"。

(4) 落款：出具介绍信单位和日期，加盖公章。

(5) 期限：括号标注"有效期×天"。

☆ **介绍信范文**

介　绍　信

兹介绍我公司×××同志等×人（系我公司），前往贵处联系业务事宜，请接洽。

此致

敬礼

×××公司（盖章）

××××年3月1日

（二）证明信

1. 证明信的特点

证明信是用于证明有关人员身份或有关事实真实情况的证明性函件。

2. 证明信写作格式

（1）标题："证明"或"证明信"、"关于×××的证明"。

（2）主送单位：顶格书写，加冒号，也可不写。

（3）正文：提行空两格，写清证明事由，实事求是，真实可靠，言之有据，引文准确，语言简洁。结语写"特此证明"。

（4）落款：证明单位和日期，加盖公章。

（5）附件：复印件加盖复制单位印章。

☆ **证明信范文**

证　明　信

北京市方圆公证处：

兹有×××系我单位工作/存档人员，申请赴×国（留学、定居、探亲、工作等），根据其档案记载和我单位掌握的情况，现提供证明如下：

1. 出生证明：×××姓名：×××，性别：×，出生日期：×××，出生地点：×××，生父姓名：×××，生母姓名：×××。

2. 无犯罪证明：×××。

×××单位（公章）

××××年×月×日

二、慰问信、感谢信

（一）慰问信

1. 定义

机关、单位、团体向有关方面和有关人员表示慰问、问候和致意的一种专用书信。

2. 慰问信写作格式

（1）标题：例如，《河南省人民政府致江油县在地震中受伤人员的慰问信》可只写“慰问信”三字。

（2）主送对象：顶格写。

（3）正文：一是简要说明形势、背景及慰问原因；二是对被慰问者工作成绩有针对性的肯定和评价，对困难表示理解和同情；三是提出希望和勉励。

（4）落款：单位和日期。

☆ 慰问信范文

慰 问 信

敬爱的老师：

您好！值此教师节翩然即至之际，我们××××级四班全体学子，谨向您致以无比诚挚的问候！

我们将万般的敬意和深深的祝福编织成文字，带着我们的虔诚——给您鞠躬！我们默默祈望，祈望这张薄薄的信纸是只小船，载着深情的眼睛，驶进您的港湾，守护您的劳累，给您慰藉……

老师，您辛苦了！每当您的身影在夜幕下的窗棂中闪动，我们便记起，记起神圣而古老的师道，记起一个令人感叹的话题……

老师，我们热爱您！您，斗室中孜孜不倦，励精笔耕；您，静夜中秉烛苦读，拥坐书城；您太多太多的辛劳与委屈，您太少太少的索取与抱怨……啊，您的清寒与潇洒，背负着世俗，背负着冷漠，默默奉献的人生！老师，在您的莘莘学子告别校园那天，在您皓首穷经那天，您心力交瘁的灵魂将获抚慰，将笑傲千古！

老师，我们尊敬您！古人云：“国将兴，必将贵师重傅。”中华腾飞，离不开您播芳植馨，科教兴国，离不开您铺路筑石！举目当今华夏，尊师重教，蔚然成风。我们欣喜感奋！我们祝愿每位国人都敬重人师！

逝者如斯！几载寒窗，记不清我们聆听过您多少教诲！每每回忆旧日师生情谊，每每再睹老师今日面容，我们都心潮激越，感念万端，“谁言寸草心，报得三春晖?”老师，请您再

一次接受我们对您的真诚祝福和无限感激！敬祝老师您——身体健康，节日愉快！

××××级四班全体同学

××××年9月2日

☆ **范文评析**

作为书信的开头总是对对象表示自己的尊敬或问候之类的话语。正文用优美的语言对对象进行赞美或称颂，在字里行间流露出对对象的真挚情感。本书信首先是着重抒情的，其次才是记叙一些小事，但这些小事，也是为了抒情，抒发出学生对老师的真挚情感。

（二）感谢信

1. 感谢信的定义

机关、单位、团体向有关方面、有关人员的支持和帮助表示感谢的一种专用书信。

2. 感谢信的写作方法

感谢信的主要写法与表扬信大致相同。结语写“此致、敬礼”或“顺致最诚挚的谢意!”

☆ **感谢信范文**

四川汶川地震感谢信

——致温家宝总理

尊敬的温家宝总理：

我是一个四川成都人，目前在四川电视台从事新闻工作，从5月12日下午黄昏至今，我一直被您亲临抗震救灾第一线指挥的身影感动着、鼓舞着，为我们的共和国能有您这样的好总理而感到万分自豪、万分庆幸！

5月12日下午2点28分，四川汶川的大地震发生后，您立即放下手上千头万绪的工作，赶赴四川灾区前线指挥抗震救灾，您还在飞往成都的飞机上就向全国人民发表电视讲话，号召大家抗震救灾；您到成都后，没有来得及休息，立即赶赴都江堰市灾区指挥抗震救灾，您亲临都江堰市聚源中学和都江堰市中医院的废墟现场慰问灾民，给受困的人员以鼓劲；您在都江堰市那十分简易的指挥所里冒雨布置抢救工作、下达救灾命令，您饱含深情地说：“汶川的道路不通，就是走也要走到汶川去，早一秒到达，就早营救出一个被困人员的生命!”在随后的几天里，您不顾疲劳，赶往德阳灾区、绵阳灾区，甚至乘坐直升机亲临汶川这样非常危险的地震中心指挥抗震救灾、慰问灾民。您每到一地，都向广大的救援人员和灾民发表讲话，您的声音都嘶哑了，却是那么有力，那么坚强；您的每一次讲话都给了我们极大的信心和鼓舞，在您的声音里，我们不仅感受到了中国政府的抗震决心，更看到了中国政府在这次地震中的应急能力、组织能力和指挥能力。

尊敬的温家宝总理，我深信，像您这样长时间冒着危险亲临灾区第一线指挥抗震救灾的国家领导人，不仅在中国历史上是前所未有的，而且在世界历史上也是前所未有的！作为中华人民共和国的总理，您真正做到了"情为民所系，利为民所谋"，真正体现了"执政为民"。您是我们的好总理，是我们的亲人，我作为四川灾区的一员，深深地感谢您，我向您鞠躬了！

尊敬的温总理，北川、映秀和汶川地区，至今余震不断、滑坡不断，您在亲临现场的时候，一定要保护好自己，您的平安，是四川灾民和我父母最大的幸福！我代表我的父母和兄弟姊妹，感谢您，您辛苦了！等抗震救灾结束了，如果有可能，我一定请您好好吃一顿咱们成都地道的火锅，喝一碗咱们四川地道的盖碗茶，好吗？

尊敬的温家宝总理，您多多保重！

四川成都人：×××
2008 年 5 月 16 日于成都

☆ **范文评析**

因为本文是给一个没有直接接触过的总理的一封感谢信，所以，在文章开头作者作了一番自我介绍，同时表达了对总理的真挚的崇敬。正文着重记叙了总理亲莅汶川大地震第一线指挥抗震救灾的事实，这样一边记叙一边抒情，由此使读者感觉到十分亲切，从内心也会产生出对总理的崇敬。结尾部分写道："我代表我的父母和兄弟姊妹，感谢您，您辛苦了！等抗震救灾结束了，如果有可能，我一定请您好好吃一顿咱们成都地道的火锅，喝一碗咱们四川地道的盖碗茶，好吗？"作者发挥想象：用四川最具特色的火锅、盖碗茶，来招待心目中最尊敬的人——总理，从而也就在读者眼前出现了一位人民的总理的高大形象。

三、表扬信、倡议书、嘉奖书

（一）表扬信

1. 表扬信定义

机关、单位、团体表扬有关方面、有关人员先进事迹、先进思想的一种专用书信，可直送，可张贴，可送报刊发表。

2. 表扬信写作格式

（1）标题："表扬信"或拟定题目，加副标题，如《见义勇为，堪称表率——

对×××的表扬信》。

（2）主送对象：顶格写，公开发表的可不写。

（3）正文：一是概述表扬的缘由，简明陈述其先进事迹的梗概；二是对先进事迹作出恰当评价、热情的赞扬和充分肯定；三是表达向被表扬者的学习心意，或号召群众向被表扬者学习。

（4）落款：单位和时间。

☆ 表扬信范文

表　扬　信

×××大学：

我们是中国人民解放军某部三连的全体官兵。2月4日我连干部家属陈某自杭州携三岁的女儿来部队探亲，不慎在某火车站失窃所有的现金和火车票，正当陈某母女俩万分焦急之时，你校的张×和施×同学向她们伸出援助之手，这两位同学不仅掏钱为她们买了到某某的火车票，而且一路上为陈某母女俩买饭买菜，递茶递水，以后又为她们叫好出租车并预先付了车费，陈某母女俩这才平安到达部队驻地。

张×和施×同学这种助人为乐的“雷锋精神”，令我们全体指战员感动万分。我们十分感谢张×、施×同学助人为乐的优秀行为，我们号召全连干部战士向这两位同学学习，在建设四化，保卫祖国的工作中奉献我们的青春，同时也希望学校领导对张×、施×同学予以表扬。

此致

敬礼！

某部三连全体官兵

××××年2月5日

☆ 范文评析

本文标题下称谓必须顶格写，而且表扬信是有针对性的，所以一般称谓或主送单位，就只有一个。

正文之前言先写表扬的原因，主体对某某同学的精神作了评赞。结语是套语。

（二）倡议书

1. 倡议书定义

机关、单位、团体等为推进某项工作顺利进行，促进某项活动积极开展，向社会或有关方面首先公开提出的，带有号召性建议的一种专用书信。

2. 倡议书写作格式

(1) 标题：可写正副双标题。

(2) 主送对象：泛指的可不写，如在正文写“特向×××发出如下倡议”。

(3) 正文：分引言和主体，引言写原因、目的、形势、背景，“特提出如下倡议”过渡到主体。主体写明建议或希望大家做什么、怎么做，分条列出。

(4) 落款：单位和时间。

倡导内容要有针对性和可行性，语言有号召力和鼓动性，为扩大影响可公开张贴、广播或登报刊等。有关方面响应倡议书发出的倡议叫附议，写法相同。

☆ 倡议书范文

倡　议　书

尊敬的老师：

为树立和展现我校师生良好的精神面貌，养成良好文明的生活习惯，创造文明、洁净、优美的校园环境。校工会向全校老师发出倡议——“构建无烟校园”！让我们一起行动，让教室、宿舍、公共场所不再乌烟瘴气，让烟蒂、烟盒在校园销声匿迹。

众所周知，吸烟正严重危害着人类的健康，一支小小的香烟竟含有4000多种化合物，其中主要有焦油、尼古丁和一氧化碳等有害物质，可使吸烟者患上肺癌和其他多种疾病。吸烟也是引发火灾的重要原因，因吸烟夺去无数宝贵生命的事例频频发生，造成了无数的悲剧，这不得不令我们深刻反思传统的旧观念正随着时代的发展而逐渐淡出我们的生活。昔日“吸烟”的种种得意之举都已被崇尚文明、追求健康的现代人所摒弃，“吸烟是交际的重要手段”、“饭后一支烟，赛过活神仙”等正在远离我们的世界，并终将被拒之于健康的门外。

学校是健康场所，是我们健康成长的摇篮。我校是“国家重点建设示范性职业学校”、“全国职业教育先进集体”、“全国教育系统先进单位”，我们应该坚决摒弃吸烟这种不文明行为！为此，我们向全校教师发出以下倡议：

一、自觉遵守公共场所禁止吸烟的规定，从自身做起，在有“禁止吸烟”标志的场所不吸烟。

二、增强自我控制能力，自觉抵制诱惑，提倡不吸烟，提倡互不敬烟。

三、老师在教学区、校园内等公共场所、学生面前不吸烟，做戒烟先锋。

四、老师们带头戒烟，并力劝身边吸烟的同学戒烟。

五、禁止在教学区、寝室、走廊等校园公共场所吸烟。

六、如发现在禁止吸烟的场所内吸烟者，及时主动劝阻。

尊敬的老师们，请响应我们的倡议，为了自己和身边老师、同学的身体健康，为了创造洁净、文明、优美的和谐校园环境，让我们远离烟草，做爱护健康、节制吸烟的健康公民，

为了争创良好的校风和学风，营造健康、文明、和谐的校园环境，我们一起努力！

×××大学校工会
××××年11月10日

☆ **范文评析**

引言写出了本倡议提出的原因、目的以及形势、背景，提出倡议，过渡到主体。主体分条列出倡导内容具有针对性和可行性，写明建议和希望大家做什么、怎么做，语言具有号召力和鼓动性。

（三）嘉奖书（嘉奖令、奖状、奖励证书、荣誉证）

1. 嘉奖书定义

机关、单位、团体对有关单位、有关人员所取得的成绩作出嘉奖、表彰、肯定的专用书信。

2. 嘉奖书（嘉奖令、奖状、奖励证书、荣誉证）写作格式

（1）标题："嘉奖×××"。

（2）正文：写清被嘉奖者在什么时候、什么岗位、取得什么成绩，或被评选为××荣誉称号。结语"特此奖励"或"特发此状（证），以资鼓励"。

（3）落款：单位和时间，加盖公章。

☆ **嘉奖书范文**

嘉　奖　书

×××单位：

中国人民解放军陆军×××部优秀士兵×××同志，工作认真，按时完成上级领导交给的有关任务，思想上能够始终与党组织保持一致，自觉地在工作中践行"三个代表"重要思想，能够积极地用党的最新理论成果时时武装自己的头脑，认真学习胡总书记"八荣八耻"重要讲话，深刻领会社会主义新型荣辱观的精髓，尤其是在参加学习贯彻党章教育活动以来，能够积极主动地协助队直党支部开展好各项教育筹划准备工作，在学习贯彻党章教育中充分发挥了一名党员的先锋模范作用。同时对自身要求严格，能够积极履行党员的义务，严守党的政治纪律，较好地树立了党员在群众中的良好形象。

鉴于×××同志认真工作的优秀表现，×××部队机关决定给予×××同志×××奖励，希望他在以后的工作中，更加努力，取得更多的进步，为人民、为党再立新功。

希望全体人员向×××同志学习，全心全意地投入到工作中，为我国的社会主义现代化建设作出新的贡献。

中国人民解放军×部政治部
××××年十月二日

☆ **范文评析**

嘉奖书一般是用公文格式发出，显得很正规。本文虽然并不是公文，但同样具有公文的法律效力。称谓即主送单位。本文开头即介绍了被嘉奖者的贡献，这是嘉奖的原因和依据。正文写的是给予了什么样的嘉奖。结尾发出号召，希望大家向被嘉奖者学习，作出新的贡献。

第四节　常规事务文书

一、计划

1. 计划的概念和种类

(1) 计划是机关、单位为做好某阶段工作，完成某项任务，从本单位、本地区实际出发，事先写出工作目标、相应措施办法和完成任务的步骤、时间等文书。

(2) 计划具有预见性、可行性和模糊性，是领导指导工作的重要手段，是建立正常工作秩序，提高工作效率的重要前提，是检查工作、总结经验的重要标准。按性质和用途分类为规划和纲要、要点、设想和打算、方案、安排、意见等：①规划和纲要是时间较长、范围较广、内容概括的长远计划，一般是三年及以上；②要点是一种粗线条式、提纲式的计划，一般为一年计划；③设想和打算一般是初步的、预备性的或非正式的计划；④方案一般是专项工作、专业性较强的具体计划；⑤安排是时间较短、范围较小、内容单一、具体的计划；⑥意见作为一种计划时，对下级某阶段工作提指导性或建议性的计划。

2. 计划的要素

计划的四要素包括目标和任务、措施和办法、步骤和时间、检查和督促。

3. 计划写作格式

标题：单位＋时限＋事由＋文种。

正文：正文常分开头、主体、结语三部分。开头主要交代制订计划的依据、目的和要求、指导思想或背景材料等。

主体：主体部分可采取条文式、分部式、贯通式写法，也有表格式。

结语：结语提出希望和号召，或提出问题和困难，提醒防患于未然，也可不写。

落款：写单位和日期，有的注明报送单位。

表格式计划，如工作日程安排表、行事月（周、日）历等。

☆ 计划范文

××××年工作计划

在这一年里，凭借前几年的蓄势，×××公司不但步入了高速发展的快车道，实现了更快的效益增长，而且成功地实现公司股票在上海证券交易所上市。从此，一个×××公司以崭新姿态展现在世人面前，一个更具朝气和活力的、以维护股东利益为己任的×××公司诞生了。

公司上市后，管理水平必将大幅度提高，这不仅仅是市场竞争的外在要求，更是自身发展壮大的内在要求。对于市场部来说，全面提升管理水平，与公司同步发展，既是一种压力，又是一种动力。为了完成公司××××年合同额 30 亿的总体经营管理目标，市场部特制订 2011 年工作计划如下。

一、信息网络管理

1. 建立直接领导关系

市场部是负责公司信息网络建设与维护、信息收集处理工作的职能部门，接受营销副总经理的领导。市场部信息管理员与各区域市场开发助理之间是一种直接领导关系，即在信息网络建设、维护、信息处理、考核方面对市场开发助理直接进行指导和指挥，并承担信息网络工作的领导责任。

2. 构架新型组织机构（拟发专门文件，此处从略）

3. 增加人员配置

(1) 信息管理员：市场部设专职信息管理员 3 名，分管不同区域，不再兼任其他工作。

(2) 市场开发助理：浙江省六个办事处共设市场开发助理两名，其他各办事处所辖区域均设市场开发助理一名。

4. 强化人员素质培训

春节前完成对各区域的市场部信息管理员和市场开发助理的招聘和培训，使 2011 年新的管理制度实施过程中市场部在人员素质方面有充分的保障。认真选择和慎重录用市场开发助理，切勿滥竽充数。

5. 加大人员考核力度

在人员配置、资源保证、业绩考核等方面对信息网络建立和维护作出实施细则规定，从制度上对此项工作作出保证。建立市场信息管理员定期巡回分管区域指导信息管理工作的考核制度，并根据各区域实际情况和存在的问题，有针对性地加以分析和研究，以督促其在短期内按规定建立和健全信息管理的工作。

6. 动态管理市场网络

市场开发助理与信息管理员根据信息员提供的信息数量（以个为单位）、项目规模、信息达成率、发展下级信息员数量四项指标对信息网络成员进行定期的动态评估。在分析信息员/单位分类的基础上，信息管理员和市场开发助理应结合信息员的背景资料进行细致的分析，确定其通过帮助后业绩增长的可能性。进一步加强信息的管理，在信息的完整性、及时性、有效性和保密性等方面做得比上一年更好（详见市场开发助理管理制度）。

7. 加强市场调研

以各区域信息成员/单位提供的信息量和公司在各区域的业务进展情况，将以专人对各区域钢结构业务的发展现状和潜在的发展趋势，进行充分的市场调研。通过调研获取第一手资料，为公司在各区域的机构设置日趋合理和公司在开拓新的市场方面作好参谋。

二、品牌推广

(1) 为进一步打响“×××公司”品牌，扩大×××公司的市场占有率，2010 年乘公司上市的东风，初步考虑在四川成都、陕西西安、新疆乌鲁木齐、辽宁沈阳、吉林长春、广东广州、广西南宁以及上海市举办品牌推广会和研讨会，以宣传和扩大×××公司的品牌，扩大信息网络，创造更大市场空间，从而为实现合同翻番奠定坚实的市场基础。

(2) 在重点或大型的工程项目竣工之际，邀请有关部门在现场举办新闻发布会，用竣工实例展示和宣传×××公司品牌，展示×××公司在行业中技术、业绩占据一流水平的事实，树立建筑钢结构行业中上市公司的典范作用和领导地位，使宣传工作达到事半功倍的效果。

(3) 进一步做好广告、资料等方面的宣传工作。在各个施工现场制作和安装大型宣传条幅或广告牌，现场展示企业实力；及时制作企业新的业绩和宣传资料，补充到投标文件中的业绩介绍中和发放到各商务人员手中，尽可能地提升品牌推广的深度和力度。

(4) 加强和外界接触人员的专业知识培训和素质教育工作，树立良好的企业员工形象和先进的企业文化内涵，给每一位与××公司人员接触的人都能够留下美好而深刻的印象，从而对×××公司有更清晰和深层次的认识。

三、客户接待

客户接待工作仍是市场部工作的重点之一。做好客户接待工作是业务接洽的必要提前和基础。如何按照公司有关规定和商务部要求保质保量地做好客户接待工作是市场部必须进行认真研究和探讨的重要课题。表面上看起来接待工作比较简单，但实质上客户接待是一门十分深奥的学问，不去深入地研究和探讨就不能将该项工作做得完善。因此，市场部要在方法上、步骤上、细节上下一番工夫。为了既少花钱，又不影响接待效果，需要向各商务部领导和各办事处商务人员更多地了解客人的生活阅历、为人禀性、处事方式、兴趣爱好、饮食习惯、办事风格、企业价值取向、管理理念、产品特色、行业地位等。仔细研究分析和琢磨推敲日程的安排，让每一位客人在最短时间内对×××公司有全面的、清晰的、有一定深度的了解，对×××公司的产品表现出最大限度的认同感，对×××公司的管理模式和企业文化产生足够的兴趣。把长期地、坚持不懈地认真对待每一批客户和每一位客人，把他们对×××公司的接待工作满意作为市场部每一个接待工作人员的准则。从而以此来提高项目跟踪的成功率和降低商务谈判的难度，达到提高企业经济效益的根本目的。为此市场部 2011 年应着

重抓好以下几方面的工作：

(1) 督促全体人员始终以热诚为原则，有礼有节地做好各方面客人的接待工作，确保接待效果一年好于一年。

(2) 在确保客户接待效果的前提下，将尽可能地节省接待费用，以降低公司的整体经营成本，提高公司利润水平。

(3) 继续做好来访客户的接待档案管理工作，将潜在顾客和合同顾客的档案分类保存，准确掌握项目进程，努力配合商务部门和办事处促成项目业务。

(4) 调整部门人员岗位，招聘高素质的人员充实接待力量。随着业务量的不断扩大，来访客户也日渐增多，市场部负责接待的人员明显不足。为了适应公司业务发展的需要，更好地做好接待工作，落实好人员招聘工作也是一件十分重要的事情。

四、内部管理

(1) 严格执行C版质量管理体系文件和管理体系标准文件，严格实施“一切按文件管理，一切按程序操作，一切用数据说话，一次就把工作做好”战略，使市场部逐步成为执行型的团队。

(2) 严格按照股份公司和营销系统所规定的各项要求，开展本部门的各项管理工作，努力提高管理水平。

(3) 充分发挥本部门人员的工作积极性和主动性，强调其工作中的过程控制和最终效果。提高他们的工作责任心和工作质量。严格按照相应的岗位职责实行考核。

(4) 一切从公司大局出发，强调营销体系一盘棋。积极做好协调营销系统各部门之间的联系与协调工作，从而提高营销系统整体战斗力，为完成2011年的营销目标做好最优质的服务工作。

(5) 配合营销副总经理搞好营销系统的日常行政管理。主动为各部门做好后勤保障工作和日常服务性工作，为他们创造更加良好的企业文化氛围和工作环境。

×××公司
××××年12月31日

☆ 范文评析

计划开头主要交代了制订计划的依据、目的和要求、指导思想或背景材料等。然后分条列出本计划的目标和任务、措施和办法、步骤和时间、检查和督促等。最后自然结尾。

二、总结

(一) 总结的含义与特点

总结是对以往的实践活动进行回顾检查、分析评价，并从中得到规律性认识，以指导今后实践的应用文体。

从认识发展过程来看，总结是感性认识向理性认识的升华，是对事物的现象与变化的过程作规律性的揭示。从这个意义上来说，总结就是实践本质的概括，它体现了实践—认识—再实践的认识发展规律。总结的主要作用，也正在于通过实践，提高认识，主动地掌握事物的发展规律，以指导今后的实践活动更深入地开展。

总结的基本特点如下：

(1) 实践性。任何总结都是自身实践活动的产物，实践是总结的客观基础。工作、生产、学习的情况、过程、成绩、教训，都是总结的第一性依据。离开自身的实践活动也就无从进行总结。很强的实践性正是总结的鲜明的文体特点。

(2) 概括性。总结不只是停留于表象的回顾，着眼于实践活动情况与过程的复述，而是要从现象中探求事物发展变化的必然性。简言之，它不满足于回答“作了什么”的问题，而是要进一步揭示“做了什么”的本质。总结正是从纷纭复杂的现象中进行分析综合，概括出事物变化发展的规律。所以总结不是记录实践的流水账，而是对实践的认识的提高与飞跃。

(3) 指导性。回顾过去是为了指导今后，这是总结的意义与目的所在，通过实践活动，提高了认识，把握了本质，发现了规律，在今后的实践中可以扬长避短，发扬成绩，改正缺点，把工作做得更好。所谓“前事不忘，后事之师”，总结正具有着眼于未来实践的深化与优化的特点。

总结要回顾情况，对实践活动要作必要的叙述与报告，但它又不同于调查报告。一是内容范围不同。总结反应的是主体本身的实践活动；调查报告一般是反应报告者自身以外的情况。二是写作目的不同。总结是为了主体自身求得规律性的认识，以指导今后的自身实践；调查报告则通过对调查客体的反应，以点带面，以个别指导一般，目的在于推动全局工作。三是时限不同，总结是在实践活动告一段落以后写的，是事后之作；调查报告既可以事后作，也可以在某项工作或活动进行中，发现新情况、新问题，及时作出反应。四是人称不同，总结要用第一人称来写；调查报告一般用第三人称来写。

总结对以往的实践活动要作分析综合，探求规律，有一定的议论说理因素，但它又不同于议论文。一是表达方式不同。议论文以议论为主，总结的表达方式是叙述、说明、议论兼有，而且叙述与说明占很大比重，可以说总结是一种兼具记叙文、说明文、议论文的一些特点的文体。二是观点、材料的来源与范围不同。总结的材料主干是自身活动范围内的情况，观点也只能从自身的有关材料中得出，议论文的观点与材料则不受此限制，它的观点不一定是自身活动的概括，也可以来自作者对自然界、社会生活中的某种认识与感受，它的材料选择范围有更广阔的天地，可以是自身的经验，也可以是客观世界的任何事实或事理。三是确立观点的方法不同，

议论文必须用逻辑手段，进行严密的推理论证，总结则不一定有一个论证过程，它可以从实践中直接概括出观点。

通过上述比较，可以看出总结不属于记叙文范畴，是一种具有交叉性的独特文体。

（二）总结的类型

总结有不同的类型标准，与计划的分类大致相同：

(1) 按内容分，有工作总结、学习、思想总结、生产总结。

(2) 按范围分，有部门总结、单位总结、班组总结、个人总结。

(3) 按时间分，有年度总结、季度总结、月份总结、阶段总结。

(4) 按性质分，有综合性总结和专题性总结。任何内容、范围、时限的总结都可以写成综合性或专题性的总结，掌握综合于专题性总结的特点与写法，在写作中更具有实际意义。

综合性总结又称全面总结，是单位、部门或个人对一定时间内所进行的实践活动作全面的总结。它的内容涉及面较广，具有整体性、全局性的特点。如某校的年度工作总结，包括加强政治思想教育工作、建设师资队伍、提高教学质量、开展科研活动、提高管理水平、加强体制改革内容等，就反映了该校一年来变化发展的总体面貌。综合性总结尽管涉及各项工作，内容覆盖面很广，但仍需围绕中心突出重点，切忌面面俱到，蜻蜓点水，方方面面平均用力，又都不深不透。同时对各方面工作的回顾分析，又要注意点面结合，既有典型实例，又有面上情况的分析，既有活动过程、成绩的反映，又有重要经验的概括。此外综合性的总结由于内容较为复杂丰富，更要注意条理清晰、层次分明，做到杂而不乱，广而不散，使结构整体严谨，前后有机统一。专题性总结又称单项总结，是对某项工作或活动、某方面经验或问题进行专门性的总结。它内容集中单一、时间跨度一般较短。例如，某团委开展青年志愿者活动总结，某街道半年来开展为残疾人献爱心活动，某学生暑假参加社会调查的心得等，都是专题性总结，专题性总结可以是常规性总结，即定期就某方面活动进行总结，如每个季度进行生产安全工作小结；也可以是非常规性总结，即不定期总结，它以某项活动的起讫时间为准，何时发现问题，何时完成某项任务，何时处理好某个偶发事件，就及时进行总结，不一定等到年终或季末再进行总结。专题性总结应求真务实，与中心事项无关的应约而不顾，材料更要求具体切实，不能笼统空洞，要突出单项工作的特点与经验，主次鲜明。

（三）总结的内容与结构

总结的内容由标题、正文、落款三部分组成。

总结的正文由开头、主体、结语三部分组成。正文的内容要素包括基本情况或总体评估，成绩、经验、教训、体会、做法、存在问题与今后努力的方向等几个方面。

1. 标题

标题是总结的名称，一般有以下几种写法：

(1) 文件式的标题。一般由单位名称、时限、总结种类三者构成，如《××市2008年工作总结》。这类标题较为严肃，综合性向上呈报的总结较为常用。

(2) 文章式标题。在一行标题中概括总结的主要内容或基本观点，标题中不出现总结字样，如《加强科学管理是企业发展的关键》、《更新观念、培养开拓性人才》等。这类标题概括准确、简明切实。

(3) 多行式标题。一般由正题与副题组成。正题揭示观点或概括内容，副题标明单位或时限或工作方面，如《实行民主管理，促进领导体制改革——××落实职代会审议权的经验》、《坚持党的领导，促进文艺繁荣——××省××××年文艺工作回顾》等。

(4) 提问式标题。例如，《我们是如何实现教学与科研相结合的?》，问题要有针对性，令人深思。

总结的标题一般不宜写“小结”、“总结”、“个人体会”等字样，而应该对总结的内容或观点具有一定的提示性。

2. 正文

(1) 正文的开头部分是总结的前言，基本要求是开门见山，切入内容，明确简要，类似于信息的导语。开头的内容包括叙述基本情况（时间、地点、背景、工作进程、总体收获等）与对以往工作的基本估价。

(2) 正文的主体部分是总结的血肉所在，不仅篇幅比较重大，而且思想容量丰富。它要求观点与材料统一，有点面情况，有分析情况，善于把实践提高到理性高度来认识。这部分内容包括取得的成绩、经验教训、有哪些体会、如何做等方面。在写法上，要做到纲举目张，观点明确而突出，材料典型而充实，叙述与说明、议论相结合，有理有利，虚实相兼，既不琐碎繁冗，又不浮泛空洞。取得了哪些成绩，分析原因，得到了哪些经验，要揭示性质。总之这部分既应求实，以体现出总结者自身工作特点，又应上升提高，使总结具有指导意义。

(3) 正文的结语部分写存在的问题与今后的打算。

3. 落款

落款写总结单位和时间。

（四）写作要求

总结根据侧重点不同可分为成绩总结和经验总结，各有所长。但是，写总结，一要实事求是，切忌虚假；二要突出重点，切忌平淡；三要写出特色，切忌平庸；四要注重分析，切忌肤浅。

☆ 总结范文

班级文体活动总结

随着素质教育的全面推进，学校教育正发生着重大变革。“健康第一”是新世纪我国学校教育的指导思想，“快乐、主动、健康、发展”已成为学校体育教育的目标和任务。“体育、艺术2+1项目”的实施证明，它是实现新的体育目标的有效载体，它在全面实施健康、快乐教育，促进学生主动、和谐发展的过程中显现出重要而特有的功效。

我校从实施文体活动至今，受到了全校师生与家长的欢迎，也得到了全地区领导和老师的关注，收到了良好的活动效果和社会反响。

一、更新观念、提高认识

“大课间文体活动”是对传统课间操的继承和发展，是巩固和扩大体育锻炼效果，增强学生身心素质的重要组成形式。它是校风校纪的集中反映，是我校管理水平的集中体现。同时，形式多样的活动还是在健体、炼志的基础上，培养了学生德、智、体、美的和谐发展，充分体现了素质教育的全体性、全面性和学生发展的主动性。

通过“大课间文体活动”使大家认识到此项活动不仅保证了学生每天的体育锻炼时间，增强了学生的体质，缓解了学生疲劳，而且能培养学生良好的行为、品质、个性、情感、兴趣等多项素质，活动还能训练学生的竞争意识、合作精神，具有培养学生严密的组织性、纪律性、集体责任感、荣誉感、民族进取心和奋发向上的精神。全体教师都切实感到它是素质教育不可缺少的组成部分，它需要大家更新观念、统一思想、提高认识，只有全员参与、各部门密切配合，才能保证“大课间体育活动”的顺利实施。

二、强化训练、科学实施

我们本着健康第一和把快乐还给学生的原则，创造和谐师生关系的指导思想，设计了我校的“大课间文体活动”。希望每一个学生都能以健康的心理、强健的体魄、高昂的热情去迎接每一天。活动把体育与艺术活动合理的分配，整体设计力争做到科学性、创造性、特色性和可操作性。充分调动了学生参与活动的热情。

三、领导重视、加强管理、群策群力

我校大课间活动能逐步走上科学化、规范化、整体化的轨道，离不开学校大课间领导小组细致的工作。领导组组长由校长亲自担任。

四、常抓不懈、持之以恒、成果显著

目前，“大课间文体活动”已成为班级工作的重要组成部分，已成为我校推进素质教育的突破口。它在为学校提供素质发展的条件与时空的同时，也有力地推动了学校的不断发展。

首先，学生的思想道德和心理素质不断提高。丰富多彩的活动，不仅培养了学生的组织纪律性、集体和爱国主义精神，而且还使他们形成了互相激励，自学奋进的良好习惯，各种优良的意志和品质正在潜移默化的形成。

其次，师生身体素质明显增强，对教育教学工作的协调发展起到了积极作用。“大课间文体活动”对自己身体素质与精神状态的改善大有益处，有利于教学质量的提高。

最后，每天的“大课间文体活动”，提供了师生之间、教师之间、校领导与教师之间相互了解的机会，有利于建立良好的校园人际关系，增强了学校的凝聚力与战斗力。

回顾我校“大课间体育活动”的发展历程，放眼未来的大课间前景，我们将继续深化符合我班实际和学生发展特点的“大课间文体活动”，我们更有信心奏响以快乐为主旋律，突出特色，强调主动与和谐，向上与发展的“大课间文体活动”。奏响更活、更美的乐章。

×××大学×××班

××××年6月20日

☆ **范文评析**

本文导语的内容包括概叙了基本情况，与对以往工作的基本估价；接着分条叙述了工作中的经验和应该注意的事；结尾是对未来的美好展望。

三、调查报告

（一）调查报告的概念和特点

调查报告是对某一事物或问题进行实际调查、分析、研究后写成的反映调查研究成果的书面报告。它具有叙述的客观性、范围的广泛性、强烈的针对性、内容的典型性、问题的提示性、结构的完整性等特点。

（二）调查报告的作用

（1）调查报告可为制定方针、政策及领导者的正确决策提供依据。它能通过真实地反映社会实际情况和问题，使政府各部门制定的方针、政策更符合实际，同时，也为领导正确决策和执行政策提供参考和依据。

（2）调查报告可通过典型调查，宣传、介绍先进经验和先进人物事迹，借以指导全面工作，如《首都钢铁公司是怎样应对华尔街金融风暴的》。

（3）调查报告可通过典型调查，揭露社会问题，鞭挞不良倾向，改正工作中的

失误，从而引起有关部门的注意和重视，起到解决问题、教育广大干部群众的作用，如《三鹿奶粉事件追踪调查》。

(4) 调查报告可通过调查揭露事实真相，说明和回答社会问题。社会上和组织中往往会对某一事件、某一问题争论不休或众说纷纭，在真相不清、谣传离奇的情况下，就需要用调查报告来澄清事实真相，帮助群众分清是非和真伪，如《三鹿奶粉事件的前前后后》。

(三) 调查报告的类型和基本内容

日常工作中，常见的调查报告主要有以下几种：

(1) 典型经验性调查报告。这类调查报告主要是反映先进单位或先进个人的典型经验。具有较强的示范引路作用，如《关于××同志先进事迹的调查报告》。这种调查报告的内容一般包括调查目的、情况和经验，以及推广经验的意义。其中情况和经验为主要内容，可以分条叙述。

(2) 综合分析调查报告。这类报告是就一个单位的多方面情况进行较全面的调查，或围绕一个问题进行多方面的普遍调查，或就某个问题对许多单位进行广泛调查，然后加以综合分析的报告。综合分析调查报告的内容一般包括调查目的、概况，重点问题综合分析，提出建议等，如《一个办得较好的外向型工业区——蛇口经济发展调查》。

(3) 揭露问题性调查报告。这类调查报告是对现实社会中某些丑恶现象、恶劣行径和社会弊端进行揭露，并分析和归纳出教训，以引起有关部门及社会的关注和重视。基本内容除分条列举事实外，还要分析原因，说明后果，如《关于三鹿奶粉残害婴儿事件的调查报告》。

(4) 探讨、研究性调查报告。这类调查报告主要是针对某一领域或某一方面工作中存在的带有普遍性影响的社会矛盾或问题的具体表现，透彻分析其产生的原因，提出解决这些矛盾和问题的意见、建议设想、措施等，从而为各级领导机关或有关部门制定决策和加强管理提供依据和参考，如《农村劳动力的剩余及其出路》。

(5) 介绍新生事物的调查报告。这类调查报告的主要内容是反映现实生活中涌现出来的新生事物，以及新生事物产生的背景、情况、特点和产生发展的过程，并提示它成长的规律，阐明它的作用和意义，借以促进新生事物的成长和推广，如《北川县新县城选址的调查》。

(四) 调查报告的格式

调查报告的格式一般由标题和正文两部分构成。

1. 标题

调查报告的标题有两种形式：单行标题、双行标题。

(1) 单行标题。一般有两种写法：一种是公文式，通常由“事由＋文种”组成，如《关于××制药厂挖掘人才的调查报告》等。另一种是文章式，通常由调查报告的基本内容概括而成，如《“5·12”汶川大地震后，受灾群众出路何在》。

(2) 双行标题。由正题和副题组成，正题突出主题，副题标明调查对象和内容及文体名称，如《不要让子孙后代埋怨我们——关于××河流污染情况的调查》。

2. 正文

调查报告的正文一般分为导语、主体和结语三部分。

(1) 导语。导语的文字一定要高度概括，提纲挈领，简明扼要，紧扣主题。这部分侧重说明调查的目的、对象、经过、时间方法、范围、结果和意义等。其目的主要是便于读者了解整个调查报告的概况和基本内容。

(2) 主体。这是调查报告的核心部分。这部分的内容包括作者所要报告的调查事实、作者的观点或调查结论。主体的结构形式多种多样，常见的有如下几种：一是横式结构，也叫并列式，即按主要经验或问题及各部分之间的逻辑关系安排层次。总结经验和反映、分析情况的调查报告常常采用这种结构形式。二是纵式结构，即按事件、问题的发生、发展和结局的先后顺序进行叙述和议论。这种纵式结构较简单，所以内容单一集中的调查报告常用这种形式。三是对比式，即把两个不同对象加以对比来写，它用对比的方式组织和安排材料。四是交叉式，这种结构形式兼有横式和纵式的优点，但较复杂。在叙述和议论事件的发展过程时采用纵式结构。谈经验教训、体会、收获时采用横式结构。它适用于涉及面较广、内容较复杂的调查报告。

(3) 结语。调查报告的结语多种多样，以自然收束为上品，要求简明扼要、意尽即止。可以总结全文，得出结论；可以精辟议论，深化主题；可以展望未来，提出希望和建议等。也有些调查报告没有明显的结语，主体写完就自然收束。

（五）调查报告的写作技巧

(1) 深入实际，充分掌握真实材料。掌握真实材料，是写好调查报告的基础和前提。要有第一手真实的材料，就必须深入实际，开展调查研究。要深入了解和掌握群众普遍关心的、迫切需要解决的，并带有普遍性、倾向性、真实性的问题和材料。只有深入调查，掌握的材料才能真实可靠、确凿无误，写出来的调查报告才不

会失去它的科学价值。

(2) 精选典型材料。选定材料，是分析研究问题的依据，是调查报告写作的基础。要有目的地选择典型材料，要紧紧围绕调查的目的、主题精选典型材料和典型事例。典型材料能够有力、贴切、生动地说明问题和观点。典型材料贵精不贵多，要选得精，用得好，发挥“以一当十”的作用。

(3) 以叙述为主，叙议结合。调查报告主要以叙述、说明、议论为表达方式，且以叙述为主。介绍调查经过、基本情况、事实材料都要用叙述，并辅以说明，同时对调查的事实加以分析综合、归纳结论，总结经验，因而以叙为主，夹叙夹议、叙议结合是调查报告的主要写作特色。

(4) 语言生动。调查报告是实用性很强的应用文体，容纳的事实材料很多，叙述要力求简洁、明了、具体、生动，具体准确地把事实和观点表达出来。同时，要注意使用活泼、生动、富有表现力的语言，增强文章的说服力。

☆ 调查报告范文

新农村建设的调查报告

一些干部群众把新农村建设看做一种新的形式主义，认为是以前所搞过的一些不切实际的运动、活动的延续或翻版，只是刮一阵风，刮过去就完了，因而对之抱消极应付的态度。少数基层干部没有摆正自己的位置，不清楚哪些是建设社会主义新农村是党中央作出的一项重大战略决策，是当前一项重要而紧迫的工作任务。为全面了解我县新农村建设进展情况，探索促进这项工作开展的有效途径，根据县委主要领导的指示，由县委政研室牵头，与新农村办、建整办组成联合调研组，于7月上旬深入有关乡镇、村组和相关部门，采取听情况介绍、召开座谈会和实地察看等形式，对我县新农村建设情况进行了一次深入调查。

一、我县新农村建设进展情况

中央作出建设社会主义新农村的重大决策后，全县各级各部门按照省、市、县要求，把新农村建设作为一件大事来抓，动员和组织各方面力量，积极开展各项工作，取得了阶段性成效。

1. 宣传发动充分，干部群众热情高涨。《中共中央、国务院关于推进社会主义新农村建设的若干意见》颁布以来，我县利用各种形式和手段，深入开展宣传发动。春节刚过，便从县直机关抽调干部，集中利用1个月时间，开展“千名干部下基层活动”，大力宣传新农村建设的有关政策。5月19日，召开了全县新农村建设动员大会，吹响了新农村建设的号角。动员大会结束后，各乡镇立即层层组织召开会议，全面贯彻落实会议精神。同时，充分利用广播、电视、横幅、标语、宣传栏、宣传单等媒介，进行全方位的宣传发动，形成了全社会关心、支持、参与新农村建设的浓厚氛围。各村组对新农村建设反响热烈，行动迅速。坪村镇五星村在先后召开村支两委会、党员干部会和村民代表会后，又组织村组干部分赴各组召开户主动员会，并向本村在外务工人员发出倡议书400余份。堡子镇坪见村的老党员、老同志自发组织起来，于“七·一”期间召开座谈会、组织文艺演出，宣传新农村建设政策。坪村镇毛田村退休教师张道发在自家门前制作了50余米长的宣传栏，为新农村建设做义务宣传员、政策讲解员。为进一步扩大声势，我县创办了《社会主义新农村建设简报》，并在县电视台、会同网站开辟了新农村建设专栏。通过广泛宣传，使新农村建设主要精神基本做到了家喻户晓、人人皆知。据随机调查，受访农民中，约有97%的人表示对新农村建设有了一定程度的了解。由于宣传发动充分，干部群众的思想高度统一，热情不断高涨。如肖家乡东岳村虽然没有被列入县以上试点村，但该村建设新农村的决心很大、干劲很足。我们与该村干部群众座谈时，村支两委领导一再表示，他们将按照试点村的高标准来抓好新农村建设，积极推动这项关系农民福祉、惠及子孙后代的宏伟事业。

（省略）

二、存在的突出问题

在新农村建设过程中，各级各部门和广大干部群众投入了大量的资金和精力，取得了可喜的成绩。但由于新农村建设还处在摸索阶段，因而在思想认识、行动落实、规划设计、资金投入等方面还存在一些问题和不足。

部分干部群众思想认识存在误区。由于一些干部群众没有深入、系统地学习新农村建设的相关政策，对新农村建设的了解仅仅是从会议、新闻媒体和一般性宣传活动中获得，因此并不能真正理解新农村建设的深刻内涵。通过现场调查询问，发现少数干部包括个别“第一书记”对我县新农村建设的具体目标和要求心中无数，与他们交流时，竟出现一问三不知的情况。部分基层干部和群众对新农村建设的理解出现偏差，在认识上还存在一些误区。（以下省略）

☆ 范文评析

这是一篇综合性调查报告，内容很全面。文章的前言是从反面着笔，提出了写作的背景和目的，使本文能够引人入胜。正文分条写出了新农村建设的成就，最后也总结了工作中的不足。结尾时，单位、时间既可以写在标题之下，也可以落在末尾，亦可以省略，这要根据具体情况来决定，不能一概而论。如果是按上级要求所写的调查报告，还需要加盖公章，然后上报相关领导或机关备案。

✲ 训练与实践

1. 谈谈你对简历写作的看法。

2. 谈谈求职信的写作技巧。

3. 请代替甘肃省舟曲县人民写一封感谢信，感谢全国人民对舟曲县人民抗洪救灾工作的大力支援。

4. 下面是一份工作计划，请指出它在内容上的缺陷。

华彩公司××××年工作计划

为了搞好工作，特作以下计划：

一、开拓市场。……

二、推出新产品。……

三、搞好宣传，扩大影响。……

四、制定奖励机制。……

5. 仔细阅读下面的个人总结，按要求完成练习。

要求：

(1) 给文章加上题目。

(2) 按文章层次分别加上小标题，要求能体现观点，概括出规律性的东西。

(3) 分析文章的内容、段落、造词造句方面还有哪些需要充实、调整、修改的，并尽可能加以修改。

同学们在认真地写总结了，我抑制不住内心的感情，也拿起了钢笔。在这两年的时间里，我总觉得是平平淡淡地度过的，在语文学习上有什么成绩，有哪些经验呢？书法对我来说比较感兴趣，也可以说是入了迷，然而也没有什么经验，这里就谈一下我两年里学习书法的体会吧。

不迷不见效。我对书法从感兴趣发展到入迷。有时盯着一个写得好的字出神，有时接连不断地攻练某一个字。见到老师板书时写出来的好字，也总是摹仿着书写或空临几次。下晚自习课后，没那么早睡觉，我总是拿出字帖来练字。一次写“寰”，老写出不象，上床了还用手指对着蚊帐顶空临，寻找规律。关灯了，我还在思索怎样安排这个字才好看。当时，我一点睡意都没有，又起床来练。直到把字写得差不多才睡觉。第二天，我宿舍一位同学说我怪。我认为，要学有成就就得珍惜兴趣，就得有这种入迷的怪脾气。不迷不见效，古今中外凡成大事业者，无不潜心求知，以致如痴如迷。如没有这种入迷的精神，走马看花，心猿意马，不专心致志，绝不会有成效。总结经验，掌握规律，善于容纳百家之长。起初，我专练麦华三字帖，其特点是秀气而不够苍劲。而我却学到了他的弊的一面——写字不够气力，于是就改变方法。以前专练麦华三字帖，不论好坏都摹仿一番，以后有选择性地挑选些比较好的字来练，研究它为什么秀气，为什么无力，从中找出规律性的东西，扬长避短。我还找来王曦之、秦尊生字帖来练，互相取长补短。这样练下去，经过一段时间，我写字不够苍劲有力的缺点有所克服，写出来的字有些秀气，也不像以前那样无力了。所以，学字既要认真摹仿，也要总结规律，有所创新。“只会摹仿，不会创新，不懂得其规律性在哪，那还是停留在类人猿的程度。”

“暂停”法，俗话说“他山之石，可以攻玉”，我从打篮球活动中“借来”一些方法也是很有效的。一场球打到关键时刻，教练员往往叫一声“暂停”，利用这点滴时间来调整一下战术，稳定一下情绪，常常能打出更好的水平。我在学书法时也借用了这种方法，当成功地写关键性的一笔时，总是叫一声“暂停”，体会一下当时书写的动作过程，领会其所以写好的原因。字帖是不会说话的老师，我们要从其字里找到规律性的东西，就得有个领悟的过程，不能象看小说那样可以一目十行。而要循序渐进，有时要几次“暂停”。而这一停比坚持含糊的练效果要好。

6. 根据你对家乡旅游市场的感性知识，参考下述材料，按市场调查报告的写作要求，写一篇完整的市场调查报告。

为了解我市旅游市场的消费行为和需求状况，我们对××市旅游消费市场进行了调查。

一调查发现，在休假时人们最喜欢的活动是外出旅游，占被调查者的23.4%，其他依次为看书看报、看电视、串门聊天和娱乐健身、业余学习、逛街购物、打牌玩麻将与其他，分别占19.8%、16.7%、9.5%、8.6%、4.2%、2.7%和5.5%。这说明，外出旅游已经逐渐成为人们假期休闲的主流。

旅游花费的多少是人们生活水平高低的标志之一。在所有调查对象中，年旅游花费，在500元以下的占19.8%；501～1000元的占25.2%；1001～2000元的占24.6%；2001～4000元的占23%；4001～7000元的占5%；7000元以上的占2.3%。被调查者月收入，1000元以下的占35.6%，1001～1500元的占41.3%，1501～2000元的占14.9%，2001～3000元的占5.9%，3001～4000元的占1.8%，4000元以上者占0.5%。这些数据反映了不同阶层居民的旅游消费水平。

对人们出游逗留时间的调查显示，28.8%的人是1～3天；36.9%的人是3～7天；10.4%的人是7～15天；15天以上的仅占2.7%；而21.2%的人选择了依假期来定。可见，目前假期制度对大多数人的出游时间长短还是有一定影响的。

第四章　公文文书

第一节　公文概述与写作模式

一、公文的产生

迄今我们所知道的最早的文章，就是公文。公文是国家机关及其他社会组织在其行使职权和实施管理的过程中，所形成的具有法定效力与规范格式的文书。

从1898年起，考古工作者在河南安阳小屯村殷墟遗址等地陆续出土大量刻有文字的甲骨，到目前为止，数量已逾10万片。这就是在中国文化史上占据重要地位的“甲骨文”。“甲”是指龟甲，“骨”是牛骨或鹿骨，甲骨文就是刻在龟甲或兽骨上的文字，又称甲骨刻辞。甲骨文是商代王室进行占卜时所作的简短记录，短的仅数字，长的也不过百余字，是我国最早出现的原始性的文章。

马克思主义唯物史观认为，文字起源于劳动，文章和文学也是起源于劳动。从我们掌握的资料看，具有实用价值的文章和具有审美价值的文学相比，实用文的诞生明显早于文学。实用文的诞生至少有这样两个原因：一是在漫长的生产劳动过程中，人的思维逐渐得以发展，人与人之间的交往也逐渐增多，于是人们便创造出一些符号以便进行交流，这些符号就是早期的文字。而文字的诞生为文章的产生打下了基础。二是人类的集体劳作需要协调、组织、指挥，而这一切缺少人类思维的固化物——文章，是很难实现的，这样就形成了一种强大的推动力，使应用文的产生成为一种必然。

据学者考证，甲骨文主要是用来占卜的。当时生产力低下，人们对大自然不可能有科学的认识，总认为冥冥之中有凌驾于万物之上的神，是他们主宰着事物的发生发展、生死存亡。于是，遇事总要用占卜的方式来预测一下吉凶祸福，由身兼史官和巫师双重身份的人在甲骨上用刻辞予以记载。就已发现的这些甲骨文来说，其内容涉及世系、气候、食货、征伐、畋猎等许多方面。甲骨文是埋在地下的殷代王室的档案，用现在的眼光看，大部分都是公务文书。

商周时代盛行在青铜器上铸刻文字，这就是我们常与甲骨文并称的“钟鼎文”。钟鼎文有的用来记载统治者的制度法令，有的记载统治者的文德武功，还有的记载贵族之间的商务活动，多数属于公文的范畴。不过，其中也有一些属于私人之间用于物质交换的契约，虽还是应用文，已不能归入公文范畴了。

我国最早的文章总集《尚书》，所收录的文章多数也是公文。《尚书》中的文章，分为六种体式：典、谟、训、诰、誓、命。其中，“典”用于记述典章制度，“谟”是议政的策论，“训”是进行教诲开导的论说文，“诰”是进行训诫的文告，“誓”是军队出征的誓词，“命”是君主的命令和诏书。这些文体，与现代的命令、决定、决议、指示、布告、公告、通告、通报、报告等，都有一些近似之处。

从以上介绍可见，在文字的草创时期，公文就已经产生了。在所有的文体中，公文可以算是最古老的。《周易·系辞》也可以证明这一点：“上古结绳而治，后世圣人易之以书契，百官以治，万民以察，盖取诸夬。”

二、公文的发展

到了秦代，公文从文类到体式都得以充分的发展。秦始皇在李斯的辅佐下，建立了第一代中央集权制的国家政权。为了达到长治久安的目的，他们统一了文字和度量衡，实行车同轨、书同文的措施。李斯等人为了提高公文的办事效率和可靠程度，还制定了现在仍在沿用的“抬头”、“用印”等制度，这标志着公文在当时已经发展得相当成熟。

汉代的公文体式主要有书、议、策、论、疏、诏、制、敕、章、奏、表等，其中，皇帝对臣下使用的文体主要是诏、制、策、敕，臣下对皇上则主要用章、奏、表、议等，已有了大致固定的下行文和上行文的区分。同时，在表达上和结构上，也有了一些相对固定的格式。尤其值得一提的是，当时的公文还产生了一些流传后世的名篇，如贾谊的《陈政事疏》、《论积贮疏》，晁错的《论贵粟疏》，司马相如的《上书谏猎》等。

汉以后的魏晋南北朝时期，公文无论从写作实践上还是从理论上看，都有明显的发展进步。主要代表人物首推曹操、曹丕父子。曹操亲自动手写过不少公文，代表作有《让县自明本志令》、《求贤令》、《求逸才令》、《慎行令》、《修学令》、《请增封荀彧表》等。曹丕则不仅亲自撰写公文，还推出了有关公文写作的理论专著《典论论文》。他说文章是“经国之大业，不朽之盛事”，应该主要是指公文而言。他还把文章体式分为“四科八体”，并指出它们各自的特点：“奏议宜雅，书论宜理，铭诔尚实，诗赋欲丽。”其中的奏、议、书、论、铭、诔都是应用文，多数都可作为公文体式。只有后两种是文学作品的体裁。

唐宋时代更是中国古代公文走向成熟的时期。由于这个时期出现了中国文化史上著名的“唐宋散文八大家”，涌现的名篇更是数不胜数。魏徵的《谏太宗十思疏》、

《十渐不克终疏》，陆贽的《奉天请罢琼林二库状》、《论两税之弊须有厘革》，范仲淹的《答手诏条陈十事》等，都是脍炙人口的佳作。出于八大家之手的名篇则更多，韩愈的《论佛骨表》，柳宗元的《上枢密韩太尉书》，欧阳修的《朋党论》、《与高司谏书》，王安石的《上仁宗皇帝言事书》，苏轼的《为政之宽严》、《乞校正陆贽奏议进御札子》等，不胜枚举。

元明清时期，在应用文研究方面渐趋深入，明代吴纳的《文章辨体》、徐师曾的《文体明辨》，清代姚鼐的《古文辞类纂》、刘熙载的《艺概文概》等，都是影响广泛的文章学专著，其中对公文的各种体式论之甚详。

辛亥革命以后，南京临时政府于1912年颁布了第一个现代公文程式条例。中国共产党成立后，也很快有了自己的公文体式，瞿秋白还于1931年起草了《文件处理办法》。1942年，陕甘宁边区政府发布了《新公文程式》。新中国成立后，政务院于1951年就发布了《公文处理暂行办法》，以后多次修改，一直发展到目前所用的《国家行政机关公文处理办法》。

三、公文的基本特征

1. 作者的法定性

公文作者不同于其他文章的作者。其他文章的作者可以是个人，也可以是某个单位或组织，发表时可以署真姓名，也可以署笔名。而公文的作者只能是依法成立并能以自己的名义行使权力和承担义务的组织机构及其法定代表人。也就是说，只有党的机关、人大机关、行政机关、政协机关、人民团体、企事业单位及其他法定的社会组织才有权制发公文。

以机关领导人或法定代表人名义签署发布的公文，并不代表领导者或法定代表人个人，而是代表法定的机关（或组织），体现法定机关（或组织）的职权和意图。以组织机构名义制发公文时，必须署上机关或单位的真实名称；以领导者或法定代表人名义制发公文，必须签署其真实姓名。不管以何种名义制发公文，都不能签署笔名。任何个人不得假冒机关的名义制发公文，否则就要受到法律的追究。当然，公文的法定作者只能制发同自己法定职权、身份相称的公文，否则这种公文也是无效的。这就是公文作者的法定性的基本含义及其作者的权利与义务。

2. 效力的权威性

如前所述，公文由法定的作者制作和发布，在其职责范围内有着法定的效力和权威，要求所属机关、单位或个人必须遵照执行，不得违抗，否则就要受到法律或规章制度的制裁。特别是党和国家机关制发的公文，其内容往往与党的路线、方针、政策、国家的法律、法规密切相关，反映了党和国家机关的指挥意志、政策意向、行动要求和人民群众的根本利益，体现了党和国家机关的法定权威，是组织开展党务工作和管理国家的重要工具。公文效力的权威性，是任何其他文章无法比拟的。

3. 内容的公开性

公文是党政机关、社会团体、企事业单位等为了上情下达、下情上呈、左右沟通和解决一个个具体问题或实现某一项具体目标而创制的。公文的创制不管是别人代拟的、还是领导者个人自拟的，都只能为了“公务活动”而创制，并且都是为了反映和传达“公务”信息而创制，其内容范围和性质目标，都是党纪国法所规定的。同其他可以言志、抒怀、咏物的问题相比较，具有具体的公务型内容是公文的又一个重要特点。

4. 体式的规范性

公文体式具有严格的规范性，这是其他文章都不具备的。每一种公文，都有其特定的使用范围、写作对象、表现内容、使用体式。具体来说，公文的体式，主要包括四个方面的内容：

一是文种的规范。2001 年 1 月 1 日起施行的《国家行政机关公文处理办法》（以下简称《办法》）把现行的公文分为 13 个种类；中共中央办公厅 1996 年 5 月 3 日发布的《中国共产党机关公文处理条例》（以下简称《条例》）将公文分为 14 个种类，但是决定、通知等 9 个种类和《办法》是相同的。

二是公文格式的规范。《办法》和《条例》都对公文的秘密登记、标题、发文字号等十多项格式提出了具体的要求。

三是行文规则的规范。《条例》和《办法》都对行文的原则、行文的隶属关系和职权范围、公文的走向、联合行文等问题，作了具体的规则性的规定。

四是公文办理的规范。公文办理包括办理程序、办理原则与方法。办理程序包括拟稿、制作、收发、传递等十多项。办理的基本原则是手续完备、职责明确、准确无误、简便迅速。这些事项要求都是公文体式规范性特点的具体体现。

5. 创制的时效性

所谓公文创制的时效性，就是公文的创制有时效的严格要求，公文都有着使用目的，迟缓或拖延办理，必然给工作带来损失。因此，撰制者和执行者一定要有强烈的时效观念，要快写、快发、快处理，以提高办事效率。但由于时过境迁，有些

公文也有失去时效作用的情况。一般来说，关于宏观的、纲领性的、战略性的公文或法规规章性的公文时效性比较长，处理具体公务的微观性的公文则时效性比较短。

四、公文的写作模式

1. 公文的内容

公文的内容，其本质依然是实用性，因所属专业不同，其内容往往具有专一性，而又显得千差万别，这就是公文的个性特征。公文的内容不是作者杜撰出来的，往往是教师或上级领导及主考单位提供的，所以学生或执笔者或考生只能依据现成的材料来确立主旨（其主旨就隐含在所给材料中）、组织安排写作。

2. 公文的结构

公文既要体现其实用性的本质，而本身又是一种有严格规范的模式化写作，这种模式化就是从它萌芽到定型这3000年来形成的一种共同特征。因而，任何一种公文都是由标题、正文、结尾三大部分（即大三段式）构成的。其正文又是以“小三段式”，即“前言”、“主体”、“结语”组成的，其前言又是以一个“小小三段式”组成。由此，这样就构成了“大三段式”套“小三段式”的一种模式。

公文“三段式”模式图示如下：

公文“三段式”模式
- 首部：标题、主送单位
- 正文：前言（开头）、主体、结语
- 结尾：单位（盖章）、时间

(1) 公文的首部包括标题和主送单位。标题源自于所给材料，所以它不是毫无根据，往往标题现旨，只有这样才不会造成文不对题，尤其是《申论》写作。公文的标题往往由“单位+内容（事由）+文种”三部分构成，由于“时间”可以省略，它就是一个“小三段式”，如《××市人民政府关于市政建设的意见》。公文标题与一般应用文标题不同，一般应用文标题可以视具体情况，省略“单位”或“时间”，甚至“内容（事由）”，只保留“文种”，如《一周工作安排》、《学习计划》、《告事》等。因而，公文标题原则上应该保留三要素。公文标题“关于”的用法，表示对事由在中心词语起关涉、介绍、提示、隔离的作用，与事由部分组成介宾结构，大多数情况下不能省略，如《××大学关于加强学生住宿管理的意见》、《关于××事故的通报》。标题常用黑体或宋体，字号在二号至三号之间。主送单位，必须顶格写，公文可能有多个主送单位，但如公告、通告却没有主送单位，而请示又只有唯一的主送单位。换一句话说，即主送范围越大，越不需要主送单位，主送范围越小越要主送单位。

(2) 公文的正文包括前言、主体、结语。公文正文“三段式”结构模式图示如下：

正文
- 前言（开头）：1. 依据，即该文写作的背景
  2. 原因，即该文写作的内部、外部动因
  3. 目的或意义，即该文的主旨是什么；该文写作的效果如何
- 主体：1. 人或事的开头、起因
  2. 人或事的发展过程
  3. 人或事的结局
- 结语：公文结语，往往是一种套语，千篇一律，但有的公文是可以省略结语的

从图示中可以清楚地看到公文正文“三段式”结构模式套“小三段模式”，可以说，从古至今所有公文正文都是这一结构模式，国家公务员考试的《申论》写作、毕业生所写的毕业论文，概莫能外。可把此结构模式与论说文结构模式进行对照学习。

第一，正文的“前言”部分有三小点要写，但不是每一小点都必须写，而是根据所给材料、所确立的主旨来选其一点作为重点来写，其他几点都可以略写或不写。例如，《××大学关于××的任职通知》，依据所给的那一组材料，确立主旨（即标题）后，“前言”部分就应该重点写任职通知的“依据”，一是××的个人表现，二是关于干部任职和程序，略写其“目的”、“原因”、“意义”，这样主次分明，才能在有限的字数里表达清楚。公文的“前言”开头用语，一般从背景入手，概述情况，说明该文的写作依据，常用“根据”、“遵照”等领起。分析介绍目的，常用“为了”、“为”等领出下文。交代原因，常用“由于”、“因为”、“鉴于”等。申述意义，常常阐明观点、表明态度、提出问题、慰问祝贺、引述来文、列序号召开头等。

第二，正文的“主体”部分，这是该文的核心之核心，它将要写出人物、事件的时间地点及起因、发展过程及后果等三个方面。

第三，正文的“结语”部分，某些公文需要写发号召、提要求或希望、归纳主旨三个方面，究竟应该重点写哪一方面，哪方面该省略？仍然要依据所给材料来决定。假如上述三个方面在主体部分已经写了，并已表述清楚，那么，这个结语就可以省略不写，让其自然结尾。

一般公文的结语皆为套语，而不能随便改变，更不能张冠李戴。然而，有时候，某些公文却可以省略结语。个别文种可能还有附件，其附件往往属于正文部分，而不属于结尾部分。

(3) 公文的结尾部分，主要是写出单位（盖章）、时间，在时间表述上，一般应用文使用阿拉伯数字，而公文却要使用汉字数字。

第二节　行政公文与党的公文的国家标准格式

一、公文的含义及分类

《中国共产党机关公文处理条例》（以下简称《条例》）和《国家行政机关公文处理办法》（以下简称《办法》）中规定的党的各级领导机关、国家行政机关正式文件常用的文种。企事业单位、人民团体也常酌情比照使用。也有的称之为机关公文、法定公文、正式公文。

党的各级领导机关常用公文有14种，国家行政机关常用公文有12类13种，根据公文的行文方向可分为下行文、上行文、平行文、兼容文4个小类。按行文方向分，这种分类也是相对的，如“函”、“议案”划为平行公文就非绝对，而“意见”主要是上级向下级发布原则性的意见，应该是下行文，但下级亦可以向上级提出工作意见，这样就把它大致划入兼容文小类。

二、公文的国家标准格式

行政公文和党的公文都非常重视行文的格式。《办法》第10条规定：“公文一般由秘密等级和保密期限、紧急程度、发文机关标识、发文字号、签发人、标题、主送机关、正文、附件说明、成文日期、印章、附注、附件、主题词、抄送机关、印发机关和印发日期等部分组成。”《条例》第8条规定：“党的机关公文由版头、份号、密级、紧急程度、发文字号、签发人、标题、主送机关、正文、附件、发文机关署名、成文日期、印章、印发传达范围、主题词、抄送机关、印制版记组成。”

这些基本格式当有者必须具备，不当有者不得出现（如密级和紧急程度，就不是每份文件必需的）。而且每一格式项目在正式公文中出现的位置和形式，也都有严格的规定。

1. 版头

版头（在《条例》中称为版头，在《办法》中称为“发文机关标识”）就是我们通常所说的“红头”。它一般由发文机关名称加“文件”两字组成，也可以只有机关名称不加“文件”二字，党的公文还可以由发文机关名称后加括号标明文种组成。

版头用套红大字居中印在公文首页上部。

版头这一格式项目需要特别注意的问题还有：发文机关名称必须使用全称或规范化简称，不得出现所指不明或容易误解的情况。几个机关联合发文，属于行政公文的，要把参与发文的机关都排上，主办机关排列在前，其他机关依次在下方整齐对应排列。机关名称后的“文件”二字居纵向中央。党的公文在联合发文时，版头可采取同样的形式，也可以只列主办机关名称。在民族自治地方，发文机关名称可以并用自治民族的文字和汉字印刷。

2. 份号

份号是公文印制份数的顺序号，行政公文要求“绝密”、“机密”公文应当标明份号，党的机关公文要求凡“秘密”公文都要标明份号。

份号是用自动号码印刷机印刷的，每一份公文的份号都不一样，这在秘密公文的管理过程中有重要意义。份号的位置在公文首页版心的左上角。

3. 秘密等级

秘密公文的秘密等级共有三级：“绝密”、“机密”、“秘密”。“绝密”级别最高，“机密”次之，“秘密”又次。如无保密内容，不得标注此项，以免给工作增添麻烦。

密级标注在公文首页版心右上角。

有关保密的法规还要求公文在密级后面标明时限，超过时限将自动解除秘密。

4. 紧急程度

对于事关重大、需要紧急传递和办理的公文，应标明紧急程度，以便与一般公文区分开来。紧急程度分为两级，行政公文分别叫做“特急”、“急件”，党的公文分别叫做“特急”、“加急”。不是事关重大、需要紧急办理的公文，不得标注此项。

紧急程度的标注一般也在首页右上角，与秘密等级上下排列，居秘密等级下方。

紧急电报的分级与一般公文有所不同，行政公文要求以三级标示：“特急”、“加急”、“平急”；党的公文要求以四级标示：“特提”、“特急”、“加急”、“平急”。

5. 发文字号

发文字号是公文的一个重要项目，位于版头的正下方，文头部分与正文部分的间隔横线的正上方。党的公文也可标在版头的左下方。

发文字号有固定的模式，由发文机关代字、年份（发文年度）、序号（发文顺序号）三部分组成。

机关代字是发文机关名称的极度简缩，但还能识别出是哪一个机关。例如，“国

发”是国务院的机关代字；“中发”是中共中央的机关代字；“国办发”是国务院办公厅的机关代字。陕西省人民政府的机关代字是“陕政字”，四川省人民政府的机关代字是“川府”，根据代字可以看出发文的是什么机关。

年份就是发文当年的年度，用阿拉伯数字写全，不得缩写，如把1999年减缩为“99”。年份加六角括号，如〔2010〕。不得用圆括号或别的括号。

序号是机关发文的流水号，当年所发的第一份公文是1号，以后依次顺排即可。除命令（令）外，其他公文的序号前不加“第”字，数字前面也不加“0”。

发文字号是引用和查找公文时的重要依据，正规公文一般都要有发文字号，其组合方式也要按《办法》和《条例》的规定执行。下行公文首页版式如图所示。

0000001　　　　　　　　机密★一年
　　　　　　　　　　　　特　　急

×××××文件

×××〔2010〕11号

关于×××××××通知

××××、××××：

××。

××××××××××××××××××××××××××××××××××××××。

×××××××××××。

××

注：下行公文首页版式版心实线框仅为示意，在印制公文时并不印出

6. 签发人

《办法》规定："上行文应当注明签发人，会签人姓名。"《条例》规定："上报公文应当在发文字号右侧标注'签发人'，在'签发人'后面标签发人姓名。"

"签发人"一项的具体位置，行政公文与党的公文 一样，标在"红头"下方右侧，也就是发文字号右边。

公文的签发也有严格的规定。行政公文"以本机关名义制发的上行文，由主要负责人或者主持工作的负责人签发；以本机关名义制发的下行文或平行文，由主要负责人或者由主要负责人授权的其他负责人签发。"党的公文"须经本机关领导人审批签发。重要公文应当由机关主要领导人签发 。联合发文，须经所有联署公文的领导人会签。党委办公厅（室）根据党委授权发布的公文，由被授权者签发或者按照有关规定签发。领导人签发公文，应当明确签署意见，并写上姓名和时间。若圈阅，则视为同意"。

以上各项格式项目，均属于文头部分，位于首页的间隔横线之上。上行公文首页版式如图所示。

7. 公文标题

公文标题位于间隔横线下方，居中排列，字号大于正文。

公文标题由发文机关名称、公文主要内容、文种组成。例如，在《国务院办公厅关于调整中国人民银行货币政策委员会组成人员的通知》这一标题中，"国务院办公厅"是发文机关名称，"关于调整中国人民银行货币政策委员会组成人员"是主要内容，"通知"是文种。

发文机关名称根据情况可以省略，如人事部、教育部、国家语言文字工作委员会联合下发的《关于开展国家公务员普通话培训的通知》，标题中就省略了发文机关名称。

国务院办公厅的《办法》要求"公文标题应当准确简要地概括公文的主要内容"，中央办公厅的《条例》则将主要内容称为"公文主题"，这里的"主题"不是中心思想的意思，而是指中心事件、主要问题，实际上就是主要内容。在实际工作中，公文标题中的主要内容这一项又被称为"事由"、"摘由"。

概括主要内容是公文标题拟定的关键，也是写作中技术性最强的一环。以下三种情况要尽量防止。

（1）不明确。标题中的主要内容部分意义含混，令人不知所云。如《关于尽快修复三号公路的请示》这一标题，就可以有三种不同的理解：一是要求上级尽快修复三号公路；二是要求上级批准本单位修复三号公路的计划；三是要求上级出面干

秘 密
特 急

××××××文件

签发人：×××
×××〔2010〕1号　　×××

×××××请示

××××：

　　××××××××××××××××××××
××××××××××××××××××××××
××××××××××××××××××××××
××××××××××××××××××××××
××××××××××××××××××××××
××××××××××××××××××××××
×××××。

注：上行公文首页版式版心实线框仅为示意，在印制公文时并不印出

涉三号公路的修复事宜。到底是哪种意思呢？标题的含糊不清，容易使人产生误解，甚至可能影响工作的顺利开展。

（2）不简练。标题中的主要内容是摘要性的、高度浓缩化的，不能面面俱到，臃肿庞杂。例如，下面这个标题中的事由部分：《××县人民政府在工业会议后为贯彻省政府关于开展增产节约运动的指示根据本县情况提出措施计划并增产指标向市政府的报告》，说了许多话，极力想把内容说得更具体、更清楚，结果反而更不清楚。

(3) 不规范。有个别公文的标题不按照现行格式写，而是刻意仿古，或者标新立异。例如，《呈报扩建校舍由》这一标题，就是仿古的写法，按照现行的格式，应写成《关于扩建校舍的请示》。

文种是公文标题的第三个组成部分，每一篇公文的标题均应准确标明公文种类。

公文标题中除法规、规章名称加书名号外，一般不用标点符号。

8. 主送机关

主送机关就是受理公文的机关。主送机关名称应当用全称或者规范化简称，或者同类型机关的统称，位于公文标题下方，正文上方，顶格排印。

下行文的主送机关可以有若干个，排列时，同类型、相并列的机关之间用顿号间隔，不同类型、非并列关系的机关之间用逗号间隔，最后用冒号。如人事部《关于开展国家公务员普通话培训的通知》的主送机关：各省、自治区、直辖市人事（人事劳动）厅（局），教委（教育厅），语委（语言文字工作机构），国务院各部委、各直属机构人事（干部）部门，新疆生产建设兵团人事局。

向上级机关行文，特别是上行文中的请示，一般只能写一个主送机关。如需其他相关的上级机关阅知，可以抄送。上行公文末页版式如图所示。

大多数公文都有主送机关，但有些向全社会普发的下行文，没有明确的主送机关，可以没有这一项。

9. 正文

正文是公文的主体，用来表述公文的内容，位于标题或主送机关下方。

正文的写作是本节的重点讲述内容，下面将分文体一一详加介绍，此处从略。

10. 附件

公文如有附件，应当在正文之后，机关署名或成文时间之前，注明附件顺序和名称。附件应当置于主件之后，与主件装订在一起。无附件的公文，省略此项。

11. 发文机关署名

党的机关公文要求署名，署名用全称或规范化简称，位于正文下方偏右。行政公文不要求一定署名，根据情况，可署可不署。如有署名，位置同党的公文。如不署名，公章盖在成文日期上。署名和下面的成文日期之间，要有一定的间隔。

12. 成文时间

成文时间一般以领导人签发的日期为准；如系联合行文，以最后签发机关的领导人签发日期为准。会议通过的重要公文，以会议通过日期为准。

××××××××××××××××。

附件：1. ××××××××××××××

　　　2. ××××××××××××××

二〇一〇年一月三日

附注(×××××)

主题词：××　××　××

抄送：××××××××××××××××××××

2010年1月4日印发

注：上行公文末页版式版心实线框仅为示意，在印制公文时并不印出

成文日期要写明年、月、日，不得简写，用汉字书写，位于正文或机关署名下方偏右。

会议通过的重要公文，如决议、决定，以及条例、规定等法规性文体，成文日

期不在文后，而是加括号标注于标题下方居中位置。

13. 印章

除会议纪要和以电报形式发出的以外，公文均应加盖公章。联合上报的公文，由主办机关加盖公章。联合下发的公文，联合发文机关都要加盖公章。联合行文公文末页版式如图所示。

××××××××××××××××。

附件：1. ×××××××××××××××
　　　2. ×××××××××××××××

中华人民共和国××××部　中华人民共和国××××部

二〇一〇年一月八日

主题词：××　××　××

抄送：×××××××××××××××××××××××
　　　××××××

××××××××××　　2010年1月10日印发

注：版心实线框仅为示意，在印制公文时并不印出

14. 印发传达范围

传达范围又称附注，加括号标注于成文日期下方左边。无须特别说明者，可以省略此项。

以上各项，均属公文的主体部分。

15. 主题词

国务院办公厅规定："公文应当标注主题词。上行文按照上级机关的要求标注主题词。"1994年国务院办公厅秘书局印发了重新修订的《国务院公文主题词表》，并规定："自1994年6月1日起，凡国务院、国务院办公厅印发的文件和各地区、各部门报送国务院、国务院办公厅的文件，均按该词表标引主题词。"

中央办公厅也规定，党的机关公文要"按上级机关的要求和《公文主题词表》标注"主题词，"位于抄送机关上方"。

公文主题词是为适应办公自动化的需要，在实践中总结出来的能表达公文基本内容的规范化的单词和词组。现在，所有的公文都要标注主题词，上报的公文要求更严格，要按上级机关的要求和公文主题词表标注。

一篇公文的主题词要能反映公文的主要内容和文种，主题词的数量一般三到五个。

16. 抄送机关

抄送机关指主送机关之外的其他需要阅知公文内容的上级、下级和不相隶属机关。抄送机关名称标注于主题词下方，印制版记（印发机关和时间、份数）上方。

17. 印制版记

印制版记由公文印发机关名称、印发日期、印制份数组成，位于公文末页下端。

印发机关，一般是发文机关的办公机构。印发日期，是实际印制的日期，与公文的成文日期意义不同。

除以上格式外，行政公文和党的公文还都规定了公文的用纸规格，一般采用长297毫米、宽210毫米的国际标准A4型纸，A4型公文用纸页边及版面如图所示。

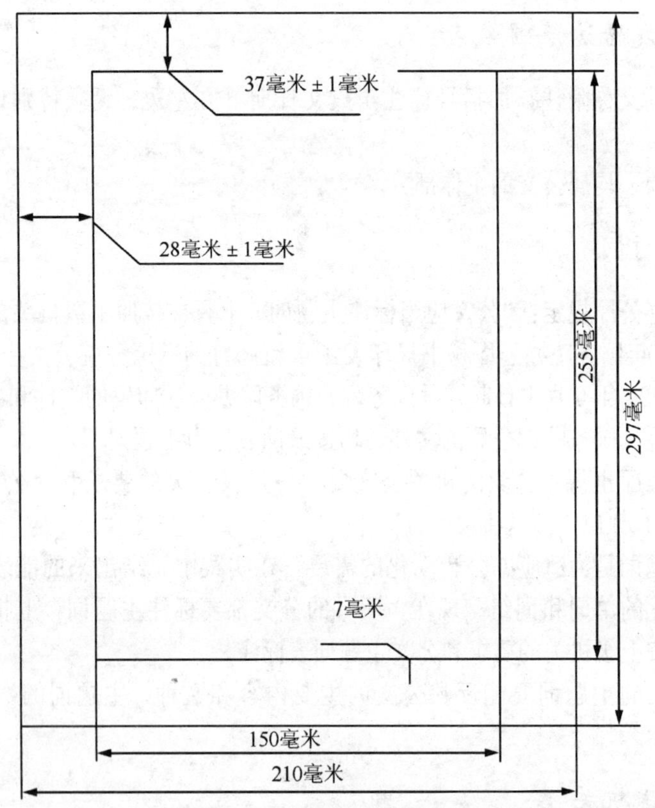

第三节　公文处理程序

一、公文处理程序的内容及要求

公文作为治党、治理国家、管理社会的重要工具，从其起草、制作到发布，以及收文、办理都必须履行严格的程序，才能保证公文的完善和合法有效。

综合《条例》和《办法》的规定，公文处理程序包括发文处理程序和收文处理程序，公文制发的程序一般包括起草、审核、签发、复核、印刷、用印、登记、分发等步骤。制发时如果缺少其中任何一个环节，公文则不能成为公文，或者不能成为完善的公文，或者不具备合法性，或者不能发挥其现实效用。此外，公文必须用印，只有盖了印章的公文才能正式生效，没盖印章的公文不具备法定效力，只能是无效公文。公文收文处理程序一般包括传递、签收、登记、分办、拟办、承办、催办、办结、立卷、归档和销毁。公文处理必须做到准确、及时、安全，各个环节应力求当日事当日毕，一般应在15天内办理完毕，并答复报文单位。因问题复杂，15

天内难以办结的，应向报文单位说明情况。紧急文件随到随办。有时限要求的文件，必须在时限内办完。此外，应建立严格的收文签收、登记制度，加强对公文运转的管理，保证收到的公文件件有着落。收文的签收、登记一般由秘书部门负责。

二、公文发文处理程序

（1）拟稿、核稿：根据工作任务由办公室（厅）拟稿、核稿。职能部门需以党委或行政名义发文的，由主办单位拟稿并由部门负责人审核签名后，送交党办或行政办秘书处统一办理；如需几个单位联合发稿的，文稿须经各部门负责人审核会签后，送交党办或行政办秘书处办理。除党委或行政领导直接交办事项外，各部门不得直接把文稿报送领导同志。未经秘书处核送的文稿，领导同志可不予阅批。有关部门交党办或行政办发的文稿，应提前三天送核，不要临时作“急件”处理。对不符合规定的文稿，党办或行政办有权退回，要求拟稿部门重新办理。

（2）签发：以党委名义或党委与行政联合上报请示、报告、汇报或下发的文件等，由主管书记审核、签发；以党办或两办名义上报或下发的文件、材料等由党办主任签发。

（3）印制：文稿印制前，应对文稿的报头、文号、主送单位、发放范围、印刷份数等进行认真的检查、校核。打字后，对文稿进行认真核对。以党委名义或党委与行政联合上报、下发的文件，如用“中共×××大学委员会文件”、“ ×××大学文件”报头纸印制；以党办或两办名义上报、下发的文件用“中共×××大学委员会办公室文件”报头纸印制。

（4）盖章：以党委、行政名义上报、下发的材料，需盖党委、行政印章。以党办名义上报、下发的材料，需盖党办印章。

（5）送发：对照原稿对文稿的报头、文号、上报或下发单位名称、抄送单位、发放范围及份数等进行逐项检查；按照有关规定，衡量文件的印制过程是否符合要求；按发放范围送发。

（6）归档：由承办单位将文件的原稿和印制好的文件存档。

（7）对发文工作的要求：①了解本级党委、行政的职权范围和隶属关系，弄清行文关系；②起草文件时要深入调查研究，正确领会和准确体现党委领导的意图；③文件编号由专人负责，填写文号登记本；④发送文件要力争快捷，注意时效。

三、公文收文处理程序

公文收文处理程序，指对来自本机关外部的公文所实施的处置与管理。

1. 公文的收受与分流

(1) 签收：指履行规定的确认、清点、核对、检查、签注手续后，机关设置的外收发人员、通讯人员从发文机关、邮政部门、机要通信部门、文件交换站，或通过自备通信设备收取公文。外收文登记，即由外发人员在完成签收工作后，对收文情况作出简要记载。其作用，一是为了明确交接双方的责任提供一种凭证；二是为了保证文件运行安全。

(2) 启封：外收文登记完成后，公文送至机关统一或分别按内部机构设置的内收发部门（或人员），由其签收后，统一启封或径送有关领导者亲启。

(3) 内收文登记：即由内收发人员对收文情况作出较详细记载。

(4) 分办：经对收文进行分类筛选后，由指定的有关人员根据公文的重要程度、各部门职责分工及有关程序规定将公文分送有关领导、有关部门工作人员阅知办理，即为公文确定运转方向。这是一项事关公文是否准确、迅速得到办理的决定性工作。依据文件的性质、重要程度、涉密程度、时限要求、内容所涉及的职责范围，及机关各部门、各级工作人员的分工、有关程序、惯例送交办理。

(5) 摘编：由文件管理人员对部分准备投入办理过程的重要文件进行的加工活动，主要是针对这些文件写文摘、提要、综述，汇集有关数据资料等。在重要公文投入办理之前对其所做的加工，目的是为办理公文提供方便，节省办公时间。文摘、提要可以附在公文上一并送领导者或其他工作人员阅处，也可刊载于《公文信息》、《来文摘报》等刊物上。综述、数据资料汇集一般则单独成文提供，也可刊载于《信息快报》等刊物上。

2. 办理收文

(1) 拟办：指由部门负责人或有关具体工作人员经过对公文进行认真的阅读分析，提出建议性的处置意见，供有关领导者审核定夺。拟办是一项辅助决策活动，目的是为决策活动提供可供选择的方案。做好拟办应注意：①认真研读公文，真正弄清对方的意图、问题的性质与实际情况；②意见要简明、具体、得体；③如同时提出两个或两个以上方案时，应讲究它们的排列次序，一般应将倾向性意见放在前面，以提高效果；④意见应工整、清晰地写在《文件处理单》相应的栏目中，并签注拟办人姓名与日期；⑤当公文所涉及的问题较易处理，对领导者采纳自己的方案有一定的把握时，也可直接草拟复文文稿供审核定夺，以加速办理过程。

(2) 批办：指机关领导者或部门负责人对公文提出处置意见。批办是一项由法定责任者履行法定事务处置权的决策性活动。法定责任者即机关或部门的领导人。

批办的要求是：①不得越权批办公文。②严格控制批办范围，不经批办同样能得到有效办理的公文，已批办过统一的处置意见的公文，他人已有合法、明确而有效批办意见的公文，均不再批办，由有关部门直接处理。③批办意见务须明确、肯定、具体，前后一致，切实可行。④采取有效措施监督批办意见的执行结果。⑤批办过程中，如发现公文所涉及的问题是自己无权或确实无法处置的，可将批办改为拟办。在此过程中一定要实事求是地弄清事件的情况。⑥批办意见应工整、清晰地写在《文件处理单》或《文件传阅单》的有关栏目内，并务须签注批办人姓名、年月日。

（3）承办：指有关工作人员按批办意见具体处置公文所针对的事务和问题。只有经过承办，公文才能产生切实效用，它是公文办理中的中心环节。在承办时应注意：①熟悉与公文内容有关的法律、法规、方针、政策和上级有关公文，熟悉有关业务。②为使公文所针对的问题得到有效处理，必须深入实际，加强调查研究。③加强协商，努力协调各方面关系。④有效运用面谈、会议、电话沟通、现场办公等多种承办方式。⑤分清主次，区别缓急，科学安排承办次序。⑥各级领导积极参与承办。⑦注重对承办结果的检查与监督。

（4）注办：指由承办人签注公文承办情况，以备忘待查。注办由承办人随手完成，即随着承办活动的进行随时将反映承办情况的一些内容记录在《文件处理单》相应的栏目内。签注的项目通常包括：是否办复，复文号及复文日期；召开会议的名称，与会范围，决议与结果；电话沟通时对方的受话人、通话内容与日期；现场办公的参加者、解决问题的方法措施与结果；主要阅件人、承办人姓名、签注日期等。

3. 组织传阅与催办查办

（1）组织传阅：指独份或份数很少的公文需经多部门或多位工作人员阅知处理时，使公文在他们中间得到有效传递和阅读。在组织传阅时应注意：①选择合理的传阅路线形式。②正确排序，随情况变化做适当调整。③适当分流，如复制若干副本。④积极利用并发展多种传阅形式，可开辟阅文室、召集阅文者集中阅文、利用现代化手段传阅文件等。⑤建立传阅登记手续。⑥及时检查阅读情况，有效落实有关领导者阅后的批示。

（2）催办：由公文处理管理机构根据承办时限和其他有关要求对公文承办过程实施的催促检查。催办工作的一般过程是：明确对象与对承办工作的要求（时限、方式、原则等）；将有效进行催办工作所需要的情况以《文件催办单》等形式记录在案，作为催办依据；定期或随时向承办部门或人员催询、检查承办工作进展情况；及时协助制订和实施解决问题的方法、措施，保证公文迅速有效地运转；验收办毕公文，综合反映承办工作实际情况与结果，注销已办结公文。

（3）查办：指由公文处理管理机构或其他专门组织对重要公文实际执行情况所进行的核查协办工作。公文查办是指核查重要公文执行情况，督促并协助承办单位全面、具体地落实公文精神，解决有关问题的活动。

公文查办与催办都是带有监督性质的管理活动，但两者的区别也是比较明显的：①催办是对承办公文过程的监督控制，重点在于使公文按“时”办毕，查办则不仅要监控承办过程，还要管理公文产生实效的全部过程，按时、按质、按量地将有关事务办毕；②催办一般是以一份具体公文为单位展开，查办则是以一件“事情”为单位进行，在若干份公文反映同一“事情”的情况下，查办往往就围绕这样一组公文而展开。

查办工作的一般过程是：立案，即确定查办对象；交办，向有关部门布置查办任务；向承办部门催询办理情况；反馈，由查办人将查办情况和结果反映给领导者；销办，注销已获结果的承办事项，对办毕公文作出处理。

4. 处置办毕公文

它包括立卷归档、清退、暂存、销毁等。

第四节　下 行 公 文

一、命令（令）、决定

（一）命令（令）

1. 命令（令）的含义

命令（令）用于发布行政法规和重要规章，宣布施行重大强制性行政措施，任免、奖惩有关人员，撤销下级机关不适当的决定。法定的国家机关，才有权在规定的权限和范围内，依法发布命令（党的各级领导机关通用公文无此文种）。

“命令”和“令”曾被作为两种文体看待，实际上，从性质、功能和写作方法上看，并没有什么差别，不过是一种文体的两个名称而已，自1987年后，合并为一个文体。目前，在公文写作实践中，两种名称仍然并存。例如，《国务院、中央军委关于授予钱学森同志“国家杰出贡献科学家”荣誉称号的命令》一文（国发〔1991〕51号）使用了“命令”的文体名称；而1999年10月15日建设部发布第71号《中华人民共和国建设部令》宣布实施《建筑工程施工许可管理办法》，使用的是“令”这一文体名称。两个名称的使用有这样的规律：如果标题中有主要内容这一项，一般

用“命令”这一名称；如果标题中没有主要内容这一项，由发令机关加文种组成，一般用“令”这一名称。

2. 命令（令）的特点

1）权威性和强制性

命令（令）是所有公文中最具权威性和强制性的下行文种。命令一经发布，受令者必须绝对服从，没有讨价还价的余地，更不允许抵制和违反。通常所说的“令行禁止”，通过命令这种文体，能得到最充分的体现。

受权威性和强制性特点的制约，命令（令）只能用于重大决策性事项，如发布重要的行政法规和规章，宣布实行重大强制性行政措施，以及奖励成就突出的人员等。

2）使用权限有严格的限制

命令（令）虽是行政公文的主要文体，但并不是所有行政机关都有权发布命令（令）。按照《中华人民共和国宪法》和《中华人民共和国各级人民代表大会和地方各级人民政府组织法》的有关规定，只有全国人民代表大会的常务委员会、委员长，国家主席，国务院和国务院总理，国务院各部委及其部长、主任，地方各级人民政府和各级人民代表大会，才有权力发布命令（令）。其他各种企事业单位、党团组织和社会团体，均无权发布命令（令）。党的领导机关可以和同级人民政府联合发布命令（令），但是要以行政公文的面目出现。

3. 命令（令）的分类

按照《国家行政机关公文处理办法》对命令（令）功能的阐述，这种文体可大致分出三种基本类型。

1）公布令

公布令是依照有关法律公布行政法规和规章的命令。例如，《中华人民共和国国务院公报》2000年第8号，一期就刊登了三则《中华人民共和国国务院令》（第277号、第278号、第279号），分别发布了《第五次全国人口普查办法》、《中华人民共和国森林法实施条例》、《建设工程质量管理条例》。同期还有《中华人民共和国教育部令》（第8号）、《中华人民共和国民政部令》（第18号）、《中华人民共和国司法部令》（第56号）各一则，分别发布了《中小学校长培训规定》、《民办非企业单位登记暂行办法》、《未成年犯管教所管理规定》。

公布令一般由四个方面的内容组成：发布对象、发布依据、发布决定、执行要求。公布令篇幅短小，言无虚设，四个方面的内容并不各自独立成段，而是篇段合一。

☆ 令范文

中华人民共和国国务院令

第 279 号

《建设工程质量管理条例》已经××××年 1 月 10 日国务院第 25 次常务会议通过，现予发布，自发布之日起施行。

总理　×××

××××年一月三十日

☆ 范文评析

在该范文中，其中《建设工程质量管理条例》是发布对象，“经××××年 1 月 10 日国务院第 25 次常务会议通过”是发布依据，“现予发布”是发布决定，“自发布之日起施行”是执行要求。

2）行政令

宣布施行重大强制性行政措施的命令，称为行政令。例如，国务院 1984 年 4 月 13 日发布的《国务院关于严格保护珍贵稀有野生动物的通令》就是典型的行政令。

属于行政令的还有动员令（如 1949 年毛泽东、朱德联合签署的《向全国进军的命令》)、特赦令（如 1959 年由刘少奇签署的《中华人民共和国主席特赦令》)、戒严令（如 1989 年 3 月 7 日由李鹏签署的《国务院关于在西藏自治区拉萨市实行戒严的命令》）等。

3）奖惩令

奖惩令就是用来奖励和惩戒有关人员的命令，有嘉奖令和惩戒令两种类型。

嘉奖令是奖励的最高级别，用于奖励贡献突出的个人或集体。它由先进事迹、性质和意义、奖励项目、希望和号召四部分组成。例如，《国务院对胜利粉碎劫机事件的民航杨继海机组的嘉奖令》(1982 年 8 月 12 日发布)、《国务院、中央军委关于授予钱学森同志“国家杰出贡献科学家”荣誉称号的命令》(1991 年 10 月 14 日发布)。

惩戒令由错误事实、错误性质、惩戒项目三个部分组成，在实践中很少使用，新的《国家行政机关公文处理办法》已不再提及这种命令。

4. 命令（令）的写法

1）命令（令）的标题和发文号

命令（令）的标题有三种构成形式：

一是由发令机关名称、主要内容、文种构成，如《中华人民共和国国务院关于发行新版人民币的命令》。

二是由发令机关名称或发令人身份加文种组成，如《郑州市人民政府令》、《中华人民共和国主席令》。

三是由主要内容加文种组成，如《向全国进军的命令》。这种形式应用较少。

命令（令）的发文号，不用正式格式，写在标题下的正中，这实际上是在媒体上公布时使用的，它与正式文件是不同的。正式文件，发文字号应该在公文文件头部“××××文件”的下面正中。

2）命令（令）的正文

公布令、嘉奖令的结构和内容，前面已有介绍。这里着重介绍行政令的写法。

行政令的正文按照公文的常规模式进行操作，由三大部分组成。

开头部分主要写发布命令的原因、根据、目的及意义等。作为开头部分，原则上不宜过长，但有时因原因复杂、意义重大，也可以用较多文字表述。如《向全国进军的命令》，开头部分就占了全文的一半左右。

主体部分是全文的核心，主要写命令事项，也就是要求受命者做些什么、怎么做、做到何种程度等三个方面。这部分内容复杂，层次较多，一般都需要分条表达，以便条理清楚。

结语部分，主要用来写执行要求，如由何单位负责执行、从何时起开始执行等。这部分内容单纯，篇幅短小。

3）命令（令）的结尾

命令（令）的结尾部分，在正文的右下角由发令单位第一负责人签章，并标明年、月、日。特别提示：年、月、日不可用阿拉伯数字。

☆ 命令范文

中国人民解放军驻澳门部队进驻
澳门特别行政区的命令

中国人民解放军驻澳门部队全体官兵：

根据《中华人民共和国宪法》赋予中国人民解放军的使命，依照《中华人民共和国澳门特别行政区基本法》、《中华人民共和国澳门特别行政区驻军法》有关规定，命令你们进驻中华人民共和国澳门特别行政区，于××××年 12 月 20 日开始履行防务职责。

我国政府对澳门恢复行使主权，是继香港回归祖国后中华民族的又一盛事，标志着中国人民按照“一国两制”的方针，在实现祖国统一大业的道路上又迈出了坚实的一步。中国人民解放军驻澳门部队担负澳门特别行政区的防务，是中国政府对澳门恢复主权的重要象征，使命神圣，责任重大。你们进驻澳门特别行政区以后，要坚持人民解放军全心全意为人民服务的宗旨，发扬优良传统，忠实履行职责，遵纪守法，依法治军，把部队建设成“政治合格，军事过硬，作风优良，纪律严明，保障有力”的威武文明之师，为维护祖国统一，捍卫国家主权和领土完整，保持澳门的稳定和发展作出积极的贡献。

中华人民共和国中央军事委员会主席　×××

××××年二月二十日

☆ 范文评析

范文首部，标题是典型的公文标题，由三要素构成：单位＋事由＋文种。主送单位是唯一的。

范文正文，前言主要写了中国人民解放军进驻澳门特别行政区的依据和目的。主体先写中国人民解放军进驻澳门特别行政区的结果，再写其过程和要求、发号召。因为该说的已经说完，所以，本文结语与主体合二为一。

（二）决定

1. 决定的含义

决定是党政机关公文中共有的文种。《国家行政机关公文处理办法》对决定的功能作了如下阐述：适用于对重要事项或者重大行动作出安排，奖惩有关单位及人员，变更或者撤销下级机关不适当的决定事项。《中国共产党机关公文处理条例》对决定功能的阐述是：用于对重要事项作出决策和安排。决定和决议是近似文种，尤其这两种文体在党的机关公文中并存，在写作实践中，一定要区分二者的不同。这些不同大致表现在四个方面：

(1) 内容有所不同。决议涉及的内容原则性、理论性较强，而决定涉及的内容相对比较具体，实践性更强一些。

(2) 形成程序有所不同。按规定，决议的形成必须经过会议讨论通过；而决定，虽然有时也要经过会议讨论通过，但没有规定必须如此。

(3) 表达方式有所不同。决议的一个突出特点在于“议”，所以较多使用议论；决定则较多用来布置工作、提出要求，不一定要展开充分的议论。

(4) 成文日期标写有所不同。决议的成文日期，用括号标写在标题下方，有时还要包括会议名称；决定可以这样标写（如党的机关公文对决定就要求这样标写），也可以像一般公文一样，将成文日期标写在正文之后（这种情况行政公文比较多见）。

2. 决定的特点

1）权威性

决定虽然没有命令那样浓的强制色彩，但也是一种权威性很强的下行文。决定是上级机关针对重要事项和重大行动，经重要会议或领导班子研究通过后，对所辖范围内的工作所做的安排。决定一经发布，就对受文单位具有很强的约束力，必须遵照执行，如《国务院关于全面推进依法行政的决定》就要求各省、自治区、直辖市人民政府和国务院各部门要根据全国依法行政工作会议精神和本决定的要求，结合本地方、本部门的实际，全面、深入、扎实地推进依法行政进程，保证改革开放和社会主义现代化建设健康、顺利发展。各地方、各部门要将贯彻实施全国依法行政工作会议精神和本决定的情况于今年12月31日前送国务院法制办公室，由国务院法制办公室汇总后向国务院报告。

从内容到口气，都坚定确凿，不容置疑，体现了决定的权威性特点。

2）指挥性

决定在对重要事项进行决策时，同时也提出工作任务、具体措施和实施方案，要求受文单位依照执行。如《国务院关于成立国务院西部地区开发领导小组的决定》中对西部开发领导小组办公室主要职责作了如下安排：研究提出西部地区开发战略、发展计划、重大问题和有关政策、法规的建议，推进西部地区持续、快速、健康发展；研究提出西部地区农村经济发展、重点基础设施建设、生态环境保护和建设、结构调整、资源开发以及重大项目布局的建议，组织和协调退耕还林（草）规划的实施和落实；研究提出西部地区深化改革、扩大开放和引进国内外资金、技术、人才的政策建议，协调经济开发和科教文化事业的全面发展；承办领导小组交办的其他事项。

决定通过原则、任务、措施、方案的确定和安排，指挥下属单位统一思想、统一行动，从而保证工作的顺利开展，并取得预期效果。

3）全局性

决定一般不是向某一个具体单位发出的，行文对象有一定的普遍性。这是由于决定所涉及的事项和解决的问题，都有全局性的意义。类似依法行政、西部开发，都是事关全局的重要问题。即使有时涉及的事件比较具体，其意义也必然是全局性的，如《中共中央关于接收宋庆龄同志为中国共产党正式党员的决定》，就不能简单地看做接受一个人入党的具体事务性文件，它表达了党中央对宋庆龄一生的评价，也传达了中央的统战政策和组织路线，在宣传党的路线、方针、政策方面，有着相当普遍的意义。

3. 决定的分类

1）法规政策性决定

关于建立、修改某项法规的决定，关于贯彻、落实某一法律的决定，关于对某一领域犯罪行为进行专项打击的决定，都属于法规政策性决定，如《全国人民代表大会常务委员会关于修改〈中华人民共和国大气污染防治法〉的决定》、《全国人大常委会关于惩治侵犯著作权的犯罪的决定》、《关于惩治虚开、伪造和非法出售增值税专用发票犯罪的决定》等。

2）重要事项和重大行动的决定

对重要事项或事关全局的重大行动作出的决定，具有决策的性质。一般要阐述基本原则，提出工作任务、方案、措施、要求，如《国务院关于全面推进依法行政的决定》、《国务院关于成立国务院西部开发领导小组的决定》、《中共中央关于加强党同人民群众联系的决定》、《中共中央关于恢复沈雁冰同志党籍的决定》等。

3）奖惩性决定

决定也可以对一些事迹突出、有典型意义的先进个人或集体进行表彰，或者对一些影响较大和群众关心的事故、错误进行处理。前者如《国务院关于授予赵春娥、罗健夫、蒋筑英全国劳动模范称号的决定》、《中共沈阳市委、沈阳市人民政府关于表彰沈阳黎明服装集团公司的决定》等，后者如《国务院关于处理“渤海二号”事故的决定》、《国务院关于大兴安岭特大森林火灾事故的处理决定》等。

奖惩性决定与用于奖惩的命令和通报作用接近，但层次规格不同。决定从规格上看低于命令，但高于通报。一般性的奖惩或者基层单位的奖惩活动，用通报即可。用于奖惩的这三种文体，在写法上也比较接近。

4. 决定的写法

1）决定的首部

决定的首部包括标题和受文单位。决定的标题一般采取公文标题的常规模式，即发文机关＋主要内容＋文种的写法，如《国务院关于进一步加强产品质量工作若干问题的决定》。标题中有时可在主要内容部分加书名号，如《全国人民代表大会常务委员会关于批准〈中华人民共和国、俄罗斯联邦和哈萨克斯坦共和国关于确定三国国界交界点的协定〉的决定》，但标题中不得使用其他标点符号。

2）决定的正文

正文采用公文常用的结构基本型，由开头、主体、结语三部分组成。

开头，一般是写发布决定的背景、根据及目的、意义。如《国务院关于进一步加强产品质量工作若干问题的决定》的开头："为认真贯彻落实党的十五大精神和十五届四中全会通过的《中共中央关于国有企业改革和发展若干重大问题的决定》，全面实施《中华人民共和国产品质量法》和《质量振兴纲要（1996 年－2010 年）》，提高我国产品质量总体水平，促进国民经济持续快速健康发展，现就进一步加强产品质量工作若干问题作如下决定。"如果是批准某一文件的决定，则写明批准对象的名称。如果是表彰、惩戒性的决定，开头部分则要叙述基本事实，也就是先进事迹或事故情况，篇幅要比一般决定长一些。这实际上也属于行文的根据，与公文结构的基本类型仍是一致的。

主体，写决定事项。用于指挥工作的决定，这部分要提出工作任务、措施、方案、要求等，内容复杂时要用小标题或条款显示出层次来。用于批准事项的决定，这部分要表达批准意见，如有必要，还可对批准此事项的根据和意义予以阐述。用于表彰或惩戒的决定，这部分要写明表彰决定和项目，或处分决定、处罚方法。

结语，比较简单，主要用来写执行要求或希望号召。

3）决定的结尾

决定的结尾部分包括单位公章及时间。

☆ 表彰范文

××市人民政府关于表彰
优秀教育工作者和尊师重教先进单位先进个人的决定

各区、县人民政府，各有关单位：

近年来，在党的十六大、十七届一中全会精神指导下，我市认真贯彻党的教育方针，不断深化教育改革，积极推进素质教育，教育教学质量和水平明显提高，涌现出一大批优秀教育工作者和尊师重教先进单位、尊师重教先进个人。为表彰先进，鼓励广大教育工作者献身教育事业，努力在全社会进一步形成尊师重教的良好氛围，市政府决定，对张明高等 180 名优秀教育工作者和××镇人民政府等 10 个尊师重教先进单位、李波等 10 名尊师重教先进个人进行表彰（名单附后）。

希望受表彰的单位和个人珍惜荣誉，总结经验，戒骄戒躁，为教育事业的改革与发展再立新功。各区、县广大教职工要向受表彰的优秀教育工作者学习，进一步增强责任心，扎实做好本职工作，切实加强师德修养，不断提高综合素质，进一步发扬艰苦奋斗、勇于开拓、无私奉献的精神，为社会培养出更多、更好的现代化建设人才。全市广大干群要以尊师重教为荣，切实做好尊师重教工作，为我市教育事业的快速发展作出应有的贡献。

附件：1. 东风区优秀教育工作者名单

2. ××县尊师重教先进单位名单

3. ××区尊师重教先进个人名单

××市人民政府
××××年九月九日

☆ **范文评析**

这是一篇表彰性决定。其首部包括标题与主送单位。标题由单位＋事由＋文种构成。主送单位是其下属机构。正文之前言，其重点介绍了表彰先进的依据（背景）和表彰先进的目的。主体从领导的角度对受表彰的人与单位提出新的要求，并发出号召，然后达到未来的结果——为教育事业的快速发展作出应有的贡献。范文结语与主体提出的新要求、号召合为一体。因为本文需要有被表彰的名单，所以罗列附件3份，附件依然属于正文部分。

二、公告、通告

（一）公告

1. 公告的含义与用途

公告是行政公文的主要文种之一，它和通告都属于发布范围广泛的晓谕性文种。

《国家行政机关公文处理办法》对公告的功能作了如下规定：适用于向国内外宣布重要事项或者法定事项。

公告的用途主要体现在两个方面：

一是向国内外宣布重要事项。具体来说，包括公布法律、法令、法规，公布重大国家事务活动，如国家领导人出访、任免、逝世，公布重大科技成果，公布有关重要决定等。例如，国家税务总局关于外籍个人储蓄存款利息个人所得税有关问题所发布的公告。

二是向国内外宣布法定事项。法定事项包括按照《中华人民共和国民事诉讼法》等法律规定发布的公告，以及根据法律条文向社会公布有关规定的公告。例如，外交部根据《中华人民共和国澳门特别行政区基本法》第139条的规定，继续给予进入澳门的国家及地区的人员进入澳门特别行政区免办签证待遇的公告。

党的机关公文中没有公告，但有与之功能相似的“公报”。

2. 公告的特点

1）发文权力的限制性

由于公告宣布的是重大事项和法定事项，发文的权力被限制在高层行政机关及其职能部门的范围之内。具体来说，国家最高权力机关（全国人民代表大会及其常委会），国家最高行政机关（国务院）及其所属部门，各省、自治区、直辖市行政领导机关，某些法定机关，如税务局、海关、铁路局、人民银行、检察院、法院等，有制发公告的权力。其他地方行政机关，一般不能发布公告。党团组织、社会团体、企事业单位，不能发布公告。

2）发布范围的广泛性

公告是向“国内外”发布重要事项和法定事项的公文，其信息传达范围有时是全国，有时是全世界。譬如，我国曾以公告的形式公布中国科学院院士名单，一方面确立他们在我国科学界学术带头人地位，另一方面尽力为他们争取在国际科学界的地位。这样的公告肯定会在世界科学界产生一定的影响。我国有关部门还曾在《人民日报》上刊登公告，公布中国名酒和中国优质酒的品牌、商标和生产企业，已便消费者能认清名牌。

3）题材的重大性

公告的题材，必须是能在国际国内产生一定影响的重要事项，或者依法必须向社会公布的法定事项。公告的内容庄重严肃，体现着国家权力部门的威严，既要能够将有关信息和政策公诸于众，又要考虑在国内国际可能产生的政治影响。一般性的决定、指示、通知的内容，都不能用公告的形式发布，因为它们很难具有全国和国际性的意义。

4）内容和传播方式的新闻性

公告还有一定的新闻性特点。所谓新闻，就是对新近发生的、群众关心的、应知而未知的事实的报道。公告的内容，都是新近的、群众应知而未知的事项，在一定程度上具有新闻的特点。公告的发布形式也有新闻性特征，它一般不用红头文件的方式传播，而是在报刊上公开刊登。

3. 公告的分类

1）重要事项的公告

凡是用来宣布有关国家的政治、经济、军事、科技、教育、人事、外交等方面需要告知全民的重要事项的，都属此类公告。常见的有国家重要领导岗位的变动、领导人的出访或其他重大活动、重要科技成果的公布、重要军事行动等。例如，全国人大常务委员会关于确认全国人大代表资格的公告、新华社受权宣布我国将进行向太平洋发射运载火箭试验的公告，都属此类公告。

2）法定事项的公告

依照有关法律和法规的规定，一些重要事情和主要环节必须以公告的方式向全民公布。

《中华人民共和国专利法》第39条规定："发明专利申请经实质审查没有发现驳回理由的，专利局应当作出审定，予以公告。"

《中华人民共和国企业破产法（试行）》第9条规定："人民法院受理破产案件后，应当在十日内通知债务人并且发布公告。"

《国家公务员暂行条例》第16条规定，录用国家公务员要"发布招考公告"。

《中华人民共和国民事诉讼法》规定发布的公告种类繁多，有通知权利人登记公告，送达公告，开庭公告，宣告失踪、死亡公告，财产认领公告，强制迁出房屋、强制退出土地公告等。

上述公告均属法定事项公告。

4. 公告的写法

1）公告的标题、发文字号

公告的标题有四种不同的构成形式。

一是公文标题的常规形式，由发文机关＋主要内容＋文种组成，如《国务院关于坚决制止冲击铁路确保铁路运输安全畅通的公告》。

二是省略主要内容的写法，由发文机关＋文种组成，如《国家税务总局公告》、《对外经济贸易部公告》。这是公告比较常用的标题形式。

三是省略发文机关，由主要内容＋文种组成，如《关于1990年全国清理"三角债"成果和1992年继续清理"三角债"工作的公告》。这种标题形式比较少见。

四是只标文种《公告》二字，在正式公文中这种标题几乎不用。

公告一般不用公文的常规发文字号，而是在标题下文正中标示"第××号"。有些公告可以没有发文字号。

2）公告的正文

(1) 开头。开头主要用来写发布公告的缘由，包括根据、目的、意义等。如1989年6月15日《人民日报》刊登的《对外经济贸易部公告》的开头："为了进一步加强对进口货物及进口合同编号的管理，消除目前在进口货物代号上的混乱现象，根据治理经济环境，整顿经济秩序的精神，特对进口货物的管理公告如下。"这是公文普遍采用的常规开头方式，多数公告都采用这样的开头。但也有不写公告缘由，

一开头就进入公告事项的。

(2) 主体。主体用来写公告事项。因每篇公告的内容不同，主体的写法因文而异。有时用贯通式写法，有时需要分条列出。总之，这部分要求条理清楚、用语准确、简明庄重。

(3) 结语。一般用“特此公告”的格式化套语作结语。不过，这不是唯一的选择，有些公告的结语专用一个自然段来写执行要求，也有的公告既不写执行要求，也不用“特此公告”的结语，事完文止，也不失为一种干净利落的收束方式。

☆ 公告范文

中华人民共和国财政部公告

(××××年第7号)

根据《中华人民共和国国库券条例》，现就发行××××年凭证式（三期）国债（以下简称“本期国债”）的有关事宜公告如下：

一、本期国债发行总额为550亿元，分为三年期和五年期两种，其中三年期385亿元，票面年利率为2.78%；五年期165亿元，票面利率为2.97%。

二、本期国债从××××年10月10日开始发行，××××年12月10日结束。本期国债从购买之日开始计息，到期一次还本付息，不计复利，逾期不加计利息。

三、本期国债为记名国债，以填制“凭证式国债收款凭证”的方式按面值发行，可以挂失，可以质押贷款，但不能更名，不能流通转让。

四、在购买本期国债后，投资者如需变现，可随时到原购买网点提前兑取。提前兑取时，各购买网点均按兑取本金的2‰收取手续费，并按实际持有时间及相应的分档利率计付利息。

三年期凭证式国债：持有时间不满半年的，不计息；满半年不满一年的，年利率为0.81%；满一年不满两年的，年利率为1.80%；满两年不满三年的，年利率为1.98%。

五年期凭证式国债：除按上述分档利率执行外，持有时间满三年不满四年的，年利率为2.79%；满四年不满五年的，年利率为2.88%。

五、发行期内如遇银行存款利率调整，尚未发行的本期国债的票面利率，在利率调整日按三年期、五年期银行储蓄存款利率调整的相同百分点作同幅调整；尚未发行的本期国债提前兑取时的分档利率，另行通知。发行期内如遇对个人存款利息开征所得税，本期国债的利率不再调整。

六、本期国债面向社会公开发行，投资者可到中国工商银行、中国农业银行、中国建设银行、交通银行、部分其他商业银行以及部分省、市邮政储蓄的营业网点购买。

特此公告。

中华人民共和国财政部

××××年十月九日

☆ **范文评析**

范文属于实际运用的公文格式，因为它需要在媒体上发布。首部包括标题与发文字号，因为它针对国内外所有的人或单位，所以就不必写主送单位。

正文的前言，写的是本文的依据。目的（意义）、原因皆省略了。主体虽然写了六点，但仍然是从发行国债的起因到整个发行过程再到发行国债的结果。结语为套语。

（二）通告

1. 通告的含义

通告是行政公文的主要文种之一。《国家行政机关公文处理办法》把通告的功能定义为：适用于公布社会有关方面应当遵守或者周知的事项。

党的机关公文中没有通告这一文体。

通告和公告二者有一些相似之处，也有一些不同之处。相似之处是都具有晓谕性和公布性，也就是说，内容都是知照性的，发布范围都是面向全社会。

要想避免二者之间概念的混淆和文体的误用，关键是区分二者的不同。这些区别可大致概括为以下四个方面：

(1) 内容的重要程度不同。公告是用来发布重要事项和法定事项的，涉及内容多是国家大事或省、市级的行政大事，或者履行法律规定必须遵循的程序。小的局部性事项和非法定的事项，不能采用公告的形式公布 。通告是用来发布在一定范围内需要遵守或周知的事项的，它所涉及的事项一般没有公告那么重大。

(2) 对发文机关的限制性有较大不同。公告是一种高级别的文体，只有涉及全局性的重大事项或法定事项时，才能由高级别的行政部门发布，这一点前面介绍公告的特点时已有阐述。而通告是一种高级机关和基层单位都可使用的文体，不仅行政机关可以制发，社会团体、企事业单位在自己的职权范围之内，也可以制发。

(3) 发布范围有所不同。公告是向国内外发布重要事项和法定事项采用的文种，它的发布范围比较大，面向全国，有时面向全世界，遍示天下，一体周知，接受的人越多越好。通告虽然也是面向社会发布的，但多是限定在一个特定社区范围内，而且内容也多是指向一个特定的人群，要求这一社区的某一类特定人群遵守或周知。所以通告的定义中特意强调了“在一定范围内公布”。

(4) 发布的方式不同。公告多数是在报刊上刊登，一般不用红头文件的方式下发，也不能印成布告的形式公开张贴。而通告可以在新闻媒体上刊登，也可以用红

头文件的形式下发，还可以公开张贴。

2. 通告的特点

(1) 法规性。通告常用来颁布地方性的法规，这些法规一经颁布，特定范围内的部门、单位和民众都必须遵守、执行。例如，《××省无线电管理委员会办公室关于清理整顿无线电通信秩序的通告》，对有关事宜作了八条规定；《××市人民政府关于坚决清理非法占道经营的通告》，为改善交通秩序和市容环境，作了五条规定。

(2) 周知性。通告的内容，要求在一定范围内的人们或特定的人群普遍知晓，以使他们了解有关政策法令，遵守某些规定事项，共同维护社会公务管理秩序。

(3) 实务性。所有的公文都是实用文，从根本性质上说都应该是务实的。但它们之间还是有一些区别的，有的公文只是告知某事，或者宣传某些思想、政策，并不指向具体事务。通告则是一种直接指向某项事务的文种，务实性比较突出。

(4) 行业性。不少通告都具有鲜明的行业性特点，如税务局关于征税的通告、机动车管理部门关于机动车辆年度检验的通告、银行关于发行新版人民币的通告、房产管理局关于对商品房销售面积进行检查的通告等，都是针对其所负责的那一部分的业务或技术事务发出的通告。因此，通告行文中要时常引用本行业的法规、规章，也难免使用本行业的术语、行话。

3. 通告的分类

通告有法规性通告和知照性通告两大类型。这两种通告是以法规性的强弱不同为标准来区分的，二者之间没有绝对的界限。法规性的通告不可能没有知照性，知照性的通告完全没有法规内容的也不多见。但二者在性质上毕竟有所区分，如《关于坚决清理非法占道经营的通告》，强制性措施较多，属于法规性通告；关于因施工停水、停电的通告，主要起通知事项的作用，没有强制性措施，属于知照性通告。

4. 通告的写法

1) 通告的标题、发文字号

(1) 通告的标题，主要有两种写法：一是全题写法，也就是公文标题的常规写法，由发文机关、主要内容、文种三者共同构成，如《河南省地方税务局关于认真落实〈事业单位、社会团体、民办非企业单位企业所得税征收管理办法〉的通告》、《广西工商行政管理局广西国有资产管理局关于办理××年度企业法人年检及国有资产产权登记的通告》等。二是省略主要内容的写法，由发文机关、文种组成，如《中华人民共和国公安部通告》、《××市房地产管理局通告》等。

通告也可以由主要内容和文种构成标题，还有的通告标题只有文种“通告”两字。通告标题还有一种特殊的写法，将标题分为两个部分：第一部分是发文机关加文种，即“×××通告”；第二部分是通告的主要内容，如《中国人民银行通告明日起发行1990年版壹圆券人民币》。

(2) 通告的发文字号。通告的发文字号不像一般公文那样只用常规方式，在实践中有多种情况并存。如果是政府发布通告，要有正规的发文字号，如《××市人民政府关于坚决清理非法占道经营的通告》，发文字号就是“市政告字〔2011〕6号”。如果是某一行业管理部门发布通告，则可采用“第×号”的方式，标示位置在标题之下正中 。一些基层企事业单位发布的通告，也可以没有字号。

2) 通告的正文

正文采用公文通用结构模式撰写，共分三大部分。

(1) 通告缘由。作为开头部分，通告缘由主要用来表达发布通告的背景、根据、目的、意义。

(2) 通告事项。这是主体部分，文字最多，内容最复杂，较多采用分条、列项的写法，以做到条理分明，层次清晰。如果内容比较单一，也可采用贯通式写法。

(3) 通告结语。写法比较简单，多采用“本通告自发布之日起实施”或“特此通告”的模式化套语。

☆ 通告范文

××市人民政府关于坚决清理非法占道经营的通告

市政告字〔××××〕6号

近期以来，我市清理非法占道经营，经过几次集中整治，取得了一定效果，但在一些主干道上仍有反复，禁而不止，影响交通和市容环境，群众反映强烈。为推进“讲文明、树新风”活动和精神文明建设八大工程的深入开展，市政府决定，集中一段时间，加大工作力度，实行综合整治，坚决彻底清理非法占道经营，让路于车，还道于民，改善交通秩序和市容环境。现通告如下：

一、未经市容、市政、规划、公安、园林等六个行政主管部门联合批准，擅自占用道路和人行道进行经营活动的，均属非法占道经营。自通告发布之日起，凡有上述行为的单位和个人，必须立即自行清理经营场地，停止占道经营活动。

二、全市143条主干线和地区所有广场，今后不许再有马路市场和占道摊点，不许沿街门店在门前占道经营。无证商贩摊点必须坚决取缔。市区任何部门和单位严禁擅自批准占道经营或对其收取费用，一经发现，严肃查处。

三、各区政府负责组织市容、工商、市政、公安、卫生部门及街道办事处，组成若干联

合执法队，按照《××市市容和环境卫生管理条例》、《城乡个体工商户管理暂行条例》、《××市市政工程设施管理条例》、《××市城市道路交通管理办法》、《治安管理处罚条例》等法规，逐街逐巷进行清查，取缔非法占道经营。对屡禁不止者，由上述主管部门分别依法处罚。

四、本市下岗职工、待业人员及个体经营者，可以就近进入市区有关部门在背街小巷批准的市场，服从当地街道办事处的登记管理，遵守出摊收摊时间，退出主干道口 30～50 米，遵守环境卫生管理等规定。街头的非法劳务市场求职者必须限期进入指定的室内劳务市场，服从劳动部门的登记管理。

五、市、区有关行政主管部门，要按照各自的职责，认真负责地做好清理非法占道经营工作。要依法严格管理，主动协同作战，加强监督检查，在近期内取得明显成效，并做到坚持经常。

本通告自发布之日起实施。

××市人民政府

××××年三月二日

☆ **范文评析**

本范文与公告一样由于将向广大群众发布，不是用的公文正式格式，由于发送范围大，是不需要主送单位的。

正文的前言部分，重点写了发本通告的原因和目的，并没有写发本通告的依据。主体从发本通告的起因开头，接着写它的发展过程、最后要达到的目的。结语为“本通告自发布之日起实施”。

三、通知、通报

（一）通知

1. 通知的发展历史

通知产生于民国时期。1942 年以前，它属于非法定公文；1942 年，国民政府发布的《公文程式条例》将其列为法定公文。中国共产党成立后，各机关对通知的使用也极频繁，新中国成立后，行政机关于 1951 年将其列入法定公文，党的机关于 1989 年将其列入法定公文。

2. 通知的用途

《条例》规定，通知“用于发布党内法规、任免干部、传达上级机关的指示、转发上级机关和不相隶属机关的公文、批转下级机关的公文、发布要求下级机关办理和有关单位共同执行或者周知的事项”。《办法》规定，通知“适用于批转下级机关的公文，转发上级机关和不相隶属机关的公文，传达要求下级机关办理和需要有关单位周知或者执行的事项，任免人员”。

1996年，党的机关通知增加了“发布党内法规”和“任免干部”的用途。2000年，行政机关通知取消了“发布规章”的用途，改由命令（令）承担；将“任免和聘用干部”改为“任免人员”。在所有的公文中，通知的使用频率最高。

3. 通知的种类

按用途，通知可分为以下几种：

(1) 转发（批转、印发）通知。

(2) 传达通知，包括命令性通知、指示性通知、规定性通知、通告性通知等。

(3) 知照通知，包括事务通知、活动通知、会议通知等。

(4) 任免通知，包括任职通知、免职通知。

4. 通知与命令的区别和写作要求

(1) 转发（批转、印发）通知，标题“关于”可省略，正文“执行意义”部分可省略，正文之后不标注附件说明。

(2) 命令，只作指挥性的要求，不提执行命令的措施；而命令性通知，不仅提出命令性的要求，而且还具体交代执行命令和完成任务的措施。一项战略性工作的部署或重大方针、政策的传达，要用指示行文；而对某项具体工作的部署，要用指示性通知行文。凡是按内容的性质不适于用通告的，用通告性通知。这三种通知的格式基本相同。“通知缘由”部分最后的承上启下的习惯用语，还可写成“现通知如下”、“特作如下通知”等；有时，这部分可省略。“结语”部分，有的要写明执行要求，如“以上通知，望认真贯彻执行”等；有的要写明生效日期，如“本通知自下发之日起实行等”；有的可写习惯用语，如“特此通知”等；有的可省略。

(3) 召开会议、举办活动、庆祝节日、成立调整或撤销机构、启用或废止印章、要求报送材料等，用知照通知。“通知事项”部分，会议通知要写明会议的时间、地点、内容、参加人员、要求等；活动通知要写明活动的时间、地点、主题、规则、奖励办法等；事务通知则要写明为了什么目的成立调整或撤销了什么机构、启用或废止了什么印章（附印章样式）、需要报送什么材料等。

(4) 任职通知和免职通知，可合用，也可分用。正文开头还可写成“××决定”等。对公务员的任职，要在职务后加括号注明级别等；对公务员的免职，要在职务后加括号注明是否保留原级别等。

5. 通知的写法

(1) 通知的首部包括标题、主送单位。

(2) 通知的正文包括开头(缘由)、事项(主体)、结语。通知的缘由要写得简明扼要,通知事项要写得全面具体,除转发(批转、印发)通知和任免通知外,其他通知的"通知事项"部分,如内容较多,可分序排列,如内容单一,可一段到底。

(3) 通知的结语为提出要求或措施。

☆ 通知范文

中共××省委员会　××省人民政府关于批转《中共××省委改善经济发展环境专题推进领导小组办公室关于创建优良经济发展环境的意见》的通知

各市(地)、县(市)委和人民政府(行署),省委各部委,省直各单位:

为了深入贯彻党的××大和省第十二次党代会精神,借鉴浙闽经验,进一步推动全省经济发展,经省委、省政府同意,现将中共××省委改善经济发展环境专题推进领导小组办公室《关于创建优良经济发展环境的意见》印发给你们,请结合实际,认真贯彻实施。

创建良好的经济发展环境,是促进我省经济持续快速健康发展、扩大开放的重要条件。近年来,我省把改善经济发展环境作为重点工作,实施专题推进,收到了一定成效。但与一些先进地区相比,经济发展环境仍然不够理想。为此,必须把创建优良经济发展环境摆上各级党委、政府工作的重要日程,加大工作力度,努力为我省加快实现"二次创业、富民强省"目标提供有力的保证。各级党委、政府和各有关部门要站在贯彻十七大精神,进一步提高对创建优良经济发展环境重大意义的认识,认真查找本地区、本部门在改善经济发展环境上存在的差距和不足,以学习浙闽经验为契机,紧密联系本地区、本部门实际,制定措施,抓好落实,促进全省经济发展环境的改善和优化。

中共××省委员会
××省人民政府
××××年一月十日

☆ 范文评析

范文首部包括标题与主送单位。

正文的前言(缘由)重点写了发本通知的目的,省略其他两项。主体(事项)首先提出本通知要达到的结果,然后,写基本过程和起因,最后提出要求,自然结尾。

（二）通报

民国时期，国民政府发布的《公文程式条例》未有通报这一文种，在实际行文中也未见使用。中国共产党成立后，通报时有使用，主要用于传达情况，如毛泽东1948年3月20日写的《关于情况的通报》。行政机关于1951年将其列入法定公文，党的机关于1989年将其列入法定公文。

1．通报的用途

《条例》规定，通报“用于表彰先进、批评错误、传达重要精神、交流重要情况”。

《办法》规定，通报“适用于表彰先进，批评错误，传达重要精神或者情况”。

2．通报的种类

按用途分，通报可分为表彰通报（表扬通报）、批评通报和情况通报三种。

3．通报的格式

（1）表彰通报的格式与表彰决定的格式相同。标题可写成《××关于表彰××的通报》或《××关于对××进行表彰的通报》。

（2）批评通报的格式与处分决定的格式类似。

（3）情况通报。标题可写成《××关于××情况的通报》。“通报缘由”和“情况分析”之间要用“现将有关情况通报如下”等习惯用语承上启下。“通报缘由”部分，有时要写明事件发生的时间、地点、简要经过、结果等；“情况分析”部分，要写明事件的原因、特点、处理意见、整改措施等。

（4）“通报要求”部分。表彰通报要写明希望号召，批评通报要写明应当汲取的教训，情况通报要有针对性地提出要求或省略。

4．通报的写作要求

（1）要选择典型的事件，要突出关键情节，要有鲜明的倾向。

（2）情况通报“情况分析”，要分序排列，抓住要害，严格控制“分析量”。

（3）“通报要求”，要有较强的针对性，不能泛泛而谈；要明确具体，以便执行。

（4）掌握通报正文的写法（三部分：发文的原因或根据；简要介绍事件，然后分析评论，指出重要意义或严重后果，揭示其问题实质；阐明对事件、人物作出的决定和采取的措施）。掌握直述式通报和转述式通报在写作上的区别。

☆ **通报范文**

××市人民政府关于表彰××市体育局的通报

各区、县人民政府，市政府各部委、各直属机构：

在第×届奥运会上，我市×名体育健儿不畏强手、顽强拼搏，3人获得两枚金牌，2人获得一枚银牌，奖牌、金牌总数列全省第一和全国省会城市第一，为国家、我省和我市体育事业作出了重要贡献。这是我市体育健儿自××××年洛杉矶奥运会取得1枚金牌之后，20年来又一次历史性突破。

我市体育健儿在第×届奥运会上所取得的优异成绩，是在市委、市政府的正确领导和全市人民的关心支持下，广大体育工作者长期共同努力的结果。市体育局以科学发展观为指导，坚持群众体育、竞技体育、体育产业全面协调发展，为我市体育健儿备战奥运会做了大量卓有成效的工作，为国家、我省和我市体育事业的发展发挥了重要作用，获得了省体育局授予的"体育突出贡献奖"。为此，市人民政府决定，对市体育局予以通报表彰。

希望我市广大体育工作者按照市委、市政府创建全国一流体育城市的要求，奋发进取，扎实工作，在××××年广州亚运会上再创辉煌，进一步推进我市体育事业的发展，为××省增添光彩，为国争光。

××市人民政府

××××年一月二日

☆ **范文评析**

范文首部包括标题与主送单位。

正文的前言（开头）重点写出了本通报的缘由，省略其依据与目的、意义。主体写了起因和结果，并提出了新的要求。自然结尾。

四、批复

（一）批复的概念

批复是用于答复下级机关请示事项的回复性公文。其制作和应用一般以下级的"请示"为条件。当下级机关的工作涉及方针、政策等方面的重大问题，报请上级机关审核批准时；当下级机关在工作中遇到新情况、新问题，无章可循，报请上级机关给予明确指示时；当下级机关遇到无法解决的具体困难，报请上级机关给予指导帮助时；当下级机关对现行方针政策、法规等有疑问，报请上级机关予以解答说明时；以及当下级机关因重大问题有意见分歧，报请上级机关裁决时，上级机关都应该用"批复"予以答复。除此之外，有时"批复"还被用来授权政府职能部门发布或修改行政法规和规章。

（二）批复的特点

（1）针对性。批复的针对性反映在两个方面：一是批复必须针对请示机关行文，而对非请示机关不产生直接影响；二是批复的内容必须针对请示事项，不涉及请示事项以外的内容。

（2）回复性。批复的内容属于回复性的内容。因为批复的制作和应用是以下级机关的请示为条件，对上级机关来说是被动的发文，下级机关请示什么事项，上级机关就批复什么事项。并且，上级机关对请求事项无论同意与否，都必须有针对性地明确予以回答。

（3）权威性。批复是答复下级机关请求事项的回复性公文，它提出的处理意见和办法，代表上级机关对问题的决策意见，对下级机关具有行政约束力。特别是对一些重大事项的答复，体现了党和国家的有关方针、政策，具有权威性。所以，批复一经下发，下级机关必须遵照执行。

（三）批复的分类

根据内容、性质的不同，批复可分为两类：一类是审批性批复；另一类是指示性批复。审批性批复主要是针对下级机关请示的公务事宜，经审核后所作的指示性答复，比如关于机构设置、人事安排、项目设立、资金划拨等事项的审批。指示性批复主要是针对方针、政策性问题进行答复。这一类批复，不只是对请示机关提出请示事项的答复，而且批复的指示性内容，在其管辖范围内，具有普遍的指导和规范作用。另外，授权政府职能部门发布或修改行政法规和规章的批复，也属于指示性批复。

（四）批复的结构、内容和写法

批复由首部、正文和尾部三部分组成。其各部分的格式、内容和写法要求如下。

（1）批复的首部包括标题和主送机关。①标题。批复的标题有多种构成形式：第一种是由发文机关名称、批复事项、行文对象和文种构成；第二种是由发文机关名称、事由和文种构成；第三种是由事由和文种构成；第四种是由发文机关名称加原件标题和文种构成；②主送机关，批复的主送机关是指与批复相对应的请示发文机关。授权性的批复，主送机关应当是被授权发布施行行政法规和规章的下级机关。

(2) 批复的正文，正文是批复的核心，其内容比较具体单一，层次构成相对固定。其中除授权性批复与一般批复的写法有所不同外，其他批复的结构一般由开头、主体和结语三部分组成。一是开头，通过引叙来文以说明批复缘由。首先点明批复的下级机关并写明来文日期、标题和文号，以交代批复的根据。二是主体，主要说明批复事项。应当根据国家的方针、政策、法令、法规和实际情况，针对“请示”的内容给予明确肯定（或否定）的答复或具体的指示，一般不进行议论。也有的批复，在批复事项后面概括提出希望和要求，进一步强调批复的主旨。三是结语，一般用“此复”、“特此批复”等习惯套语。

(3) 批复的尾部，一般包括署名和成文时间两项内容。署名写上批复机关单位名称，并加盖公章；成文时间写明年、月、日。

（五）撰写批复应注意的问题

(1) 注意行文的针对性。下级机关请示什么事项，上级机关就批复什么事项。

(2) 批复的观点要明确。无论审批性批复还是指示性批复，上级机关的态度要明朗，不能太原则，更不能模棱两可，以免使下级机关无所遵循。

(3) 批复要及时。批复是因下级机关的请示而行文，凡下级机关能够向上级机关行文请示的，说明事关重要，时间紧迫，急需得到上级机关的指示和帮助，所以上级机关应当及时批复，否则就会贻误工作，甚至会造成重大损失。

(4) 批复的行文要言简意赅。要做到言止意尽，庄重周严，以充分体现批复的权威性。

☆ 范文一：审批性批复

关于江苏省撤销南通县设立通州市的批复

民政批〔××××〕4号

江苏省人民政府：

你省××××年十月八日《关于撤销南通县设立通州市的请示》和××××年十一月二十日的补充请示收悉。经国务院批准，同意撤销南通县，设立通州市（县级），由省直辖，以原南通县的行政区域为通州市的行政区域，不增加机构和人员编制。

中华人民共和国民政部（盖章）

××××年一月八日

☆ **范文二：授权指示性批复**

国务院关于决定加入《专利合作条约》的批复

国函〔××××〕113号

中国专利局、外交部：

国务院决定：我国加入《专利合作条约》，具体手续由外交部办理。我国加入该条约后，关于《专利合作条约实施细则》的修订问题，由中国专利局同外交部决定，报国务院备案，可以不另行报批；中国专利局可以制定实施该条约的具体规定。

国务院（盖章）

××××年八月二日

☆ **范文评析**

以上两则范文，皆为实际运用的公文，却与正式公文格式有所不同。其首部包括标题、发文字号、主送单位。

正文是把前言、主体、结语三部分合写在一起的，其中还有省略。前言仅写了依据，主体也只写了结果，皆省略了结语。

第五节 上行公文

一、请示

（一）请示的概念

我国古代的“奏”、“章”、“表”、“疏”以及民国时期的“呈”，除了汇报事项以外，常常还有请求上级指示的内容。1938年，晋察冀边区行政委员会发布的第4号指示信《改革公文程式的理论与实践》，首次把“请示”列为公文文种。行政机关1981年将其列入法定公文，党的机关1989年将其列入法定公文。

请示是下级机关向上级机关请求决断、指示、批示或批准事项所使用的呈批性公文。请示属于上行公文，其应用范围也比较广泛。

（二）请示的特点

1. 针对性

只有本机关单位权限范围内无法决定的重大事项，如机构设置、人事安排、重要决定、重大决策、项目安排等问题，以及在工作中遇到新问题、新情况或克服不了的困难，才可以用“请示”行文。请示上级机关给予指示、决断或答复、批准。所以请示的行文具有很强的针对性。

2. 呈批性

请示是有针对性的上行文，上级机关对呈报的请示事项，无论同意与否，都必须给予明确的“批复”回文。

3. 单一性

请示应一文一事，一般只写一个主送机关，即使需要同时送其他机关，也只能用抄送形式。

4. 时效性

请示是针对本单位当前工作中出现的情况和问题，求得上级机关指示、批准的公文，如能够及时发出，就会使问题得到及时解决。

（三）请示的分类

根据内容、性质的不同，请示分为以下三种：①请求指示性请示；②请求批准性请示；③请示批转性请示。

（四）请示的结构、内容和写法

请示由首部、正文和尾部三部分组成，其各部分的格式、内容和写法要求如下。

1. 请示的首部

请示的首部，主要包括标题和主送机关。

(1) 标题。请示的标题一般有两种构成形式：一种是由发文机关名称、事由和文种构成，如《××县人民政府关于××的请示》；另一种是由事和文种构成，如《关于在“5·12”汶川地震灾区开展春节拥军优属工作的请示》。

(2) 主送机关。请示的主送机关是指负责受理和答复该文件的机关，每件请示只能写一个主送机关，不能多头请示。

2. 请示的正文

请示的正文，其结构一般由开头、主体和结语三部分组成。

(1) 开头，主要交代请示的缘由。它是请示事项能否成立的前提条件，也是上级机关批复的根据。原因讲得客观、具体，理由讲得合理、充分，上级机关才好及时决断，予以有针对性的批复。

(2) 主体，主要说明请求事项。它是向上级机关提出的具体请求，也是陈述缘由的目的所在。这部分内容要单一，只宜请求一件事。另外，请示事项要写得具体、明确、条理清楚，以便上级机关给予明确批复。

(3) 结语，应另起段。习惯用语一般有“当否，请批示”，“妥否，请批复”，“以上请示，请予审批”或“以上请示如无不妥，请批转各地区、各部门研究执行”等。

3. 请示的结尾

请示结尾（落款），一般包括署名和成文时间两个项目内容。标题写明发文机关的，这里可不再署名，但需加盖单位公章，成文时间“××××年×月×日”。

(五) 撰写请示应注意的问题

请示的写作首先要和“报告”文种相区别。在这个前提下，一要遵守“一文一事”的原则，主旨鲜明集中。二要做到材料真实，不要为了让上级领导批准而虚构情况，也不要因为没能认真调查而片面地摆情况，提问题。三要理由充分，请示事项要明确、具体。四要语气平实、恳切，以期引起上级的重视，既不能出言生硬，也不要低声下气，客客套套。

(六) 请示与报告的区别

(1) 行文目的不同。报告用于向上级机关汇报工作、反映情况、答复询问，请示用于向上级机关请求指示、批准。

(2) 行文时间不同。报告可在事前、事中或事后行文，请示必须在事前行文。

(3) 内容含量不同。报告有综合性的，请示必须一文一事。

(4) 处理办法不同。报告不需复文，请示必须复文。

(5) 习惯用语不同。

☆ 请示范文

关于要求将××省××市
列为全国小型农田水利建设试点市的请示

国家发改委：

据悉，为了探索新形势下开展农田水利建设的新机制和新办法，积累建设经验，国家发改委拟开展小型农田水利工程建设的试点。我市对小型农田水利工程建设非常关注，期望国家发改委将试点工作安排在××市开展。其理由如下：

一、我市是农业大市。全市有农业人口780万人，耕地950万亩，山场1500万亩，水面551万亩，是全国商品粮基地之一。××××年粮食产量544万吨，居全省第×位，约占全国粮食总产量的×‰；油料产量29万吨，居全省第×位；农业增加值100亿元，三次产业结构中，一产占×%。农业经济的发展对全市经济的影响举足轻重，开展试点可以有力促进农业经济和全市经济发展，政府重视，群众拥护。

二、我市水利工程种类齐全。市内既有灌区，又有非灌区；既有自流灌，又有排灌和提灌；既有平原，又有岗地和山区。水利工程有河、渠、库、塘、堰、坝等多种类型，在我市开展试点具有广泛的代表性。

三、我市建设水利工程积极性很高。税改前，群众积极主动投入水利工程建设，年投工约12 000万个，税改后，积极探索新方法、新途径，××××年，境内县实行“民决策、民建管、民受益”的方法，建设各种水利工程1000余处，完成土石方980万方；××县开展“一圩一议”治理××河；××县组建用水协会收水费，××县与××镇大力推进小型水利工程产权改革等取得积极成效。开展试点具有较好的现实基础。

四、我市是革命老区和贫困地区。××享有“红色故乡”、“将军摇篮”的盛名。这里是川陕革命根据地的重要组成部分，××红军在这里留下了光辉的足迹，拥有××县、××县两个将军县。境内五县二区均是国家贫困县（区），××××年人均国内生产总值是全国平均水平的×%，人均财政收入是全国平均水平的×%。开展试点能够充分体现党和国家对革命老区、贫困地区的关怀。

妥否，请审示。

××省××市人民政府
××××年九月三日

☆ 范文评析

范文首部包括标题与主送单位，请示只能有一个主送单位。

正文前言只写了依据。主体写了四部分，第一部分写本文的起因及意义，第二部分、第三部分写的是发展过程，第四部分写的是将来的结果。结语为套语。

二、报告

（一）报告的概述

我国古代，下级对上级的陈述性公文有“书”、“表”、“奏”、“状”等；民国时期，下级对上级的陈述性公文有“呈”。中国共产党成立后，“报告”基本上代替了“呈”。1948年1月7日，毛泽东起草的《关于建立报告制度》，更严格地规定了地方和部队必须定期向中央报告工作情况。党的机关于1989年将其列入法定公文，行政机关于1951年将其列入法定公文（当时含有请示用途，1957年请示从报告中分离）。

1. 报告的含义

报告是向上级机关汇报工作、反映情况、提出意见或建议、答复上级机关询问时用的陈述性公文。

2. 报告的用途

《条例》规定，报告“用于向上级机关汇报工作、反映情况、提出建议，答复上级机关的询问”。2000年，行政机关报告取消了“提出意见或者建议”的用途，改由意见承担。

《办法》规定，报告“适用于向上级机关汇报工作，反映情况，答复上级机关的询问”。

（二）报告的种类

（1）按性质可分为综合报告和专题报告两种。

（2）按用途可分为工作报告、情况报告、答复报告、建议报告（党的机关用，包括呈报型报告和呈转型报告两种）四种。

（三）报告的写法

（1）报告首部，包括标题和主送单位。标题：制发机关＋事由＋报告；报告前可加“紧急”。由于上行文要由行文机关负责人签名，签名位置与发文字号在同一水平线上，为此发文机关的字号就不能放在正中位置，应左移至版心左边缘空一个字位置标识。负责人及其签名在版心右边缘空一个字位置标识。签发人姓名应用三号楷体。签发人与签发人姓名之间用冒号分隔。

（2）正文之事由（前言）。直陈其事，把情况及前因、后果写清楚。报告事项

（主体）部分：报告内容较多，“报告事项”部分可分序排列；报告内容单一，“报告事项”部分可一段到底，甚至可将“报告缘由”和“报告事项”两部分合二为一。例如，工作报告要写明成绩或经验、缺点或教训、今后的任务和措施，也可以写工作的意见、建议或应注意的问题。

(3) 结语。可写“特此报告”、“专此报告”，后面不用任何标点符号，或“以上报告如无不妥，请批转各地、各部门执行”，或“以上报告，请指示”等语。

报告如有附件，应在正文下空一行左侧距版线空两个字标识“附件”后加冒号，冒号后标识附件内容。附件名称标识不加标点符号。如附件名称内容很长一行标识不下，要四行时则应在文字下一行位置标识，不在“附件”或序号数下标识。如附件有几个，则可在冒号后标识附件顺序号和每个附件的内容，并顺序排列。遇到有附件，则印章和成文时间应放在附件标识的下面，其位置与正文位置相同。

上行文如有附注，这一栏为在正文内无法表述的内容，但又需说明的事项，在附注栏标识。标识时加括号，如“请示”文种中“联系人”、“联系电话”则可标为（联系人：××，联系电话：××），或（此文限传达到县、团级）等。其标识位置在正文成文日期下一行左侧距版线空两个字的位置标识。

☆ 范文一：情况报告

关于公路建设资金审计情况的报告

（审计署××××年一月九日）

国办发〔××××〕12号

××××年上半年，我署对广东、江苏、山东、浙江、四川、河北、云南、黑龙江、湖南、湖北、辽宁、安徽、福建、河南、广西、重庆等省、自治区、直辖市××××年度公路建设资金的筹集、管理和使用情况进行了审计。审计结果表明，近年来，地方各级人民政府和交通部门按照中央的部署，充分发挥各方面的积极性，加大资金投入，公路建设步伐明显加快，有力地拉动了经济增长。但同时也发现，公路建设资金在筹集、管理和使用中还存在着一些不容忽视的问题，有的问题还相当严重。现将审计查出的主要问题报告如下：

一、越权审批设立公路建设基金、违反规定收取各类行政性收费

一些地方政府及其有关部门越权审批设立公路建设基金，各种行政性收费项目和在公路上乱收费问题较为普遍。虽然财政部、国家计委等部门几次组织清理，但广东、山东、江苏、浙江、湖北、重庆、四川、云南、广西等9个省、自治区、直辖市，还有23项越权审批设立的公路建设基金和收费项目仍在执行。截至××××年3月底，已累计征收60.9亿元，其中××××年度征收11.6亿元。主要表现在：

（一）违反《国务院关于加强预算外资金管理的决定》（国发〔××××〕29号）规定，越权审批设立公路建设基金。广东、山东、江苏、湖北、重庆、四川、云南、广西等8个省、

自治区、直辖市越权审批设立公路建设资金15项，共征收43.9亿元，其中××××年度征收20.1亿元。××××年，云南省人民政府批准开征地方新购车辆附加费，征收标准为车辆购置价的50%，征收范围与国家规定的车辆购置附加费相同，××××年度共征收2.6亿元。

（二）违反国务院关于禁止在公路上乱设站卡、乱罚款、乱收费的规定，收取车辆通行费。浙江、河北、云南等省在不符合规定条件的公路桥梁上设立站卡，收取车辆通行费7.98亿元，河北省××××年以前改扩建110国道怀来至宣化段，总投资1.03亿元，其中银行贷款仅为100万元，其余全部为财政性资金，但省交通厅在××××年未经省人民政府批准（××××年省人民政府才发文核准），违规设站收费，截至××××年年底，已累计收取车辆通行费1.72亿元，相当于银行贷款的72倍。经浙江省人民政府同意，衢州市交通局从××××年9月起，在用养路费投资建设的320国道常山、205国道江山、205国道开化三个省界点设收费站，征收车辆通行费，自××××年9月至××××年4月止，累计征收1.06亿元。

（三）违反规定扩大收费范围。国家计委、财政部、交通部《关于规范公路客货运附加费增加公路建设资金的通知》（计价管（××××11104号）规定，行政机关、军队、各国驻华使领馆和企事业单位及个人不从事取酬运输的车辆，不属于征收公路客货运附加费的范围。但云南省人民政府却批准省交通厅对非营运性车辆也征收客货运附加费，××××年度共征收4.7亿元，其中对政府行政机关征收2.55亿元、私人车辆1.95亿元、摩托车2230万元。

二、违规集资

河北、安徽、四川省和重庆市的交通部门及有关单位违反《中共中央、国务院关于治理向企业乱收费、乱罚款和各种摊派等问题的决定》（中发〔××××〕14号），未经国务院及有关部门批准擅自集资，共募集资金10.7亿元，有些集资还带有为本系统及权力部门人员谋取利益的性质。

安徽省阜阳市公路管理局于××××年至××××年间，未经批准，先后5次向交通系统职工集资8548万元，集资利率为12%～20%；河北省保定市交通局为建设107国道保定管辖段和市二环路，未经批准，于××××年10月至××××年7月间，向市交通局所属单位职工和省计委、省物价局、省交通局等单位干部两次集资1.84亿元，利率分别为18%和15%。上述集资利率均高于同期银行贷款利率和个人存款利率。

三、挪用建设资金（以下有删节）

对上述挤占、挪用和闲置公路建设资金以及公路建设项目管理方面的问题，我们已依照国家有关法律、法规进行了审计处理。为了使存在的问题得到全面查处，及时纠正，提出如下建议：

（一）对地方政府越权审批公路建设基金，违规设立行政收费项目和在公路上违规设站收费问题，请财政部、国家计委会同省级人民政府加大清理力度，并逐一作出处理，坚决制止和纠正乱设基金、乱收费问题。

（二）由于对公路建设资金监管不力，不少地方公路建设资金未能严格纳入预算管理，专项资金不能专用，造成资金使用混乱，甚至损失浪费。鉴此，请财政、交通等部门抓紧研究完善公路建设资金管理办法，切实管好和用好各类公路建设专项资金，特别是对地方建设资金的管理和使用应作出明确规定，同时对交通部门用于自身的非生产性设施建立应严格审批程序，纠正将公路建设资金用于弥补行政机关行政经费不足的做法。

☆ 范文评析

范文首部包括标题、发文时间、发文字号。本文首部与前面所讲公文格式是不同的，标题中的单位由于在发文时间中出现，所以省略了单位，只有两要素。首部中出现了发行时间，所以本文就没有结尾。

正文“三段式”，虽然是情况报告在写作上的通用规则，但并不是一成不变的，只是就多数情况而言的。而有的情况报告的主体恰恰是“问题—建议”的“两段式”，如2001年1月9日审计署写给国务院《关于公路建设资金审计情况的报告》，开头用了200多字，讲明2000年上半年，对广东、重庆等省、自治区、直辖市1999年度公路建设资金的筹集、管理和使用情况进行了审计的简单情况；随后转入主体部分，先是从三个方面叙述了一些地方在公路建设资金筹集、管理和使用中存在的严重问题；最后针对问题提出了两点建议。这篇情况报告的主体内容是“问题—建议”两大内容。

☆ 范文二：专项报告

关于开展强化免疫活动消灭脊髓灰质炎的报告

国务院：

脊髓灰质炎（俗称小儿麻痹）是一种不能有效治疗，却可用疫苗彻底预防的急性传染病。为实现《××××年代中国儿童发展规划纲要》规定的××××年消灭脊髓灰质炎的目标，国家决定开展强化免疫活动。现将有关情况报告如下：

一、自我国开展计划免疫工作以来，脊髓灰质炎疫苗接种率提高，发病率显著下降，取得了可喜的战绩。

二、在冬季，脊髓灰质炎病毒传播能力最弱。为此，决定从现在起至××××年一月期间，每年的十二月五日和一月五日，对全国四岁以下儿童各加服一次疫苗。

以上意见如无不妥，请批转各地区、各部门执行。

卫生部

××××年十月二日

☆ 范文评析

本范文首部之标题省略了发文单位，并只有唯一的主送单位。

正文的前言从依据（背景）写起，重点写了本文的目的。主体只写了两部分，即结果—建议。结语为套语。

第六节　平行及兼容公文

一、议案

（一）议案的含义

议案是行政公文。《国家行政机关公文处理办法》对议案的功能给予下列定义：适用于各级人民政府按照法律程序向同级人民代表大会或人民代表大会常务委员会提请审议事项。

这个定义是比较狭窄的，制作主体限于各级政府。在公文的实际运作中，议案的使用范围要大于上述限定。《中华人民共和国全国人民代表大会组织法》第9条规定："全国人民代表大会主席团、全国人民代表大会常务委员会、全国人民代表大会各专门委员会、国务院、中央军事委员会、最高人民法院、最高人民检察院，可以向全国人民代表大会提出属于全国人民代表大会职权范围内的议案。"第10条规定："一个代表团或者三十名以上的代表，可以向全国人民代表大会提出属于全国人民代表大会职权范围内的议案。"《中华人民共和国全国人民代表大会地方组织法》第14条规定："地方各级人民代表大会举行会议的时候，主席团、常务委员会、本级人民政府和代表（有三人以上附议），都可以提出议案。"这些显然超出了国务院办公厅的职权范围，在《国家行政机关公文处理办法》中不可能给予表达。所以，《国家行政机关公交处理办法》中对议案所下的定义，仅限于各级政府向同级人大及其常委会提出的议案。

政府向人大提出的议案、非政府机关向人大提出的议案、人大代表联名向人大提出的议案，这是议案的三种不同类型。在这里，我们重点介绍的是政府向人大提出的议案。其他议案与政府议案并无太大差异，可仿照制作。

（二）议案的特点

1. 制作主体的法定性

按照国务院办公厅的规定，只有各级政府才能向同级人民代表大会提出议案。即使参照全国人大组织法和地方组织法的规定，对议案作广义的理解，有权提出议案的仍然是少数的法定机构，党团组织、社会团体、政府各部门、企事业单位等，都无权提出议案。因此，议案这种文体在基层使用很少。

2. 内容的特定性

宪法和人民代表大会组织法规定，议案的内容，必须是属于人民代表大会及其常委会职权范围之内的事项。超出人大职权范围的议案，不会被大会接受。

3. 适时性

议案必须在各级人民代表大会或其常委会举行会议期间提出，否则也不会被列为议案。

4. 必要性和可行性

适合提交人大会议审议的事项，必然是重要事项，而且议案中提出的方案、办法、措施，也必须是切实可行的，才有可能获得通过。因此，针对性、必要性、务实性、可行性，这都是议案必须具备的品质。实事求是、脚踏实地、符合人民群众的意愿和要求，这些都是撰写议案的基本原则。

（三）议案的分类

1. 立法性议案

立法性议案主要在两种情况下使用：一是政府机构制定了某项法律或法规之后提请人大审议通过时；二是建议、请求某行政机构制定某项法规时。前者如《国务院关于提请审议〈中华人民共和国著作权法（草案）〉的议案》，后者如《关于尽早制定我省普及九年制义务教育实施条例的议案》等。

2. 重大事项的决策性议案

关于财政预算决算、城乡发展规划、重大工程上马以及政治、经济、文化、教育、科技、卫生等领域中的重大事项的决策，需要提请人民代表大会审议批准时使用的议案，就属于重大事项的决策性议案，如《国务院关于提请审议兴建长江三峡工程的议案》、《攀枝花市人民政府关于组织动员全市人民综合治理开发建设金沙江攀枝花城市段的议案》等。

3. 任免性议案

行政机关向权力机关提请任命、免去或撤销行政机关工作人员职务，请求人民代表大会审议批准的议案，就是任免性议案，如《国务院关于提请××等同志职务任免的议案》。

4. 建议性议案

以行政部门的身份向权力部门提出建议，也可以使用议案。这种议案有些像建议报告，供人民代表大会审议、采纳。

5. 议案的写法

1）议案的首部包括标题和主送机关

(1) 议案的标题。议案的标题采用常规公文标题模式，有两种写法：一是发文机关＋案由＋文种；二是省略发文机关，案由＋文种。前者如《××市人民政府关于提请审议〈××市乡镇企业条例〉的议案》；后者如《关于提请审议修改后的国务院机构改革方案的议案》。议案标题一般不能采用发文机关加文种或者只有文种的写法。

(2) 议案的主送机关。议案的主送机关，只能是同级人民代表大会及其常务委员会，不能有其他并列机关。要采用全称或规范化简称，不得随意简化。

2）议案的正文

(1) 议案的开头（案据）。议案的第一部分叫做案据，顾名思义，这部分要提供提出议案的根据。由于内容不同，这部分的篇幅长短在不同议案中会有很大差异。下面是《沈阳市人民政府关于组织动员全市人民综合治理开发建设浑河沈阳城市段的议案》的案据部分："浑河是辽宁省第二大河，流经沈阳规划城市段50公里。长期以来，由于种种原因，造成浑河沈阳城市段河槽乱采乱挖，河障杂乱繁多，不仅直接影响城市安全防汛，而且严重污染城市环境。为了认真贯彻国家关于浑河综合治理的重大决策，提高城市防洪能力，缓解地表和地下水缺乏的矛盾，促进生态平衡，改善城市功能，适应改革开放和市场经济发展的需要，建设高科技、大生产、大流通、现代化、国际化的沈阳，根据外地经验和近几年的充分准备，组织动员全市人民对浑河进行综合治理和开发建设的条件已经成熟。为此，市政府向市十一届人大第三次常委会提出议案，请大会审议并作出相应的决议。"

这个案据和常规的根据、目的、意义式的公文开头很接近。有时案据部分内容很复杂，文字也很多。如《国务院关于提请审议兴建长江三峡工程的议案》，案据部分超过全文的一半，对于这样一个耗时耗资十分巨大的工程，将理由阐述的充分一些，是很有必要的。有时案据可以写得很简短，如《国务院关于提请审议〈中华人民共和国著作权法（草案）〉的议案》，就是一个比较常见的"目的式"写法，不过三四行、百余字而已。

(2) 议案主体（方案）。方案部分，就是对提请审议的事项或问题提出解决的途径、方法的部分。如果是提请审议已制定的法律法规的，解决问题的方案就在法律法规之中，这部分只需写明提请审议的法律法规的名称即可，但要把法律或法规的文本作为附件。如果是任免性议案，要将被任免人的姓名和拟担任的职务写明。如果是提请审议重大决策事项的，要把决策的内容一一列出，供大会审阅。如果是建议采取行政手段解决某方面问题的，要把实施这一行政手段的方案详细列出，以便于审议。不能只指出问题，而没有解决问题的方案。

(3) 议案的结语。结语部分，主要用于提出审议请求。一般都采用模式化写法，言简意赅，如“这个草案业经市政府同意，现提请审议”。

3) 结尾部分包括签署和日期

一般行政公文，最后签署的都是发文机关的名称，而议案有所不同，要由政府首长签署。国务院提交给全国人大的议案，要由总理签署；各省、自治区、直辖市提交给同级人民代表大会的议案，要由省长、自治区主席或市长签署。

日期格式与一般行政公文相同。

☆ 议案范文一

沈阳市人民政府关于提请审议
《沈阳市乡镇企业条例（草案）》的议案

市人民代表大会常务委员会：

为保障乡镇企业的合法权益，规范乡镇企业的行为，促进乡镇企业高效、持续、健康发展，我们经过调查研究，在广泛征询各方面意见的基础上，草拟了《沈阳市乡镇企业条例(草案)》。这个草案业经市政府同意，现提请审议。

沈阳市人民政府市长 ×××
××××年九月九日

☆ 范文评析

范文首部包括标题与主送单位，不能有任何省略。

正文为一段式结构，但包含了前言（案据）、主体（方案）和结语。突出了重点，而省略了不必要的一些叙述，显得短小精干，一目了然。

☆ **议案范文二**

国务院关于提请审议兴建长江三峡工程的方案

国函〔××××〕24号

全国人民代表大会：

长江是我国第一大河，流域面积占全国总面积的19%，养育着全国三分之一的人口，工农业总产值约占全国的40%，在我国国民经济发展中占有重要地位。长江中下游的洪水灾害历来频繁而严重。新中国建立以来，国家在长江流域进行了大规模的防洪建设，对保障中下游地区的经济建设和人民生命财产安全，发挥了很大作用。但由于多方面的原因，长江资源还没有很好开发利用，水患尚未根治，上游洪水来量大与中下游河道特别是荆江河段过洪能力小的矛盾，依然十分突出，两岸地面高程又普遍低于洪水位，一旦发生特大洪水，堤防漫溃，将直接威胁荆江两岸江汉平原和洞庭湖区的一千五百万人口和二千三百万亩良田，人民群众的生命财产和一批大中城市、工矿企业和交通设施，将会遭受巨大损失，严重影响国民经济全局。这是我们国家的心腹大患。

如何解决长江的防洪问题，更好地开发长江资源，中共中央和国务院一直很重视，社会各界也十分关注。经过几十年来的治理实践和对各种意见、方案的反复研究和论证，解决长江中下游的防洪问题，必须采取综合治理措施。兴建三峡工程是综合治理的一项关键性措施。三峡工程兴建后，可将荆江河段的防洪标准由目前的十年一遇提高到百年一遇；配合其他措施，可以防止荆江河段发生毁灭性灾害；还可减轻洪水对武汉地区及下游的威胁。同时，三峡工程还有发电、航运、灌溉、供水和发展库区经济等巨大的综合经济效益和社会效益。三峡工程建成后年发电量八百四十亿千瓦·时，占目前我国年发电量的八分之一，可为华东、华中和川东地区的经济发展提供重要的能源；可以大大提高川江航道通过能力，万吨级船队有半年时间可直达重庆，为发展西南地区的经济和繁荣长江航运事业创造条件。三峡工程还有利于长江中下游城镇的供水，有利于南水北调。总之，三峡工程的兴建，对加快我国现代化建设进程，提高综合国力，具有重要意义。

国务院对兴建三峡工程历来采取既积极又慎重的方针。近四十年来，有关部门和大批科技人员对三峡工程做了大量的勘测、科研、设计和试验工作。特别是一九八四年以来，社会各界提出了许多新的建议和意见。一些同志本着对国家、人民和子孙后代高度负责的精神，对库区百万移民的安置、生态与环境的保护、上游泥沙的淤积、巨额投资的筹措和回收等疑难问题，从不同角度提出了各自的意见。这些意见对于开拓思路，增进论证深度，完善实施方案，起到了十分有益的作用。

经过多年的研究、论证和审查，三峡工程坝址选在湖北省宜昌县三斗坪镇。工程的拦河大坝全长一千九百八十三米，坝顶高达一百八十五米，最大坝高一百七十五米。水库正常储水位一百七十五米，总库容三百九十三亿立方米。水电站总装机容量一千七百六十八万千瓦。工程静态总投资五百七十亿元（××××年价格）。主体工程建设工期预计十五年。工程建设第九年，即可发电受益，预计在工程建成后不太长的时间里，即能偿还全部建设资金。国务

院三峡工程审查委员会对可行性报告进行了认真审查，认为三峡工程建设是必要的，技术上是可行的，经济上是合理的。随着经济的发展，国力是可以承担的。

三峡工程规模空前，技术复杂、投资多、周期长，特别是移民难度很大。对于已经发现的问题要继续研究、妥善解决，对今后可能再现的各种困难和问题，要有足够的思想准备。要谨慎从事，认真对待，使工程建设更加稳妥可靠，努力把这项造福当代、荫及子孙的事情办好 。

国务院常务会议经过认真讨论，同意建设三峡工程。建议将兴建三峡工程列入国民经济和社会发展十年规划，由国务院根据国民经济的实际情况和国家财力物力的可能，选择适当时机组织实施。

请审议。

国务院总理　×××

××××年三月十六日

☆ 范文评析

范文首部包括标题、发文字号、主送单位。在格式上，这与正式公文有所不同。对发文字号要特别关注，单位代字为“国”，而字号却是“函”。

正文的前言（案据）写了依据（背景）、目的、原因。主体（方案）写了起因、发展过程、结果。结语为套语。这是一篇典型的正文“三段式”结构模式。

二、函

（一）函的含义

函适用于不相隶属机关之间相互商洽工作、询问和答复问题，向有关主管部门请求批准等。

（二）函的分类

函按照应用的范围分，主要有商洽函、答询函和请批函三种。

(1) 商洽函。商洽函用于不相隶属机关之间商洽工作，联系参观、学习，邀请讲学或业务指导，干部、人才调动等。

(2) 答询函。答询函用于机关和部门之间相互询问和答复问题。有些不明确问题向有关部门询问，用询问函；对有关部门询问的问题作出解释答复，用答复函。但下级机关对上级机关的询问，如涉及内容重大，应以“报告”行文，不宜用“函”。

(3) 请批函。请批函是向有关主管部门请求批准有关事项的函。请批函与请示有所区别：向上级机关请求批准，用请示；向不相隶属机关和主管部门请求批准，用请批函。

在实际运用中，函可分为公函与便函两种。公函的内容比较重要，行文郑重，具有完整的公文格式；便函大多用于一般的事务性工作，没有完整的公文格式，但仍用于公务而不能用于私事。

（三）函的特点

1. 简便轻捷

由于函的内容大多简约直接，行式精短，因而在商洽工作、联系有关事项时十分简便、及时、迅速。

2. 行文方向灵活

函用于不相隶属机关之间，有时也用于上行和下行，也就是上下左右皆可行文，不受行文方向的限制，显示出行文自由灵活的特点。

3. 语言质朴自然

函的语言大多是陈述性、说明性的，质朴无华，明白晓畅，语气恳切平和，不像指挥性、法规性公文那样带有强制性。

（四）函的格式和写法

1. 函的标题、发文字号、主送机关

(1) 函的标题。发函的标题一般为《关于××的函》，复函的标题一般为《关于××的复函》。正式的公函，不管是发函还是复函，应在标题下方右侧标注发文字号。

(2) 函的主送机关。写机关全称，顶格写。复函的主送机关即为来函单位。

2. 函的正文

函的正文一般由开头、主体、结语三部分组成。

(1) 函的开头，如是发函，开头简述发函的缘由和目的；如是复函，应以引述来函日期、发文字号作起首语。如“你单位2010年11月1日《关于××的函》收悉”或“贵部 字［2010］1号来函收悉”。

(2) 函的主体是函的事项部分。如是发函，要写清楚商洽、询问或请求的主要

事项；如是复函，要针对来函事项逐一郑重作答。答复要求具体准确，不能不置可否或答非所问。

（3）函的结语，发函一般用“盼复”、“即请回复”、“专此函达”、“请予支持，并盼复”等；复函一般用“此复”、“专此函复”等。

3. 函的结尾

函的结尾包括发文机关和日期：发函的落款，写发函单位和日期，加盖公章；复函写复函单位名称、日期，加盖公章，有的还要写明抄送单位名称。

☆ 公函范文一

公　函

××大学校长办公室：

首先，我们以××省财经学校的名义，向贵校致以亲切的问候。我们以崇敬和迫切的心情，冒昧地请求贵校帮助解决我校当前面临的一个难题。

事情是这样的：最近，我们经与某某学院磋商，决定派×位老师到该院进修学习。只因该院恢复不久，在“文化大革命”中大部分房屋遭到破坏，至今未能修盖完毕，以致本院职工的住房和学生的宿舍及教室破旧拥挤。我校几位进修教师的住宿问题，虽几经协商，仍得不到解决。然而举国上下，齐头并进，培养人才，时不我待，我校几位教师出省进修学习机会难得，时间紧迫，任务繁重，要使他们有效地学习，则住宿问题是亟待解决的。

为此，我们在进退维谷的情况下，情急生智，深晓贵校府高庭阔，物实人齐，且具有宽大为怀，救人之危的美德。于是，我们抱着一线希望，与贵校商洽，能否为我校进修教师的住宿问题提供方便条件。但不知贵校是否有其他困难，如有另外的要求和条件，我校则尽力相助。若贵校对于住宿一事能够解决，我校进修教师在住宿期间可为贵校教学事务做些义务工作，如辅导和批改作业等，这样可以从中相得益彰。我们以校方的名义向贵校表示深深的恩谢 。

以上区区小事，不值得惊搅贵校，实为无奈，望谅解，并希望尽快得到贵校的答复。

此致

敬礼！

××省财经学校（公章）

××××年9月9日

☆ 范文评析

这篇公函存在以下几个方面的问题：

（1）格式不正规。首先是标题不规范。作为正式的公文，应该采用公文标题的常规格式，只用“公函”二字作标题，显然不合要求。其次是结语不规范。此函用一般书信的祝颂语作结语，消解了公文的特色，有些不伦不类。

(2) 请求近乎无理。发函单位为解决自己进修教师的住宿问题，竟要求与此事无关的第三方帮助解决困难，这要求近乎无理。合作总是要在互利互惠的前提下才能得以实现的，请求帮助也要在合情合理的情况下才能提出，此函仅以帮助辅导、批改作业作为交换条件（他们的教师其实并没有为对方做辅导和批改作业的资格），其他真正能作为对等交换的条件完全没有，其结果可想而知 。

(3) 语言不得体、不准确。此函的语言有较多问题。一是没有公文语言的严谨性与简洁性，有些话近乎口语，如“事情是这样的”、“希望尽快得到贵校的答复”等。二是有些语言分寸失当，有献媚之嫌，如“深晓贵校府高庭阔，物实人齐，且具有宽大为怀，救人之危的美德”。三是用词不当，如“宽大为怀”，应是旧时惩处时的用语，“救人之危”的说法也有些过分。最不应该的是居然要和对方“相得益彰”。还有“我们以校方的名义”一句话，让人莫名其妙：难道这函不是以校方名义发出的吗？

(4) 结尾年、月、日不能使用阿拉伯数字。

以上种种问题使得这篇公函几乎没有达到目的的可能，应从中汲取失败的教训。

☆ **公函范文二**

××大学人事处关于

商洽×××同志调动工作事宜的函

××××制造厂人事处：

我校××学院××系××教研室×××同志，××××年从××工业大学××专业本科毕业，分配到我校任教师以来，工作认真负责，教学、科研都取得了显著成绩，于××××年被聘为讲师。

该同志一人单身在我校工作，家庭的其他成员全部住在你市，其妻×××同志在贵厂工作。不但夫妻分居两地，且上有体弱多病的母亲，下有不满周岁的儿子需要照顾。根据该同志多次申请，经我校领导研究，为解决×××同志夫妻两地分居并照顾家庭存在的特殊困难，我校同意该同志调往贵厂工作的要求。现特致函与你们商洽，并请尽快函复。若贵厂同意考虑×××同志的这一要求，接到你们复函后我们即将该同志的档案寄给你们审查。

×××大学人事处

××××年二月二日

☆ **范文评析**

范文首部包括标题与主送单位。

正文的前言仅写依据（背景），省略目的、意义以及原因。主体重点写了调动的原因与政策依据和要求。实际上依然是一般公文的“三段式”结构模式，只是用语不同而已。本文省略了结语。

三、会议纪要

（一）会议纪要的含义

行政公文和党的机关公文都以会议纪要为主要公文文种。

《国家行政机关公文处理办法》规定，会议纪要适用于记载、传达会议情况和议定事项。《中国共产党机关公文处理条例》规定，会议纪要用于记载会议主要精神和议定事项。

会议纪要容易和会议记录相混淆，其实，二者有着本质的不同，主要体现在以下三个方面：

首先，从文体性质上看，会议纪要是正式的公文文种，而会议记录只是会议情况的记录，只是原始材料，不是正式公文。

其次，从内容上看，会议记录无选择性、提要性，会议上的情况都要一一记录下来；而会议纪要有选择性、提要性，不一定要包容会议的所有内容。

最后，从形成的过程和时间方面看，会议记录是随着会议的进行过程同步产生的，而会议纪要则要在会议后期，甚至会议结束后通过选择归纳、加工提炼之后才能形成。

会议纪要通过记载会议基本情况、会议主要成果、会议议定事项，综合概括性地反映会议的基本精神，以便与会单位统一认识，在会后贯彻落实。会议纪要基本上是下行文，但与会单位不一定是召集会议机关的下属，有时是协作单位，所以它作为下行文是相对而言的。事实上，会议纪要有时要向上级机关呈报，有时向同级机关发送，有时向下级机关下发。

（二）会议纪要的特点

1. 纪实性

会议纪要是根据会议的宗旨、议程、决议等整理而成的公文，它是对会议基本情况的纪实。会议纪要的撰写者不能更改会议议定的事项，更不能随意改动会议上达成的共识和形成的决定。除此之外，撰写者也不能对会议内容进行评论。总之，会议纪要必须忠实反映会议的基本情况，传达会议议定的事项和形成的决议。会议纪要的纪实性特点，使得它具有凭证作用和资料文献价值。特别是一些重要的会议纪要，多年后还会作为人们确认那段历史的依据。

2. 概括性

会议纪要不是把会议的所有内容都原原本本地记录下来，它要有所综合、有所概括、有所选择、有所强调。在一个会议上，与会代表的话题涉及面是宽泛的，观点也是多种多样的，水平也是有高有低的，这些内容全部进入会议纪要，既不现实也没必要。会议纪要重点说明会议的主要参加者、基本议程、与会者有哪些主要观点、最后达成了什么共识、形成了什么决定或决议，就可以把会议的基本情况如实反映出来，不必像记流水账一样事无巨细一律照录。所以，会议纪要需要在会议后期甚至会议结束之后通过概括整理才能写出，而不像会议记录那样随会议的进行自然而然地产生。

3. 指导性

会议纪要除凭证作用、资料作用之外，多数具有指导工作的作用。它要传达会议情况、会议精神，要求与会单位和相关部门以此为依据展开工作，落实会议的议定事项。

（三）会议纪要的分类

会议的内容和目的不同，产生的会议纪要性质也有所不同。有人按会议类型的名目来称呼会议纪要，将会议纪要分为办公会纪要、专题会议纪要、经验交流会纪要、学术会议纪要等，这种分法重复了会议名称，对写作来说并无太大意义。我们根据会议是否作出决定或决议，是交流为主还是研讨为主，将会议纪要分为决策型纪要、交流型纪要、研讨型纪要三种类型，这三种不同类型的纪要，其写法是很不相同的。

1. 决策型纪要

以会议形成的决定、决议或者议定事项为主要内容的会议纪要，称为决策型纪要。这种会议纪要的特点是指导性强，会议上确定的工作重点，对工作的步骤、方法和措施的安排，都要求与会单位共同遵守或执行。这种会议纪要的内容有些类似于指示和安排工作的通知，只是发出的指导性意见不是由领导机关作出的，而是由会议讨论议定的。这样的会议纪要，除大家共同遵守的内容外，还常常会有一些工作分工，每个与会单位除完成共同任务之外，还要完成会议确定自己承担的那些工作。例如，《关于改革北京、太原铁路局管理体制的会议纪要》，就议定了成立北京

铁路管理局，下设北京、太原、天津、石家庄四个铁路局，不再设铁路分局；确定山西煤炭运输主要由北京、太原及相关的郑州铁路局承担，有一些具体的分工，并对各方如何协调工作进行了安排。由于最后议定的事项是与会单位的共识，这样的指导性公文落实起来应该是比较顺利的。

2. 交流型会议纪要

以思想沟通或情况交流为主要内容的会议纪要，属于交流性会议纪要。它的主要特点是：以统一思想、达成原则共识或树立学习榜样为目的，而不布置具体工作，有明显的思想引导性，但没有明显的工作指导性。一些理论务虚会、经验交流会形成的会议纪要，大多属于这种类型。这样的会议纪要，往往多采用“会议认为”的说法来表达会议在原则问题上达成的共识，或者将会议上介绍的先进经验以及与会单位的评价、态度作为主要内容。

3. 研讨型会议纪要

这种会议纪要的鲜明特点是并不以共识和议定事项为主要内容，而是以介绍各种不同的观点和争鸣情况为主。研讨会和学术讨论会的纪要多是这种类型。会议开完了，各家的观点也发表过了，但是并没有形成统一意见，当然更谈不上确定什么议定事项，在这种情况下，仍然有必要发会议纪要，以便让更多的人了解会议的情况，了解不同的观点及其争鸣过程。这对启发和活跃思想，对百花齐放、百家争鸣的学术空气的形成是有促进作用的。

（四）会议纪要的写法

1. 会议纪要的首部包括标题和成文日期

(1) 会议纪要的标题。会议纪要的标题与一般公文略有不同，因为会议纪要是以会议的名义发出的，而不是以领导机关的名义发出的，所以会议纪要的标题多是以会议名称、文种两个要素构成，如《东北三省四市工商行政管理工作第五次协作会议纪要》、《××物理学会X射线专业委员会第三届学术交流会会议纪要》。也有采用一般公文标题写法的，由主要内容（事由）加文种组成，如《关于解决粮食购销体制改革后遗留问题的会议纪要》。

(2) 会议纪要的成文日期。会议纪要的成文日期一般加括号标写于标题之下正中位置，以会议通过日期或领导人签发日期为准，也有出现在正文之后的。

2. 会议纪要的正文

会议纪要的正文分为前言、主体、结语三部分。

1）前言

前言的写法与一般公文区别较大，主要用来记述会议的基本情况，包括召开会议的时间、地点、会议名称、主持人、主要出席人、会议主要议程、讨论的主要问题等。例如："1994 年 7 月 28～30 日，东北三省四市工商行政管理工作第五次协作会议在沈阳召开。黑龙江省、吉林省、辽宁省工商局和哈尔滨市、长春市、大连市和沈阳市工商局的主要领导及有关处（室）的负责同志共 58 人参加了会议；应邀到会指导的有国家工商局副局长杨培青、办公室副主任杨洙以及沈阳市委、市人大、市政府、市政协、市纪委的领导同志。杨培青等领导同志分别在会上讲了话。与会同志紧紧围绕国家工商局提出的'建立有权威的市场执法和监督机构'问题进行了研讨。"

对会议基本情况的介绍，要根据需要把握好详略。这部分表达完毕后，可用"会议纪要如下 "或"会议确定了如下事项"为过渡，转入主体部分。

2）主体

主体是会议纪要的核心部分，会议的主要精神、会议议定的事项、会议上达成的共识、会议对与会单位布置的工作和提出的要求、会议上各种主要观点及争鸣情况等，都在这一部分予以表达。决议型、交流型、研讨型的会议纪要，各自在主体部分的写作上有较大的不同，前面在分类时已有介绍。由于这部分内容复杂，多数情况下都需要分条分项撰写。不分条的，也多用"会议认为"、"会议指出"、"会议提出"等惯用语作为各层意思的开头语，以体现内容的层次感。

3）结语

结语比较简短，通常用来强调意义、提出希望和号召等，如下面这段结尾："改革铁路体制是一项复杂的工作，步子一定要稳妥。北京、太原铁路局管理体制的改革，作为全国铁路管理体制改革的试点，今年下半年作好准备，明年初开始实行。铁道部和有关省、市要密切配合，加强领导，注意研究解决出现的问题，不断总结经验，把这项工作扎扎实实地搞好。"

结语处还可以对会议的情况作一些补充说明，例如："会议在广泛研讨主题的同时，还就工商行政管理部门如何立足职能支持搞活搞好国有大中型企业，促进建立现代企业制度；培育和发展市场体系；发展个体私营经济等方面的工作进行了书面经验交流。"

在不影响全文结构完整的前提下，也可以不写专门的结语部分。

☆ 会议纪要范文

××物理学会X射线专业委员会
第三届学术交流会会议纪要

由××科技大学、××电讯工程学院组织筹办、经××市科学技术委员会批准，于××××年×月×日在××市召开了物理学会X射线专业委员会第三届学术交流会。参加会议的有本市的大专院校、科研所、厂矿企业等58个单位，86名代表。

会上，××市物理学会常务理事××同志首先向大会宣布：××市物理学会X射线委员会第三届学术交流会会议开始。××市科委主任×××同志传达了中国物理学会X射线专业委员会第二次会议精神以及省、市有关文件，××市X射线衍射荧光分析协作组组长、××科技大学教授王×同志总结了三年来协作组的工作并讲了今后的打算和努力方向，××市科学交流中心主任张×同志讲了话，他希望各位代表回到原单位后，加倍努力，提高X射线分析的工作效率，为"四化"建设作出更大的贡献。

会议邀请了××大学物理系固体物理教研室主任××副教授作"非晶态结构的X射线衍射测定"的专题报告；中国科学院××分院×××助理研究员作"晶体结构测定方法及其进展和EXAFS原理及其进展的专题报告。××仪表厂、××仪表原件厂的代表分别就单色四聚焦照相机的原理和结构特点及各种X射线照相机和防护罩、X射线管的使用和维护等进行了介绍，受到代表们的欢迎和好评。

会议收到了论文资料40多篇，其内容丰富，涉及面广，针对性强。既有基础理论、基本方法和实验技术的研究，又有结合我省自然资源的地理、采矿、冶金、建材、化工、电子和国防等重大科研课题的探讨。如电子元器件生产过程的检测、煤石的应用等。其中25位代表在会上宣读了论文，其余的论文进行了书面交流。会议认为，这些论文是宝贵的科学性的经验总结，对今后的工作定会起到积极的指导作用和推动作用。

会议决定：

一、于××××年下半年举办一次"荧光分析"专题讨论会。由××医学院、××地质矿产研究所负责筹办。

二、于××××年举办一次"计算机在X射线分析中的应用"讲习班，由××电子计算机科研所、科学院××××化学研究所负责筹办。

三、××××年在××市举行第四届学术交流会，由科学院物理所、××大学负责筹办。

为了迎接第四届X射线衍射分析会的召开，会议要求各单位抓紧时间积极开展工作，写出高质量的学术论文参加全国学术年会。

会议经过与会代表的共同努力，收到了预期效果，取得了圆满的成功。

××物理学会X射线专业委员会
××××年一月十二日

☆ **范文评析**

范文首部只有标题，而标题却不必要“关于”二字，因为会议纪要往往将通过媒体进行传播，所以也不必要主送单位。

正文的前言与其他公文有些区别，首先要介绍会议情况：会议召开的时间、地点、出席会议者。主体接着略写召开本次会议的会议过程，摘要会议发言人的重要观点详写，记叙会议作出的决定。本会议纪要的结语是对会议的简单评价，但有些会议纪要是不必要结语的，往往是自然结尾。

四、意见

（一）意见的含义

《中国共产党机关公文处理条例》将意见列为公文主要文种之一，对其功能给出如下定义：用于对重要问题提出见解和处理办法。

2001年施行的《国家行政机关公文处理办法》在主要公文种类中新增了“意见”这一文体，对其功能的表述与《中国共产党机关公文处理条例》基本一致。以前行政公文的12类13种主要文体里没有“意见”，但这并不是说行政公文中就不使用意见这种文体。事实上，行政机关也经常使用意见来传达有关指示、布置某些工作。例如，2000年2月20日出版的当年第5号《中华人民共和国国务院公报》，就刊登了三篇意见。其中有两篇是作为通知的转发或发布对象出现的。建设部等六单位制定的《关于工程勘察设计单位体制改革的若干意见》，由国务院向全国各省、自治区、直辖市及各部委作了转发。教育部制定的《关于新时期加强高等学校教师队伍建设的意见》，是教育部自己用通知的形式发布的。还有一篇是教育部的《关于进一步加强中小学教育技术装备工作的意见》，它是以独立公文的形式直接向各省、自治区、直辖市教委、教育厅发布的，发文字号是“教基〔1999〕11号”。

（二）意见的特点

1. 指导性

意见虽然在文种的字面含义上没有指示、批复那样明显的指导色彩，似乎只是对某一工作提出些意见供参考，可实际上它也是指导性很强的一种文体。之所以不采用指示等指导色彩强的文种行文，主要有以下一些原因：一是为体现党政分开的原则，党的机关在涉及政务时不宜采用指示等文种。二是有关部门虽然对下级同类部门有业务指导权，但并没有行政领导权，采用指示显然没有采用意见更合适。三

是意见的内容业务性强、规划性强、组织性强，而这些内容采用较生硬的文种不如采用意见这样较委婉的文种更合适。

尽管如此，意见对受文机关来说，仍然有较强的约束性，下级机关要遵照执行。但是，下级机关仍然可以向上级机关提出工作意见，作为上级机关参考，以至改变原来的意见。

2. 针对性

意见有着较强的针对性。它总是根据现实的需要，针对某一重要的问题提出见解或处理意见。例如，我国在提倡开展素质教育以来，中小学的现有教育技术装备显得不能适应素质教育的需要，教育部就及时对加强这一工作提出了意见。党内的民主生活会质量有待提高，中共中央组织部就及时下发了《关于提高县以上党和国家机关党员领导干部民主生活会质量的意见》。这些意见对于解决目前存在的问题，都起到了积极的作用。

3. 原则性

意见通常不是具体的工作安排，总是从宏观上提出见解和意见，要求受文单位结合具体情况，参照文件中提出的精神来办理。下级机关在落实意见精神时，比起执行指示有更大的灵活处理的余地。

（三）意见的分类

1. 规划性意见

规划性意见是对某一时期的某一方面的工作提出的大体构想。它的特点是适用时期长，内容宏观化、整体化，类似于规划、纲要等计划性文体。它指示了一个时期内某项工作的要点、原则和努力方向，但一般没有具体的方法和措施。教育部在1999年8月用通知的形式发布的《关于新时期加强高等学校教师队伍建设的意见》，就是一个面向21世纪的宏观化、纲要化的意见。

2. 实施意见

实施意见一般是为贯彻落实某一重要决定或中心工作所制定的实施方案，它重在阐发上级的有关精神，使下级单位对上级的文件精神有更深入的理解，同时提出较为具体的行动方案和工作安排，如《中共××省委××省人民政府关于贯彻〈中共中央、国务院关于深化教育改革全面推进素质教育的决定〉的实施意见》（××

〔××××〕11号)。

3. 具体工作意见

对如何做好某项工作提出意见，所涉及的内容比较具体，有时还会有一些可操作性的办法、措施等。中央组织部发布的《关于提高县以上党和国家机关党员领导干部民主生活会质量的意见》，就是比较具体化的组织工作意见。行政机关的一些意见可以更具体地指向某项工作，如国务院办公厅1999年1月14日转发的，由交通部、财政部、公安部、国家发展计划委员会联合制定的《关于继续做好公路养路费等交通规费征收工作的意见》。

(四) 意见的写法

1. 意见的首部包括标题和主送机关

(1) 意见的标题。意见的标题有两种常见写法。一种由发文机关＋主要内容＋文种组成，如《中共××省委××省人民政府关于贯彻〈关于中国教育改革和发展纲要〉的实施意见》。另一种由主要内容＋文种组成，如《关于提高县以上党和国家机关党员领导干部民主生活会质量的意见》。

(2) 意见的主送机关。分为两种情况：需要转发的意见，没有主送机关这一项，但转发该意见的通知，要把主送机关写清楚。直接发布的意见，要有主送机关，主送机关的排列方法和一般公文相同。

2. 意见的正文

(1) 发文缘由。这是意见的开头部分，主要写出发布意见的背景、根据、目的、意义等，但不面面俱到。文字根据具体情况可长可短，最后以“现提出以下意见”、“特制定本实施意见”等过渡性语句转入下文。如1999年交通部、财政部、公安部、国家发展计划委员会联合制定的《关于继续做好公路养路费等交通规费征收工作的意见》一文的开头：“近几个月来，一些单位和个人错误地认为《中华人民共和国公路法》修改后即可不缴纳公路养路费等交通规费，因而出现了拖欠、拒缴、抗缴公路养路费等交通规费事件，造成了国家交通规费大量流失。为保障公路养路费、车辆购置附加费等交通规费征收工作的正常进行，现提出如下意见。”这个开头前面叙述了发文的背景和根据，后面指出了发文的目的和意义。

(2) 意见条文。这是意见的主体，要把对重要问题的见解或处理办法一一写明。如果是规划性意见，内容繁多，可列出小标题作为各大层次的标志，小标题下再分

条表述。如《中共四川省委四川省人民政府关于贯彻落实〈中国教育改革和发展纲要〉的实施意见》一文，主体就分为五大部分，各自冠以小标题，分别是“一、教育发展的目标和任务”、“二、深化教育改革的政策措施”、“三、切实增加教育投入”、“四、加强教师队伍建设”、“五、切实加强对教育工作的领导”。每一小标题下列出若干条文，共计28条。如果是内容较单纯集中的工作意见，主体部分直接列条即可，不必再设小标题，如《关于继续做好公路养路费等交通规费征收工作的意见》，主体部分就直接分为五条。

(3) 意见的结语。指示性意见要写明“执行要求”，建议性呈报型意见可省略，建议性呈转型意见要写明“以上意见如无不妥，请批转各地区、各部门贯彻执行”、“以上意见如无不妥，建议批转各地区、各部门执行”等习惯用语，指示性意见要写明“以上意见仅供参考”等习惯用语。

☆ 建议性意见范文

关于进一步加强网吧管理工作的意见

××省人民政府：

根据省委、省政府的统一部署，全省各地从××××年7月以来相继开展了网吧的专项整治和重新审核登记工作。经过各有关部门的共同努力，取得了一定成效，网吧管理工作逐步走上规范有序的轨道。但是，目前的网吧管理工作仍然存在许多不容忽视的问题，主要表现在，无证照网吧仍大量存在，相当部分地区网吧的重新审核登记工作至今尚未完成，一些地区未成年人进入网吧的现象未能得到有效控制，网吧违规超时经营的情况较为普遍等。为切实加强网吧管理，进一步规范网吧经营管理秩序，现提出如下意见。

一、加强领导，落实网吧管理责任制

各级政府要把网吧管理工作摆上议事日程，切实抓紧抓好。政府分管领导要亲自协调、组织和部署本地区的网吧治理整顿工作。文化、公安、工商等有关部门要各司其职，密切配合，按照网吧管理的分工和要求，采取有力措施，下大力气彻底解决本地区网吧管理工作中存在的各种问题。各地在治理整顿过程中，要着重落实属地管理原则和部门管理责任制，凡因不认真履行职责或互相推诿造成本地区网吧管理秩序混乱的，要追究主管部门和有关人员的责任。

二、切实加强网吧管理，坚决取缔网吧违法经营活动

(一) 加快网吧重新审核登记工作进度。未完成网吧重新审核登记工作的地区，要加快进度，务必在2010年8月底前全面完成网吧的重新审核登记工作。已经完成立项工作的地区，要抓紧办理网吧的消防安全审核和网络安全审核，以整体推进当地网吧重新审核登记工作。凡未完成重新审核登记的地方，其所辖范围的网吧一律不得从事经营活动，否则按无证照经营论处。

(二) 加强网吧审批管理。网吧的审批必须严格按各地区已确定的总量和布局规划进行，

任何地区、任何部门一律不得擅自超越当地总量和布局规划审批网吧，否则，严肃追究有关部门和人员的责任。对个别地区已经形成“一证多店”现象，要尽快落实整改方案。为加强管理，各地对已获得《网络文化经营许可证》并依法领取营业执照的网吧，要将其名称、地址、法定代表人或主要负责人姓名进行公示；对依照《互联网上网服务营业场所管理条例》规定被吊销《网络文化经营许可证》或停业整顿的网吧，也要及时公示，以便社会监督。

（三）坚决取缔无证照违法经营活动。各地要在2009年3月底之前，由工商行政管理部门牵头，会同公安、文化等有关部门再开展一次清理整治网吧专项行动，重点查处无证照网吧违法经营活动。要通过拉网式的清查，彻底取缔无照违法经营的网吧，不留任何死角。对各种超范围经营的电脑培训场所，各级政府要责令审批部门制订切实可行的办法进行严格管理，如问题突出，长期得不到整改的，必须坚决予以取缔。各地要制定切实有效措施，防止无证照网吧死灰复燃。各有关部门要加强明察暗访，及时了解掌握辖区内的网吧经营情况，一旦发现无证照经营行为，要坚决予以取缔。

（四）严格禁止未成年人进入网吧。有关部门要切实加强对网吧经营活动的管理，教育和督促网吧经营者严格执行《互联网上网服务营业场所管理条例》规定，严禁未成年人进入网吧。对容留未成年人的网吧，要立即责令其停业整顿，经教育不改的，吊销其营业执照，并取消其今后经营网吧的资格。

三、运用各种有效的技术手段加强对网吧的监控

（一）全面推行和实施“网吧运营监控管理系统”。有关部门要督促所有已经完成立项程序的网吧，全部安装“网吧运营监控管理系统”软件。对以种种理由不安装或擅自停用上述监控软件，或瞒报电子计算机设备的经营单位，未完成重新审核登记的，一律不予发放《网络文化经营许可证》；已完成重新审核登记的，一律按照《互联网上网服务营业场所管理条例》有关规定进行处罚，直至吊销《网络文化经营许可证》。今后，全省所有网吧都必须纳入“网吧运营监控管理系统”有效监控范围之内。

（二）加快“网吧安全管理系统”的安装步伐。各级公安机关要督促网吧经营者尽快安装经公安部检测合格的“网吧安全管理系统”，并与公安机关网监部门的管理中心联网，使管理中心能及时监控网吧电脑在线运行情况，确保在线率达到100%。对未按要求安装“网吧安全管理系统”的，不予发放《互联网上网服务营业场所网络安全管理软件安装证》；对擅自停止运行“网吧安全管理系统”的，依照《互联网上网服务营业场所管理条例》有关规定予以处罚。

（三）建立健全网吧日常运营监控制度和日常巡查工作制度。要通过实施网吧日常运营监控制度，加强对网吧的实时监控，保证专管人员原则上每天在线监控不少于两次。同时，要通过实施网吧的日常巡查制度，加强对网吧的实地监控。各地对网吧的日常巡查，原则上要保证每星期不少于一次。在巡查中一旦发现网吧有违法违规行为，要及时予以处理。

四、进一步加强网吧的卫生和消防工作

各地要高度重视网吧的卫生工作，防止网吧成为滋生和传播疾病的场所。要按照预防非典型肺炎和其他传染病的要求建立健全网吧场所的清洁、消毒、通风等卫生制度。要加强对网吧卫生条件的检查监督，当前，要着重检查网吧预防传染疾病各项具体措施的落实情况，对拒不执行和落实防控措施的场所，一律不准对外营业。要认真吸取北京市“蓝极速网吧”

火灾事故的教训，严格做好网吧的消防工作。公安消防部门要加强对网吧的消防检查，对消防检查不合格者，要责令其限期整改，逾期不作整改或整改后仍不合格者，责令其停业整顿，并依据有关规定予以处罚。

以上意见，如无不妥，请批转各地、各有关部门认真贯彻执行。

××省文化厅
××省公安厅
××省工商局
××××年十二月一日

☆ 范文评析

范文首部包括标题与主送单位，标题省略了发文单位，因它是联合行文。

正文的前言重点写了依据和原因。主体写了四部分，这四部分皆为主管部门的具体措施，体现出对网吧管理整治的一个全过程和结果。结语为意见的套语。

✲ 训练与实践

1. 简述公文的特点。
2. 公文由哪些基本部分组成？说明它们各自有何作用？
3. 简述收文处理的一般程序。
4. 批转类通知和转发类通知的区别是什么？
5. 谈谈公告与通告的区别与联系。
6. 试述报告与请示的区别与联系。
7. 根据下面文字提供的信息，按照公文写作格式要求补充文内空缺部分。

标题：

各省、自治区、直辖市人民政府，国务院各部委、各直属机构：

为有利于贯彻施行《中华人民共和国政府信息公开条例》（以下简称条例），积极稳妥地推进政府信息公开工作，保障公民、法人和其他组织依法获取政府信息，经国务院同意，现就条例施行中的若干问题提出以下意见：

一、

（一）县级以上人民政府各部门（单位）要在本级人民政府信息公开工作主管部门的统一指导、协调、监督下开展政府信息公开工作。

（二）实行垂直领导的部门（单位）要在其上级业务主管部门（单位）的领导下，在所在地地方人民政府统一指导、协调下开展政府信息公开工作。实行双重领导的部门（单位）要在所在地地方人民政府的领导下开展政府信息公开工作，同时接受上级业务主管部门（单位）的指导。

二、

（三）各级人民政府信息公开工作主管部门要组织、协调有关行政机关建立健全政府信息发布协调机制，形成畅通高效的信息发布沟通渠道。行政机关拟发布的政府信息涉及其他行政机关的，要与有关行政机关沟通协调，经对方确认后方可发布；沟通协调后不能达成一致意见的，由拟发布该政府信息的行政机关报请本级政府信息公开工作主管部门协调解决。

（四）根据法律、行政法规和国家有关规定，发布农产品质量安全状况、重大传染病疫情、重大动物疫情、重要地理信息数据、统计信息等政府信息，要严格按照规定权限和程序执行。

三、

（五）行政机关在制作政府信息时，要明确该政府信息是否应当公开；对于不能确定是否可以公开的，要报有关业务主管部门（单位）或者同级保密工作部门确定。

（六）行政机关要严格依照《中华人民共和国保守国家秘密法》及其实施办法等相关规定，对拟公开的政府信息进行保密审查。凡属国家秘密或者公开后可能危及国家安全、公共安全、经济安全和社会稳定的政府信息，不得公开。

国务院办公厅

××××年九月二日

8. 请将恰当词语填入下面公文的空白处。

关于轨道交通路网票制票价的

充分发挥轨道交通在城市公共交通中的骨干作用，鼓励市民优先选择轨道交通出行，进一步缓解城市交通拥堵，提高城市公共服务和管理水平，本着实行公交优先、坚持低票价政策的原则，　　　　市政府批准，北京市轨道交通执行新的票制票价。　　　将有关事项　　　如下：

9. 调整句子顺序。

请按照函的写作要求，调整下面公文中标号、句子顺序，使之恢复原貌

××省政府办公厅

关于进一步明确特种设备作业人员考核职能的函

省质量技术监督局：

①根据省安全生产监督管理局和省质量技术监督局“三定”规定，所有特种设备作业人员的考核工作均由省质量技术监督局负责。②你局《关于进一步明确我局负责特种设备作业人员培训考核职能的函》（苏质技监人发〔××××〕17号）悉。③经研究，并报请中央编办函复（中央编办函〔××××〕39号），现明确如下：④省安全生产监督管理局“三定”主要职责“组织特种操作人员培训、考核工作”中的“特种操作人员”，不包括特种设备作业人员。

××省人民政府办公厅

二〇一二年五月九日

10. 请将下面的文字按公文格式誊清，并加上标点符号。

关于表彰先进班组和先进生产者的决定为推动生产深化改革总结经验表彰先进树立典型进一步深入持久地开展双增双节活动经各车间科室逐级评选厂部审查批准决定二车间二工段第三生产小组等三个班组为先进班组郑礼和等 30 位同志为先进生产者分别颁发将其证书和奖金予以表彰附先进班组和先进生产者名单××五金机构厂××××年×月×日公章

11. 根据下面的内容，起草一份通知。

江西大宇职业技术学院团委和学生会，准备召开各班团支部书记、班长会议，具体研究迎新文艺晚会等事宜。请代拟一份会议通知。

12. 根据下面的材料，按照公文写作格式要求拟写文稿。

20××年 8 月 25 日，××市人民政府×××秘书长，受市政府有关领导委托召开××市信访突出问题工作专题会议。会议由市政府××副秘书长主持，各区（县）政府和市信访局、经委、国土局、房产局、城建局、交通局、劳动和社会保障局以及四区三县信访局的负责同志参加了会议。

市信访局就排查出的信访突出问题进行了通报，涉及城东区 2 项、城中区 1 项、城西区 4 项、城北区 2 项、大通县 1 项、湟中县 1 项、湟源县 1 项、市交通局 1 项、市房产局 1 项。并对排查出的信访突出问题和群体性事件逐一进行了安排部署，要求各地区、各部门尽快做好有关工作，及时将办理结果上报市政府。

××秘书长传达了××常务副市长关于做好近期信访工作的指示精神，要求全市各地区、各部门要切实做好信访工作，努力营造良好的社会环境，维护良好的城市形象。强调指出：①切实加大政策落实力度，对群众反映的问题，符合政策规定的要尽力解决，不能拖延；②加大政策宣传和群众思想工作的力度，努力引导群众依法、按程序反映信访事项；③认真关注，做好预防工作，防患于未然，把矛盾解决在萌芽状态；④坚持依法处置，对违反有关规定的行为坚决依法处理；⑤加强责任落实力度，涉及本地区、本部门的事项由主要领导负总责，严格实行责任追究制度。

第五章　规章制度类文书

第一节　规章制度类文书概述

为了实现管理的制度化、规范化和科学化，常需要制定一些法规、规章和管理制度，作为人的行为准则。

一、法规、规章和管理规章的含义

(1) 法规是国家省级以上行政机关、人大及其常委会根据宪法、法律和有关规定按照法定程序制定发布的具有法律强制执行力的规范性文件的总称。常用“法”、“条例”等。

(2) 规章是为执行法律、法规需要，在本部门本区域内依照权限和程序制定的规范性文件，常用条例、规定、办法等。

(3) 管理规章是单位在其职权范围内，为实施管理和规范工作、行为，而制定出的具有行政效力的文件，也称规章制度。

规章类文书写作格式基本相同相近，结构规范成形。

(1) 标题。适用范围或对象＋规范事项＋文种，如《北川县新县城征地条例》。公文式标题，如“关于××的规定”。

(2) 签注。注明发文单位和日期。

(3) 正文。章节条文式，总则、分则、附则三部分，以章为序，以条为则，连续编号。条文并列式，从头至尾用条文组织内容。第一和第二条说明目的、根据、原因和适用范围，最后一两条说明实施要求和生效时间、解释权。总分条文式，如《党章》。

二、写作规章文书的基本要求

写作规章文书要有法律、法规依据，内容周到严密，语意准确无歧义，不带感情色彩词句和修辞手法，态度鲜明，文字简洁，概念科学；还要求结构合理，层次分明，条文内容单一完整，互不交叉包括，符合逻辑；发扬民主，广泛听取群众意见。

三、写作规章文书注意事项

写作规章文书要注意区别设定权利和义务的词语，如“可以、应当、必须、要”等。大量使用“的”字结构短语设定规范或责任。慎用单音节词。准确使用近义词。指示代词一般用“其他”，不用“其它”，以上、以下、以内等均包括本数，以外则不含本数等。

第二节　法规性文书

一、规定、办法、条例

（一）规定、办法

规定、办法用途较广，既可用于法规、行政规章，也可用于管理规章。

规定是行政机关对某项工作或专门问题作出严格具体规范的公文，具有较强的权威性和行政约束力。规定的作用在于针对某项工作的完成或专门问题的解决作出明文标准和程序；规定正文原由的主要说明制定的原因、根据和目的，规定事项是规定的主体内容，要针对涉及的工作、活动性质，对组织体制、职责权益、工作程序、具体要求、奖励处罚等作出具体明确的规定，实施要求和说明要写本规定的解释权的归属、制定执行细则或办法的机关、生效日期和执行过程中的有关事项等；规定的写作要符合政策法律，符合规范类文书的结构要求，内容具体，有针对性。

规定多用于对某方面工作作出部分规范和要求，着重写明应该、必须、可以做什么，不能、禁止做什么，违者如何处理等内容。

办法是行政机关为贯彻执行某些政策和法律规定针对某一项工作、活动所制定的具体做法、步骤、措施和程序；办法正文的内容一般可分为制定办法的依据，措施、程序和处罚的内容，实施要求和说明；办法的写作要注重可操作性。

办法多用于某项工作作出具体规范和要求，重在处理的可操作性，着重写明应该怎么做，强制性语气比规定稍弱。

（二）条例

1. 条例的概念

条例是“适用于党的中央组织制定规范党组织的工作、活动和党员行为的规章制度”的公文文体。《国家行政机关公文处理办法》中没有列条例。但是，国务院在制定一些重要规章时，经常使用条例这种文体。行政公文中的条例，一般不独立发布，而是在制定出来之后，由国务院用命令的方式予以发布。而党的中央组织所制定的条例，都是作为独立文体发布的。

2. 条例的写法

(1) 条例标题。条例的标题，有两种基本写法。一是由施行范围、主要内容、文种组成标题。如《中华人民共和国人民币管理条例》这个标题，施行范围是全国，主要内容是人民币，文种是条例。二是由主要内容、文种组成标题。如《金融资产管理公司条例》省略了施行范围。不过，这种写法需要一个前提，那就是施行范围不说人们也是很清楚的。独立发布的条例，要在标题之下正中位置，加括号标明制发机关和制发时间。用命令、通知等文种予以发布的条例，条例本身不显示制发时间，以命令或通知的发文时间为准。

(2) 条例正文。条例正文的写法，分条开列，大体有两种格式：一是内容复杂的，按一般规章制度的写法，分总则、分则、附则；分章再分条，第一章总则，末章为附则，中间数章分则；条序从头统一排下。二是稍简单些的，不分章则，直接分条写下，但第一、第二条等多写宗旨、范围、管理部门等总则方面的内容（这些内容也可以用“前言”的形式写），最末两条多写何机关制订、何时施行等附则的内容，其他条款写分则的具体内容。

(3) 条例结尾。条例的结尾一般写程式化的语言自然收束，如“本条例自××××年×月×日起施行”、“×××条例同时废止”、“本条例由×××负责解释”等。

☆ 条例范文

中华人民共和国国务院

国函〔××××〕279 号

建筑工程质量管理条例

（××××年 1 月 10 日国务院第 25 次常务会议通过）

第一章　总则

第一条　为了加强对建设工程质量的管理，保证建设工程质量，保护人民生命和财产安全，根据《中华人民共和国建筑法》，制定本条例。

……

附刑法有关条款

第一百三十七条　建设单位、……

☆ **范文评析**

此条例为双标题，第一是国务院颁发；第二是国务院第25次常委会通过。条例本身不显示制发时间，以会议通过时间为准。

因为内容比较复杂，它按一般规章制度的写法，分总则、分则、附则；分章再分条，第一章总则，末章为附则，中间数章为分则；条序从头统一排下。

二、准则、细则、守则、规则

（一）准则、细则

(1) 准则是单位团体对所属成员提出较高标准的行为品德规范和要求，必须认真遵守的一种管理规章，写法与守则类似。标题为适应对象＋规则，标题下签注，也可正文后落款，一般比较简短，常为同一单位中各种规章中最重要的行为规定。

(2) 细则为具体执行、实施有关法规、规章而制定的一种解释性、操作性的管理规章，常常为法律法规的补充。写法与规定、办法类似。

细则是贯彻执行法令、条例、规定中有关条文的详细规则，是对法令、条例、规定的详细解释、说明或补充的公文。细则具有阐释的周密性、文体的附属性特点；细则正文的缘由部分一般用以拟写细则根据，主体部分是对母体公文的具体条文进行详细解释、说明，实施说明部分，主要是实施日期及实施细则未涉及而应另行说明的问题；写作时要注意周密具体。

（二）守则

1. 守则的含义、作用和特点

1）守则的含义

守则是国家机关、社会团体、企事业单位为维护公共利益和工作秩序，向所属成员发布的行为准则和道德规范。

守则通行于某一系统或某一单位内部，其成员必须共同遵守。如果涉及面广，守则的内容通常比较原则，如《全国职工守则》、《高等学校学生守则》、《国务院工作人员守则》。如果涉及的是具体的工作事务，守则的内容可以详细一些，如《值班人员守则》、《考试巡视员守则》等。

守则的制定有三个依据：一是党和国家的方针、政策；二是有关法律、法规；三是全社会共同遵守的道德规范。因此，遵守守则，实际上也就是遵纪守法，就是讲文明、讲道德。

2）守则的作用

守则对其所涉及的成员有约束作用，但守则从整体上说属于职业道德范畴，不是法律和法规，不具有强制力和法律效应。也就是说，如果有人不按守则办事，可能并不违法，但至少是违背了道德准则，会受到人们的批评和谴责。它旨在培养成员按道德规范办事的自觉性，对本系统、本单位、本部门的工作、学习、生活也能起到一定的保证、督促作用。

3）守则的特点

(1) 原则性。守则的原则阐述多于具体要求，它在指导思想、道德规范、工作和学习态度等方面，提出基本原则，但不过多涉及具体事项和方法、措施。如《全国职工守则》的主要条文：

一、热爱祖国，热爱共产党，热爱社会主义。

二、热爱集体，勤俭节约，爱护公物，积极参与管理。

三、热爱本职，学赶先进，提高质量，讲究效率。

四、努力学习，提高政治、文化、科技、业务水平。

五、遵守纪律，廉洁奉公，严格执行规章制度。

六、关心同志，尊师爱徒，和睦家庭，团结邻里。

七、文明礼貌，整洁卫生，讲究社会公德。

八、扶植正气，抵制歪风，拒腐蚀，永不沾。

这些条文是一些基本的思想原则和道德规范，内容涉及思想、工作、学习、生活等方面。

(2) 约束性。守则是用来规范人的道德、约束人的行为的，通常在一个系统内部人人都要熟悉守则，人人都要遵守守则。它虽然不具有法律效力，也没有明显的强制性，但对有关人员的教育作用和约束作用还是很明显的。

(3) 完整性。守则一般篇幅都比较短小，但内容涉及成员应该遵循的所有基本原则和规范，系统而完整。为此守则的撰写要注意条目清晰，逻辑严谨。

2. 守则的写法

1）标题和日期

(1) 标题。守则的标题由适用对象加文种组成，如《公安干警守则》、《商业营业员营业守则》、《全国人民代表大会常务委员会组成人员守则》等。

(2) 日期。有些守则需要在标题下方正中加括号标注日期和发布机关（或通过

守则的会议），如《全国人民代表大会常务委员会组成人员守则》就注明：“1993 年 7 月 2 日第八届全国人民代表大会常务委员会第二次会议通过。”

2）正文

守则的篇幅一般比较短小，多采用通篇分条式写法。如果内容复杂，为了更有条理性，也可采用条例、规定、章程、细则那样的章条式写法，由总则、分则、附则三部分组成，下面再分章，章下再分条，不过这种情况比较少见。

在正文的写作中，条与条之间的划分是否符合逻辑规律，能不能做到条理清楚，层次分明，是写作成败的关键。另外还要注意语言表达的简练、质朴、准确。

☆ 守则范文

全国人民代表大会常务委员会组成人员守则

（××××年 7 月 2 日第八届全国人民代表大会常务委员会第二次会议通过）

第一条　为了加强常委会组织制度建设，使常委会组成人员更好地履行职责，依据宪法和法律的有关规定，制定本守则。

第二条　常委会组成人员必须维护全国人民的根本利益和共同意志，坚持人民代表大会制度，致力于社会主义民主和法制建设，模范地遵守宪法和法律，全心全意为人民服务，自觉地接受全国人民代表大会代表和人民群众的监督。

第三条　常委会组成人员要努力学习建设有中国特色社会主义的理论，熟悉宪法和法律，掌握行使职权所必备的知识。

第四条　常委会组成人员必须切实履行职责，努力工作，其他社会活动要服从常委会工作需要。

第五条　常委会组成人员必须出席常委会会议。因病或其他特殊原因，不能出席常委会全体会议的应通过常委会办公厅向委员长请假，不能出席常委会分组会议的应向分组会议召集人请假。

每次会议由办公厅将会议出席情况印发常委会组成人员。

第六条　常委会组成人员在常委会各种会议上的发言和表决不受法律追究。常委会组成人员在常委会的各种会议上，应当遵守议事规则和其他有关程序性的规定。

第七条　常委会会议举行前，常委会组成人员应就会议议题做好审议准备。常委会组成人员在常委会分组会议上的发言，应围绕会议议题进行。

第八条　常委会组成人员必须参加对议案的表决，并服从依法表决的结果。

会议主持人宣布议案交付表决后，常委会组成人员不得再对该议案发表意见，但与表决有关的程序问题，不在此限。

第九条　常委会组成人员要依照规定参加常委会组织的视察活动。视察时不直接处理问题；所带工作人员要力求精干。

第十条　常委会组成人员要密切联系群众，经常进行调查研究，听取群众意见和要求，向全国人大常委会反映情况。

第十一条　参加专门委员会的常委会组成人员，应当积极从事专门委员会的工作，遵守专门委员会的工作规则和制度。

第十二条　常委会组成人员要保持清正廉洁，不准牟取不正当收益。

第十三条　常委会组成人员要严守国家机密。凡属规定不应公开的内容，不得以任何方式传播。

第十四条　常委会组成人员在外事活动中，应模范遵守外事纪律，维护国家尊严和利益。

第十五条　常委会组成人员严重违反本守则的，应向委员长会议作出检查。

第十六条　本守则自通过之日起执行。

☆ **范文评析**

标题由适用对象加文种组成，标题下面是会议通过的时间。正文为分条式结构。条与条之间的划分符合逻辑规律，因而条理清楚，层次分明。另外，语言表达简练、质朴、准确。

（三）规则

规则是在一定范围内对某项工作、活动作出行为规范的管理规章，如《阅览室规则》。

与守则相同之处写法相似，作用有局部性、单一性的特点。不同之处是守则侧重制约人，规则侧重制约工作、事项、行为等。

第三节　制度性文书

一、章程

1. 章程的概念

章程是规定一个集体的性质、宗旨、任务、组织机构、组成成员、活动规则等事项的管理规章。应注意全局性、严密性和共容性。国家行政机关和职能部门一般不使用。一般党派、学会、协会、董事会等使用。

2. 章程写作格式

章程的写作结构一般由标题、签注和正文组成。

(1) 标题：组织（团体）＋文种

(2) 签注：章程的权威性和执行效力标志，注明通过章程的会议和日期。

(3) 正文：分条分章的条文式或条文并列式。总则部分写明组织名称、性质、任务和指导思想等。分则各自为章，写明组成成员条件、组织机构、经费、业务范围、活动内容和方式、其他事宜等。附则常说明生效日期、实施要求、修订权限、办事机构地址等。

章程与简章不同，简章不等于简要的章程，更接近于启事。

二、规范、规程

(1) 规范是对某项工作质量标准、质量要求作出的规定，常用来确定岗位责任、实行目标管理，如《质检科工作规范》。

(2) 规程是对某项工作、某项活动的操作过程、实施办法作出的有序的规定。一般用于程序性较强的工作，如《电工操作规程》。

☆ 规程范文

生活老师工作规程

6：00　起床，开铁门。

6：10　督促学生起床，洗漱，整理内务，提醒当天洗衣的学生送衣物到洗衣房。

6：25　督促没离开寝室的学生迅速到教室上自习。

6：30　清扫房间、走廊、楼道、冲洗洗漱间及厕所，帮助整理寝室内务，规范寝室内学生的物品。

7：05　锁铁门，早餐。

7：15　协助管理学生早餐。

7：30　向政教干事汇报前一天学生在寝室遵章守纪情况。

7：50～11：10　洗好学生衣物，清扫所分担的清洁责任区，完成学生没完成的寝室内务整理工作，剩余时间在值班室休息。

11：10　午餐。

11：30～11：50　协助管理学生午餐。

12：00～13：40　督促学生午休，清查没归寝学生并做好纪录，制止学生午休违规行为并做好记录。午休期间在走廊楼道巡视或在值班室外值守，不得在值班室内睡觉。

13：40　督促学生起床，整理内务，督促学生尽快到教室准备上课。

13：50～17：00　清扫房间、走廊楼道卫生，冲刷厕所及洗漱间，整理学生房间内务，其余时间在值班室休息。

16：45　晚餐。

17：15～17：35　协助组织学生晚餐。

17：35～18：20　在走廊、楼道或值班室外巡查值守。

18：20　督促尚未离开寝室的学生尽快离开寝室到教室上晚自习。

18：30　清扫房间、楼道、走廊、厕所卫生后休息。

21：30～21：50　督促学生及时洗澡。

21：50～22：20　清查归寝人数，督促学生就寝，按时熄灯。

22：20～22：40　巡查学生就寝纪律，制止违纪违规行为并做好记录。

22：40　休息，随时处理偶发事件。

特别要求：

1. 除晚就寝外，其余时间，只要是学生正常在宿舍区活动其间，生活老师一律在值班室外巡查值守。

2. 早餐期间，午休期间，晚就寝期间和学生上课上自习期间，一律锁好铁门，不得随便放人出入，对来寝室巡查的领导、值日老师、班主任及有特殊情况须进出宿舍区的学生要及时开关铁门。

3. 注意教育学生节约用水，认真按时节约用电，严格控制电源开关，按时开关电源。

4. 周五学生要离校时，要认真督促学生整理内务，按时离校，生活老师须清扫卫生，整理好内务后方可离校。

5. 周日学生返校前，生活老师要提前到校，整理内外，查收住读生卡片，汇兑后于周一交校保卫处。

☆ 范文评析

本规程的标题由对象＋内容＋文种构成。因为规程是对某项工作、某项活动的操作过程、实施办法作出的有序的规定。因为生活老师关系到全校学生的生活秩序和生命安全，人的生命高于一切，所以对他的工作作了有序的规定，并提出了特别的要求。

三、制度、公约

（一）制度

1. 制度的概念

制度是机关、单位对某项具体工作、具体事项制订出一些必须共同遵守的行为规范的规章，如《保密制度》。内容要求合理合法，职责分明，具体明确，结构单一，条文简短，语言简明，一看就懂，便于施行。

制度依据法律、法规的有关规定，针对一个部门某项具体工作管理制定，一经颁布，有关人员必须遵守，若有违反，则要受到相应的处罚，包括行政处罚以至刑事处罚。制度具有很强的强制性和约束力。

2. 制度的写作格式

制度由标题和正文两部分组成：

（1）标题。一般有两种构成形式：一种由事由和文种构成，如《财务制度》、《保密制度》、《值班制度》等；另一种由制文单位、事由和文种构成，如《办公厅礼品管理制度》、《公司立项制度》等。

（2）正文。制度的正文由总则、分则、附则组成。总则是关于制定制度的指导思想、目的等项内容的说明。分则是规范项目，是制度的实质性内容，是要求工作人员遵守的行为规范。附则用以提出执行的要求等事项。

制度的正文的结构一般采用条文式，依次列述规定内容。

☆ 制度范文

印章管理使用制度

一、印章的使用管理

（一）印章的保管和使用，应指定专人负责。

（二）管印人员要忠于职守，不得徇私舞弊，擅自使用印章。

（三）印章要专柜保存，使用一把钥匙，严格管理。使用印章，须经领导签字批准。

（四）盖印前要审核手续是否完备，材料是否齐全，对于不符合要求的，等手续完备后方可盖印。盖印中要严格按照公文格式规定，盖印要工整，字迹要清晰，将印章下边压在公文落款日期的正中间。

二、审批和使用范围

（一）省政府印章的使用须经省长、副省长或秘书长签字批准，经办人员要登记、签名并注明用印数量、理由等。使用范围如下：

1. 以省政府名义发的各类公文（包括文件、函、命令、公告、通告、传真电报等）；

2. 省政府与省委、与省军区、与国务院有关部委及其他省、自治区、直辖市人民政府联合下发的各类公文；

3. 以省政府名义颁发的奖状，发出的贺信、贺电及介绍信等；

4. 以省政府名义颁发的证件、证书等；

5. 其他特殊情况需要盖印时，须请示秘书长以上领导批准。

（二）省政府办公厅印章的使用须经厅主任或副秘书长签字批准。使用范围可按第二条第一款各条规定办理。介绍信盖印须经主管副秘书长批准，并详细登记盖印张数。

以省政府或办公厅名义在邮电局发明码电报，加盖机要处印章。

（三）各处室、科印章使用时，须经处室、科领导批准。

三、存档

凡加盖省政府办公厅印章的所有公文、介绍信、证件、证书、奖状以及其他文字材料，应分别留存底稿、影印件、存根、样本等，交档案科归档。

四、印章的刻制、颁发和更新

刻制地区行政公署、市、人民政府和省人民政府工作部门、直属机构及省政府办公厅直属企事业单位的印章，必须以省政府或办公厅正式文件为依据，并到公安部门指定的专门刻制单位制作。颁发以上印章时，按办公厅财务规定收取工本费，由财务处向领印单位开具办公厅财务收据。

☆ 范文评析

本制度的标题由事由和文种构成。本制度的正文的结构采用条文式，依次列述规定内容。第一条是关于公章的使用管理，其实是制度的指导思想、目的等项内容的说明。第二、第三条是规范项目，是制度的实质性内容，是要求工作人员遵守的行为规范。第四条印章的刻制、颁发和更新，是用以提出执行的要求等事项。

（二）公约

1. 公约的概念

公约是一定范围或有关群体的群众为正常进行工作和社会生活的需要，经过讨论协商而制定的某一方面的行为准则和品德规范，如《北川县城地震遗址保护公约》。它一般尊重群众意愿，内容单一，条文较少，易读易记，多用四字句，或顺口溜式押韵句。

2. 公约的写法

1）标题

公约的标题有三种写法：一是适用人加文种，如《教师公约》。二是适用范围加文种，如《花园小区公约》。三是涉及事项加文种，如《护林公约》。

2）正文

公约的正文由引言、主体和结尾组成。

(1) 引言。引言主要用来写明制定公约的目的、意义，常套用“为了……特制定本公约”的固定格式。

(2) 主体。条文式写法，将具体内容一一列出。这部分最重要，一定要做到系统完整，层次清楚，言简意明，朴实通畅。

(3) 结语。用来写执行要求、生效日期等。如无必要，可免除这一部分。

3）署名与日期

对于有些公约而言，署名是很重要的一项，因为署名就意味着承诺，表明遵守公约的意向，表明愿意为违背公约承担责任。特别是行业公约，这一点显得更为突出。

☆ 公约范文

文明公约

为了积极投入“五讲四美”活动，加强遵纪守法教育，搞好社会主义物质文明和精神文明建设，促进四化建设的顺利进行，特制定本公约。

一、热爱祖国，热爱党，认真执行党的路线、方针、政策，做遵纪守法的模范。

二、尊老爱幼，和睦相处，邻里团结，互相帮助。

三、遵守公共秩序，做文明乘客、文明顾客、文明观众。

四、讲文明、讲礼貌，不理怪发，不看淫秽书画，不听黄色歌曲。

五、响应晚婚晚育号召，少生优生，为四化建设终身只生一个孩子。

六、遵守户口管理制度，做到客来报、客走销。

七、积极参加巡逻，搞好四防和楼门关照，维护好社会治安。

八、教育子女，关心儿童，做好社会失足青年的转化工作。

九、不打架斗殴，不偷盗，不赌博，不制作和携带凶器，敢于同坏人坏事作斗争。

十、绿化环境，美化庭院，不散放家禽家畜，消灭四害，搞好卫生。

××市××街居委会

××××年×月×日

☆ 范文评析

标题是事项+文种构成。正文公约的正文由引言、主体和结语组成。引言写明制定公约的目的、意义，常套用“为了……特制定本公约”的固定格式。主体为条文式写法，将具体内容一一列出。这部分最重要，所以其具有系统完整，层次清楚，言简意明，朴实通畅的特点。结语写明了执行要求、生效日期等。本公约的署名是很重要的一项，因为署名就意味着承诺，表明遵守公约的意向，表明愿意为违背公约承担责任。

✲ 训练与实践

1. 谈谈规章与公文的联系与区别。
2. 制度在写作格式方面有什么特点?
3. 根据下面材料，按照条例的写作格式要求拟写文稿。

××××年10月1日至××××年5月7日，为全县森林防火戒严期。戒严期间，禁止在林旁山边烧田硬、稻草；禁止在林内烧灰积肥；禁止烧荒烧垦；禁止在林内吸烟、野炊；禁止在林内烧火取暖；禁止在林内上坟烧纸、点蜡烛、鸣放鞭炮；禁止烧山驱兽、炼山、烧木炭；禁止用火把照明在林内行走等一切野外用火行为。

各地必须严格执行野外用火巡查制度，做到见烟就查，见火就灭。凡违反上述规定，造成森林火警或火灾的，依照《森林法》、《森林防火条例》的有关规定从严查处，决不姑息，触犯刑法的，严厉追究其刑事责任。

4. 评析下面规定，分条列项地指出存在的主要问题，并拟写一篇修改稿。

××县人民政府
关于开展商场市场消防安全专项治理工作的规定

按照公安部、建设部、商务部、国家工商行政管理总局、国家安全生产监督管理总局、国家人民防空办公室联合下发的《关于集中开展商场市场消防安全专项治理工作的通知》和襄樊市公安局、建委、商务局、工商局、安监局、人防办公室关于《襄樊市集中开展商场市场消防安全专项治理实施方案》要求，为切实改进和加强全县商场市场（超市）消防安全工作，着力整治商场、市场存在的火灾隐患，保障国家、集体财产和人民群众生命财产安全，全面改善商场市场消防安全环境，坚决遏制商场市场重特大火灾事故的发生，县政府决定，在全县范围内开展商场市场消防安全专项治理活动。特此向社会进行公布：

一、时间安排：××××年6月15日至××××年9月1日

二、治理对象：容纳顾客人数50人以上的室内、室外商场、市场（含集贸市场、超市）。

三、治理的重点问题：（一）因违章搭建将几个独立的商场、市场连在一起的；商场、市场周边搭建棚、房等，影响人员逃生和灭火救援的；占用防火间距、消防车道、疏散通道从事经营的；在疏散通道、疏散楼梯、安全出口部位设置栅栏或采取其他形式锁闭、封堵的；疏散指示标志和火灾应急照明灯被遮挡、覆盖的；违反消防安全规定，在商场、市场经营、储存易燃易爆化学物品的和进行电、气焊等明火作业的；在防火卷帘下堆放物品的。（二）疏散通道、疏散楼梯和安全出口的位置、数量不符合要求，商住楼中商业营业部分与住宅部分的安全出口未分开设置的；疏散指示标志和火灾应急照明灯缺少、损坏和标识错误的；擅自扩大和改变防火分区的；应安装火灾自动报警、自动喷淋系统而未安装或安装不符合规范要求以及安装后系统不能正常运行的；在商场、市场内设置员工集体宿舍的；电气线路未按规定敷设的。

四、实施方法和步骤：专项治理采取单位自查自改和依法治理相结合的方法，按照动员部署、调查摸底（6月28日至7月5日）、自查自改（7月6日至7月31日）、集中治理（8月1日至8月25日）和督查验收（8月26日至9月1日）五个步骤展开。

××县人民政府
××××年6月30日

5. 同学们生活在同一个空间，为了优化这有限的环境，请拟写一份大学生寝室文明公约。

第六章 经济管理类文书

第一节 经济管理类文书概述

经济管理类文书是经济管理和经济活动领域经常使用，并与经济工作直接有关的专用文书。是传递经济信息、提供经济决策依据的必要途径，是实行经济活动调控职能的重要手段，是建立经济关系、加强业务联系的纽带，是日常经济活动往来的重要凭证。

经济管理类文书是经济应用文的通称，是法人单位或个人在经济活动和经济交往过程中反映经济情况，处理经济事务，研究、解决经济实际问题的一种具有特定格式的专业应用文体。经济文书一般分为通用经济文书、专用经济文书和经济诉讼文书。通用经济文书包括经济公务文书、经济事务文书、经济研究文书等。专用经济文书包括经济活动中经常出现的经济合同，经济活动分析报告，经济预、决策报告，可行性研究报告，工商、税务等经济管理部门经常使用的各专项报告等。经济诉讼文书包括经济诉状、经济答辩状、经济公证文书等。

一、经济文书的特点

（1）实用性。实用是经济文书的价值取向。对经济文书来说，如果能实实在在解决一些实际问题，就一定会对经济工作有指导意义，也就具有较高的实用价值。

（2）真实性。经济文书是反映经济活动规律，解决实际经济问题的，它应当从实际出发，原原本本反映客观事物的真实面貌，传递准确无误的信息。

（3）效益性。经济活动与其他活动相比的一个根本区别就在于它必须讲求经济效益。这就要求经济文书要从不同的角度、不同的方面，以不同的内容、形式和方法与经济效益挂钩，为提高经济效益服务，保证经济活动的运行，实现最佳的经济效益。

（4）政策性。市场经济就是法制经济，有关的经济法规和经济政策就是经济运行的基本规则，也是经济文书写作的指导方针。

（5）程式性。经济文书专业性很强，为了表达得准确得体，处理得及时迅速，在长期的写作实践中，逐渐形成了各自不同的、相对固定的格式与写作规范。

(6) 时效性。经济文书要承担收集、编制、传递、应用经济信息的职能，发挥指导经济工作、解决问题的作用，信息流通得越快，经济文书的指导性就越强，它的价值也就越大。

二、经济文书的作用

(1) 领导和指导作用。经济管理是一个多层次的系统结构，为了使各个部门、各个环节的活动协调一致，就必须借助于经济文书及时地将党和国家的方针、政策以及上级部门的指令、决策、任务、要求、计划等传达给下级部门，对基层单位的工作进行具体领导和指导，以便统一思想，统一行动，步调一致，用以维护正常的经济秩序，实现经济活动的有效管理。

(2) 汇报和交流作用。基层单位要通过经济文书向上级部门汇报工作、反映情况、提出建议，主动接受上级机关的领导；单位之间、部门之间也要通过经济文书交流信息，加强横向联系，相互沟通，取长补短，促进竞争，获得支持和帮助。

(3) 推广和宣传作用。这一点主要表现在三个方面：第一，对典型经验的推广与宣传。通过经济文书，可以对错综复杂的经济现象进行科学的研究与分析，以便总结经验，揭示规律，抓住典型，指导一般，对经济工作做正确导向。第二，对商情的反映与宣传。通过经济文书，企业可以及时发布商品产、供、销方面的信息，加速商品流通，开拓市场，扩大销售，提高效益。第三，对企业知名度和美誉度的推销与宣传。企业的发展与其社会知名度是分不开的，社会知名度越高，社会评价越好，其发展的社会环境就越优越，前景就越广阔。除靠自身的业绩外，在很大程度上还得通过一定的形式来推销，这种推销是通过相应的经济文书来实现的。

(4) 依据和凭证作用。来自上级部门的经济文书常常是下级单位作出决策，开展工作的政策依据；来自下级单位的经济文书常常是上级机关制定政策、部署工作的情况依据；与有关方面发生权益关系而形成的经济文书则是维护自身合法权益的凭证，一旦发生经济纠纷，它们就会从法律的角度出现，成为处理纠纷、分清违约责任的依据。在完成了特定的任务后，有些经济文书还需要归档保存，以备查考。这些文书得作为珍贵的历史资料，将信息储存起来，供以后研究经济活动的规律，总结经营管理的经验教训，预测经济发展的趋势，制订经济规划时参考。作为依据和凭证，它们不但要发挥现实作用，而且还具有长远的历史作用。

三、怎样学好经济文书写作

(1) 提高自身的思想素质和政策水平。写经济文书的“外功”，就是学习和掌握

党和国家的路线、方针和政策，提高自身的思想和理论素质。了解掌握了国家的方针政策，对各种经济现象，就能做到认识清、反应快、判断准。有了“外功”，又有了以扎实的专业知识和写作基础知识、熟练的写作技能为铺垫的“内功”，就能达到意到笔随的境界。

(2) 努力掌握相关的经济专业知识。政策、法律和经济方面的专业知识以及经济领域的实践经验对于经济文书的写作来说是至关重要的。

(3) 注意培养与写作有关的各种能力。写作经济文书，必须特别注意培养调查取材能力、逻辑思维能力、安排结构能力、简明表达能力、修改文字能力的培养和提高。

(4) 各种文体都有自己大致的模式。写作也要按照一定的规格、程式、标准和要求进行，不允许随心所欲，自行改变。把握文体格式规范，掌握恰当表述方法。不同的文种有它约定俗成的惯用格式，这些格式一般来说是相对固定的。恰当的语言表达方式对于经济文书的写作来讲也是至关重要的。经济文书的语言要确保其准确与简洁，叙述事件，说明情况，表述问题要恰如其分，清楚简洁，避免使用容易产生歧义的笼统语言。此外，凡是引用人名、地名、数据、资料要查对核实，确保准确无误。规范化是实现经济文书统一性、完整性、准确性和有效性的重要保证，是提高经济写作的速度与效率的基本措施，同时，也为经济文书运用计算机写作、进行科学化管理奠定了基础。

第二节　经济活动文书

一、协议

1. 协议的概念

协议是在社会活动中就某一问题或某些事项交换意见，经过协商、谈判达成共识后，由有关各方共同签署的具有法律效力的文书。

2. 协议的格式

协议书的写作格式包括三个部分：首部、正文和尾部。

(1) 首部。包括标题和当事人的基本情况。其一，标题，由协议内容加文种组成。如《财产分割协议书》；其二，当事人基本情况，如姓名、年龄、民族、住址等(必要时须写清与其他协议人的关系)。

(2) 正文。其一，立协议的原因；其二，协议的具体内容。

(3) 尾部。其一，协议是本着协议人自愿的原则；其二，立约人、见证人签字、盖章，标明立约时间。

☆ 协议范文

财产分割协议

协议人：王××，男，78岁，×族，××市××区人，退休工人，现住××市××区××胡同××号（系下列立约人之父）。

王××，男，45岁，×族，籍贯、住地同上，系王××之子。

王××，女，22岁，×族，干部，家住××市××区××小区××号。为王××之女。

见证人：赵××，男，67岁，××市人，现住××市××区××胡同××号（与立约人王××系邻居）

协议人王××共有一男一女，二子女均已结婚，现三人均表示愿意分家产，改变过去共同生活的状态，各立门户。经协商，达成如下分产契约，并由邻居赵××作见证人。

1. 王××随其长子王××一起生活。

2. 现住平房3间，归长子王××所有，长女王××随其丈夫另住。

3. 家具及家用电器。熊猫彩电、组合音响、海尔冰箱归其长子王××，录像机、摄像机各一台，归其长女王××。

4. 存款×万元，由其长女王××分得×万元，长子王××分得×万元。其长子王××负担其父王××日常生活费用。

5. 王××如遇重病或其他意外，费用由其长子王××和长女王××共同负担。

6. 以上所列各项，立约人完全同意，并有见证人作证。

协议人：王××
见证人：赵××
××律师事务所
××××年1月1日

☆ 范文评析

本协议首部，包括标题和当事人基本情况。标题：协议内容加文种。当事人基本情况：姓名、年龄、民族、住址等（必要时须写清与其他协议人的关系）。正文包括两个方面：其一，立协议的原因。其二，协议的具体内容。尾部同样写两个方面：其一，本协议是本着协议人自愿的原则。其二，立约人、见证人签字、盖章，标明立约时间。

3. 赡养继承协议书

☆ **赡养继承协议书范文**

赡养继承协议书

协议人：（基本情况）

关系人：（基本情况）

以上当事人为赡养老人和继承财产一事，依照国家法律和政策，本着互谅互让、团结友爱的精神，从实际情况和需要出发，经共同协商一致，并征得关系人同意，达成以下协议：

（略）

以上协议，各协议人均属自愿，保证遵照执行。

协议人：×××
关系人：×××
代书并见证人：××律师事务所××律师
××××年1月1日

4. 离婚协议书

☆ **离婚协议书范文**

离婚协议书

立协议人：×××，男，出生年月、现住址、身份证号码
×××，女，出生年月、现住址、身份证号码

×××与×××于××年××月××日，在×××登记结婚，现因（具体原因）已无法共同生活，故双方向婚姻登记机关申请离婚，现就财产及子女抚养达成如下协议：（略）

本《离婚协议书》自婚姻登记机关颁发《离婚证》之日起生效。

立协议人：×××（签名）
×××（签名）
××××年1月1日

二、合同

1. 经济合同的概念

经济合同又称经济契约，是经济活动中的当事人双方或多方为实现一定的经济

目的，明确相互权利和义务关系而依法签订并共同遵守的契约性文书。

2. 经济合同的作用

经济合同是市场经济专业化协作的纽带，有利于加强企业的经营管理，有利于国家对企业进行有效的监督，有利于对经济工作的宏观调控，有利于提高经济活动中当事人的法制观念。

3. 经济合同的特点

经济合同一般具有以下特点：一是内容的经济性，明确双方经济业务关系。二是法律的约束性，要依法成立，合同确定的责权利是受法律保护的凭证，必须遵守，签订双方一般要求具有法人资格，一旦签订即发生法律效力，发生纠纷可以通过仲裁和起诉。三是效能的时限性，写明履行合约的期限和日期，超期则违约。四是合同各方的对等性，权利和义务平等，同等受法律保护，等价有偿，不得采取胁迫、欺诈手段；五是格式的规范性，工商部门有专门的示范文本和签订制度。

4. 经济合同的种类

按内容和功能分，主要有购销合同、建筑工程承包合同、加工承揽合同、货物运输合同、供用电合同、仓储保管合同、财产租赁合同、借款合同、财产保险合同、科技协作合同等。

5. 经济合同的结构

经济合同由首部（分为标题、签约各方名称）、正文和落款组成。

(1) 首部。标题常写明合同性质，标题下方标注合同编号。

(2) 签约各方名称。写明签订合同各方单位名称和代表人姓名，甲方、乙方，卖方、买方，供方、需方等。

(3) 正文。包括开头和主体两部分。开头写明双方签约的目的和依据，如“根据国家有关法律法规，经双方协议，订立如下条款，以资共同恪守”。

(4) 主体。一是标的，合同权利和义务双方所指对象，如货物、工程等；二是数量和质量，标的的具体数量、计量单位和规格质量及验检质量标准；三是价款或酬金，当事人履行各自义务的价值尺度，标明标的的价金或计算标准；四是履行合同的期限、地点和方式；五是违约责任，违约或不履行责任应采取的防范或制裁性措施；六是合同的份数和保存，写明一式几份，分别由谁保存，一般是双方各执一份，如有鉴证机关，则也存档一份。

如有附件，要将附件名称、件数、页数写在正文后面，材料附合同后面。

有上级鉴证单位的加盖鉴证章，签订日期。有的为了防止造假，正文和附件每页中加盖章或手印防伪。

6. 经济合同的签订原则

经济合同的签订应遵守如下原则：一是当事人要具有法人资格；二是符合国家的政策、法规；三是双方协商一致；四是体现平等互利；五是坚持等价交换。

凡违背下列五条原则的可视为无效合同：一是当事人不具有法人资格或没有取得符合国家政策许可的合法资格；二是法人代理人超越了代理权限；三是超越职权或经营范围；四是无履约能力的法人；五是违反国家法律、政策、计划，违反国家利益和社会公共利益。

7. 写作要求

写作要求包括：一是内容的条款必须具体、明确，不得遗漏，注意细节；二是经济合同的语言表述或格式填写要准确清楚，用语指代清楚，不可产生歧义，语气肯定，不能含糊不清，语言简练，书写工整；三是最好采用国家有关部门统一鉴制的示范性合同文本来写。

☆ 经济合同范文

劳 动 合 同

甲方：________________

地址：　　　　　　　邮编：_______

法定代表人或委托代表人：________________

乙方：________________

性别：_______年龄：_______居民身份证号码：_______

户口所在地_______省（市）_______区（县）_______街道（乡镇）

家庭住址　　　　邮编_______

根据《中华人民共和国劳动法》，甲、乙双方经平等协商同意，自愿签订本合同，共同遵守本合同所列条款。

一、劳动合同期限

第一条　本合同期限类型为_______期限合同。

本合同生效日期_______年_______月_______日，其中试用期_______

本合同_______终止。

二、工作内容

第二条　乙方同意根据甲方工作需要，担任　　岗位（工种）工作。

第三条　乙方应按照甲方的要求，按时完成规定的工作数量，达到规定的质量标准。

三、劳动保护和劳动条件

第四条　执行不定时工作制的，在保证完成甲方工作任务的情况下，工作和休息、休假，乙方自行安排。

第五条　甲方负责对乙方进行政治思想、职业道德、业务技术、劳动安全、卫生及有关规章制度的教育和培训。

四、劳动报酬

第六条　甲方的工资分配应遵循按劳分配的原则。

第七条　执行定时工作制或综合计算工时工作制的，乙方为甲方完成规定的工作任务并达到质量标准的，甲方每月××日以货币形式支付乙方工资。

五、劳动纪律

第八条　乙方应遵守甲方依法制定的规章制度；严格遵守劳动、安全、卫生规程和工作规范。爱护甲方的财产，遵守职业道德；积极参加甲方组织的培训，提高思想觉悟和职业技能。

第九条　乙方违反劳动纪律，甲方可依据本单位规章制度，给予纪律处分，直至解除本合同。

六、劳动合同的变更、解除、终止、续订

第十条　订立本合同所依据的法律、行政法规、规章制度发生变化，本合同应变更相关内容。

第十一条　订立本合同所依据的客观情况发生重大变化，致使本合同无法履行的，经甲、乙双方协商同意，可以变更本合同相关内容。

第十二条　经甲、乙双方协商一致，本合同可以解除。

第十三条　乙方有下列情形之一，甲方可以随时解除本合同：

1. 在试用期间，被证明不符合录用条件的；

2. 严重违反劳动纪律或甲方规章制度的；

3. 严重失职、营私舞弊，对甲方利益造成重大损害的；

4. 被依法追究刑事责任的：

第十四条　有下列情形之一，甲方可解除本合同，但应提前30日以书面形式通知乙方：

1. 乙方患病或非因工负伤，医疗期满后，不能从事原工作也不能从事甲方另行安排的工作；

2. 乙方不能胜任工作，经过培训或者调整工作岗位，仍不能胜任工作的；

3. 双方不能依据本合同第十七条规定就变更合同达成协议的：

4. 乙方被除名或被开除、劳动教养、判行的，劳动合同自行解除。

第十五条　乙方解除劳动合同，应当提前30日以书面形式通知甲方。

第十六条　有下列情形之一，乙方可以随时通知甲方解除合同：

1. 甲方以暴力、威胁、监禁或者非法限制人身自由的手段强迫劳动的；

2. 甲方不能按照本合同规定支付劳动报酬或者提供劳动条件的。

第十七条　本合同期限届满，劳动合同即终止。双方当事人在本合同期满前 30 日内可以向对方表示续订意向，甲乙双方经协商同意，可以续订劳动合同。

第十八条　订立无固定期限劳动合同的，乙方达到法定退休年龄或甲乙双方约定的终止条件出现，本合同终止。

第十九条　乙方违反本合同约定的条件解除劳动合同或违反合同约定的保守商业秘密事项，对甲方造成经济损失的，应按损失的程度依法承担赔偿责任。

七、其他约定

第二十条　甲方规章制度如下：

1. 新进员工，试用期均为三个月。
2. 试用期满后，服务良好，乙方为甲方正式雇员。
3. 员工自动离职，一律不发工资。
4. 雇员辞职，必须以书面形式提前 30 天通知甲方，待甲方有时间作出适当安排，否则甲方有权扣回七天工资作为补偿。
5. 若甲方同意，在辞工期间内亦可提早给雇员离职，工资则计算至当天为止，甲方不需作其他补偿。
6. 辞工期间，如发现员工故意惰工、搞事或不正常工作及加班等，甲方有权即时解雇。
7. 员工若违反甲方规定，将依规定予以罚款、警告（扣薪一天），记小过（扣薪三天），记大过（扣薪七天），开除（扣薪十天）等处分。
8. 请假必须先填妥请假卡，经部门主管及人事部门批准后，方可离岗，否则以旷工论处。
9. 凡无故缺勤三天，而事前未获批准假期者，一律作自离处理，不发工资。

第二十一条　本合同未尽事宜，由甲乙双方协商决定。

本合同一式两份，甲乙双方各执一份。

甲方（盖章）	乙方（盖章）
代表人：	代表人：
年　月　日	年　月　日

☆ 范文评析

本劳动合同共 21 条。其首部是标题性质＋文种，标题下方未标注合同编号。签约各方名称：写明了签订合同各方单位名称和代表人姓名，如甲方、乙方，卖方、买方，供方、需方等。

正文包括开头和主体两部分。开头写明双方签约的目的和依据，例如：“根据《中华人民共和国劳动法》，甲、乙双方经平等协商同意，自愿签订本合同，共同遵守本合同所列条款。”主体是合同的核心，它关系着双方的权利和义务。其结语为“本合同一式两份，甲乙双方各执一份”。最后是双方签订日期。

三、招标书、投标书

（一）招标书

1. 招标的定义

招标是指在一定范围内公开货物、工程或服务采购的条件和要求，邀请众多投标人参加投标，并按照规定程序从中选择交易对象的一种市场交易行为。

2. 招标方式

招标分为公开招标和邀请招标。公开招标是招标人通过招标公告的方式邀请不特定的法人或者其他组织投标。邀请招标是指招标人以投标邀请的方式邀请特定的法人或其他组织投标。

3. 招标代理

招标人有权自行选择招标代理机构，委托其办理招标事宜。招标代理机构是依法设立从事招标代理业务并提供服务的社会中介组织。

4. 招标程序

政府采购的招标程序一般如下：

(1) 采购人编制计划，报财政厅政府采购办审核；
(2) 采购办与招标代理机构办理委托手续，确定招标方式；
(3) 进行市场调查，与采购人确认采购项目后，编制招标文件；
(4) 发布招标公告或发出招标邀请函；
(5) 出售招标文件，对潜在投标人资格预审；
(6) 接受投标人标书；
(7) 在公告或邀请函中规定的时间、地点公开开标；
(8) 由评标委员会对投标文件评标；
(9) 依据评标原则及程序确定中标人；
(10) 向中标人发送中标通知书；
(11) 组织中标人与采购单位签订合同；
(12) 进行合同履行的监督管理，解决中标人与采购单位的纠纷。

5. 招标采购方式的特点和须具备的要素

(1) 程序规范。在招标、投标活动中，从招标、投标、评标、定标到签订合同，每个环节都有严格的程序、规则。这些程序和规则具有法律约束力，当事人不能随意改变。

(2) 编制招标、投标文件。在招标、投标活动中，招标人必须编制招标文件，投标人据此编制投标文件参加投标，招标人组织评标委员会对投标文件进行评审和比较，从中选出中标人或单位。因此，是否编制招标、投标文件，是区别招标与其他采购方式的最主要特征之一。

(3) 公开性。招标投标的基本原则是“公开、公平、公正”，将采购行为置于透明的环境中，防止腐败行为的发生。招标、投标活动的各个环节均体现了这一原则：招标人要在指定的报刊或其他媒体上发布招标通告，邀请所有潜在的投标人参加投标；在招标文件中详细说明拟采购的货物、工程或服务的技术规格，评价和比较投标文件以及选定中标者的标准；在提交投标文件截止时间的同一时间公开开标；在确定中标人前，招标人不得与投标人就投标价格、投标方案等实质性内容进行谈判。这样，招标、投标活动完全置于社会的公开监督之下，可以防止不正当的交易行为。

(4) 一次成效。在一般的交易活动中，买卖双方往往要经过多次谈判后才能成交。招标则不同。在投标人递交投标文件后到确定中标人之前，招标人不得与投标人就投标价格等实质性内容进行谈判。也就是说，投标人只能一次报价，不能与招标人讨价还价，并以此报价作为签订合同的基础。以上四要素，基本反映了招标采购的本质，也是判断一项采购活动是否属招标采购的标准和依据。

☆ 招标书范文

××学校修建宿舍楼的招标公告

××学校经上级主管部门批准，拟修建一座宿舍楼，2012 年 2 月 1 日起进行建筑招标。具体事宜告知如下：

1. 工程名称：××学校宿舍楼

2. 建筑面积：××平方米

3. 施工地址：××市××街××号

4. 设计及要求：见附件

5. 材料中钢材、木材、水泥由招标单位供应，其余由投标人自行解决。所需材料详见附表。

6. 交工日期：××××年12月

凡愿投标的国营、集体建筑企业，只要有主管部门和开户行认可有相应的建筑施工能力者均可投标。

投标人可来函、来人索取招标说明书，建筑银行经济咨询表、投标单及其他材料。

投标人请将报价单、施工能力说明书原材料来源说明书以及上级主管部门的有关签证等密封投寄或派人直接送我校基建处招标办公室。

招标至××××年3月1日止（信寄以邮戳为准），3月10日于我校办公楼小会议室在××市公证处公证下启开封标。

××学校基建处（公章）

××××年1月30日

招标联系人：×××

地址：××市××街××号

电报挂号：××××

联系电话：××××××××

☆ 范文评析

招标书也可以用招标公告字样，由前言、正文、结尾三部分构成。

本招标书前言，写明了招标的背景和目的。正文分条列出对招标的准备工作、工程名称、建筑面积、质量等提出了要求。正文结语提出了招标起止时间，以及启封标书的时间、地点。

结尾是招标单位和时间，加盖公章，并附有招标联系人、联系地址、联系电话等。

（二）投标书

1. 投标书概念

投标书是招标工作时采购当事人都要遵守的具有法律效应的文件，因此用语要准确，逻辑性要强，不能前后矛盾，模棱两可。

投标书是整个招标过程中最重要的一环。标书就像剧本是电影、话剧的灵魂。标书必须表达出使用单位的全部意愿，不能有疏漏。标书也是投标商投标编制投标书的依据，投标商必须对标书的内容进行实质性的响应，否则被判定为无效标（按废弃标处理）。标书同样也是评标最重要的依据。

2. 投标书的分类

(1) 按招标的范围可分为国际招标书和国内招标书。国际招标书要求两种版本，

按国际惯例以英文版本为准。考虑到我国企业的外文水平，标书中常常特别说明，当中英文版本产生差异时以中文为准。

（2）按招标标的物划分，又可分为三大类：货物、工程、服务。根据具体标的物的不同还可以进一步细分，如工程类进一步可分施工工程、装饰工程、水利工程、道路工程、化学工程等。每一种具体工程的标书内容差异非常大。货物标书也一样，简单货物如粮食、石油，复杂的货物如机床、计算机网络等。标书的差异也非常大。

3. 编制标书的四项原则

（1）全面反映使用单位的需求的原则。我们招标将面对的使用单位对自己的工程、项目、货物了解程度的差异非常大。再加上项目的复杂程度大，招标机构就要针对使用单位状况、项目复杂情况，组织好使用单位、设计、专家编制好标书。做到全面反映使用单位需求。

（2）科学合理的原则。技术要求商务条件必须依据充分并切合实际；技术要求根据可行性报告、技术经济分析确立，不能盲目提高标准、提高设备精度、房屋装修标准等，否则会带来功能浪费，多花不必要的钱。

（3）公平竞争（不含歧视性条款）原则。招标的原则是公开、公平、公正，只有公平、公开才能吸引真正感兴趣、有竞争力的投标厂商竞争，通过竞争达到采购目的，才能真正维护使用单位利益、维护国家利益。作为招标机构编制、审定标书中是否含歧视性条款是最重要的工作。作为政府招标管理部门，监督部门管理监督招标工作，其中最重要的任务就是审查标书中是否存有歧视性条款，这是保证招标是否公平、公正的关键环节。

（4）维护企业利益、政府利益的原则。招标书编制要注意维护使用单位的商业秘密，如我们给联想公司招八条计算机生产线（为了保护联想公司计算机制造技术秘密而变换图纸），也不得损害国家利益和社会公众利益，如噪声污染必须达标，为了维护国家安全给广播电影电视部招宽带网项目分包时就非常注意这个问题。

4. 投标书封面格式

投　标　书

建设项目名称：×××××××

投标单位：×××

投标单位全权代表：×××

投标单位：×××（公章）

××××年×月×日

5. 投标书内容格式

投标书内容格式可参考招标书范文。

☆ 投标书范文

投 标 书

致：______

根据贵方为______项目招标采购货物及服务的投标邀请______（招标编号），签字代表______（全名、职务）经正式授权并代表投标人______（投标方名称、地址）提交下述文件正本一份和副本一式______份。

(1) 开标一览表。

(2) 投标价格表。

(3) 货物简要说明一览表。

(4) 按投标须知第14、15条要求提供的全部文件。

(5) 资格证明文件。

(6) 投标保证金，金额为人民币______元。

据此函，签字代表宣布同意如下：

1. 所附投标报价表中规定的应提供和交付的货物投标总价为人民币______元。

2. 投标人将按招标文件的规定履行合同责任和义务。

3. 投标人已详细审查全部招标文件，包括修改文件（如需要修改）以及全部参考资料和有关附件。我们完全理解并同意放弃对这方面有不明及误解的权利。

4. 其投标自开标日期有效期为______个日历日。

5. 如果在规定的开标日期后，投标人在投标有效期内撤回投标，其投标保证金将被贵方没收。

6. 投标人同意提供按照贵方可能要求的与其投标有关的一切数据或资料，完全理解不一定要接受最低价格的投标或受到的任何投标。

7. 与本投标有关的一切正式往来通讯请寄：

地址：______邮编：______

电话：______传真：______

投标人代表性名、职务：______

投标人名称（公章）：______

日期：______年___月___日

全权代表签字：______

☆ 范文评析

这是一份空白投标书，它的填写必须依照招标书条款，所以其针对性特别强。

其正文内容必须知彼知己，方能中标，获得双赢。

第三节 市场开拓文书

一、市场预测报告

1. 市场预测报告的定义

市场预测报告是以经济理论为指导，运用科学方法，对市场供销发展变化趋势及其规律，进行分析、研究和预测后，推测市场未来情况的经济文书。

2. 预测报告的特点

其特点是预见性、科学性、时效性。其内容包括对市场商品需求的预测，对商品资源发展趋势的预测，对市场商品价格变化的预测，对消费结构和消费者心理及其变化的预测，对企业经济效益的预测。基本原则要注意系统性、客观性、连贯性、实效性。

3. 市场调查报告与市场预测报告的异同

它们都是以市场调查所获得的信息为基础，为市场决策、生产经营调整服务，调查报告中也有预测，预测报告前提也是调查。不同之处是调查报告侧重市场现状，介绍情况；预测报告侧重市场未来，发展趋势，写作难度更大。

4. 市场预测报告的分类

市场预测报告按范围分，有全国性的、区域性的；按内容分，有社会需求、价格变动、市场占有率、资源资金等；按时限分，有短期（一年内）、中期（1～5 年）、长远（5 年以上）；按方法分，有定量和定性预测报告，定量主要采用数字图表，定性用文字分析。

5. 市场预测报告的结构

市场预测报告的结构主要有标题和正文。标题一般由预测的范围、时限、对象加文种组成，如《米易县 2010 年电动车销售趋势预测报告》，也可拟新闻式双标题。

正文，开头可写一个“前言”，简要介绍预测时间、对象、范围、目的和结果；主体包括现状、预测和建议三部分。现状包括产销情况、同行业经营情况、购买心理和支付能力、本企业生产能力和技术设备等。预测是核心部分，应对所调查的材料、数据进行科学分析，去伪存真，去粗取精，分析判断有根有据，预计、推测合乎事物发展逻辑，符合市场发展的必然规律。建议是为了正确决策的依据，要符合客观事实，切实可行，不能好高骛远。

写好市场预测报告要加强市场理论学习，懂经济、社会和心理学等，要深入调查，广泛收集信息，要突出重点，把握关键。

☆ 市场预测报告范文

我国彩电××××年市场需求预测

一、对于××××年彩电市场的分析

(一) ××××年彩电生产、销售及库存均稳步增长，社会需求结构发生较大变化，大屏幕、高档次彩电渐趋热销。××××年上半年彩电降价刺激了消费，大屏幕彩电需求的大幅增长也带动了彩电市场需求的增长，整个彩电市场的平稳增长。××××年国内全面市场需求约1640万台，但国内生产严重过剩，企业库存进一步增加。随着宏观环境趋于宽松及彩电销售的季节性，××××年下半年彩电市场出现了较大幅度的增长。大屏幕彩电（25寸及以上）在彩电销售总量中的比例有较大上升，国产大屏幕彩电销售看好，一些大屏幕彩电产量较大的企业生产与技术逐渐成熟，营销取得成功，市场占有率在稳步提高。目前，国产大屏幕彩电的市场份额已经超过进口机。

在需求结构方面，21寸彩电在较长时间仍将是我国的主流机型，而25寸以上大彩电的销售市场前景看好。我国各地区需求分化较大，大中城市和沿海发达地区以25寸、29寸之类大中屏幕彩电为主，普通城镇及近郊农村则偏向于21寸彩电，多数农村对中小屏幕彩电需求较大。目前我国城市地区90%的家庭拥有彩电，但有9亿人口的农村彩电普及率还不到17%，市场潜力依然巨大。

(二) ××××年彩电行业竞争空前激烈，名牌彩电深入人心，行业集中进一步得到提高，规模经济优势得到初步体现，××××年对彩电企业来说是极不寻常的一年。4月1日的关税调低（彩电进口关税由原来的60%和65%调低至50%）及3月26日由四川长虹率先挑起的彩电价格大战，使彩电企业的竞争空前激烈。为抢占有限的市场份额，近百家国内企业的彩电及国外进口品牌彩电上演了一场极悲壮的彩电价格战。虽然后来的事实证明，进口彩电未能借关税调低的契机扩大它们在国内市场中的份额，但国内众多规模较小的彩电企业面对长虹和康佳等大企业的大幅度降价而无能为力；而一批名牌机随着生产规模的进一步扩大，以其质量、品牌和服务等优势进一步提高了市场份额。

当前我国彩电的生产能力已远远超过实际需求，加上进口彩电的冲击，市场竞争极其强烈，价格和品牌成为竞争的工具和市场制胜的法宝。TCL王牌、创维投入巨资塑品牌形象，长虹、康佳则挥舞价格武器，它们在××××年的市场竞争中获得了巨大的成功，极大地扩占了国内市场份额；而国内众多规模较小的企业则处境极为被动。在激烈的市场竞争中，生产逐渐向优势企业靠拢，行业集中程度不断得到提高。××××年年底广东高路华彩电在成都、昆明等地区又揭开了新的一轮价格战。从长期看，彩电售价仍有下降空间，价格武器还

将持续发挥作用，而名牌彩电也将更加深入人心。

上表（略）中的数据清楚地告诉我们，经过××××年新一轮价格大战后，彩电行业的集中程度又进一步得到提高，行业前12名企业总产量××××年为1330.4万台，市场占有率上升到72.85%。行业巨头长虹、康佳的产销进一步得到大幅增长，其产量均超过200万台，长虹的产量更高这480万台，其市场占有率也从××××年的15.2%提高到22.85%；康佳的市场占有率也从××××年年底的7.9%稳步上升到11.9%。××××年有5家以上企业产量超过100万台。分析表2中的数据，我们发现在××××年价格战中未采取降价等措施的一些企业，市场占有率都有不同程度的下降，尤其是过去四大巨头之一的上海广电金星彩电，其市场份额已从5.3%大幅度下降到2.7%。在行业集中程度不断提高的同时，必然有一批起点低、规模小的企业被迫退出历史舞台。

（三）××××年我国彩电配套能力和产品自主开发能力进一步得到提高，同时彩电出口继续保持良好的上升势头。近几年，我国彩电行业的自我配套能力逐步增强，彩管及元器件的生产能力进一步得到加强，尤其是今年随着一些彩管企业25寸、29寸大屏幕彩管的大批量生产，改变了前两年大屏幕彩管完全依赖进口的局面。在基础元器件方面，在前几年的投入也逐渐显现效益，国内的设计、生产能力已达较高水平，目前中小屏幕（21寸以下）、大屏幕彩电的国产化率分别为95%和90%以上。随着市场竞争的日益激烈，许多企业都加大了产品开发投入，提高了新产品的设计能力，一些彩电新品种的技术水平和质量水平已达到了较高的水平。××××年四川长虹公司推出了34寸超大屏幕彩电，而广东康惠公司推出了十画面画中画彩电，都达到了世界先进水平，市场反应很好。

彩电出口××××年继续保持了良好的增长势头。××××年我国彩电总出口量470万台，××××年出口达到520万台，增长10.6%。随着国产彩电竞争力的增强，进口彩电呈下降趋势，××××年进口彩电仅45万台，较去年下降了25%。

二、××××年彩电市场需求预测

经过××××年的价格大战后，彩电企业更显强者越强、弱者越弱的趋势，大企业市场占有率将进一步提高，但国内市场总需求量不会因此而大幅度提高，所以在供大于求的市场背景下，更多的小企业则处境困难。电子工业部预计××××年彩电总需求量较××××年有8%左右的增幅，国内总需求量约1750万台；在整个消费比重中，大屏幕彩电的需求将进一步增长，预计25寸以下彩电的需求将进一步萎缩；未来几年，随着国家以房地产作为新一轮启动的支柱产业和居民收入水平的不断提高，大屏幕彩电将保持稳定的增长趋势，而农村的彩电家庭拥有量不足17%，未来市场的开发重点应以农村为主。

农村市场和国际市场为我国彩电工业的发展提供了广阔的空间：一方面，我国国产彩电竞争力不断增强；另一方面，彩电企业的国际性产业转移和分工给我国彩电企业带来了机会，彩电出口在未来几年仍将稳步增长；××××年出口量预计将超过550万台。

三、对我国彩电工业发展的建议

（一）在今后及未来的几年里，我国彩电应由分散逐步走向集中，加速走规模经济道路。为解决我国彩电工业生产家数多、布局分散、规模小、效益差的问题，必须走规模化、集团化的道路，实现规模经济和集约化生产经营。

（二）逐步实现结构调整和跨国经营，参加国际竞争和国际分工。我国彩电的当务之急就是充分挖掘内部潜力，依照现代企业制度所规范和要求的机制，对彩电企业进行逐步改造，以适应企业外向型发展的需要，并在更高、更广、更深层次和范围参与国际竞争和国际分工。到××××年，我国应成为大屏幕彩电的主要生产国及出口国。

（三）彩电行业必须走企业兼并和联合的发展道路。随着彩电市场竞争的加剧，企业间的兼并和联合已势在必行。大企业通过兼并小企业，使社会资源重新组合，扩大了规模，增强了自己的实力，使产品更具竞争力。通过联合达到资源互补、技术互补，在成本、质量上形成优势，在市场竞争中占有有利的地位。

☆ **范文评析**

本文标题由预测的范围、对象加文种构成。

开头部分是“前言”，简要分析了预测时间、对象、范围、目的和结果；接着是对彩电生产销售现状的预测，现状包括产销情况、同行业经营情况、购买心理和支付能力、本企业生产能力和技术设备等；对所调查的材料、数据进行科学分析，去伪存真，去粗取精，分析判断有根有据，预计、推测合乎事物发展逻辑，符合市场发展必然规律，在此基础上提出自己的预测。最后部分实际上是结尾，提出了自己的建议，建议是成为正确决策的依据。

二、经济活动分析报告

(1) 经济活动分析报告的定义：是经济部门或企业根据有关经济资料和调查获得的信息，对经济活动状况进行分析研究，作出正确评价的经济性文书。经济活动分析是以国家政策、法规为指导，以一定时期全局或局部的经济活动：生产、流通、分配、消费为对象，以计划指标、统计资料、会计核算资料和调查材料为依据，进行科学系统的分析和研究、评价。

(2) 经济活动分析报告的作用：有利于管理部门发挥出管理职能，有利于科学地编制和调整经济计划，有利于企业改善经营管理，提高经济效益。

(3) 经济活动分析报告的特点：注重分析，注重数据，注重总结。它类似经济工作总结和经营决策报告，更注重将经济活动经验上升为理性认识。

(4) 经济活动分析报告的结构：标题、正文、落款，正文包括前言、主体、结语。标题，单位名称＋时限＋文种。正文，前言有导语式、简况式和概述式写法。主体通常分为情况、分析、建议三层。结语照应开头。落款有署名和日期。

(5) 经济活动分析报告写作要求：要全面掌握国家相关政策法规，要大量占有材料，如计划、报表、总结、统计、账簿等，还有各方面的真实情况，要运用科学的经济方法进行分析，揭示经济活动规律。常用的有比较分析法、因果分析法和预测分析法。

☆ 经济活动分析报告范文

××钢铁总厂二〇××年×月财务指标完成情况分析

本月总厂产品销售收入 52 851 万元，比上年增长 59.87%，实现利税 11 152 万元，比上年增长 47.63%，1～4 月份实现利税 28 961 万元，完成 1～4 月份翻番目标的 49.57%。

一、利税欠账的成因

按翻番年度目标折算，4 月份利税欠账 3455 万元，1～4 月份利税欠账 29 467 万元。其主要原因：

（一）从销售状况分析 4 月份全厂产品销售收入完成计划 85.39%，按其 1～4 月份平均销售利税率 29.915 计算，减少利税 3729 万元。1～4 月份产品销售收入完成计划 61.22%，由于收入不计划减少，减少利税 25 907 万元。

（二）从可比产品成本分析

4 月份产品销售收入比上年同期增长 41.82%，利润却下降 7.90%；1～4 月份产品销售收入比上年同期增长 21.29%，利润却下降 28.33%，出现了收入增长、利润减少的剪刀差现象。造成这种现象的原因是：外部渠道涨价，产品成本上升。

4 月份虽然采取了一些措施，但商品成本仍上升 166 万元，上升率达 0.64%。1～4月份上升 3452 万元，上升率为 3.16%。成本上升的主要原因是，物资部结构材料成本差异高，1～4 月份达 1.3 亿元，比上年全年的 9000 万元差异还高。

二、应采取的对策

（一）各分厂继续推行成本责任制

1～4 月份各分厂指标完成情况是好的，成本共降低 5644 万元，其中较好的是炼钢厂，降低 2989 万元，降低率为 5.67%。其他厂在困难的条件下，也有不同程度的降低。各分厂要在承包综合消耗额下降的基础上，结合推行成本责任制，为完成总厂利税翻番作贡献。

（二）控制费用，降低成本

把责任成本落实到厂、车间、班组、个人，增强成本意识，降低成本，增加利润。要发动每个职工提建议、措施，在全厂范围内开展“企业有困难，大家来分担”的活动。责任成本的考核要和干部职工收入挂钩，以确保经营目标的实现。

（三）加快催讨拖欠货款

在确保产量的同时，要强化质量意识，提高产品质量，减少废次品。加强销售管理，掌握市场信息，积极推销产品。同时要抓货款回笼。鉴于目前总厂被拖欠的货款高达 12.3 亿元及全国的经济形势，建议由劳资处、生产处、企管处、财务处牵头组建讨债小组，要把催讨工作列为日常工作的一部分。

总厂财务处
××××年一月十二日

☆ **范文评析**

本文标题属于公文式标题，由单位名称（××钢铁总厂）、分析时间（二〇××年×月）、分析内容和性质（财务指标完成情况）及文种（分析）构成。前言概括说明了当前经济形势的基本情况，通过本年与上年典型的数字对比，简洁有力地介绍了财务指标的完成情况。正文集中一点，分析利税欠账的成因，其写法是数据与情况相结合，叙述与议论并用，抓住主要矛盾，明确指出两个主要原因。文章结尾着力分析应对措施，从继续推行成本责任制、控制费用和抓货款回笼三个方面，切实中肯地提出解决问题的办法。

总之，这篇经济活动分析报告，整体上材料安排合理，条理清晰，结构严谨，具有很高的参考价值和切实可行性。

三、市场营销策划书

（一）市场营销策划书的概念

在市场营销中，把策划过程用文字写出来，这种营销策划方案就是营销策划书。通过营销策划，使企业在市场营销过程中达到获得利润的目的。企业能否成功地进行营销策划并实施，是企业经营成功或失败的关键所在。

（二）营销策划书的基本结构

营销策划书的结构要根据商品决定其内容，不同的商品，其营销策划的内容是不同的。一般情况下，营销策划书的基本结构包括以下几个方面：

(1) 前言。这是营销策划的开头部分，包括策划的缘起、背景材料、问题点与机会点、创意的关键等，将以上内容作概括的说明。

(2) 市场状况分析包括以下内容：①整个产品市场的状况；②与其主要竞争品牌的销售量与销售值及市场占有量的比较分析；③消费者的情况分析，包括年龄、性别、籍贯、职业、学历、收入、家庭结构的分析等；④竞争品牌市场现状与产品定位的比较分析；⑤竞争品牌广告费用与广告表现的比较分析；⑥双方公关活动的比较分析；⑦公司产品的利润结构分析；⑧公司过去几年的损益分析。

(3) 产品策略：①新产品开发策略；②产品生命周期策略；③产品组合策略；④产品包装策略。

(4) 价格策略一般包括以下五个方面。①定价标准；②制约定价的基本因素；③定价的程序；④定价的基本方法；⑤定价策略。

（5）营销渠道策略。营销渠道策略包括营销渠道的选择策略和中间批发商的营销策略。

（6）促销策略。促销活动实质是一种沟通活动、激励活动，它具有沟通信息、创造需求、突出特点、稳定销售等四大功能，其中包括促销手段的选择和营业推广。

特别提醒：随着市场经济的不断深入和发展，市场形势更加变幻莫测，企业每时每刻都在面临着激烈的市场竞争。如何写作营销策划书，没有固定不变的模式，要紧密结合实际，学会灵活运用。

☆ 市场营销策划书范文

某化妆品网络营销策划书

一、网络营销品牌策略

在网络营销领域中，网络营销品牌是一个由域名、网站、产品品牌的统一综合的概念。时尚春天化妆品公司从以下几个方面来打造网络品牌。

（一）产品品牌策略

时尚春天化妆品公司是一家直销化妆品公司，公司的产品主要是：化妆品的销售；对顾客（会员）提供额外的美容增值服务。

从化妆品竞争环境而言，化妆品的销售现在是三足鼎立，洋品牌、合资品牌、内资品牌三分天下的局面。但无论哪类品牌在科技创新、新品开发、销售渠道、价格策略、促销手段等营销组合方面都各显神通，竞争几乎白热化。在如此竞争环境下要想将一个品牌尽量经营维护且最大化地延长品牌生命周期，就不是仅重视以上所列营销组合所能解决得了的。还必须重视产品的附加价值——服务的重要性。

因为时尚春天化妆品公司直销的是国际各大品牌化妆品，在知名度和美誉度上有着很好的影响力。而且，通过网上直销，能够降低成本并且易管理。时尚春天化妆品公司在价格上就可以比传统的销售价格略低，在价格上占一定的优势。但价格优势并不是时尚春天化妆品公司最重要的品牌策略。

时尚春天化妆品公司的经营理念是服务营销。即经营者站在消费者的角度提供专业咨询、心理满足、购买方便、使用指导、使用价值跟踪等营销行为的准终结环节，目的就是增加商品的使用价值。

时尚春天化妆品公司在专门负责会员中心这一板块上至营销经理、下到美容顾问都是专门进行过“行业教育”培训的专业人士，时尚春天化妆品公司员工在日常生活中形成传播正确护肤理念的习惯。

时尚春天化妆品公司将对顾客进行“专业化”服务。公司会根据顾客的需求作皮肤结构、生理构造、皮肤类型是护肤的基础知识的专业沟通，让顾客明白应该怎样重视护肤，又该如何护肤，关键的是顾客适合如何护肤。然后要根据时尚春天化妆品公司产品的“独特销售主张”及目标定位向客户作详解，此类产品会对他如何切身受用，之后时尚春天化妆品公司会为顾客作一套“度身定做”的化妆品，让之清楚这是最适合他的一套产品，会对他的皮肤有极大地帮助，最后购买时会告诉客户详细用法。

为了更完善的开展时尚春天化妆品公司的服务营销，时尚春天化妆品公司将在上海、北京、深圳三地建立美容沙龙，为公司的顾客提供专业美容咨询、新化妆时尚信息、专业护肤服务等。并建立客户档案，便于形成顾客群。

时尚春天化妆品公司的服务营销意识，品牌形象好、品牌生命周期长，而且化妆品市场会更加成形，化妆品市场竞争也更加趋于良性。

（从略）

☆ 范文评析

本文是一份专题营销策划书。“网络营销品牌策略”为其前言，是本营销策划书的开头部分，包括策划的缘起、背景材料、问题点与机会点、创意的关键等，并将以上内容作概括的说明，这也是本文的意义。接着转入主体，即市场状况分析包括以下八个方面的内容：①整个产品市场的状况；②与其主要竞争品牌的销售量与销售值及市场占有量的比较分析；③消费者的情况分析，包括年龄、性别、籍贯、职业、学历、收入、家庭结构的分析等；④竞争品牌市场现状与产品定位的比较分析；⑤竞争品牌广告费用与广告表现的比较分析；⑥双方公关活动的比较分析；⑦公司产品的利润结构分析；⑧公司过去几年的损益分析。接下来是专题营销活动的基本步骤，并把相关事项具体地告诉未来的参与者。结尾是期盼着本次化妆品网络营销活动成功。

四、专题活动策划书

（一）专题活动策划书的含义

专题活动主要指对外接待、参观、开业、庆典、新闻发布会、记者招待会、竞赛、捐助等大型活动。这种专题活动是为了达到一定的目的，在一个特定的时期、特定的场合下，使成为对象的每一个人都能亲身体会到直接针对性的某种刺激媒介，这种直接性是报纸杂志、广播电视等媒介所不可比拟的。当企业有新产品问世、开张营业时，当组织声誉受损，受到指责、误解时，有针对性的专题公关活动就十分必要了。而活动策划书就是对上述这些活动所制订的行动计划。

（二）专题活动策划书写作的基本步骤

1. 选定主题

主题是整个策划的灵魂。主题是对活动内容的高度概括，是策划所要达到具体

目的的主要理念，是统领整个活动、联结各个项目、各个步骤的纽带。专题活动要为广大公众接受，就必须选好主题。

活动的主题是多样的，它既可以是一句口号，如“为了千千万万个失学儿童”、“迎接奥运，爱我中华”，也可以陈述式表白，如雅戈尔是“中国的皮尔·卡丹”，步步高是“世间自有公道，付出总有回报，说到不如做到，要做就做最好”。主题看似简单，但设计难度很大，它既要虚拟、拔高，又不能空洞、口号化，必须贴近受众心理。

2. 确定日期

日期的选择一般较为灵活，策划人员首先要将日期和时间确定下来，以便作具体的时间安排，并将其列入组织计划中去。

3. 选择地点

策划人员在选择活动地点时必须考虑公众分布情况、活动性质、活动经费以及可行性等因素。

4. 通知参加者

要通知具体日程安排，如设计日程计划表，明确起止日期和公众宣传日程。

5. 费用预算

无论是举办什么活动，都要考虑成本问题。策划人员应计划如何用有限的资金支付各项费用，估计可能需要的各种支出，准备呈报上级批准。

总之，专题活动策划的基本要求是：主题明确，内容具体；时机恰当，规模适中；形式新颖，组织周密；符合公众心理，赢得社会支持。

五、涉外经济活动文书

（一）相关概念

中外合资、合作办企业，除了撰写可行性研究报告、签订合营合同之外，还必须建立各种规章制度，以利于合营企业有章可循地、有条不紊地正常运行，开展生产和经营活动。

中外合营办企业，各种规章制度很多，但其中最主要的是中外合资（合作）经营企业章程，其他管理制度、规定、守则之类，都是从属于章程的，而且在写法上，同国内的规章制度没有什么本质区别，故我们在本章中只讲中外合资（合作）经营企业章程的写作，不再分节介绍其他规章制度的写作。

中外合资（合作）经营企业章程，是中外合营经营企业双方，对合营企业的性质、宗旨、任务等内部事务和经营规则等，作出明文规定的文体名称。它是合营企业一切经营活动的基本准则，具有很强的约束力。合营企业的生产、经营、管理、分配、外销等活动，都要靠章程来维系。它是保证合营企业内部机制正常运转的重要手段，也是合营企业的根本“法律”。

中外合营企业章程，按照合营性质划分，有中外合资经营企业章程和中外合作经营企业章程两种。所谓中外合资经营企业章程，即企业是中外合资创建和经营的，其章程的基本性质，就要保证合资经营者的共同利益和各自应该享受的权利和履行的义务。所谓中外合作经营企业章程，即企业是中外合作创建和经营的，其章程的基本性质，就要保证合作双方的共同利益和各自应该享受的权利和履行的义务。

合作和合资是不同性质的两个概念。合资主要是从投资的角度来说的，双方共同投资办企业，才称为合资。而合作，就不一定涉及投资，也可能在技术领域、劳务人员、产品销售等方面合作。当然，广义的合作，也包括合资，即合资是合作中的一方面内容。这里所讲的合作，是指其狭义的概念，排除合资的其他方面的合作经营。

中外合资（合作）经营企业章程，只在中外合资或合作经营企业时使用。国内一些企业、集团所使用的章程，因为不具备涉外性质，也不是中外合资或合作办企业，故不用此文体。

（二）中外合资（合作）经营企业章程的主要特点

1. 法规性

中外合资（合作）经营企业章程，是合营企业中的法规，具有法规性，它是合营企业的根本大法。企业中的一切经营、管理、外销等活动，必须受它的制约，具有很强的约束力。违背合营企业的章程，就要受到该合营企业的处罚。

2. 涉外性

中外合资（合作）经营企业章程，它是中外有关企业的当事人，为确保合营企业的利益和合营企业的正常生产和经营活动而制定的。它是中外双方利益的共同体现。这就是它的涉外性。涉外性是中外合资（合作）经营企业章程与国内联合企业，或者群众组织章程的根本区别之所在。

（三）中外合资（合作）经营企业章程写作格式

中外合资（合作）经营企业章程的篇章结构，由标题、正文和签署组成。

1. 标题

标题多采用合营企业名称加文体名称标题法。如《沈阳大盛电子有限公司章程》就是如此，“沈阳大盛电子有限公司”是合营企业名称，“章程”是文体名称。

2. 正文

正文由开头、主体和结尾三部分组成。中外合资（合作）经营企业章程，多采用“总则”、“分则”和“附则”式写法。其“总则”就是开头部分；“分则”就是主体部分；“附则”就是结尾部分。

开头部分，即“总则”，写制订本章程的根据。根据有两个方面：一是根据《中华人民共和国中外合资经营企业法》，或《中华人民共和国合作经营企业法》；二是根据中外双方当事人所签订的建立合营企业的合同，写习惯用语，即“特制定本章程”；写合营企业的名称、法定地址；写双方企业的名称、法定地址，合营企业的性质；写合营企业的法人和法律保护等。

主体部分，即“分则”，写合营企业的宗旨、经营范围、投资总额和注册资本、董事会、经营管理机构、财务会计、利润分配、职工、工会组织、经营期限、终止、清算以及规章制度等。

结尾部分，即“附则”，写本章程的修改及程序、文本、生效和于何时何地签字等。

3. 签署

签署即中外双方代表签字。

总之，中外合资（合作）经营企业章程，大多采用“总则”、“分则”、“附则”和章、条、款相结合的方式行文。有的也可以不用“总则”、“分则”、“附则”，只有章、条、款组成。

✲ 训练与实践

1. 谈谈协议与合同的区别与联系，签订合同时应该注意哪些事项？

2. 简述招标这种采购方式的特点和须具备的要素是什么？

3. 下面是一份经济合同的材料，顺序混乱，格式不规范。请按照条文式合同的规范格式，将它整理成一份格式、结构规范的合同文本。

立合同人广州飞达果品公司（甲方）南昌宏大果园（乙方）

为了发展经济繁荣市场互通有无，双方经协商一致，订立以下合同共同信守。

本合同一式三份，甲乙双方各执一份，鉴证机关一份。

本合同自签订之日起生效，至合同义务完毕自行失效。

乙方向甲方提供当地产水蜜桃两万斤，其中一、二级品各半，允许超欠5%。

在未经协商一致的情况下，甲方拒收，处以拒收量价款总值25%的违约金；逾期付款。

中国人民银行延期付款的规定，向乙方偿付违约金。

由于不可抗力造成的数量、质量不符合合同规定的，经有关部门确认，不以违约论处。

不同等级分箱包装，如掺杂使假、以次充好，甲方有权拒收，乙方同时应向甲方偿付该批货款总值25%的违约金。

在正常情况下，乙方不交或少交货物，处以未交量价款总值25%的违约金。

甲方过称验收后，应于10天内通过银行支付全部费用，含货款、运费、包装箱费。

乙方于摘果后立即装箱，代办托运。包装箱用纸板箱，每箱10千克，每只苹果用蜡纸或塑料袋包裹。火车托运，货到上海后由甲方提运。

价格按当时牌价和到货数量、质量由乙方押运人员和甲方面议。

发货后乙方应用电话或电报、电传通知甲方。

签订地点：江西省南昌市

签订时间：××××年6月10日

鉴证机关：南昌市湾里区工商行政管理局

甲方：签章、电话、开户银行、账号、地址等

乙方：签章、电话、开户银行、账号、地址等

4. 运用自己所学过的文体写作知识，对下面这篇经济预测报告进行评析。

提示：

(1) 评析应主要着眼于文章的写法，对文章的总体结构模式和各构成要素之间作简要说明、分析；

(2) 分析要有逻辑性，要能自圆其说。

(3) 分析下文是否存在某些问题。

××××年我国通信产品市场预测与分析

近几年来，我国通信事业以高于国民经济发展速度4～5倍的水平迅猛发展，电话普及率的增长速度居世界首位，国内通信产品市场的异常活跃使国外的许多公司也纷纷瞄准了中国市场，我国通信产品生产和需求领域呈现出繁荣的景象。

一、市场现状分析

自改革开放以来，中国电信业逐步加快了发展步伐。从生产情况看，1984年我国才成立第一家程控交换机生产企业，经过十年来引进技术、设备及自行研制开发的发展过程，目前全国生产程控交换机的企业已发展到120多家，其中计划外企业100余家，机型包括15个国家的8种样式，年生产能力800万门，总供应能力已突破1000万门的规模。

21世纪初，我国装机容量迅速增长。××××年与××××年相比，电话交换机容量与话机总数分别增长2倍，电话普及率有0.43%提高到1.11%；进入××年代，装机容量更是飞速增长：电话交换机容量有××××年的1232万门增加到××××年的4206万门，年平均增长速度为5.05%；电话机由××××年得74万部增加到××××年的2613万部，平均速度为27%；电话普及率由1.11%提高到2.2%。目前我国电话通信网增长的发展水平已跃居世界前10位。

在大力发展程控交换机的同时，我国移动通信产品的发展速度也创造了世界电信史上前所未有的奇迹。××××年前后移动电话才开始在北京出现，但到××××年6月，全国开通移动电话系统的城市已经达到300多个。“大哥大”的用户已高达99万；BP机是××××年才在我国开办的，即可被广泛接受，截至目前，全国已有1500多个城市开通了无线寻呼系统。3G手机用户已达780余万户，是我国寻呼网成为继美国和日本之后的世界第三大网。

我国电信业发展较快的原因，一是国家把通信作为国民经济的先行行业和对外开放的必要条件，在税收、贷款、用汇等方面对通信实行了一系列的优惠政策，融资机构有效、灵活地为通信业的发展注入活力，通信工业固定资产投资因大幅度增长，仅××××年就完成固定资产投资499亿元，比××××年增加2.5倍，其中很大一部分资金是考据初装费的支持。二是依靠科技进步，积极采取国外的先进技术、设备，直接跃上一个高台阶。三是放开通信设备市场，实行进网型号批准制度，以保证设备供应，加快了建设速度。四是市场经济的发展和人民生活水平的提高，为电信事业的发展提供了需要和可能。(后面内容省略)

5. 根据下面的材料写一份国际招标书。

巴西水利当局对利加辛水利工程项目所需的各种服务用车辆进行国际招标，包括服务用吉普车、服务用小吨位运输汽车和大型推土机。必须运交到工地，负责装配、维修。允许制造商分别对个别项目进行投标。巴西水利当局已从世界银行获得一笔贷款，用于支付本合同所需的外汇，其余费用自筹解决。只接受来自世界银行成员的、享有盛誉的、车辆注册商标的制造商的投标，合同凭商标交易。而且必须保证随时提供各种备件和维修设备。有意者可以在××××年3月31日后按下列地址以每份5美元的价格购买招标文件，多买不限，售后不退。要求投标人随同投标单一起提供附有资格证书的材料，并交纳投标保证金2万美元。所有投标文件应于××××年5月20日前递交招标人，晚于此日期将被视为无效。定于××××年5月25日在巴西水利局采购工程项目处会议厅内公开开标。

联系人、地址、电话、传真等。

第七章　新闻宣传类文书

第一节　新闻宣传类文书概述

一、新闻的定义

什么是新闻？不同的文化背景、不同的意识形态，就有不同的回答。

美国麦尔文·曼切尔著的《新闻报道与写作》一书，引述了过去和现在新闻学家对新闻的一些解释。例如，达纳在1869～1897年主管过《纽约太阳报》，他说，新闻是“社会上大多数人感兴趣，而且在此以前从未对它注意过的那些事情”。

达纳属下的一个编辑提出了一个经典性的新闻概念：“狗咬人，不是新闻；人咬狗，才是新闻。”这是达纳1882年主管《纽约太阳报》时，他属下的采访主任约翰·B. 博加特对一个青年记者说的。

另外一个新闻的典型概念是斯坦利·瓦利克尔提出来的。他是20纪30年代初期《纽约先驱论坛报》的采编主任。他说，新闻建立在三个“W”的基础上：“妇女（women）、金钱（wampum）和坏事（wrongdoing）。”

其实，以上表述并非科学意义的定义，但他们的观点却集中地代表了西方新闻学的基本立场，即一切反常的、有刺激性的、人们好奇的事才是新闻。这种观点当然有其深厚的人文背景及经济基础，虽然他们对新闻定义的认识已侧重在“读者兴趣”上，但其实质仍不能脱离“利润”的操纵。

在中国，“新闻”这个词最早出现于《新唐书》。据《新唐书》记载，初唐神龙年间（公元705年前后），有一个叫孙处玄的文人曾说过：“恨天下无书以广新闻。”孙处玄曾投书当时执政的大臣恒彦范，评论时政得失，未被采纳，他就挂冠而去，可见他是个很关心时事政治的人。这样的人对没有书刊传播新闻（当时印刷术尚未应用于书籍）表示不满，是理所当然的事。孙处玄这句议论竟被载入《新唐书》，说明尽管唐代还未完全具备传播新闻的条件，但人们已意识到需要报道这类新闻的传播工具。“新闻”一词在这里是指“最近消息”。

《现代汉语词典》（第5版）释“新闻”：①报社、通讯社、广播电台、电视台等报道的消息；②指社会上最近发生的事情。

《辞海》对新闻的解释是：①报社、通讯社、广播电台、电视台等新闻机构对当前政治事件或社会事件所作的报道。要求迅速、及时、真实、言简意明、以事实说话。形式有消息、通讯、特写、记者通信、调查报告、新闻图片、电视新闻等；②指被人当做谈资的新奇事情。例如，《红楼梦》第一回："众人当做一件新闻传说。"

1943年9月，陆定一提出："新闻就是新近发生的事实的报道。"

1981年8月，中共中央宣传部在北京召开全国18大城市的报纸工作座谈会，其会议纪要对新闻定义作了新的诠释："新闻反映新发生的、重要的、有意义的、能引起广泛兴趣的事实，具有迅速、明了、简短的特点，是一种最有效的宣传形式。"

定语修饰的限制显然是考虑了"读者兴趣"，同时也顾及了"社会效果"，这些是对陆定一定义的有效补充，然而其偏颇也是显而易见的。综合上述种种看法，我们不妨把新闻定义为"新闻是对新近发生或发现的有社会意义的能引起广泛兴趣的事实的传播"。

明确了新闻定义，我们再来区别广义的新闻与狭义的新闻。广义的新闻包括消息、通讯、特写、调查报告、新闻评论等，是报纸、广播、电视等媒体中常见的报道体裁。狭义的新闻专指消息。

二、新闻的价值

对新闻定义的不同见解，尤其是社会主义新闻学与西方新闻学对新闻定义的根本分歧，归根到底是由对新闻价值的不同认识所决定的。

西方新闻界认为测定某一事件和某种思想所具有的新闻价值的因素有以下六个方面：①时间性。报道最近发生或正在发生的事实，时间越近，价值越高。②显著性。报道对象要有声望或出名，人、地、物等越出名，价值越高。③接近性。事实与读者在空间、关系等方面越接近便越能引起兴趣。④新奇性。冲突、异常、冒险、变动等能满足读者的猎奇心理。⑤重要性。能引起震动，影响很多人的事件。⑥人情味。悲欢离合、幽默、悬念等带有人情味的生活事件。在这诸多的因素中，"读者兴趣"是衡量新闻价值的唯一标准。我们在借鉴其合理性的一面时，也不能忽视这种"新闻价值观"导致的负面影响。

社会主义新闻学认为，新闻价值就是选择和衡量事实是否报道及如何报道的标准。它包含两层意思：一是事实本身所具有的价值，即事实本身的重要性、影响力和新鲜程度等；二是读者接受新闻后的受益程度，即新闻所引起的社会效果。前者是先决条件，但没有后者前者也失去了意义。概括起来，社会主义新闻学认为判定事实所具有的新闻价值的因素主要有以下几个方面：①指导性与思想性。坚持社会主义方向，宣传党的方针、政策，以正确的舆论引导人；②重要性与显著性。内容重要，社会影响大；③普遍性与迫切性。反映群众呼声，关注社会热点；④知识性与趣味性。传播高尚的、健康的、大众的知识与情趣；⑤时效性与真实性。坚持新闻的“真”，突出新闻的“新”。

三、写作原则

第一，坚持四项基本原则，自觉执行党的宣传纪律。

第二，实事求是，用事实说话。

第三，迅速及时，讲求时效。

第四，在写作技巧上遵守以下 10 条写作规则：

(1) 在你没有理解事件本身之前，不要动笔去写。

(2) 在你不知道你要说些什么之前不要动笔去写。

(3) 要表现，不要陈述。

(4) 把精彩的引语放在消息的前头。

(5) 把精彩的实例或轶事放在消息的前头。

(6) 运用具体名词和富于动作色彩的动词。

(7) 尽量少用形容词，不要在动词上再加用副词。

(8) 尽量避免自己去作判断和推理，让事实说话。

(9) 在消息中不要提那些你回答不了的问题。

(10) 写作要朴实、简洁、诚实、迅速。

总之，新闻写作要做到四个字：真、新、快、活。

以下几段话应成为我们写作新闻的座右铭：

我们应当说真话，因为这是我们的力量所在！（《列宁全集》第 9 卷第 283 页）

用生活中的生动的具体事例来教育群众，“是报刊在从资本主义到社会主义的过渡时期的主要任务”（《列宁全集》第 28 卷第 83 页）。

我们党所办的报纸，我们党所进行的一切宣传工作，都应当是生动的、鲜明的、尖锐的，毫不吞吞吐吐。这是我们革命无产阶级应有的战斗风格（《毛泽东选集》第 1217 页）。

四、宣传

1. 宣传的定义

宣传是一种专门为了服务特定议题（议事日程，agenda）的信息表现手法。在西

方，宣传原本的含义是“散播哲学的论点或见解”，但现在常被放在政治脉络（环境）中使用，特别是指政府或政治团体支持的运作。同样的手法用于企业或产品上时，通常则被称为公关或广告。运用各种符号传播一定的观念以影响人们的思想和行动的社会行为。

2. 新闻与宣传

新闻本身就是一种宣传，但宣传不一定就是新闻。因为宣传还包括景点介绍、导游词、广告方案及产品说明书等文书，有的博客里发表的日志可能具有新闻性，但其真实性往往受到质疑，而许多日志并不具有新闻性，仅仅是宣传其趣味性或知识性，虽然也宣传针砭社会的一些观点，不过也只能是个人的东西，甚至是一些哗众取宠的无稽之谈。

告启类文书是指机关、单位、团体就某一具体事项向群众公开陈述、报道，以使周知的一种简短应用文，通常包括启事、声明、公示、海报、简报等。这些文种不乏具有新闻性，但主要目的是为了宣传。

第二节 新闻类文书

一、消息

1. 消息的概念

新闻也叫消息，将已经发生或正在发生的事通过报刊、广播、电视、网络等传媒发布出来的一种常用记事文体。企业厂报、厂刊也常发布内部消息，作用和性质近似于简报。

2. 消息的特点

消息的特点是真、短、快、新。真，用事实说话；短，语言简练，篇幅短小，一事一报，俗称“豆腐块”；快，迅速快捷，讲究时效；新，要求是首次发生或正在发生事情中的最新变化，也有旧闻第一次披露现象。

3. 消息的写作格式

消息结构一般包括标题、导语和主体、结尾四部分

标题分单标题、双标题、三标题。三标题前为引题，中为正题，下为副题；双标题舍去引题或副题；单标题只留正题。

导语是开头第一段，前以“本报讯”、“新华讯”载明来源，“通讯员××报道”、“记者×××报道”载明作者。一般导语用一句话交代清事情的最主要内容或最精华内容，吸引读者读下去。

主体，上承导语，回答导语中所概括的内容。写法灵活，但一般六要素必须齐全。

消息的结尾可有可无，一般是收束全文的最后一句话或一段话，强化读者印象，与导语或标题呼应。有的消息还要加入背景材料，在后叫新闻链接，在前就叫引子，有的是编者加上的“按”语。

☆ **消息范文**

农民专业合作社有了合法身份

浙江昨诞生我国大陆首部农民专业合作组织法规。

本报讯：“农民合作社有合法身份了！”今天傍晚6时多，正在广东湛江西瓜基地的温岭市箬横镇西瓜合作社社长彭友达，边看浙江卫视新闻边接受记者电话采访。

就在三个多小时前，我国大陆第一部农民专业合作组织法规《浙江省农民专业合作社条例》在省第十届人民代表大会常务委员会第十四次会议上获得通过。省人大农业和资源环保委员会主任委员赵宗英说，目前全国人大正组织起草农民专业合作组织的全国性法规，浙江的率先立法为其提供了有益的借鉴。

对农民来说，这部地方性法规最大的“利好”就是：它第一个明确规定，合作社可以登记取得法人资格。从电视上获知此事的彭友达说：“以前西瓜合作社没名没分，什么都难。去年海口西瓜基地遭了台风，我找了老家的银行贷款恢复生产，虽说是农业部挂号的示范性合作社，仍没有一家肯放贷。人家弄不清合作社是啥性质，是企业法人还是社会团体法人，最后我以个人名义才贷了50万元。”

“孩子生了，却没法报户口。”浙江目前发展了2300多家专业合作社（农民协会），带动了135万农户闯市场，但由于没有专业法律条例规定，合作社法律地位一直不明确，有的在工商部门登记成企业法人，有的在民政部门登记成社会团体，贷款、纳税、保险……从事各类市场经济活动都难。

为促进合作社规范发展，充分发挥它在“农民增收、农业增效”中的作用，省人大七易其稿，制定了这部充满创新精神的地方性法规，系统明确地以法律形式规定了合作社的法定概念、设立登记条件、组织架构、股本构成等。

立法的创新是为了维护农民的利益。条例在规定“一人一票”原则的同时，提出“可以按交易额与股金额结合实行一人多票等方式”表决，从而鼓励了贡献较大的社员；考虑到农业是一个承受自然和市场双重风险的弱质产业，它又明确农民以其出资额为限对合作社承担有限责任……

这项立法议案的提议人之一、省人大代表陈华根恰巧也是22年前中国第一家股份合作制

企业的创始人。他说，当年地方政府解放思想，大胆保护了股份合作制这种农民的创造；今天的这部法规，也同样体现了地方立法机关与时俱进，以立法创新推进体制创新和制度创新、保护生产力发展的立法精神。

☆ 范文评析

消息，亦称为新闻，它是由标题、导语和正文构成的。导语实际上是本消息的中心思想。2004年是以第四次修改宪法为代表的中国法治进程的重要一年，全国各地都产生了丰富而生动的立法实践。浙江市场经济发展早，又是全国农民合作社的唯一试点省份，合作社在农民增收致富闯市场中起到越来越重要的作用。浙江省人大常委会及时研究制定我国内地首部《农民专业合作社条例》，不仅富有鲜明的地方特色，对全国也有借鉴意义。这篇报道立意深刻，宣传了立法机关与时俱进，以人为本，以立法创新推进体制创新，保护生产力发展的立法精神，是一篇宣传地方人大立法工作的好文章。

二、通讯

1. 通讯的概念

通讯是一种综合运用叙述、描写、议论、说明等方式详细形象地报道典型人物或事件的新闻体裁。它一般分为人物通讯、事件通讯或工作通讯。

2. 通讯的特点

通讯的特点是新鲜及时，形象生动，还可以评论说理，手法灵活，内容丰富，现场感强。

3. 写作要求

通讯写作要注意选材，典型突出，反映时代精神，是新人、新事、新风尚，事中写人，人在事中。要注意运用多种表现手法，增强文章的感染力和感召力，有别于纪实性报告文学。

☆ 通讯范文

索玛花儿为什么这样红

——记优秀共产党员、木里县马班邮路乡邮员王顺友

眼前这位苗族汉子矮小、苍老，40岁的人看过去有50岁开外，与人说话时，憨厚的眼神

会变得游离而紧张，一副无助的样子，只是当他与那匹驮着邮包的枣红马交流时，才透出一种会心的安宁。

整整一天，我们一直跟着他在大山中被骡马踩出的一趟脚窝窝里艰难地走着，险峻处，错过一个马蹄之外，便是万丈悬崖。

傍晚，就地宿营，在原始森林的一面山坡上，大家燃起篝火，扯成圈儿跳起了舞。他有些羞涩地被拉进了跳舞的人群，一曲未了，竟如醉如痴。“我太高兴了！我太高兴了！”他嘴里不停地说着，“今晚真像做梦，20 年里，我在这条路上从没有见过这么多的人！如果天天有这么多人，我愿走到老死，我愿……”忽然，他用手捂住脸，哭了，泪水从黝黑的手指间淌落下来……

这就是那个一个人、一匹马、一条路，在大山里默默行走了 20 年的人吗？

这就是那个 20 年中行程 26 万公里——相当于 21 趟二万五千里长征、绕地球赤道 6 圈的人吗？

这就是那个为了一个简单而又崇高的使命，在大山深谷之中穷尽青春年华的人吗？我流泪了。

在这个高原的夜晚，我永远地记住了他——四川省凉山彝族自治州木里藏族自治县马班邮路乡邮员王顺友。苗族名字：咪桑。

……

5 月的凉山，漫山遍野盛开着一片一片火红的花儿，如彩虹洒落在高原，恣意烂漫。同行的一位藏族朋友告诉记者，这种花儿叫索玛，它只生长在海拔 3800 米以上的高原，矮小，根深，生命力极强，即使到了冬天，花儿没了，它紫红的枝干在太阳的照耀下，依然会像炭火一样通红。

噢，索玛花儿……

☆ **范文评析**

通讯与其他应用文章不同，它不属于模式化写作的范围，但也不是纯粹的文学创作，而是介于应用文与文学之间的一种适用性文体。从本文来看，首先它是写的真人真事，体现的是生活真实，而不是艺术真实。但其中对人物的塑造，运用材料方面也是有取舍的，它又不是像照相机一样的摄取。文章开头，便对主人公进行了肖像描写，接着对主人公邮路性质作了说明，然后按照时间顺序对主人公的经历进行了叙述。结尾还采用了象征手法——用索玛花（凉山彝族人对杜鹃花的称谓）象征主人公的高风亮节精神。

三、新闻公报

1. 新闻公报概述

公报是党和国家以及各级行政机关向国内外宣布重大事件时使用的文种。与公

告相比，公报的内容通常更为详细具体。

公报根据其内容和使用习惯，一般可分为新闻公报、会议公报、外交公报和专题公报。专题公报又包括国家统计机关发表的国民经济和社会发展的统计公报、气象部门的气象公报、水利防汛部门的汛情通报等。

新闻公报是就国家和党政机关的某一重大活动、事件或问题所发布的带有新闻性的文件；新闻公报往往由新闻机关在新闻媒介上公之于众，它的阅知范围没有限制，要求具有新闻的及时性和真实性，所以，有人认为它是一种新闻性公文。

有时两国政府共同发表的外事公报也采用新闻公报的形式。

2. 新闻公报写作要点

新闻公报是新闻性公文，通常由标题和正文构成。

（1）标题。新闻公报的标题大多仅标明文体，其发文机关或法定作者则见于正文。但属两国间发表的联合新闻公报，则要写出两国国名。

（2）正文。新闻公报是一种新闻告知性文体，正文一般先写明时间，再写事由，事由之后则是新闻公报的主要内容，或者是对事物的解释说明，或者是两国会议商谈的要点。新闻公报的法定作者属国家或政府授权的新闻机构，不必在正文之后特别标明。

新闻的真实性和及时准确性是对新闻公报写作的基本要求。

☆ 新闻公报范文

香港特别行政区筹委会

预委会第六次全体会议新闻公报

新华社北京12月8日电　香港特别行政区筹委会预备工作委员会第六次全体会议新闻公报：

香港特别行政区筹委会预备工作委员会第六次全体会议于1995年12月7日至8日在北京举行。

这次会议是预委会结束工作前的最后一次全体会议。会议听取和讨论了政务、经济、法律、文化、社会及保安五个专题小组的工作报告，讨论了五个专题小组就与1997年香港政权交接和香港的平稳过渡有关的事项提出的46份书面建议和意见，通过了《关于预委会各专题小组的建议和意见的决议》，会议决定发表《香港特别行政区筹委会预备工作委员会关于保持香港公务员队伍和制度稳定的若干意见》。

会议全面回顾和总结了预委会成立以来所做的工作。两年半来，各专题小组就涉及香港政权交接和平稳过渡的一系列重大问题进行了认真的调查研究，广泛咨询了香港各界人士的意见，从我国政府对香港恢复行使主权、确保香港平稳过渡的实际需要和香港的实际情况出发，提出了有关建议和意见。会议认为，各专题小组所提的建议和意见符合“一国两制”的方针和我国政府对香港的一系列政策，符合基本法，也符合全国人大及其常委会的有关决定。会议认为，预委会的工作为即将成立的香港特别行政区筹委会及其工作奠定了良好的基础。会议认为，邓小平同志关于香港问题的一系列重要论述对预委会的工作起到了方向性的指导作用，预委会在工作中贯彻了“以我为主”和“面向港人，依靠港人”的方针。会议指出，广大港人的关心、支持和参与，是预委会的工作取得成功的重要原因。会议向参加预委会各专题小组属下研究小组的人士致以谢意，并向所有对预委会工作给予关心和支持的人士表示感谢。

根据全国人大常委会关于设立香港特别行政区筹委会预备工作委员会的决定，香港特别行政区筹委会预备工作委员会将在筹委会成立时结束工作。

☆ **范文评析**

本文是新闻公报，是新闻性公文，是由标题和正文构成的。标题，新闻公报的标题大多仅标明文体，而本文却由单位＋文种构成。正文，新闻公报是一种新闻告知性文体，所以正文先写明时间，再写事由，事由之后则是新闻公报的主要内容，并对此事进行了说明。因为本新闻公报的法定作者属国家授权的新闻机构，所以不必在正文之后特别标明。

第三节　告启类文书

一、启事、声明、公示

（一）启事

1. 启事的定义

启事是机关、单位、团体需要公开向大家说明某件具体事情，或希望公众协助办理某项具体事务而使用的应用文。

启事可以处理公、私事，不便以通告、公告等公文文种行文时，就采用启事。如招领、寻人、寻物、征订、征文、征房、招工、招聘、迁址、更名、改期、更正、开业、停业等事项。启事不如公告类公文具有较强的约束力和强制性，多具祈求性、商洽性和周知性。

2. 启事的写作格式

（1）标题：常以事由＋文种为题，也有直接以事由或以文种为题。不能错写成“启示”。

（2）正文：写明启事内容，告诉大家什么事，需要大家帮什么忙，原因、目的、要求等，结语可写特此启事、此启，或不写。

（3）落款：启事单位、时间，加章。

3. 注意事项

语言方面要注意：表述要明确、周到，语言要得体，祈求性的启事要真挚有礼，寻物启事要写清特征，而招领启事则要笼统含糊，以便认领核对。

☆ 启事范文

征集片头美术设计启事

××电视台卫星节目，目前正在前期试运行，每天滚动播放 17 个小时。为了树立一流的节目形象，特面向社会征集以下栏目的片头美术设计：

(1)《××新闻》，要求在运动中体现出气势、新颖、庄重、大方、有特色。

(2)《经济广角》，要求新颖活泼，充分体现当代经济生活的丰富多样性。

以上栏目片头时间长度约 10 秒，设计稿应包括文字创意、图案设计和图案运动变化说明。可提供全部或单片头设计。对投稿单位或个人将赠予纪念品，中选稿件除在节目正式播出的一段时间内注明作者外，还将给予酬谢。

来稿请寄××电视台李××收，邮编：××××××

××电视台

××××年 4 月 1 日

☆ 范文评析

本文标题由内容＋文种构成。正文前言是本启事的依据和目的。主体是启事的主要内容，即提出的具体要求。结语是来稿的投寄的地址及收件人姓名。结尾是电视台和时间。

（二）声明

1. 声明的定义

机关、单位、团体对重大事件、重要问题表明立场、观点、态度或主张而发表的一种公务文书。

声明一般有两种。一种是政府外交专用的声明，如《外交部声明》，也有两国联合声明。另一种是机关、企事业单位均可使用的通用声明，如宣布重要证件、支票、公章作废的声明。

2. 声明写作格式

(1) 标题：常由单位＋事由＋文种构成。

(2) 正文：一是发出声明的原因、目的；二是声明的主要内容，要声明立场、态度、主张，语言精练，用词恳切，切忌笼统、含糊。

(3) 落款：单位、时间。标题已含单位的可不写单位，只签署法人代表职务、姓名，有的联署法律顾问姓名。

☆ **声明范文**

股 东 声 明

致××××：

我，×××（姓名），就我所购买的××公司普通股票的×××××一笔利益，在此声明：

根据加利福尼亚州股票发行免税规定，我有资格购买这些股票，原因有：

我是公司的经理、高级管理官员中的发起人，我在公司任职，职责和权力几乎等同公司的负责官员。

我过去与公司、公司的一个或多个经理、高级管理官员或负责人员有过个人或业务关系，其性质和期限使我了解了与我有关系的个人（包括公司）的名声、业务能力以及商务和金融的总状况。

鉴于我在业务和金融领域的经验，我有能力保护自己与购买上述股票有关的权益。我符合《加利福尼亚法规全书》第10篇第260，102，13（E）条和第260，102，13（G）条所规定的有关投资、资本净值或个人所得的一个要件要求，还符合该篇第260，102，13（E）(1) ～ (3)条附加要件中的一条规定。

×××特此声明。

日期：××××年×月×日　　签名：×××

☆ **范文评析**

这是一份直接由外文翻译来的《声明》，其叙述语言与中国人的叙述方式不同，乍看有点重复，其实是作者在反复强调他的权利。

本声明标题由对象＋文种构成。正文前言，首先表明声明的原因。主体详细地说明声明的原因，文中有理有据，使其声明得到了支撑。结语为套语“特此声明”。结尾，因为这是一份译文，所以与中文版声明有所不同，即时间放在了声明人的前

面，与其平行。

（三）公示

1. 公示的定义

领导机关或机关、单位、团体领导机构，需要作出涉及某项决策、人事任免、组织处理或安排等重要事项的决定，在事前征示一定范围公众意见的一种周知性文书，如《干部任前公示》。

2. 公示的写作格式

（1）标题：最好不省略，而要按三要素写清楚。

（2）正文：一是公示缘由，二是公示事项，三是公示要求，便于群众反馈。公示时间一般是7～15天。

（3）落款：单位和时间，加盖公章。

☆ 公示范文

关于拟接收×××同志为中共预备党员的公示书

为了加强对发展党员工作的民主监督，确保发展新党员的质量，现将发展对象×××同志的有关情况公示如下，以便广泛听取意见。

×××，男，33岁，大学文化，现任××公司副总经理，高级工程师。该同志××××年8月大学毕业后分配到×××有限公司任业务科办事员、科长，××××年11月调××公司任技术科科长，××××年3月担任×××公司副总经理至今。××××年8月×××同志向公司党支部递交了入党申请书，经党支部两年多来的培养、教育和考察，并经支委会审查和研究，认为该同志已基本具备党员条件，拟在近期召开支部大会讨论接收其为中共预备党员。欢迎大家提出意见。意见可投入意见箱或直接向党支部反映，也可向公司党委或组织科反映（公司党委电话××××，组织科电话××××）。公示期至2月16日止。

中共××公司××党支部委员会

××××年二月六日

☆ 范文评析

标题由对象＋内容＋文种构成。正文，一是公示缘由，二是公示事项，三是公示要求，并规定了时限。结尾是单位和时间。

二、海报、简报

（一）海报

1. 海报的概念和特点

海报是在一定范围内向公众报道或介绍有关戏剧、电影、比赛、报告会、展销会等消息的一种招贴式应用文。

海报的名称最早出现于上海。那时，人们习惯把职业性的戏剧表演界叫做“海”，而把那些从事职业戏剧表演的人称为“下海”，那些作为演出剧目信息的招贴就被叫做“海报”。

海报具有张贴性、宣传性和灵活性的特点。

海报在某些方面与广告有相似之处，又像是电影、戏剧等宣传画，今天海报越来越注重美观艺术。海报的特点重在告知和宣传，广告除了宣传外，目的重在营销。虽然两者都很注重创意和设计，但海报较广告更随意。海报可以是设计精美的艺术宣传招贴，还可以写在大小不等的纸上张贴，既可以用质量不错的展板设计制作，也可以用黑板写清楚告知的内容。重要的海报需要通过报刊、电台、电视台等媒体进行宣传。有一点特别要注意，那就是海报制作必须醒目。

2. 海报的形式和分类

随着科学技术的发展，很多现代化的手段被应用到海报创作中来。越来越多的海报制作突出了美术创意，形式上也由过去单一的文字招贴走向艺术招贴。

根据内容的不同，海报大致可分为以下四类。

（1）文艺类海报。这类海报主要是指告知电影、戏剧、文艺演出和大型公众综艺活动的信息海报。

（2）体育类海报。这类海报主要是指介绍体育赛事和活动的海报。

（3）报告类海报。这类海报主要是指告知举办各种讲座、学术报告、英模报告，政治形势、国际形势报告等内容的海报。

（4）展销类海报。告知各种展览活动的海报，比如商品展销、科普展览等。

3. 海报的写作与创意

海报的告知性和宣传性，以及海报文体的特殊形式，决定了海报的整体创意必须在一瞬间留给人们强烈的印象，“一见钟情”地了解海报的全部内容，这要求海报既重宣传又重美感。

海报写作的内容和结构基本包括标题、正文、结尾三部分，以及整体创意和美术设计。海报的美术设计，形式灵活多样，讲究新颖独特。

1）标题

海报的标题相当关键，这是海报的主题和内容的焦点。有两种形式：一种形式是直接采用“海报”做标题。另一种形式是根据活动内容拟定标题，适当使用修辞手法可以突出海报的效果，比如“奇异的世界——海洋生物展览”。

标题必须醒目、简洁、新颖。设计时要在字体的大小、颜色和形式上下工夫。

2）正文

正文部分因海报的种类不同而不同，可以有以下三项内容。

(1) 必备内容。明确活动名称种类（电影、报告、比赛等），简要交代活动的具体情况，如比赛的是什么球队、演出的是什么剧种、报告会的内容和报告人、展览的主题和内容等。

(2) 辅助内容。交代举行活动的时间、地点、票价等。时间、地点要写得明白具体，准确清楚，切忌写出大概范围。比如，报告会只写×日而不写具体时间；地点只写大概位置而不写准确地点，必要时还要标出乘车路线。票价也要明确标出。有的海报还有一些说明性文字。

(3) 正文部分的文字。可根据版面的大小设计格式和字体以及文字位置，以清晰、美观为标准。

3）结尾

海报可以有结语，在正文之后另起一行，书写“欢迎参加”、“机不可失”等，也可没有结语。结语之后另起一行靠右下角写落款部分，举办单位名称；在名称下面一行，右下角书写海报的张贴日期。

4）海报的整体创意与美术设计

整体创意和美术设计在海报这种招贴式的应用文中越来越受到重视。比如电影海报，它就像影片的“名片”，它以影片最精彩的镜头，配以最美的广告语言加以推介，同时具有艺术性和文化特征。电影海报作为电影的一种衍生品，它必将带给人们更多的经典回味。欣赏海报就是欣赏艺术品。电影是流动艺术，而电影海报是凝固艺术，一幅海报往往浓缩了一部电影的精华。两者互相补充，带给观众完整的艺术体验。

☆ **海报范文**

讲座海报

题目：校园阅读的重要性
主讲人：文学院×××教授
时间：3月18日19时30分
地点：文学院小礼堂

江西大宇学院阅读鉴赏学会
××××年3月16日

☆ **范文评析**

本海报比较简洁，因为整体创意和美术设计在海报这种招贴式的应用文中越来越受到重视。特别是校园这种讲座海报，它就像校园的"名片"，以其著名教授来吸引学生听众。

本海报虽然简单，但前言、正文、结尾一样都不能少。其前言是目的——题目，正文有主讲人、时间、地点。

（二）简报

1. 简报的含义

简报是党政机关、人民团体、企事业单位内部用于汇报工作、反映问题、沟通情况、指导工作、交流经验、传递信息的一种简短的有一定新闻性质的文书材料。简报，从字义上说，就是情况的简明报道。

简报是一种比较古老的文体，它的起源可以追溯到汉代。汉武帝初年，就出现了名为"邸报"的手抄报，简明扼要地反映情况、交流信息。到了唐代，已经出现了印刷的邸报。邸报发展到现代，形成了公开出版的报纸和内部传阅的简报两种形式。

2. 简报的作用

简报的作用主要体现在以下三个方面。

（1）向上级汇报工作、反映情况。简报可以上行，迅速及时地向上级反映本单位本系统的日常工作、业务活动、思想状况等，便于上级及时了解情况、分析问题、作出决策，有效地指导工作。

(2) 平级机关之间交流经验、沟通情况。简报也可以平行，用于平级单位、部门之间交流经验、沟通情况，以便于相互学习借鉴，促进工作。

(3) 向下级通报情况，传达上级意图。简报还可以下行，用来向下级通报有关情况，推广先进经验，传达上级机关意图。

3. 简报的种类

简报的种类繁多，按照不同的分类标准，可以划分为很多不同类型。按时间划分，简报可分为定期简报和不定期简报；按发送范围分，有供领导阅读的内部简报，也有发送较多、阅读范围较广的普发性简报；按内容划分，简报可以分为工作简报、生产简报、会议简报、信访简报、科技简报、教学简报等。下面主要介绍四种类型。

(1) 工作简报。这是为推动日常工作而编写的简报。它的任务是反映工作开展情况，介绍工作经验，报告工作中出现的问题等。工作简报又可分为综合工作简报和专题工作简报两种。

(2) 会议简报。这是会议期间为反映会议进展情况、会议发言中的意见和建议、会议决议事项等内容而编写的简报。一些规模较大的重要会议，会议代表并不能了解会议的整体情况，譬如分组讨论时的重要发言、有价值的提案等，需要依靠简报来了解会议的基本面貌。重要会议的简报往往具有连续性的特点，即通过多期简报将会议进程中的情况接连不断地反映出来。会议简报一般由会议秘书处或主持单位编写。

(3) 科技简报。这是为反映最新科学技术研究成果、介绍推广新产品、新工艺、新技术、新理论、新动向而编写的简报。这类简报内容新、专业性强，有的属于经济情报或技术情报，有一定的机密性，必要时需加密级。

(4) 动态简报。这是为反映本单位或本系统的思想、政治、经济、文化等方面的情况、信息而编写的综合性简报。动态简报着重反映与本单位工作有关的正反两方面的新情况、新动向、新问题，为领导和有关部门研究工作提供鲜活的第一手资料，向群众报告工作、学习、生产、思想的最新动态。

4. 简报的特点

1) 新闻性

简报有些近似于新闻报道，特点主要体现在真、新、快、简四个方面。

“真”指内容真实，这是新闻的第一性征。简报所反映的内容、涉及的情况，必须严格遵循真实性原则，时间、地点、人物、事件、原因、结果，所有要素都要真实，所有的数据都要确凿。不得虚构编造，不得移花接木、添枝加叶。

“新”指内容的新鲜感。简报如果只报道一些司空见惯的事情，就没有多大价值和意义了。简报要反映新事物、新动向、新思想、新趋势，要成为最为敏感的时代晴雨表。

“快”指报道的迅速及时。简报写作要快，制作的发送也要简易迅速，尽量让读者在第一时间里了解到最新的现实情况。新闻界有一个说法叫“抓活鱼”，时间拖久了，鱼不活了，味道也不鲜美了。

“简”指内容集中、篇幅短小、提纲挈领、不蔓不枝。简报名目之前冠一“简”字，可以看出简洁对它来说是多么重要。

2）集束性

虽然一期简报中可以只有一篇报道，但更多情况下，一期简报要将若干篇报道集结在一起发表，形成集束式形态。这样做的好处是有点有面、相辅相成，加大信息量，避免单薄感。

3）规范性

从形式上看，简报要求有规范的格式，由报头、目录、编者按、报道正文、报尾等部分组成。其中报头、报道正文、报尾是必不可少的，而且报头和报尾都有固定的格式。

5. 简报的格式

1）报头

简报的报头有些类似公文的“红头”，一般也是套红印刷，但又有一些不同之处。

首页间隔横线以上称为报头，由简报名称、期数、编发机关、日期、保密提示等项目组成。

简报除用“××简报”、“××动态”、“情况反映”等常用四字名称之外，还可加上单位名称、专项工作等内容，如《攀枝花市政府抗震救灾简报》。简报名称用大号字套红印刷。

期数位于简报名称下方正中，加括号。如果是综合工作简报，一般以年度为单位，统编顺排；如果是专题简报，按本专题统编顺排。如果是增刊，就标明增刊字样。

编发机关一般是“××办公室”或“××秘书处”，位于期数下面、间隔横线上方左侧。

日期位于编发机关右侧。

如果需要保密，在首页报头左上角标明密级或“内部刊物”字样。确有必要，还可在首页报头右上角印上份号。

间隔横线一般为红色。简报首页版式如图所示。

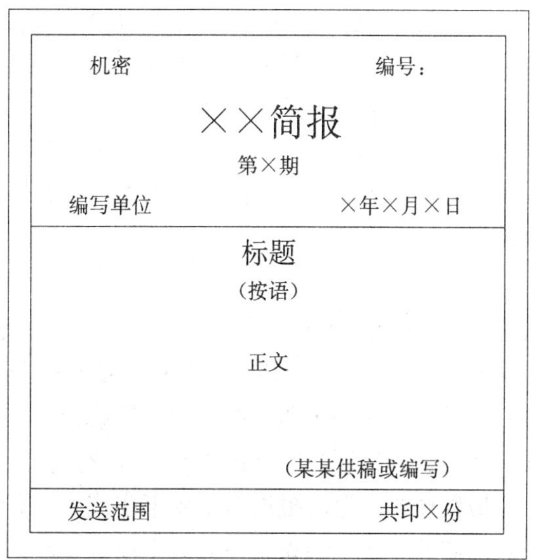

注：版心实线框仅为示意，在印制时并不印出

2）报核

报头以下、报尾以上的部分都是报核。报核包括以下三个项目。

(1) 目录。集束式的简报可编排目录。由于简报内容单纯，容易查找，目录一般不需标序码和页码，只需将编者按、各篇标题排列出来即可，为避免混淆，可以每项前加一个五星标志。

(2) 编者按。必要时可加编者按，主要内容是工作任务来源、本期重点稿件的意义和价值、征稿通知、征求意见等。编者按不可过长，短者三五行，长者半页即可。

(3) 报道。一期简报可以只有一篇报道，也可以有多篇报道，依次排列即可。

3）报尾

报尾在简报末页，用间隔横线和报核分开。报尾内容比较简单，只需写明报什么机关、送什么机关、发什么单位即可。

6. 简报的写法

1）标题

简报的标题跟新闻的标题有些类似，可分为单标题和双标题两种基本类型。

(1) 单标题。将报道的核心事实或其主要意义概括为一句话作为标题，如《后勤工作今年重点抓好五件事》、《我校通过“211工程”专家审查验收》、《查摆突出问题，研究“三讲”教育方案》。标题中间可以用空格的方式表示间隔，也可以加用标点符号。

(2) 双标题。双标题有两种情况。一是正题后面加副题。例如，“在华尔街金融风暴中创全国一流市场——×××市×××农贸市场荣获市信誉市场称号”前一个标题是正题，概括事实的性质，后一个标题是副题，补充叙述基本事实。二是正题前面加引题。例如，“尽责社会完善自身——×××大学团委开展‘把知识献给8.13洪灾中受灾人民’的活动”前一个标题是引题，指出作用和意义，后一个标题是正题，概括主要报道内容。

2) 正文

(1) 导语。导语就是简报的开头语，要用简短的文字，准确地概括报道的内容，说明报道的宗旨，引导读者阅读全文。导语写作的总的要求是“开门见山”，一开始就切入基本事实或核心问题，给人一个明确的印象。导语的具体写法可根据主题需要，分别采用叙述式、描写式、提问式、结论式等几种形式。用概括叙述的方法介绍简报的主要内容，叫做叙述式。把简报里的主要事实或某个有意义的侧面加以形象的描写，以引起读者的阅读兴趣，叫做描写式。把简报反映的主要问题用设问的形式提出来，以引起读者的思考，叫做提问式。先将结论用一两句话在开头点出来，然后在主体部分再作必要的解释和说明，叫做结论式。这几种导语形式，各有所长，写作时可根据稿件特点选择运用。

(2) 主体。主体是简报的主要部分，它的任务是用足够的、典型的、富有说服力的材料把导语的内容加以具体化，用材料来说明观点。写好主体是编好简报的关键。主体的内容，或是反映具体的情况，或是介绍具体的做法，或是叙述取得的成绩和经验，或是指出存在的问题，或是几项兼而有之，要视具体情况而定，没有固定的格式。主体的层次安排有“纵式”和“横式”两种形态。纵式结构按事件发生、发展的时间顺序来安排材料，横式结构按事理分类的顺序安排材料。如果内容比较丰富，各层可加小标题。

(3) 结语。简报要不要结语，因内容而定。事情比较单一，篇幅比较短小的，可以不单写结语，主体部分话说完就结束，干净利落。事情比较复杂，内容较多的，可以写个结语，对全文作一个小结，以加深读者印象。有些带有连续性的简报，为了引起人们注意事态的发展，可用一句交代性的话语作为结束，如“对事情的发展我们将继续报告”，“处理结果我们将在下期报告”等。

3) 报尾

在末页的下方，用两条平行线框住，左侧写报、送、发单位的名称或个人姓名、

职务、右侧写本期印发份数。

☆ **简报范文**

××大学“三讲”教育简报

（第一期）

××大学“三讲”教育领导小组办公室编××××年×月×日

编者按 在县级以上党政领导班子、领导干部中深入开展以“讲学习、讲政治、讲正气”为主要内容的党性党风教育，是中央和省委进一步落实党的十五大精神，推动深入学习邓小平理论，加强领导班子建设，提高领导干部素质的一项重要举措。我校被省委确定为全省“三讲”教育试点单位之一，承担了重要的责任。为了切实搞好我校的“三讲”教育，宣传“三讲”教育的重大意义、指导思想和具体做法，交流经验，我们特编辑了《××大学“三讲”教育简报》。《简报》将及时报道我校“三讲”教育的工作情况。欢迎各部门、各单位惠赐稿件，并对我们的工作提出宝贵的意见。

党委开展调研活动，征集对学校工作的意见和建议

××××年×月×日，学校党委召开由中层领导干部、专家学者、优秀中青年教师和离退休职工代表参加的调研会，全面征集对学校党政工作和班子成员的意见和建议。到会代表共77人，收回调研表74份。参加调研的同志以对学校工作高度负责的精神，结合学校的工作实际和个人的切身感受，对学校近年来取得的成绩和党政班子的工作给予了充分肯定，同时也对学校工作中存在的问题提出了许多中肯的、建设性的意见和建议。这些意见和建议为学校领导班子查找自身存在的突出问题，并通过“三讲”教育切实予以解决，提供了重要的基础和依据。

☆ **范文评析**

首先，要搞清楚简报与调查报告有相似之处，但它绝不是分期的调查报告。简报有它自己成熟的格式规范。本文标题是文章式标题。简报正文包括导语、主体、结语三部分。导语即本简报的中心点，也就是标题。主体即要报道的事件。结语可以省略。

第四节 宣传类文书

一、旅游文书

（一）一般应用文与旅游文书的联系和区别

旅游解说词除了具备一般应用文的特点外，还具有自己的特点：

（1）一般性应用文在内容上要求必须是真实、可靠的，不能脱离实际。旅游解说词并不排斥合理的文学性内容。

（2）一般性的应用文写作要求公式化、模式化，以便于更好地理解、把握、处理。旅游业内部使用的非专业性应用文，在写作时也应运用这种惯用体式，不要求新求奇。写作旅游公文时，必须严格遵守国务院对公文格式的有关规定。旅游解说词在格式上没有过于严格的要求，不但不需要任何固定体式，还应力求奇特、新颖、灵活。比如，在介绍某一景点时，应当抓住这一景点的特点，可以有准确的数字说明，可以有生动、形象的描述，可以有诙谐、幽默、风趣的调侃，还可以加以神话故事或传说。

（3）一般性非专业旅游应用文，在语言运用方面要求平实、简洁、严谨、得体。如合同、告启类文书等，语言必须平实、简洁、严谨、得体，不能夸饰、拖沓冗长、含糊不清、措辞失当。公文的语言更为讲究，不但不能出现模棱两可的词语，连修饰性的、表达程度的词语都必须认真斟酌。旅游专业文书，在语言运用上可以严谨、平实；可以形象、生动；可以用词华美；可以运用拟人、比喻、夸张、引用等修辞手法；还可以采用调侃、诙谐、幽默的语言方式。导游人员要根据游客的实际情况和具体的场景，运用恰当的方式——甚至还可以适当地使用方言土语，引起游客的兴趣，增强游客的好奇心、求知欲，而不需要在语言方面受到严格的限制和要求。

（二）景区介绍的写作

无论景区还是景点，都可分为自然景观、人文景观和自然人文综合景观。

景区是由一定范围内的若干景点组合而成。景区景点介绍基本遵循概述景区，分述景点的原则，融人文精神、地理民俗、典故传说、风物特产于优美文字之中。景区介绍犹如一条美丽的珠串，景点介绍则是一颗颗值得赏玩的珍珠。景区介绍众星荟萃，景点介绍异彩纷呈。

我们可以总结出自然景区介绍包含这样几项内容：景区位置、地貌规模、风景特色、地位评价。

景区位置：景区所在的准确地理位置。

地貌规模：景区的地质结构、风景规模。

风景特色：景区的风景特点、奇异之处。

地位评价：景区的游览价值、权威评价。

人文景观的写作内容包括地理位置、历史变迁、景观特色、人文价值。

地理位置：人文景观的具体位置。

历史变迁：人文景观的始建年代、规模程式、经历变化、现今遗存。

景观特色：人文景观的历史性的特色文化背景，蕴涵的民俗风情及相关的历史人物。

人文价值：人文景观所揭示的历史文化内涵和文物的存在价值及今天景观的文化地位和影响。

综合类景观的写作内容可以概括为地理位置、风景结构、历史沿革、景观特色、综合价值几个部分。景观价值和评价部分既可以灵活地紧接景区地理位置之后给人一个先入为主的强烈印象，也可以放在最后起特别强调的震撼作用。

（三）景点介绍写作

景区介绍是一系列景点的概括性的文字，而景点介绍是一个具体景点的介绍性文字。一般景点介绍都是在景区概括性文字之后，并和景区介绍形成一个整体，从而达到彰显景区特色的目的，也就是概述景区之后，分述景点。所以说景点写作和景区相同之处很多，但具有较强的针对性，它是针对一个具体景观的介绍性文字。景点介绍可以使人在很短时间内对一个具体景点产生明确的认识，领略到景点的神韵和魅力。

（四）景区景点介绍的写作技巧

1. 巧妙导入，开头精彩

景区景点介绍可以先明确景区、景点的地理位置，也可以评价其景观的价值特色。总之文字开头要有特色，给人们留下深刻的印象，引起人们的兴趣和好奇心。

例如，描写北川地震遗址：

2008年5月12日14时28分，在岷山脚下的汶川突发了8级大地震。致使大半个中国都有震感，即使3000公里以外的泰国首都曼谷，人们也惊慌失措地跑出了大楼。5·12汶川大地震摧毁了北川这座千年古县城，却重新铸造出了大禹故乡人民治理山河的英雄气概!

例如，描写乌镇：

6000多年的文化底蕴造就了乌镇不少的名人，从宋、元、明到清光绪二十七年为止算起，乌镇共有举人103人、进士48人，正应了“中原两圣人，江南千状元”这句俗话。其中，现代作家茅盾、清朝翰林夏同善以及南北朝梁昭明太子萧统的老师沈约名气颇盛。

例如，描写五大连池：

五大连池“名山如屏障，珠带五湖清”，自然景色优美，素有北国江南之称。五大连池火山风光具有四大特点：山秀、石怪、水幽、泉奇。山，指火山爆发时喷出的岩流和碎屑物；水，指波光粼粼的五个池子；泉，指含有钠、钾、铁、镁离子和多种微量元素及二氧化碳的“药泉”。

景区、景点介绍贵在特色，这是最终吸引旅游者的根本原因。所以写作时需要抓住自然景观和人文景观的独特之处，用最准确、最新奇、最别致的字眼来概括描述。

2. 提炼神韵，突出特色

人们的认识角度不同、审美层次不同也会导致介绍文字的水平差异。所以需要对景区、景点进行多方位、多层面的挖掘，提炼总结出景观的瑰丽奇异、悠远绵长、风情独特之处。

3. 巧妙结束，回味悠长

(1) 总结式结束。例如：

走进澳门，在摩天大楼的夹缝间，既可看到中式建筑的寺庙，又可看到西式建筑的教堂；既可看到人们在求神拜佛，也可看到人们在做礼拜。在现代商住楼宇、豪华酒店、华丽的教堂和飞驰的小轿车之外，传统的风采韵味随处可见：东方式的园林建筑，香火鼎盛的庙宇，沉默的炮台，狭窄的石子街道，黄昏时的三轮车，还有中老年人的唐装……宁静的传统情致与动感十足的现代节拍相互融合补充，形成澳门独特的城市景观。

这段结束语，对澳门的城市景观作了一个全面的总结，这样结束给人一个回味悠长的想象空间。

(2) 畅想式结束。例如：

苍山洱海，山水相依，绵延40多公里，就像一幅色彩鲜明的山水画卷。“风、花、雪、月”四景更使苍山洱海风光独具魅力，使人们充满无限向往！

关于苍山洱海介绍的结束，具有很强的鼓动性，激发人们的游览兴致。

(3) 提升式结束。例如：

风景秀丽的“女儿国”泸沽湖，风情山水互为熏染，使人一走进泸沽湖畔，便宛然走进了一个秀美缥缈的神秘世界。台湾著名学者李森灿先生曾称赞它是极端完美的艺术品。

这是一个对自然景色进行人文挖掘的具有审美延伸效果的结束语。这样结束提升了景观的欣赏价值和美学地位。

(4) 自然结束法。例如：

看完陈列，顺道还可以去“听鹂馆”参观。那是一座小小的四合院，里面的盆景值得观赏，临时举办的各种展出也很有文化品位。

这一小段文字是武侯祠的结尾，文字简单而自然，采用的是随游踪延续顺理成章的参观结束法。

(五) 导游词的写作

导游词是导游员在引导游客游览观光时所使用的一种旅游专业应用文体。它可以是对名胜古迹的介绍、对文物陈列的解说、对展览标本的说明，还可以是产品展销的推荐等，导游员通过导游词导引旅游活动，间接起到推广旅游市场的作用。所以导游词的质量，关系到旅游服务的质量，也关系到旅游景区的“品牌”形象。

1. 导游词的特点

导游词不仅具备一般旅游应用文的特点，还有自身的特点。导游词最终要通过导游员的解说具体地表现出来，所以口头表达是导游词的显著特点。

2. 导游词的作用

导游词的作用不仅是让人看，更重要的是让人听。它既作用于人们的视觉，又作用于人们的听觉，并且是在人们欣赏事物的进行中起着关键的作用，要写得通俗易懂，明白晓畅。导游词以书面形式呈现，却用口语表达来具体实现，因此有转瞬即逝的特点。这就要求导游词的作者在选择语言的时候，注意运用准确易懂又凝练生动的词汇，旅游者不用反复琢磨就可捕捉到关键的信息，避免那些晦涩艰深的语句出现。

由于导游词是对具体的游览场景进行解说，所以它不仅仅是增长旅游者的知识，开阔旅游者的视野，还起着引领旅游者审美情趣的作用。这就要求在撰写导游词的时候对所要介绍的内容进行深入细致的研究，同时有独特的视角，挖掘其内在的审美韵味。切忌不懂装懂，胡乱编造，违反政策、法规和导游管理条例。撰写导游词必须准确把握历史背景，揭示其文化内涵，选择鲜明准确的语言，引导旅游者进入一个崇高的审美境界。其作用具体表现如下：

(1) 沟通情感，树立形象。打造旅游精品是吸引游客的成功经验。一个旅游精品的产生，需要提高旅游景区各个环节的品位档次。一篇成功的导游词必须具有饱满的情感，“有朋自远方来，不亦乐乎”，把热情友好的情愫传达于优美文字之中更能让旅游者有宾至如归的感觉。

(2) 引导游览，雕塑精品。我国有5000年的文明史，有广阔壮丽的中华大地。古老的文明和现代化的脚步，不仅让国人想去尽览祖国美景，更吸引着世界各地的游人，对这个神奇的东方国家充满着强烈的好奇心。瑰丽奇异的自然风光，悠久珍贵的文物古迹，世界闻名的美酒佳肴……这其中的神韵和奇妙是需要引领才能感悟其精髓的。导游词不仅可以向旅游者介绍知识，还能帮助游客更深入地进行审美欣赏。蕴藏在导游词里的深层内涵是一笔无形无价的旅游资源，它使旅游品牌成为精品的软件工程，需要用心去雕琢。

(3) 推销产品，搞活经济。导游词的内容涵盖面很广，不仅涉及自然景观、人文景观，还会有与之相关的民俗风情、物产工艺。虽然不是直接销售商品，却能通过导游词传递给游客一个潜在的促销信息，使游客在观光游览的同时，对旅游商品产生浓厚的兴趣，产生购买的欲望。

3. 导游词的结构和内容

导游词与一般应用文一样，仍然是模式化写作，只是在语言方面具有文学色彩，这是一般应用文所不具有的。其正文结构包括三大部分：前言、总说与分述、后语，所以它仍然是一个标准的“三段式”。

1) 前言

前言是导游员对游客表示热情欢迎、交代安排游览活动计划、提醒有关事项、联络情感、营造良好氛围，向主题过渡的文字。它是对游览活动的一个很好铺垫。

2) 总说与分述

总说部分是对游览对象进行概括介绍，包括这样几项内容：游览地的总体概貌、游览地的旅游价值和地位、将要游览的主要内容和特色等。主要作用是给游客一个总的印象，使旅游者对游览地有一个全面的认识，激发其游览的浓厚兴趣，还可以达到提醒旅游者做好游览过程的物质、精神准备的目的。

分述部分是在总述后对各部分景观进行逐一具体讲解说明的部分，也是一篇导游词的主体部分的重点。写作分述部分，一般按照游览线路的先后次序或者方位，对景观作出具体解说。由于各个景观具有相对的独立性，解说完一个才能解说下一个，所以写作时需要注意景观之间要有清晰的段落层次划分（也可用小标题显示），必要时要有过渡性语句进行衔接，免得有突兀感。另外，对景观的介绍文字切忌平分笔墨，要重点突出。同时还应注意挖掘景观背后的深层文化内涵，使游览者既能有所收益，又得到审美启迪。需要注意的是在分述部分中，常常涉及一些具体的实物景观，一般要明确指明实物，说出其名称，必要时要作简单的解释说明。

许多名胜古迹、文物寺庙的名称命名都体现着当年特定的时代背景，为了让游

客能有所了解，导游词可根据具体情况作些必要的解释。名胜古迹、河流山川等景观往往联系着许多人物、知识、掌故、传说，加上今天与原来遥远历史的距离感，一定会使导游词妙趣横生，韵味独特。

3）后语

后语是导游员对游客进行真诚告别，对游览过程进行总结的话语，即导游词的结语。内容不固定，一般文字比较简洁，可以总结游览的景观，可以请游客留下宝贵意见，可以进行告别祝福，可以自然地介绍下一个参观景点等。

4．写作导游词的要求和技巧

导游词与一般解说词一样，具有语言简明、准确的特点，同时还具有自身的特点，应该融科学性、知识性、艺术性和灵活性于一体。介绍内容要真实、整体脉络要清晰、历史与景物要契合、文字要通俗易懂。要有真实的美感，反映出事物的本质；要有简洁之美，文意表达清楚；要揭示事物的发展变化，体现灵动之美；要拓展听者的想象空间，含蓄而回味无穷。所以写好导游词需要丰厚的知识底蕴、娴熟的写作技巧和求真务实的态度。

1）知识丰富、含金量高

旅游者出游是怀着强烈的求新、求奇、求异、求美心理的，一般都希望开阔眼界，增加见闻，扩充知识，导游词必须具有很强的知识性，才能满足旅游者的精神享受。所以，在撰写导游词时要融进游览地的历史沿革、地貌成因、民俗风情、掌故传说，这就需要写作者具备一定的政治、经济、历史、地理、文化、宗教、建筑、艺术等多方面的知识。比如去西安的时候，就会说到西安是我国历史上著名的古都。为什么西安被称为古都而不叫古城？原因是西安在历史上曾有周、秦、汉、隋、唐等11个王朝在此建都，历时1100多年，西周的镐京、秦的咸阳、西汉和隋唐的长安都是它的前身，至今西安与雅典、开罗、罗马被誉为四大文明古都。再比如在讲解苏州四大名园之首的拙政园时，会讲到它以水为主的特色，园内31景多临水，有移步换景之妙，形成了它有别于其他古典园林的特色。拙政园的整体布局采用分割空间、利用自然因地造景、对比借景的手法，吸收了传统的绘画艺术，宛如一幅全景似的立体画卷，是许多著名学院建筑系学生必须参观学习的内容。这样的导游词可以增进旅游者对游览地的了解，扩大游客的知识面。

2）技巧娴熟、趣味浓厚

一篇好的导游词，不仅包含着丰富的知识，还是一篇生动的美文。广博的知识蕴藏在生动、形象、活泼的语言之中，由此达到引人入胜的效果。这就需要在导游词中恰当地运用语言技巧，合理地使用比喻、拟人、象征、夸张等修辞手法，来增强其文学色彩，无生命似有生命，变抽象为具体，给单调添韵味，化腐朽为神奇。

3）多变灵活、寓游于乐

旅游者来自世界各地，民族、种族不同，文化背景不同，受教育的程度不同，环境职业不同，宗教信仰不同，就会导致他们的兴趣爱好不同。所以导游词要根据不同的对象从内容和形式上具有灵活的多变性，这样才会与游客很好地进行心灵沟通，达到理想的效果。同时，在讲解的同时还要注意调动游客兴致，活跃气氛，沟通情感，巧妙地和游客融为一体。

☆ 导游词范文

杭州西湖导游词

来杭州之前，您一定听说过“上有天堂，下有苏杭”这句名言吧！其实，把杭州比喻成人间天堂，很大程度上是因为有了西湖。千百年来，西湖风景有着经久不衰的魅力，她的风姿倩影，令人一见钟情。就连唐朝大诗人白居易离开杭州时还念念不忘西湖，“未能抛得杭州去，一半勾留是此湖。”诗人说他之所以舍不得离开杭州，其主要原因就是因为杭州有一个美丽迷人的西湖。“天下西湖三十六，就中最好是杭州”啊！

朋友们：下面就随我一起从岳庙码头乘船去游览西湖。在船未启动之前，我先来介绍一下西湖的概况：西湖位于杭州城西，三面环山，东面濒临市区，南北长约 3.2 公里，东西宽约 2.8 公里，绕湖一周近 15 公里。面积约 5.68 平方公里，包括湖中岛屿为 6.3 平方公里，平均水深 1.55 米，最深处在 2.8 米左右，最浅处不足 1 米，蓄水量在 850 万～870 万立方米。苏堤和白堤将湖面分成外湖、北里湖、西里湖、岳湖和小南湖 5 个部分。西湖处处有胜景，历史上除有“钱塘十景”、“西湖十八景”之外，最著名的是南宋定名的“西湖十景”，即苏堤春晓、曲院风荷、平湖秋月、断桥残雪、花港观鱼、南屏晚钟、双峰插云、雷峰夕照、三潭印月、柳浪闻莺。如以每个字来点的内涵，它们是：春夏秋冬花，晚云夕月柳。这点出了无论春夏秋冬，无论明晦晨昏，西湖胜景时时皆有、处处都在的特色。1985 年又评出了“新西湖十景”。在以西湖为中心的 60 平方公里的园林风景区内，主要风景名胜有 40 多处，重点文物古迹有 30 多处。概括起来西湖风景主要以一湖、二峰、三泉、四寺、五山、六园、七洞、八墓、九溪、十景为胜。1982 年 11 月 8 日，国务院将西湖列为第一批国家重点风景名胜之一。1985 年，在“中国十大风景名胜”评选中，西湖被评为第三。

西湖这么美，当然孕育着许多奇妙动人的传说。相传在很久以前，天上有玉龙和金凤在银河边的仙岛上找到了一块白玉，他们一起琢磨了很多年，白玉就变成一颗光芒四射的明珠，这颗宝珠的珠光照到哪里，哪里的树木就常青，百花就盛开。后来消息传到天宫，王母娘娘就派天兵天将前来把明珠抢走。玉龙和金凤赶去索珠，遭到王母拒绝，于是就你争我夺，王母被掀翻在地，两手一松，明珠就掉落到人间，变成了晶莹清澈的西湖，玉龙和金凤也随之降落，变成了玉龙山（即玉皇山）和凤凰山，永远守护在西湖之滨。

刚才，有的朋友问西湖的水为什么这样清澈纯净？这就得从西湖的成因讲起：西湖在

12 000年以前还是与钱塘江相通的浅海湾，耸峙在西湖南北的吴山和宝石山，是环抱这个海湾的两个岬角。后来由于潮水的冲击导致泥沙淤塞，把海湾和钱塘江分隔开来，到了西汉时期（公元前206年～公元24年）西湖的湖形已基本固定，西湖真正固定下来是在隋朝（581～618年），地质学上把这种由浅海湾演变而成的湖泊叫泻湖。此后西湖承受山泉活水的冲刷，再经过历代由白居易、苏东坡、杨孟瑛、阮元等发动的五次大规模的人工疏浚治理，终于从一个自然湖泊成为风光秀丽的半封闭的浅水风景湖泊。

历史上西湖有很多名称。汉朝（公元前206年～公元220年）时称为武林水、金牛湖、明圣湖；唐朝（618～907年）时称石函湖、钱塘湖。此外还有高士湖、贤者湖、上湖、龙川、钱源等称呼。到了北宋（960～1127年），苏东坡做杭州地方官时，写了一首赞美西湖的诗："水光潋滟晴方好，山色空濛雨亦奇，欲把西湖比西子，淡妆浓抹总相宜。"诗人别出心裁的把西湖比作我国古代美女西施，于是，西湖又多了个"西子湖"的雅称。

西湖作为著名的风景地，许多中外名人对这里情有独钟。毛泽东一生中共40次来杭州，最长的一次整整住了7个月之久，他把杭州当做"第二个家"。毛泽东常常称赞西湖秀美，但他生前从未正式发表过描写西湖的诗词。中国伟人喜欢西湖，国际友人对西湖更是流连忘返。美国前总统尼克松两次来杭州，他赞叹地说："北京是中国的首都，而杭州是这个国家的心脏，我还要再来。"尼克松还把家乡加利福尼亚州出产的红杉树送给了杭州。

我们的船已缓缓启动了。我先把整个游湖的行程简单地介绍一下：环湖一周的景点有一山和二堤。一山指孤山，孤山景区的名胜古迹多达30多处，沿湖所能欣赏到的有西泠桥、秋瑾墓、西泠印社、楼外楼、中山公园等。孤山之后是白堤，起自平湖秋月，终于断桥残雪，桥后还有著名的宝石流霞等景观。欣赏完沿湖景色，我们再去湖中三岛，游船最后将在苏堤靠岸。

现在船正在自西向东行驶，各位看到的是孤山一带的景色。孤山西接西泠桥，东连白堤，海拔35米，占地面积20万平方米。孤山景色唐、宋年间就已闻名，南宋理宗曾在此兴建规模宏大的西太乙宫，把大半座孤山划为御花园。清朝康熙皇帝又在此建造行宫，雍正皇帝改行宫为圣因寺，与当时的灵隐寺、净慈寺、照庆寺并称"西湖四大丛林"。或许有的朋友要问：孤山既是西湖中最大的岛屿，为什么要取名"孤山"呢？这是因为历史上此山风景特别优美，一直被称为孤家寡人的皇帝所占有，所以被称为孤山。从地质学上讲，孤山是由火山喷出的流纹岩组成的，整个岛是和陆地连在一起的，所以"孤山不孤，断桥不断，长桥不长"被称为西湖三绝。

大家再看前方那座环洞石拱桥，地处孤山西面，名叫西泠桥。它和断桥、长桥并称为西湖古代的三大情桥。

过了西泠桥，孤山后麓的绿树丛中有尊汉白玉雕像，只见这位女英雄左手叉腰，右手按剑，目光炯炯，昂首注视前方，似在探求着革命的真理。她是谁呢？她就是我国妇女解放运动的先驱，为推翻清王朝、争取民族独立而壮烈牺牲的"鉴湖女侠"秋瑾。这尊塑像高2.7米，墓座高2米，正面碑石上刻有孙中山手书"巾帼英雄"四个大字。秋瑾烈士的塑像，给了我们一种启示：西湖的闻名，不仅仅是占了山水之胜，它更因众多的历史人物而倍增光彩。在西湖风景区内，被誉为"湖上三杰"的岳飞、于谦、张苍水，还有与秋瑾一起为振兴中华而献身的近代革命者徐锡麟、陶成章等，都安葬在西子湖畔。

☆ **范文评析**

这是一篇标准的导游词，它包含了丰富的知识，所以是一篇生动的美文。广博的知识蕴藏在生动、形象、活泼的语言之中，由此达到引人入胜的效果。前言是导游员对游客表示热情欢迎、交代安排游览活动计划、提醒有关事项、联络情感营造良好氛围，而本文开头却用了："来杭州之前，您一定听说过'上有天堂，下有苏杭'这句名言吧！其实，把杭州比喻成人间天堂，很大程度上是因为有了西湖。"一句话，层层推进，一下子就抓住了游客的心，同时在行文上也顺理成章地进入了主体。主体部分详略得当地介绍了自然、人文景观以及文化历史。

二、广告文案

1. 定义

广告就是"广而告之"，商业广告是通过一定媒体把商品、服务信息传递给人们，以便广泛宣传、促进销售的一种专门经济文书。

2. 广告的作用

广告对产品，对企业的作用不言而喻。广告，一可传播市场信息，沟通产销渠道；二可促进生产发展，提高经济效益；三可如实介绍商品，正确指导消费；四可促进市场竞争，活跃市场经济；五可开拓国际国内市场，了解市场行情；六可美化市容环境，丰富文化生活。

广告为了追求宣传效果，突破了体裁格式限制，只有原则，没有固定模式，要根据商品本身、媒体质介和消费者心理特点来设计。形式可以多种多样，追求完美的艺术性和丰富的知识性、感观的趣味性。写作时要有推销价值、要有明确的宣传对象、要有鲜明的主题、要抓住消费者心理、要讲究表达的艺术性。

3. 广告的分类

广告按内容可分为商品广告、劳务广告、观念广告等；按传播媒体可分为印刷纸质广告、电视电台广告、交通路牌和公共场所广告等。

4. 广告的主要内容

一是商品的原料、制作、效用、价值和价格；二是商品的性能、特征及对消费者的作用、意义；三是商品的竞争优越性；四是商品的用户反映；五是选购的好处；

六是商品制造者（厂家）、经销商及其成功声誉。

5. 广告的原则

一是法律性原则，必须遵守《广告法》；二是真实性原则，货真价实；三是思想性原则，以先进的思想、正确的舆论、高尚的精神，引导消费者，不能包含迷信、色情及颓废的内容来刺激消费者；四是战略性原则，要从企业产品总的战略目标和长远利益出发策划制作广告。

6. 广告的一般结构

广告一般由标题、口号、正文、落款构成。

报刊广告标题很讲究，不仅集中醒目表现广告主题，而且吸引消费者注意，诱发阅读兴趣，促使购买欲望。有直截了当式标题，有间接性标题、复合型标题。写法常有四种：一是新闻式，如“××交易中心隆重开业”；二是问答式，如“谁不希望牙好胃口就好?”三是赞美式，如“财旺福旺——旺旺雪饼”；四是格言式，如“犀利砂带磨世界不平”。

广告口号又称标语，在广告文字中常反复使用，是企业、商品的形象标志，有的是企业服务理念、宗旨、精神，如“福人药业造福人人”，便于记忆和传播。

广告正文一般有开头、主体、结语三部分，写法不拘一格，体式多样。

最后要落款，尽量告知购物地点、运输方式、付款方式、厂商名称、地址、电话和银行账号等。

☆ 广告范文

钻石宣传文案

方案一：遵循客户要求，以理性描述与感性形容相结合

不把妒忌写在脸上
妒忌铂金系列
镜子里的女人
理所当然的骄傲
无懈可击的高贵
穿越目光的火线
宠辱不惊
恪守自己的爱情
坚定执著

我的妒忌
掩藏不住
只因镜子里闪耀的光芒

第一款：秋水伊人

设计以单颗钻为主，铂金的优美弧度含住璀璨的钻石，有如伊人的一汪秋水。

秋水脉脉含情
伊人千娇妩媚
回眸间顾盼生辉

☆ **范文评析**

广告议案的结构包括标题、口号、正文、落款。

本文案运用比喻、象征手法，把主体对象化，使那冷冰冰的钻石也有了灵气，具有了人性。这样使本广告更具有吸引力。

三、产品说明书

1. 产品说明书的定义

介绍产品的性能、特点、构造、使用、保养、维修等有关知识的说明性经济文书。

2. 写作要求及格式

产品名称：注明型号、商标、批准生产文号等。

产品说明：一是性能、特点、功用；二是原材料组成或基本结构；三是规格或指标（主要参数）；四是产品使用方法；五是保养和维修；六是注意事项，如三包“包修、包换、包退”条件等。

产品说明书要讲究实用性、真实性、条理性。在内容上要写出产品的知识性、实用性；在说明上要注意准确性、科学性；在取舍上要抓住重点，突出特点；在表达上注意通俗性、条理性，不要滥用科学术语和行业用语。为了便于外国消费者，还要译成英文等。

广告的目的在于宣传企业，介绍产品简略，讲究艺术性；说明书侧重介绍产品知识，要详细，简洁平实。有的产品将其编入“用户手册”中。

标题：由产品牌号＋名称＋文种构成。

正文：开头简要说明产品概况，主体详细介绍产品有关知识，一般采用条款式写法，结尾写主体不便介绍的内容，如运输、保存、禁忌等。

落款：厂名、厂址、电话、账号等。

☆ 产品说明书范文

公司产品说明书

中医理论认为："人体是一个平衡的有机整体，病弱的根本原因在于平衡失调。"然而，人体的平衡，却时常受到内外各种因素的破坏：工作生活的压力、季节气候的变化、生理机构的老化……很多的原因让人穷于应付。

生物保健口服液，遵循自然法则，以特殊工艺从生物中提取有效的活性物质，增强人的体质，从而迅速恢复被破坏的机能；并通过帮助人体平衡地吸收膳食中的营养及各类元素，以保证人体器官功能的物质所需，从而达到预防、防治疾病的保健目的。

一、功能

双向调节机体功能，延长细胞寿命，提高机体免疫力，提高工作、运动能力，振奋精神，充沛体力，促进疲劳恢复和病后康复。

二、适用范围

1. 食欲不振、消化不良、睡眠不安、神经衰弱、疲倦无力、精力不足。

2. 贫血、十二指肠溃疡、胃炎、高血压的辅助治疗。

3. 病后体弱。

4. 老年慢性病，人体机能衰退。

5. 儿童、青少年营养不良、发育不全、学习注意力不集中、记忆力差、学习、考试用脑过度。

三、用法

每日2次，每次1片，小儿减半，早午服用。以20～30天为1个疗程。然后停服1周，若再进行1个疗程，效果更佳。

本品为纯生物制剂，不含防腐剂和化学合成药物，经药理实验和临床试验均无副作用，可长期服用。

四、储存

干燥阴凉处，或冰箱内保存。

批准文号：×××××

☆ 范文评析

产品说明书在写法上与广告文案不同，它只能用纪实手法，而不能像广告一样可以用文学手法来描述。作为保健品，首先要标明产品名称，注明型号、商标、批准生产文号以及服用方法和注意事项，隐而不谈，它为吸引人，在开头引用了中医保健理论，为自己的说明书作理论支撑。正文是产品说明，从其功能、用法、储藏一一说明。最后才标明批准文号。

四、博客

（一）博客的概念

博客作为一种新表达的方式，它的传播不仅迅速，还包括大量的智慧、意见和思想。从某种意义上说，它也是一种新的文化现象，博客的出现和繁荣，真正凸显了网络的知识价值，标志着互联网发展开始步入更高的阶段。

blog的全名应该是weblog，中文意思是“网络日志”，后来缩写为blog，而博客（blogger）就是写blog的人。从理解上讲，博客是“一种表达个人思想、网络链接、内容，按照时间顺序排列，并且不断更新的出版方式”。简单地说博客也是一类人，这类人习惯于在网上写日记。

blog是继E-mail、BBS、ICQ之后出现的第四种网络交流方式，是网络时代的个人“读者文摘”，是以超级链接为武器的网络日记，是代表着新的生活方式和新的工作方式，更代表着新的学习方式。具体说来，博客这个概念解释为使用特定的软件，在网络上出版、发表和张贴个人文章的人。

一个blog其实就是一个网页，它通常由简短且经常更新的帖子所构成，这些张贴的文章都按照年份和日期倒序排列。blog的内容和目的有很大的不同，从对其他网站的超级链接和评论，有关公司、个人构想到日记、照片、诗歌、散文，甚至科幻小说的发表或张贴都有。许多网络日志是个人心中所想之事情的发表，其他网络日志则是一群人基于某个特定主题或共同利益领域的集体创作。

随着网络日志的快速扩张，它的目的与最初的浏览网页心得已相去甚远。目前网络上数以千计的博客发表和张贴网络日志的目的有很大的差异。不过，由于沟通方式比电子邮件、讨论群组更简单和容易，网络日志已成为家庭、公司、部门和团队之间越来越盛行的沟通工具，因为它也逐渐被应用在企业内部网络（intranet）中。

博客是一种满足“五零”条件（零编辑、零技术、零体制、零成本、零形式）而实现“零进入壁垒”的网上个人出版方式，从媒体价值链最重要的三个环节——作者、内容和读者三大层次，实现了“源代码的开放”，并同时在道德规范、运作机制和经济规律等层次，将逐步完成体制层面的真正开放，使未来媒体世界完成从大教堂模式到集市模式的根本转变。

（二）博客的历史

最早，是由Jorn Barger在1997年12月提出博客这个名称。但是在1998年，互联网上的博客网站却屈指可数。那时，Infosift的编辑Jesse J. Garrett想列举一个博

客类似站点的名单，便在互联网上开始了艰难的搜索。

终于在1998年的12月，他搜集好了部分网站的名单。他把这份名单发给了Cameron Barrett，Cameron觉得这份名单非常有用，就将它在Camworld网站上公布于众。其他的博客站点维护者发现此举后，也纷纷把自己的网址和网站名称、主要特色都发了过来，这个名单也就日渐丰富。到了1999年初，Jesse的“完全博客站点”名单所列的站点已达23个。

由于Cameron与Jesse共同维护的博客站点列表既有趣又易于阅读，吸引了很多人的眼球。在这种情况下，Peter Merholz宣称：“这个新鲜事物必将引起大多数人的注意。作为未来的一个常用词语，weblog将不可避免地被简称为blog，而那些编写网络日志的人，也就顺理成章地成为blogger——博客。”这代表着博客被正式命名。

（三）博客今后的发展预测

博客秉承了个人网站的自由精神，但是综合了激发创造的新模式，使其更具开放性和建设性。要在网络世界体现个人的存在，张扬个人的社会价值，拓展个人的知识视野，建立属于自己的交流沟通的群体。从这个意义上说，博客将会变得越来越普及，越来越为更多的人接受。2002年8月“博客中国”网站的开通，标志着“博客”现象在中国互联网界的显露；11月18日，新闻传播学术网站“紫金网”在改版之际，推出“博客擂台”新栏目。从信息传播的角度看，博客网站、频道的出现对于博客个体而言，意味着将信息采集与发布的通道最大程度的简单化与快捷化。也许你现在还不相信，但是想一想，为什么在互联网的最低潮时期，在个人网站大萧条时刻，在商业网站最凄惨之际，没有一分投资，没有大公司炒作，博客却开始如火如荼？“当然，一切还都需要时间。博客刚刚开始发展，尤其是中国，目前仅仅是博客概念普及和萌芽阶段。不能完全依据现在的状况判断未来，而要看1～2年后，3～5年后的发展步伐。当然，第一步，你自己应该先去实践一下。”

（四）博客（微博）写作格式要求

1. 标题规范

（1）标题应概括全文的最主要思想。

（2）文章标题应该简洁明了，以不超过15个汉字为宜，最长不得超过20个汉字，两个英文字符算一个汉字。

（3）由两部分组成的标题，中间可以用空格隔开。

2. 内容规范

(1) 文章需要分段，每段开头空两个全角空格。段与段之间空一行。

(2) 文章的首段通常为介绍性文字，尾段为总结性文字，每篇文章须包含首段和尾段。

(3) 多个自然段，需要增加黑体的副标题。

(4) 文内标点符号为全角符号。

(5) 每天发布的内容最多不超过两篇，超过两篇，则顺延到下一天发布。

3. 图片规范

(1) 所有上传的图片都应该加上 ALT 属性，并且 ALT 属性必须符合图片本身的内容。

(2) 每幅图片下都应该配有适当的文字说明，并且文字说明中要包含页面关键词。

(3) 图片需要居中显示，图片下的说明也需要居中显示。

(4) 对于含有文本的文章来说，不要在文章开头就显示图片，在文章开头 300 个汉字之后再增加图片。

(5) 图片文件扩展名必须为 JPG 格式。

(6) 正文中图片使用缩略图，点击后链接到大图，正文中图片的最大宽度为 500 像素，点击后的大图最大宽度为 1280 像素。

(7) 图片大小不超过 200KB。正文中缩略图大小单个文件不超过 50KB。

(8) 上传的图片统一放在同一个目录下，如 UPLOAD 目录。

(9) 使用第三方图片要注明该图片出处。

4. 标签规范

(1) 每篇文章有且仅有一个标签（tag）。

(2) 标签为英文，不得使用中文字符。

(3) 每个标签均有一副此标签的 logo 图片，图片格式为 GIF 格式，图片名放在标签的备注中，通常为该标签的英文小写，图片统一放在 logo 目录下。

5. 翻译规范

(1) 新闻类外文翻译，需在文章第一句注明媒体出处和超级链接地址，格式为“据某某媒体报道”，其中“报道”两字添加出处的超级链接地址。

（2）教程类外文翻译，需在文章的结尾处以固定格式注明：英文原文（英文标题加原文链接地址）、中文翻译（翻译人名称）、中文译文（翻译后的名称和链接地址）。

6. 新闻评论规范

（1）需在文章首段引用原始新闻，首段结尾处在括号内注明时间和媒体出处，例如，“（4月16日《南方都市报》）”。

（2）从第二段起开始对于该新闻的评论。

（五）博客文章内容的写作技巧

博客写作的技巧，分为标题的写作技巧和内容的写作技巧两部分。

1. 标题的写作技巧

网络阅读的特征之一，就是标题式阅读。有很大一部分读者，尤其是新读者，他很可能只是先看一下标题，然后才决定看不看内容。可想而知，一个好的标题，能够给你带来多少阅读的流量。

标题的写作，有下面的一些原则可以遵循：

（1）在标题中提及关键词和热点。

（2）形容词的使用。

（3）一句话概括文章的全部内容。

（4）使用引导式问句。

（5）使用数字。

最后记住非常重要的一点，标题不要哗众取宠，更不要做标题之银样蜡头枪。一个好标题的最高境界就在于，用最准确的字词来表达最精确的内容。如果你的标题给了读者想要的东西，但在内容里面没有找到，那么他就会离开，到别的地方去，甚至再也不会回来。

更多关于标题写作的技巧，可以参考×××的博客《针对三类读者优化博客标题》一文，以及《如何写一个能够吸引人的好标题?》和《高质量博客文章的五条检验标准》两篇文章。

2. 正文内容的写作技巧

（1）字词。尽量使用常见的、通俗易懂的、不含歧义的字词。尽量避免使用行话或者专业词汇。如果一篇文章充满了行话或者专业词汇，很容易让读者产生挫败感，甚至因恐惧感而离开，并且再也不回来。

(2) 句子。多用短句，少用长句。多用主动语态，少用被动语态。

(3) 段落。多分段，每一段的行数不宜过长。如果一屏内只有一段，甚至一段都还没有结束，很容易把读者吓跑——即使你的文章再好也没有多大的效果。

(4) 文章。每篇文章不宜过长，亦不宜过短。如果一篇文章只有十几二十个字，不如不写。但如果每篇文章都是五六千甚至上万字，也是一件比较恐怖的事情。一屏到一屏半比较合适，如果文章篇幅实在很长的话，可以把一篇文章拆成几篇贴出。如果合适的话，甚至可以把它们写成一个系列，例如，博客联盟的“独立博客之旅”系列。

3. 博客内容的排版技巧

一篇文章，内容再好，如果版面无比糟糕，相信也不会有多少人耐心来读。对于独立博客而言，读者就是上帝。对待上帝，自然应该尽量的顺其心，让他们读的舒服。那么，如何让一篇文章读起来比较舒服呢?

1) 多使用大标题

网络阅读除了标题式阅读以外，还有另外一个特点，那就是跳跃式阅读。如果在文章中多使用大标题，如＜h3＞、＜h4＞之类的标签，可以很好地把文章的主题结构表现出来，这样读者只要花上一点点时间就可以了解你整篇文章的架构以及主要内容。如果读者认为确实值得一读的话，他自然会花时间细读。

这点在很长篇幅的文章里面尤其重要，否则，读者很容易迷失在你的文字里面。不是每个读者都像写作者那样，对自己写的东西那么了解。

2) 多使用列表项

Wordpress 文章赋予文本撰写界面就有列表项的菜单，这对于那些对 html 语法不了解的读者有着很大的帮助，通过他们，你可以做出一个很富有表现力的排版方式。

列表项最大的作用在于，使文章富于条理性，如果说，大标题是使读者可以很快了解文章的主要内容的话，那么列表项则可以使读者更好地了解文章的逻辑结构。

3) 粗体字体的使用

很多人小看了粗体的功效。其实，在一篇文章里如果某一段字使用了粗体的话，很容易被读者注意到。所以恰当地使用粗体，有时候能够带来意想不到的效果。

4) 颜色的使用

Wordpress 2.2 之后新增加了一个功能，在撰写文章界面有了一个颜色选择器——当然，前提是选择富文本编辑。以前是只能通过写代码来实现的功能，现在

只要鼠标一点就可以实现了。

当然，颜色的使用要注意协调，需要自己多多使用，多多体会：但是有一个原则是可以遵循的，那就是一个页面的颜色不要太多。

☆ 博客范文

露出天真的小脸蛋

刚满两岁的外孙女佳佳，已经走了，现在，火车已经过了成都，可早上我去上课时，因为要离别了，总有点伤感，我亲了她，她也亲了我！虽然，已经告诉了她，今天姥姥和舅舅就要把她送回北京去，可她还是像往常一样说："姥爷！Bey！Bey！"然后，用小手在嘴上作了一个飞吻。我走了，她却扶在门框上，在那张天真、无邪的脸蛋上，点缀着一双水汪汪的、圆圆的眼睛，就默默地注视着我走下楼梯。在她那张天真的小脸蛋上却书写着不知是舍不得，还是留念——总之，没有了往日的欢快了，"姥爷在春节时，等待佳佳回来"——春节不会是很久吧？反正，中午不会再见到姥爷了！过去，我曾经看到过一幅画，画上画的是一个小姑娘在门缝里露出半张可爱的小脸蛋，一双大大的眼睛好奇地打量着刚刚下操的解放军叔叔。可如今活泼、天真无邪的外孙女也成了画中的小姑娘了！在她睡过的床头上、墙壁上、大立柜上还留下了她一岁两个月顽皮的巨幅照片。

当我上完课，回到家门口，打开门时，多么希望，可爱的外孙女再跑来，稚气地叫一声"姥爷！您回来了"！然后，从我手中接过装有讲稿的提包。可眼前出现的却是人去楼空，门口乱扔的鞋子，遍地的垃圾，一派狼藉景象。只有对面墙上那张稚气的照片。还在向我微笑！地上乱扔着被她搞坏的电动车；电视柜上还丢弃着被她弄坏的两把玩具电子琴和那有音乐的识字器与写字板，因为要带走的东西太多，即使那些还很好的玩具，也只能丢在这里了，满满地装了一大纸箱。当然，我不知道她是不是还留念曾给她过快乐的各式各样的小玩具呢？或许，她回到了她的出生地——北京，那里有的是更精美的玩具等待着她的到来，因为"北京欢迎你"，就经常挂在她的小嘴上。但"马念旧槽，鸟栖南枝"，可外孙女只有两岁，在这里她虽然生活了九个月，能给她留下多深的印象呢？但愿她把一切都忘记了，回到母亲的怀抱里，开始新的生活吧！

8 月 30 日 16 时 30 分，突来的 6.1 级地震，"轰隆"一声巨响，房子开始了摆晃。此时，姥姥正在给她喂饭。平时里打雷，或者外面有人放鞭炮，都会把她吓得一声惊叫。可那突来的地震"轰隆"声，她没有叫，只是躲进了姥姥的怀抱里，楼板还在摇动，她不知道发生了什么？当 5.12 汶川大地震波及攀枝花时，她还在熟睡，什么感觉都没有，一觉醒来，天，还是蓝蓝的天空，西下太阳的光芒仍然从窗户照射了进来；窗户外面的大地还是那样的美妙——杨柳春风！然而，小小的年纪，竟然在 3 个多月里，却经历了再次大地震！9 月 1 日 16 时 32 分，5.6 级余震又来临了，她仍然坐在那里，由姥姥给她喂饭。大地平静了下来，姥姥重新给她喂饭，饭还没有吃完，可大地又颤抖了起来。地震也许给成年人的心灵留下了深深的阴影，可给一个还不懂事的小孩子能留下什么呢？当姥姥哄她说："佳佳，地震了！"她就会说："梆弄！梆弄！"小手比划着，钻进了姥姥的怀抱。因为她亲眼看到了在 8 月 30 日地震暴发时，黄豆压榨机的塑料杯子从冰箱上掉了下来，那“哐当”一声，着实有点吓人呀！

外孙女走了，留下了我与女儿晓梅一起坐在茶几前默默地吃着午饭，再也没有往日那种别样的欢乐声了。每当此时，我们要看电视，外孙女却要打开她的儿歌牒子，如果不给她放图像，她就会躺倒地下耍赖。得到了她的满意，她就会吃一大口饭，然后举起她的大拇指说：“棒！”我们都得停下筷子，一起举起大拇指对着她说：“棒！”接着，她就会对着电视里的音乐节拍天真烂漫地跳起来，紧跟着就要我们为她鼓掌、喝彩。她确实太调皮了，有时把吃在嘴的饭吐到地下、桌子上，甚至吐到菜碗里！要她咽下一口饭，实在是太难了啊！而更“可恶”的是：她就站着把尿撒了，然后才说：“姥姥，我要撒尿”！当然，屁股上免不了要挨姥姥一巴掌，可大家还得一起行动，换裤子的给她换裤子，擦尿的擦尿，好一阵忙碌啊！然后，小姨不得不端起她的小碗，再来给她喂饭，举起一勺饭，对准墙壁上的动物画大象说：“大象吃一口，佳佳吃一口！”

9 个月来，只要天不下雨，晚饭后，我都得背着外孙女走下 9 层楼梯，到外面去坐摇摇车。而现在，我只有孤独地走在竹湖园的小路上。往日里，我牵着她的小手，一起在那湖边观赏着“鱼摆摆”，她虽然小，但却是一个非常好热闹的小姑娘——因为那里还有许多人正在跳舞，她就会无师自通地扭动着腰肢，挥舞着小手，踏着音乐的节奏。也许是离开妈妈时间长了的缘故吧！现在，她正在去北京的火车上，后天早上，她就会高兴地投入到妈妈的怀抱里，露出那张天真的小脸蛋来亲切地叫着：“妈妈！我想您！”

☆ 范文评析

该文写于 2008 年 8 月 30 日攀枝花发生 6.1 级地震后，外祖父送走两岁的外孙女的一段情感纠葛的博客。

博客标题新颖醒目，在内容表达上，在以情感为线索，情感贯穿全文，从而使得全文形散而神不散。因为情感真切，读来殷殷动人。在网上发表时，上传有外孙女的照片。

❇ 训练与实践

1. 新闻写作有哪些基本原则？
2. 谈谈新闻与宣传的关系。
3. 谈谈产品说明的写作要求。
4. 博客是怎样产生出来的？
5. 下述新闻导语属于直接性导语中哪一种表述方式？该表述方式导语的基本特征是什么？

新华社北京 4 月 17 日电　壮美的祖国山河又被我国科学家首次确认一项新的世界之最：深达 5382 米的雅鲁藏布江大峡谷是地球上最深的峡谷。从此，过去曾先后被称为世界第一大峡谷的深达 2133 米的美国科罗拉多大峡谷、深达 3200 米的秘鲁科尔卡大峡谷将退居次要地位。

6. 依据下述新闻事实材料，遵循新闻工作规律，进行消息写作（以新华社记者身份发稿，

总字数：650～700）。

××××年 11 月份的《科学》刊登的一项研究结果表明，如果把热带植物包括在内，全球濒临灭种植物的比例将高达 47%。

中国作为世界上生物多样性最丰富的国家之一，不仅生物物种数量多，而且特有程度高，起源古老。

中国有 3.1 万种高等植物，约占世界总数的 10%。

7. 广告文案评析。分析下列三则广告语。

我们一直在努力（爱多 VCD）

真诚到永远（海尔电器）

说干就干（耐克运动鞋）

8. 依据下列文字要求，写一则广告文案。

选择一个消费品，在产品特征、媒介特征、预设的市场环境、消费者特征等基础上，分别写作单句、多句、复合句（又包括引题＋正题＋副题、引题＋正题、正题＋副题）标题类型。

第八章　法律文书

第一节　法律文书概述

法律文书是公安机关（包括国家安全机关）、人民检察院、人民法院、监狱、公证机关、仲裁机关、行政机关以及案件的当事人或律师依法制作的具有法律效力和法律意义的各种文书的总称。法律文书学是一门综合交叉学科，也是一门为适应司法实践需要而开设的课程。本书的教学内容涉及语言学、写作学、逻辑学、修辞学、法理学以及其他实体法和程序法学等诸多基础学科，具有很强的基础性和应用性。

人民法院法律文书，是指各级人民法院依照法律规定的诉讼程序，在审理刑事、民事、经济行政案件中，就实体问题和程序问题所制作的具有法律效力或法律意义的文书。

法院诉讼文书的制作，是法院审判业务中的一项重要组成部分。刑事法律文书的制作可以使有罪的被告人受到应得的法律制裁，无罪的被告人受到法律的保护，错误的判决得到及时的纠正，从而有效地发挥其准确运用法律打击犯罪，保护无辜，维护社会主义法律秩序的积极作用。民事（含经济）、行政法律文书的制作不仅能公正地处理解决当事人的民事权利义务争议，有效地保护国家、集体和个人的合法权益不受侵犯，教育公民遵纪守法，而且对于加强社会主义法制，调动一切积极因素，增强人民内部的安定团结，促进社会主义精神文明和物质文明建设，都具有重要作用。

人民法院法律文书与公安、检察机关法律文书相比较具有自己的特点，主要表现在：一是适用的法律依据多样性。人民法院法律文书制作所依据的法律，不仅有刑法和刑事诉讼法，而且还包括民法、合同法、继承法、婚姻法、劳动法、公司法、消费者权益保护法、土地法、反不正当竞争法、民事诉讼法、行政法、行政诉讼法等诸多法律，比公安、检察机关法律文书仅适用刑事法律的单一性相比，内容广泛得多。二是适用范围的广泛性。法院法律文书不仅适用于包括公诉和自诉案件在内的全部刑事案件，而且适用于各类民事、经济、行政纠纷案件，仅适用于刑事范畴的公安、检察法律文书自然无法与之同日而语。三是制作要求

更为严格。在刑事诉讼活动中，人民法院的审判是诉讼程序的最后阶段，决定着对刑事被告人的有罪量刑处罚或无罪的处理认定，法院诉讼文书中的判决书是决定被告人最终命运的文字裁判，因此要求极高、极严，任何一点小的差错，都会影响到法律的正确实施，导致法律的失误。由此，其制作的要求自然比公安、检察文书要严格得多。

1993年3月1日，最高人民法院在经过长时间的调查研究准备工作基础上，为了有效规范全国法院系统法律文书的制作质量，正式出台了统一的《法院诉讼文书样式》计314种，一直使用至今，从而为法院法律文书的规范化、标准化、科学化作出了贡献。

人民法院的法律文书与公安机关、人民检察院法律文书相比较，不仅内容复杂，而且文种数量也繁多。1993年3月1日最高人民法院颁布的《法院诉讼文书样式》采用以诉讼事件性质和文书用途相结合的综合分类法，将人民法院法律文书314种试行的样式分为14大类，每类按诉讼性质和程序再分成若干种制作样式：①刑事案件裁判文书类（40种）；②民事（含经济纠纷）案件裁判文书类（49种）；③行政案件裁判文书类（12种）；④决定、命令类（19种）；⑤报告、批复类（21种）；⑥笔录类（15种）；⑦证票类（7种）；⑧书函类（22种）；⑨通知类（39种）；⑩公告、布告类（11种）；⑪涉外民事、经济纠纷案件专用文书类（18种）；⑫海事案件专用文书类（29种）；⑬书状类（21种）；⑭其他类（11种）。

我国的公安机关有着自身独特的性质和使命，其工作职能范围包括：维护公共社会秩序和治安；负责辖区居民的户籍管理；负责辖区的交通管理；受理辖区的各类刑事案件并负责侦破，对未决而被羁押的犯罪嫌疑人实施监管看守；出入境管理；辖区内的内保及消防管理；重大活动的警卫工作等。其中，对各类刑事犯罪案件实施侦破及对未决犯的监管看守是其重要的诉讼职能业务，因此列章讲述，其他属行政执法业务，其文书归入一章。

公安机关法律文书是指公安机关在实施法律、依法办理刑事案件及其他行政执法工作中所专用的具有法律效力或法律意义的文书。

近年来，公安部对公安机关法律文书的制作非常重视，并出台了大量的相关规定，如1987年3月制定实施的《公安机关办理刑事案件程序规定》，对公安机关办理各种刑事案件所适用的各种法律文书的内容和制作要求作了原则规定。1989年又制发了《预审文书格式（样本）》共7类46种。刑事诉讼法修改以后，公安部于1997年1月又颁布了新的《公安机关刑事法律文书格式（样本）》。此外，各执法部门制定的系列行政执法管理文书仍继续使用，这些格式样本的实施，对于规范公安机关法律文书写作，提高公安法律文书的制作质量，发挥了重要作用。

按照公安机关的主要业务范围，我们将公安机关法律文书分为刑事案件文书和行政执法文书两大类。

刑事案件文书的种类较多，主要包括：按受报案笔录、受理刑事案件登记表、移送案件通知书（呈请移送案件报告书）、刑事案件立案报告表（立案报告书）、不予立案通知书、不立案理由说明书、侦查工作方案、刑事案件破案报告表（破案报告书）、呈请传唤、拘传批示表、呈请拘留报告书、取保候审批示表、取保候审决定书、呈请监视居住批示表、监视居住决定书、委托书、解除取保候审决定书、解除监视居住决定书、呈请拘留报告书、拘留证、对被拘留人家属或单位通知书、呈请延长拘留期限报告书、呈请批准逮捕书、逮捕证、对被捕人家属或单位通知书、变更强制措施通知书、提请批准延长羁押期限意见书、延长羁押期限通知书、重新计算侦查羁押期限通知书、呈请搜查批示表、搜查证、释放证明、通缉令、现场勘查笔录、侦查实验笔录、询问笔录、讯问笔录、各种鉴定结论（人身鉴定书、指纹鉴定书、足迹鉴定书、血型鉴定书等）。扣押物品文件清单、侦查实验笔录、结案报告、起诉意见书、补充侦查报告书、聘请律师审批书、会见犯罪嫌疑人申请表、批准会见在押犯罪嫌疑人决定书、通知书、不批准会见在押犯罪嫌疑人决定书、请求复议意见书、请求复核意见书等。

行政执法文书的种类主要有：治安案件受理登记表、治安管理处罚审批表、治安管理处罚裁决书、治安案件调解书、治安案件申诉裁决审批表及申诉裁决书、道路交通事故报案、立案登记表、道路交通事故现场勘查记录、道路交通事故尸体检验笔录、道路交通事故技术鉴定书、道路交通事故责任认定书、道路交通事故处理通知书、道路交通事故调解记录、道路交通事故损害赔偿调解书、道路交通事故损害赔偿调解终结书等。

第二节　诉讼文书的写作模式

一、诉讼文书写作简介

（一）诉讼文书的含义和分类

诉讼文书有广义和狭义之分。狭义的诉讼文书是指从事法律事务的专业人员（如律师）以及公民在从事刑事、民事、行政诉讼活动时依据国家法律，按规定格式撰写的具有法律意义的文书。广义的诉讼文书则除了狭义的诉讼文书内容外，还包括国家司法机关如公安机关、检察机关、人民法院在依据法律处理刑事、民事、行政案件活动中使用的各种司法文书。

根据用途不同可将诉讼文书分为上诉状、申诉状、答辩状和辩护词等。

（二）诉讼文书的特点

1. 主旨的鲜明性

诉讼文书的制作都是为了解决法律诉讼活动中的具体问题的，因而，写作目的必须明确、单一，解决问题的意见必须明确、具体。总之，主旨必须鲜明。比如各类诉状中的请求事项、事实理由都必须做到鲜明、集中，让人一目了然。

2. 材料的客观性

诉讼文书必须写明案件事实，或者民事（包括经济行政纠纷的事实，所有这些材料都必须真实可靠，证据确凿无误。为了保证诉讼文书中所使用的材料的客观性，必须注意以下三点。

首先，要明确材料和主旨在诉讼文书制作过程中的统一关系。在通过对大量事实材料分析的基础上（以事实为依据），产生并提出主旨（以法律为准绳）。而在制作诉讼文书时，则应由主旨统帅材料，让材料说明主旨。

其次，围绕主旨选材，必须选择足以说明问题性质的真实材料、舍弃不能说明问题事实的材料。

最后，表述事实材料应当把具体叙述和概括叙述密切结合起来。

3. 语言的准确性

诉讼文书必须依法制作，法律用语均有其严格的内涵与外延，因而，在制作诉讼文书时，语言表述必须准确无误，无论是对案情事实的叙述，对问题性质的认定，对处理意见的说明，都必须做到解释单一、无歧义，以维护法律的尊严。

4. 格式的规范性

格式的规范性是诉讼文书外在形式的重要特征，这与它的很强的实用性能直接相联系的，这种格式的规范性，有助于文书制作者及时制作，也有助于文书的有效实施。诉讼文书格式的规范性特点，主要表现在两方面。

一是结构的固定化。诉讼文书大多有较为固定的组织结构，尤其是诉讼文书中的各类诉讼状，其主体一般都依次为当事人身份情况、请求事项、事实和理由等。

二是用语模式化。诉讼文书的部分用语是程式化的语言，有的甚至是固定成文的语言，如上诉状中不服原审裁判的事由部分，一般是固定套语。

（三）诉讼文书的作用

诉讼文书是为司法实践活动服务的，因而它也是司法实践活动的产物，和具体的司法工作结合起来，具有以下作用：

(1) 诉讼文书是保护公民合法权益的有力武器。随着改革开放的进一步深化，我国法制建设日益完善，人们的法律意识日益增强。随着计划经济体制被社会主义市场经济体制所代替，国际经济往来日渐频繁，各方面经济利益关系进一步调整，必然会带来一些矛盾和问题，有些矛盾和问题是需要通过法律的渠道来加以解决的。更为重要的是，随着市场经济体制的建立和人们法制观念的加强，以法律为保护自己合法权益的有力武器已成为越来越多的公民的合理选择，尤其是在民事、行政等诉讼的活动中（诸如经济合同纠纷、财产纠纷、商标纠纷、涉外经济纠纷等），当事人一般都在协商调解无效时，诉诸法律。各种诉讼文书也发挥出越来越重要的作用。

(2) 诉讼文书是司法实际活动的客观记载。各种司法实践活动特别是涉及诉讼的活动，都需要有实际的文字记载。各种诉讼文书与相应的司法文书配合，能完整记载诉讼过程，有的诉讼文书属于进行某项诉讼活动的文书凭证，如一宗经济合同纠纷案，一般就有原告的诉状、被告的答辩状、律师的辩护词、各种物证等，所以我们说诉讼文书是司法实际工作完整、客观的记载。

二、诉状的写作格式

刑事诉状、民事诉状与行政诉状在写作格式上基本相同，由首部、请求事项、事实和理由、尾部和附项四部分组成。

（一）首部

首部包括两项内容，即标题和当事人身份等基本情况。

1. 标题

标题按诉讼内容、性质，直接标写“刑事、民事诉状”或“行政诉状”。需要注意的是：民事诉状不必再加注“经济合同纠纷”、“离婚”、“财产继承”等字样。

2. 当事人身份的基本状况

按当事人各人一段排列，在每人姓名前，要标明这个当事人的称谓，即其在诉讼中的地位，是“自诉人”还是“被诉人”。

在刑事诉状中，首先列出自诉人的姓名、性别、年龄、民族、籍贯、职业和

住址。

自诉人如果有代理人的，在列过自诉人以后，紧接着另起一行列出代理人的称谓，是法定代理人、指定代理人，还是委托代理人，在称谓之后，列出该代理人的姓名、性别、年龄、民族、籍贯、职业和住址，与被代理人的关系。再列写被告人的姓名、性别、年龄、民族、籍贯、职业和住址。

如果自诉人和被告人不止一人的，应根据主次情况、顺序排出。先将自诉人一一列出，然后再逐一列写被告人。

而民事诉状一般都由法院上诉法庭提供专用的封面，只需在原告栏目内和被告栏目内，分别写明原告、被告的姓名、性别、年龄、民族、籍贯、职业、工作单位和住址等项目。原告、被告不只一人的，则分别写明其基本情况。

如果当事人是企业、事业单位、机关、团体（法人）的，则先写其名称、地址，如属企业，应写明其经营范围、银行账号及电话号码等。后写法定代表人（法人代表）的姓名、职务。例如：

原告：××公司。地址：××市××路××号。

法定代表人：××（姓名），总经理。

如法定代表人委托律师为诉讼代理人，则在其下一行写："委托代理人：××（姓名），××律师事务所律师。"行政诉状的被告只能是行使国家行政管理职权的行政机关，所以被告方只需写出机关名称，主要行政负责人即可。

（二）请求事项

在刑事诉状中，请求事项可以显示"案由"，相当于行政公文的"事由"。请求事项主要写明被告人的罪名和向人民法院提出的请求。

在具体写法上，请求事项要写得明确、具体；认定被告人的犯罪性质，确定其罪名，应以刑法有关条款为依据；文字要力求简明扼要，清楚准确。

在刑事诉状涉及的案件中，一般可分为只要求追究刑事责任和既要求追究被告人的刑事责任，还附带提起民事诉讼，要求被告人赔偿损失的。以后者为例，其请求事项可分条款列出："被告人犯伤害罪，请求依法判处：自诉人医疗费××元，营养费××元，误工经济损失××元，共计××元，全部由被告人负担。"

在民事诉状的请求事项里，主要写明请求解决的诉讼标的（即争议的权益和争议的事务），请人民法院依法判处。如遗产继承案件，则要写明遗产情况和如何分割以及向法院的请求。例如，"要求与被告共同继承父母遗产三居室一套80平方米住房和××万元存款，请人民法院依法判决"。相对于刑事诉状而言，民事诉状的请求

事项要求写得更细一些，具体来说：

一是要明确、具体。对诉讼的请求事项一定要明确、具体地提出来，不要笼统、含糊。例如，离婚案件，请求事项为债务如何负担、财产如何分割。

二是要合理合法。请求事项要以事实为根据，以法律为准绳，从实际出发，合情合理，合法有据。例如，经济合同纠纷案件，由于被告违约，造成原告直接经济损失 30 万元，那么，要求被告赔偿直接经济损失最高不得超过 30 万元。

三是写请求事项，文字要求概括、简练。简练，不必解释原因、说明理由，因为第三部分“事实和理由”才展开阐述。

在行政诉状的请求事项里，主要向人民法院提出对行政决定予以撤销、变更的请求，或者请求人民法院判令行政机关履行某种行为或给予行政损害赔偿。

（三）事实和理由

事实和理由是诉状的主要内容，三种诉状又有所区别。

犯罪事实，应当写明被告人在何时何地、在何种情况下，出于什么动机、目的，采取什么手段实施犯罪行为，造成什么后果，具体的情节。必须注意把当事人之间的关系，犯罪的动机、目的和主要情况叙写清楚，便于人民法院调查核实，作出处理。

犯罪事实写清楚后，还应写明能证实被告人犯罪的证据，如人证、物证和书证等都需一一交代清楚。方法上既可以一边叙事一边举证，也可以在叙事完毕后集中列举证据。

起诉理由是自诉人对被告人犯罪事实的分析和评论，也是自诉人控告被告人犯罪的道理和原因。主要包括：有分析地说明证据价值，援引相应的法律条款，论证案情性质和从重、从轻、加重、减轻的情节等项内容。

民事、行政诉状的事由和理由，一是摆事实，二是讲道理。摆事实，要求写明被告侵犯原告民事权益的具体事实，当事人双方权益发生争执的具体情形，并要列举有关的证据。讲道理，就是对事实加以评论，分析纠纷性质、是非责任，以及权利和义务的关系等，并引用适当的法律作为起诉的依据。

事实和理由应分开写，各有侧重。

事实部分要围绕诉讼目的，全面反映案件的真实情况要求。一是叙事要完整，即把民事、行政案件案情事实的时间、地点、人物、事件、原因、结果等六个要素及有关情况交代清楚。二是叙事要真实，实事求是地反映出客观事实的本来面貌。既要反映出有利于原告的事实和证据，说明原告应当享有的权利，又要反映出不利于原告的事实和证据，主动说明原告应承担的责任。既不要夸大对自己有利的情节

也不要渲染对对方不利的因素。三是叙事要明确，善于组织材料，合理剪裁，用词造句准确无误，做到表述恰当。

理由部分则要根据事实，对照有关法律条款作分析论证，理由是民事、行政诉状的重要内容，只有理由充分，合法、合理、合情，才具有说服力，诉讼的请求才站得住脚，诉讼目的才容易达到。

写理由就是讲道理：一是在叙事的基础上，分析纠纷的性质，说明是非曲直；二是分析证据，说明起诉所依据的事实的可靠性；三是论证权利和义务的关系，说明提出诉讼请求是合理合法的；四是引用恰当的法律条文说明起诉是有法律根据的。在具体的民事诉状中，理由具体怎么写只有根据事件的性质和具体的案情来确定。

(四) 尾部和附项

在写作格式上，刑事诉状和民事诉状的尾部附项写法基本相同。

(1) 写明呈送机关，分两行写为“此致”“××人民法院”。“此致”退两格，“××人民法院”要顶格写，以示尊重。

(2) 诉状右下方写明“具状人：××（签名或盖章)”，同时写明具状年、月、日。如果是律师代书，还需写明××律师事务所律师××（姓名）代书。

(3) 附项。包括本状和副本。共××份，一般按被告人的人数和法院存档1份制作；证物××件；书证××件。

在具体司法实践活动中，相对来说，民事诉状的使用频率高于刑事诉状。在民事诉状中，又以经济合同纠纷、离婚、财产继承等案为多。

第三节 诉状类文书

一、起诉状

1. 起诉状的概念

起诉状又称起诉书，是指刑事自诉案件的自诉人或民事、行政案件的原告人向人民法院提出或指控被告的书状，通称起诉状。起诉状分为刑事起诉状、民事起诉状和行政起诉状。

2. 起诉状的内容和结构（写作模式参考上节）

起诉状的写作模式参考上节，应当写明以下事项：

(1) 当事人的姓名、性别、年龄、民族、籍贯、职业、工作单位和住址，企业事业单位、机关、团体的名称、所在地和法定代表人姓名、职务。

（2）诉讼请求和所根据的事实及理由。

（3）证据和证据来源，证人姓名与地址。

☆ 民事起诉状范文

民事起诉状

原告：×××市滨潭城建支行（以下称城建支行），住所地：×××市永康路66号。

法定代表人：李英伟，行长。

被告：×××市体育展销厅（以下称展销厅），住所地：×××市太平路123号。

法定代表人：张一男，主任。

被告：建国汽车配件公司（以下称配件公司），住所地：×××市太平路145号。

法定代表人：陈天皓，经理。

请求事项：

1. 被告偿还欠款26万元；

2. 被告补还原告贷款6万元的利息及逾期罚息（于××××年1月26日起至偿还借款日止）；

3. 诉讼费用由被告承担。

事实和理由：

××××年6月30日，被告体育展销厅为购买农用三轮摩托车，与原告×××城建支行签订一份借款合同。该合同约定：城建支行借给展销厅人民币11万元用于购进农用摩托车，期限为3个月，利息按月息7.45‰利率计收，如遇国家调整利率按新规定执行，被告宏光配件公司作为被告展销厅的借款保证人，出具了贷款担保。合同签订后，原告城建支行按约将11万元贷款发放给被告展销厅。被告用该笔贷款大部分购买了农用三轮摩托车，其余贷款挪作他用。借款期满时，被告展销厅归还了5万元整，剩余欠款及利息迟迟不还。原告曾多次找被告展销厅及配件公司要求还款，均无结果。

鉴于以上事实，原告认为借款合同一经签订，即具有法律约束力，借款双方均应严格遵守。被告展销厅应按合同约定履行义务，同时根据法律规定，保证合同是一种严肃的民事法律行为。当被保证人不履行合同约定的义务时，保证人有责任代为履行或承担连带赔偿责任。因此，在被告体育展销厅不履行其还款义务时，被告宏光配件公司作为保证人应负连带还款责任。根据《中华人民共和国经济合同法》第6条、第15条、第35条之规定，特诉请人民法院判允原告的前列诉讼请求。

此致

××市人民法院

起诉人：××市城建支行（公章）

××××年八月七日

附：1. 本诉状副本 2 份。

2. 证据：①××××市体育展销厅向原告贷款 11 万元借据 1 份；②××××市宏光汽车配件公司作为展销厅的借款保证人出具的贷款担保书 1 份。

☆ **范文评析**

法律文书的格式与其他应用文格式在内容上区别较大，但结构上大致相似。本起诉状事实和理由中，写清了合同签订的经过、具体内容、纠纷产生的原因、诉讼请求及有关法律、政策依据。本文原告所写附件，即向法院列举所有可供证明的证据。证人姓名和住所，书证、物证的来源及由谁保管，并向法院提供复印件，以便法院调查。

二、答辩状

（一）答辩状的概念

答辩状是指民事或行政案件中被告人或被上诉人在收到起诉状或上诉状副本后，在法定限期内，针对起诉或上诉的事实、理由、请求，进行回答和辩解的一种文书。

（二）答辩状写作格式

答辩状一般由首部、正文、尾部及附项组成。

1. 首部

(1) 标题。应写明文书名称，即一审写为“民事答辩状”或者“行政答辩状”；二审写为“民事被上诉答辩状”或者“行政被上诉答辩状”。

(2) 答辩人身份等基本情况。

2. 正文

正文是答辩状的核心部分，必须针对起诉状或上诉状的内容进行答辩。

(1) 答辩事由（案由）。写明对何人起诉或上诉的什么案件提出答辩。

(2) 答辩理由。答辩状理由的写法应针对诉状或上诉状中提出的具体问题来确定。

3. 尾部

写明受状法院名称、附件的名称和份数，由答辩人签名或者盖章，写明答辩日期。

☆ 答辩状范文

答　辩　状

答辩人：红旗汽车运输公司　住所地：××市槐树街445号　法定代表人：刘成军，公司董事长

为红旗汽车运输公司诉我公司公交经营权承包合同纠纷案答辩如下：

依据国家计划单列市××市人民政府的规定，××市人民政府交通管理部门将××市人民政府辖区内××市×××至×××一线公路的经营权有偿出让给我公司。我公司对该线路拥有自营和转让的权利。依照××市人民政府的规定，该经营权的转让只需备案，备案与否不影响转让合同的效力。我公司与原告签订的合同虽名为承包合同，但实际是经营权转让合同。2008年4月份，有业内人士预测×××至×××一线公交客流量将大幅度增长，随着时间的推移运价肯定会上涨。因此，我公司向原告提供了这一消息。但是我公司对此无意提供保证。我公司转让的是该线路的经营权。该经营权作为一项财产其价值几何，随市场情况的变化而变化。它与生产商提供的商品不同。它并无内在的质量、性能可言。市场情况并非我公司独自掌握的情况。原告可以了解，也有条件、有能力了解。获得该项经营权，能赚多少利润，和市场情况、经营水平有关。市场情况、经营水平，非我公司能够掌握，全系原告自己判断和控制。所以，我公司既无义务告知原告我公司自营时的利润，也无义务和能力保证原告赚钱。该项交易的风险应由原告自己承担。2010年7月原告与乾坤有限公司共同参与投标，并同意在标的相同情况下，采用抓阄的方式决定由谁获得该线路的经营权。抓阄的结果正如原告所说，乾坤有限公司获得了该线路的经营权。至此，原告已自愿与我公司解除了经营权出让合同。原告在经营权出让合同已经自愿解除的情况下，要求继续履行合同和变更合同内容，要求我公司承担违约责任，是毫无道理的。

请人民法院依法驳回其诉讼请求。

此致

××市中级人民法院

答辩人：红旗汽车运输公司（盖章）

××××年一月二日

附：本答辩状副本2份。

☆ 范文评析

正文是答辩状的核心部分，必须针对起诉状或上诉状的内容进行答辩。答辩事由（案由），写明对何人起诉或上诉的什么案件提出答辩。答辩理由，答辩状理由的写法应针对诉状或上诉状中提出的具体问题来确定。

三、反诉状

（一）反诉状的概念

反诉状是指民事案件或刑事自诉案件中的被告人，在诉讼过程中，为维护自身的合法权益，向原告或自诉人提出的独立诉讼请求。是在已经开始的诉讼程序中，民事案件的被告，以本诉的原告为被告，以抵消对方诉讼请求为目的，向同一人民法院提出与本诉有关的新的诉讼请求时使用的文书。

（二）反诉状写作要领

民事反诉状的基本写法与民事起诉状相似，但是由于反诉状属于“后起诉”的诉状，具体写法也有某些特别要求。

其一，应写明反诉缘由。为了体现“反诉”的程序特点，应当在首部当事人之后，另起一段概括说明反诉状的起因：“被反诉人（本诉原告）起诉反诉人（或采用第一人称“我”）××（案由名称）一案，因其×××，现提出反诉如下：”

其二，反诉请求应当明确、具体。例如：“请依法判决被反诉人偿还拖欠反诉人货款×万元，以抵销反诉人欠其相应的货物数额。”

其三，先摆争议事实后论理由。不必全面叙述案情，而应当突出争议的事实，说明真相，并注意与法律、法规相适应；叙述案情，不妨夹叙夹议，边叙边举证，加强驳辩性。论证反诉理由，重在分析案情性质、分清是非曲直，明确造成损害后果的责任在谁，强调是被反诉人首先违反了义务事项。

其四，列写反诉有关证据。反诉状同样需要“举证”，应注意证据确凿，名称规范。

民事反诉状写作格式包括三个要点。

1. 首部

(1) 标题。

(2) 反诉人和被反诉人的基本情况（同上）。

2. 正文

(1) 反诉请求。请求法院判令被反诉人抵销或吞并本诉标的的具体数额和方法；判令被反诉人承担诉讼费用。

(2) 事实和理由。应详述事实与理由，是整个反诉状的核心。在这一部分里，要从事实和法律角度充分阐述反诉主张的正确性和抵消、吞并对方诉讼请求的合法性。反诉人在证据部分，可以申请证据保全，也就是在证据可能灭失或以后难以取得的情况下，可以申请证据保全。申请时，应说明什么证据需要保全、证据种类，还应说明证据由什么人持有及其具体理由。

3. 尾部

其一，致送人民法院名称；其二，附项：附上本反诉状副本，并列明证据名称和份数；其三，反诉人签名；其四，反诉日期。

☆ 民事反诉状范文

民事反诉状

反诉人（本诉被告）：（写明姓名、性别、年龄、民族、籍贯、职业或者工作单位和职务、住址）。

被反诉人（本诉原告）：（写明姓名、性别、年龄、民族、籍贯、职业或者工作单位和职务、住址）。

反诉人就××一案，对被反诉人提起反诉。

反诉请求：（写明请求的具体内容）。

事实与理由：（写明具体的时间、地点、经过、见证人等）。

证据及其来源，证人姓名和住址：（如有证人，应当写明证人姓名和住址）。

此致

××市人民法院

反诉人：隋苍庆

××××年一月十三日

附：1. 本诉状副本 4 份。

2. 证据 3 份。

3. 证人姓名张全友，住址：××市东区烟草岗。

☆ 范文评析

反诉状是在已经开始的诉讼程序中，民事案件的被告，以本诉的原告为被告，以抵消对方诉讼请求为目的，向同一人民法院提出与本诉有关的新的诉讼请求时使用的文书。其结构与其他法律文书基本相似。

四、上诉状

（一）上诉状的概念

上诉状是指诉讼当事人或者他们的法定代理人，不服一审法院的第一审判决或裁定，在法定的上诉期内，向原审法院的上一级法院提起上诉，要求重新审理案件的书面请求。

（二）民事（行政、刑事）上诉状的特征

(1) 民事（行政、刑事）上诉状必须是民事（行政、刑事）诉讼当事人及其法定代理人提起的，别人无权提起。

(2) 民事（行政、刑事）上诉状必须是对地方各级人民法院的第一审裁判不服所提起的。

(3) 民事（行政、刑事）上诉状必须依照法定程序和期限，向制作第一审裁判的上一级人民法院提起上诉。

（三）民事（行政、刑事）上诉状的写作

1. 首部

应按顺序写出下列事项。

(1) 标题“民事（行政、刑事）上诉状”。

(2) 当事人的基本情况：先写上诉人，后写被上诉人，包括姓名、性别、年龄、籍贯、住址等内容。特别注意应把当事人在一审中的诉讼地位加以备注。例如，“上诉人（一审被告）”，“被上诉人（一审原告）”。

(3) 不服原审判决或裁定的事由。例如，“上诉人因××一案，不服×××人民法院于××××年×月×日×字第×号民事判决（或裁定），现提出上诉，上诉的请求理由如下：”即转入正文。

2. 请求和理由

这部分应先写提出上诉的诉讼请求，后说明上诉的理由。诉讼请求应明确、概括、简洁，使人一目了然。上诉的理由关系到上诉请求能否成立，因此要充分有力、击中要害。上诉理由应根据具体情况从三个方面或其中一方面来阐述。首先，应针对原判认定的事实是否有错误，有没有遗漏的重要事实，用以认定事实的证据是否可靠进行分析论证。其次，分析原审对案件定性是否正确，运用法律有没有错误。

最后，分析一审案件在审理过程中有无违反诉讼程序，可能影响判决的正确性。

3. 结尾

要写“此致”“×××人民法院”，并在右下方由上诉人签名盖章，注明年、月、日。

4. 附项

写明下列事项：①上诉状副本××份；②书证、物证各××件。

☆ 民事上诉状范文

民事上诉状

上诉人（原审原告）：女，××岁，×族，××省××市人。

被上诉人（原审被告）：男，××岁，×族，××省××市人，××市××局干部，现住××市××区××路××号。

上诉人因离婚一案，不服××市××区人民法院××年××月××日（××××）×民初字第××号判决，现提出上诉。

上诉请求：

1. 变更××区人民法院（××××）×民初字第××号判决。

2. 改判由上诉人抚养孩子××。

上诉理由：

（应详述理由，此略。）

基于上述事实，从有利于××的成长教育角度考虑，请求人民法院依法改判，由上诉人抚养××。

此致

×××市中级人民法院

上诉人：×××

××××年一月十二日

附：1. 本上诉状副本×份。

2. 上诉人的收入证明。

☆ 行政上诉状范文

行政上诉状

上诉人：×××（写明姓名、性别、年龄、民族、籍贯、职业或者工作单位和职务、住

址，如果是法人或者其他组织，应写明名称、法定代表人、住所、联系地址和邮政编码等，如果是行政机关作为被上诉人的，则应写明行政机关的名称、法定代表人和住所）

被上诉人：×××（写明姓名、性别、年龄、民族、籍贯、职业或者工作单位和职务、住址，如果是法人或者其他组织，应写明名称、法定代表人、住所、联系地址和邮政编码等，如果是行政机关提起上诉，则应写明行政机关的名称、法定代表人和住所）。

如果一审原告、被告都不服判决，提起上诉，则都列为上诉人。

上诉人因×××一案（写明一审判决或者裁定书所列的案由），不服××人民法院××××年×月×日（××）字第××号判决（或者裁定），现提出上诉。

上诉请求：

（写明要求上诉法院解决的事由，如撤销原判；重新判决等）

上诉理由：

（写明一审判决或者裁定不正确的事实根据和法律依据）

此致

×××人民法院

上诉人：×××（签字或者盖章）

××××年一月一日

附：本上诉状副本3份

☆ **范文评析**

从上述格式和范文中我们可以看出，公民不服法院的一审判决，还可在上诉期间内提起上诉，提出上诉请求，陈明上诉理由，要求改判。

要注意的是，上诉状是针对判决书的。

五、申诉状

1. 申诉状的概念

申诉状可分为刑事申诉状、民事申诉状和行政申诉状，申诉状是当事人和法定代理人及其家属，对人民法院已经发生法律效力的判决、裁定，认为有错误，而向人民法院或者人民检察院提出重新审理而予以复查纠正的书面请求。

2. 申诉状的写作原则

（1）必须是与本身权益有关的公民提出的（行政民事申诉，还可以是法人或其他组织）。

（2）当事人可以在对自身有利、判决书和裁定有效期内，向人民检察院、原审人民法院或上级人民法院提出申诉。

3. 民事申诉状的写作要点

（1）首部。注明文书标题民事申诉状。申诉人和被申诉人基本情况。

（2）案由。写明申诉的案件名称，作出生效判决、裁定的人民法院的名称，判决、裁定编号及制作日期，并表明对该裁判不服，提出申诉的态度。

（3）正文。请求事项：概括写出请求人民法院解决什么问题，从原则上说明要求达到的目的。事实和理由：应详写。

（4）尾部。致送人民法院名称。申诉人签名、盖章。申诉日期。

（5）附项。

☆ 民事申诉状范文

民事申诉状

申诉人（原审原告）：××电脑硬件公司。

地址：××市××路××号。

法定代表人：　　职务：　　经理。

被申诉人（原审被告）：××网络公司。

地址：××市××路××号。

法定代表人：　　职务：　　经理。

案由：硬件购销合同纠纷。

申诉人对××市仁和区人民法院（××××）仁字12号判决不服，特向××市中级人民法院提起申诉。

请求事项：

1. 撤销××市仁和区人民法院（××××）仁字12号判决；

2. 退还货款113万元人民币并支付违约金6万元人民币。

事实和理由：

（应详述，此略。）

基于上述事实，特向中级人民法院提起申诉，请求人民法院重新审理本案，撤销原判决，判令××网络公司返还货款××万元人民币并支付违约金××万元人民币，以维护申诉人的合法权益。

此致

×××市中级人民法院

申诉人：××硬件公司（盖章）

××××年九月二日

附：1. 原审判决书1份；

2. 申诉人与被申诉人硬件购销合同1份。

☆ **范文评析**

申诉状与上诉状在结构上基本是相同的，其目的亦是相同的，不过上诉状是有时限的，过时不再受理。而申诉状虽然没有具体的时限，但不宜把申诉期拖得过长。

第四节 公 证 文 书

一、遗嘱

1. 遗嘱的概念

遗嘱是指逝者生前对于其死后一些事务所作的安排和处置。任何成年的公民可以就他个人的合法财产设立遗嘱。

2. 遗嘱的内容和格式

主要内容有以下九点：①标题——遗嘱（居中、大字）；②立遗嘱人（身份基本情况）；③立遗嘱原因；④立遗嘱人的所有财产名额、特征；⑤立遗嘱人对身后所有财产的具体处理意见，对于不动产，应写明财产坐落的地址；⑥所立遗嘱的份数；⑦立遗嘱人；⑧见证人；⑨时间。

☆ **遗嘱范文**

遗 嘱

立遗嘱人：××（姓名）××（婚姻状况/职业）××（身份证号码）。

1. 本人指定及委派××（姓名、身份证号码、居住地址）为本人此遗嘱之唯一执行人及受托人。

2. 本人将本人名下（不可动财产，如物业，请列明详细地址）之物业遗赠××（受益人姓名）承受及享用。

3. 本人将本人名下的（可动财产，如珠宝首饰）遗赠××（受益人姓名）承受及享用。

4. 本人将本人名下的（现金财产，如美元）遗赠××（受益人姓名）承受及享用，并免除此遗赠之任何遗产税项责任。

5. 除上述第二、三及四段的产业外，本人将本人名下在各处所有之不动产及动产产业，除清付本人丧葬费及其他费用（包括债项在内）外，全部尽行遗赠××（受益人姓名）承受及享用。

立遗嘱人（签字）
××××年一月一日

见证人姓名：　　　　身份证号码：
签署：

☆ **范文评析**

上面遗嘱，××人在场见证，由该立遗嘱人（立遗嘱人姓名）亲自签署，作为其遗嘱；同时，××人应其所请，为之见证，于签署名字做见证人时，该立遗嘱人与××均同时在场，此证。

二、公证书

（一）公证的含义

公证是国家公证机关根据当事人的申请，依法证明法律行为，有法律意义的文书和事实的真实性、合法性，以保护公共财产，保护公民身份、财产的权利和合法利益。简言之，公证是国家专门设立的公证机关代表国家进行的证明活动。公证制度是国家司法制度的组成部分，公证机关是特殊的权利维护机关。

（二）公证文书的含义

公证文书是国家公证机关依照公证法规和程序的规定所制作的各种证书、文件的总称。公证文书是以特定的格式如实反映公证活动的情况和结果，它代表国家对法律行为、有法律意义的文书和事实的真实性、合法性给予证明，以保护当事人的合法权益、预防纠纷、减少诉讼、维护社会主义法制。

（三）公证文书的特点

公证文书是司法文书的一种，它除了具有其他司法文书的共同特点外，还有其自身的特点。

1. 真实性

真实性是指公证文书所证明的法律行为或者有法律意义的文书、事实及各项内容都应绝对真实，不可伪造或虚构。真实性还包括准确性。

2. 合法性

公证文书具有法律效力，它所证明的事实和内容，以及公证文书的格式都必须符合有关法律、法令、政策的规定。

3. 时效性

时效性是指法律确认公证文书所证明的某种权利得以行使的时间范围。这种权利如超过法定的期限而不行使，即归于消灭，公证文书所具有的特定法律效力也不存在了。因此制作公证文书应抓紧时间，保证时效。

4. 可行性

可行性即可以履行，能够办到。申请公证的事项应是当事人双方意见一致的行为。如公证之后可能引起纠纷，或公证书可能变成一纸空文，就应拒绝办证。公证文书一定要经审核调查，确认其真实性、合法性之后，确保其可行性。

(四) 公证文书的分类

1. 公证书

公证书包括证明法律行为的公证书，如证明遗嘱、继承、收养、委托等各种法律行为；证明法律事实的公证书，如证明结婚、离婚、亲属关系、出生、死亡、失踪等各种法律事实；证明具有法律意义的文书的公证书，如证明学历、经历文书等。

2. 其他公证文书

其他公证文书是办理公证书必要的辅助性文书，包括公证卷宗面、卷宗目录、申请公证登记表、公证笔录、公证缴费通知单、公证档案登记卡等。

3. 代书文书

代书文书包括赠与书、申明书、协议书等。

(五) 公证文书的写作格式

公证书包括如下六个方面的内容。

(1) 名称。根据公证内容写明“证明书”或“委托证明书”或“遗嘱证明书”等。

(2) 编号。公证书编号应写明（××××）×证字第×号。

(3) 首部。包括当事人姓名、年龄、通信地址等。

(4) 证明内容。证明的具体内容或事项，首先要写明证明问题的性质。其次说明申请公证人“亲自签名盖章”，说明“经本处审查属实”。公证内容应做到条理清楚，简洁明了，文字要准确贴切。切忌模棱两可，含糊不清，以免一旦发生纠纷，因文字上的歧义而增加解决问题的难度。

(5) 公证处名称及公证员姓名、加盖公证处公章。

(6) 公证书制作时间。

(六) 公证书的文本

公证书的文本分原本、正本、副本三种。签发稿是原本，填空式的无签发稿，也就无原本，只有正本、副本两种。

正本除发给当事人外，还须制作一份存卷（起备查作用）。副本发给签证机关及有关单位或个人。原本、正本、副本三者内容应完全一致，正本和副本在形式上也应完全一致。副本的份数应根据当事人的需要制作。

发出的正本或副本，应在公证书封面的左侧竖写标明收存者姓名或收存单位名称，公证书如无封面，可在首页左侧标明，便于送达和查考。

(七) 制作公证书应注意的问题

(1) 使用本国语言文字，公证书必须使用本国语言文字。1981 年司法部公证律师司下达的《关于公证书试行格式的几点说明》规定：“一般不在外国文件外文正本上盖我公证机关或公证员印章。但如外国文件或外文正本无损害我国主权和与我国法律、政策相抵触的内容，可作另纸公证的形式予以证明。”

我国是一个统一的多民族国家，宪法第 4 条第四款规定：“各民族都有使用和发展自己的语言文字的自由。”第 134 条又规定：“各民族公民都有用本民族语言文字进行诉讼的权利。”因此，在少数民族地区，公证机关应从实际出发，用当地少数民族语言文字，或汉语言文字制作公证书，或制作二者兼备的公证书。

(2) 一事一证。一事一证可以为申请人使用公证书提供方便，为公证员制作公证书提供方便，还可以保证其内容明晰，避免歧义。

(3) 公证书的内容必须经当事人同意，所以制好后，应交当事人自阅，或向当事人宣读。

(4) 在公证书中，不应写收取公证费数或制发公证书份数等与公证内容不相关的字样。

(5) 除填空式公证书外，公证书制作的格式应按司法部统一规定的23种26式。

(6) 公证书必须用墨笔填写或打印，数量多的，铅印更好。

(7) 公证书不允许挖补、涂改，空白地方要画线。如有涂改最好重新制作，或加印公证机关的校对章。

(8) 公证日期采用公历。

(9) 单位名称第一次出现要用全称，签名盖章要齐全。

(10) 公证书用纸必须是较好的道林纸，涉外公证书必须用铜版纸，封面均为16开。

(11) 经历公证书、学历公证书及结婚公证书一律要贴上当事人单身（结婚公证书也可贴夫妇合影）免冠两寸照片，并加盖钢印。

（八）公证书的发送

公证书从签署之日起生效。公证书一般由当事人或代理人到公证处领取，必要时也可由公证处发送。收件人必须填写《送达公证书回证》并签名盖章。对不能送达的，要在送达回证中说明理由。

（九）公证书的认证

有关涉外公证事项，根据规定公证书还应送外交部或省、自治区、直辖市外事办公室和有关国家驻我国大使馆、领事馆认证（文书使用国另有规定，或双方协议免除领事认证的除外）。

（十）已结公证行为的善后工作

公证书发出后，有的需要进行回访调查，有的因违约进行调解，有的需制发执行许可证明书，还有为当事人诉讼提供帮助，以及需要制作补充公证或撤销公证书等，均属于善后工作。善后办理的过程、方法及结果必须一一详细记载，形成完整的书面材料，并按照时间先后顺序将材料依次排列，按照整理卷宗的办法进行整理、装订、编号，副卷和原办的公证卷放到一起保存。

☆ 继承权公证书范文

继承公证书

（××××）××字第×号

继承人：×××，女，××××年××月××日出生，现住××省××市××县××乡××村。

被继承人：×××，男，××××年××月××日出生，生前为香港××公司职员，住香港××道××号。

查×××于××××年××月×日在香港死亡，死亡后在港留有遗产。逝者生前无遗嘱。根据中华人民共和国法律规定，逝者×××的遗产，应由其妻×××继承。

中华人民共和国××省××市公证处（公章）
公证员（签名）
××××年二月一日

☆ 范文评析

公证书标题由内容和文种构成，标题下面是本公证书编号，公证书编号要写明“（2011）2证字第8号”等字样。首部应写明当事人姓名、年龄、通信地址等。

证明内容是公证书的正文，证明的具体内容或事项。首先要写明证明问题的性质，其次说明申请公证人“亲自签名盖章”，说明“经本处审查属实”。公证内容应做到条理清楚，简洁明了，文字要准确贴切。切忌模棱两可，含糊不清，以免一旦发生纠纷，因文字上的歧义而增加解决问题的难度。

公证书结尾，即公证处名称及公证员姓名、加盖公证处公章，并标明公证日期。

✻ 训练与实践

1. 谈谈起诉状在处理案件过程中的作用。
2. 简述答辩状与反诉状的区别。
3. 遗嘱为什么能成为法律文件？
4. 请根据下列材料写一份公证申请书。

申请人：×××，男，××××年2月2日出生，现住四川省江油市二郎镇新华大队。××××年9月进入北京大学中文系学习。××××年7月研究生毕业，获文学博士学位。××××年7月起在××大学任教，××××年被评为讲师，因教学科研成绩突出，××××年被破格晋升为教授，并授予高级职称证书。××××申请××市公证处对其职称、学历予以公证。

5. 根据下列文字回答问题。

(1) 刘某在城外树林里游逛，遇女青年林某骑车从树林穿过，遂生歹意。他潜伏窥探后发现，林某每天清晨和傍晚都要骑车路过此地。某日傍晚，刘携带刺刀一把，躲在路旁大树后面，等候林下班回家，伺机强奸。当林骑车进树林时，刘突然窜出，拦住去路，林与其搏斗，将刘踢翻在地后迅速逃跑，刘穷追不舍，林某跑出不远，看见一户人家亮着灯，欲进去暂时躲避，但屋门推不开，便破窗而入。刘见林逃进屋内，便返身逃跑。但是，林在破窗进屋时，不仅损坏了窗户，而且一脚踩在床上睡觉的小孩（8岁）的左腿上，造成粉碎性骨折。

请问：林某对踩伤小孩的行为是否应负刑事责任？为什么？

(2) 李某是某村村长，于××××年秋，将已初中毕业在家务农的女青年乔某安排到本村小学做代课教师。李某多次到学校找乔某，在威逼利诱之下，乔某与其发生了性关系。其后，李某又多次纠缠乔某，二人保持不正当关系达两年之久。乔某慑于李某的淫威，又怕丢面子，给家人抹黑，一直将此事隐瞒。××××年春，乔某辞职，回家务农。乔某回家后，李某又不断去乔某家，乔某忍无可忍将此事告诉家人。××××年夏，李某又来乔某家，欲与乔某发生性关系，乔某坚决不肯，李某欲强奸乔某，二人厮打起来。住在西间的乔父听见有声音，来到现场，见李某欲强暴其女，便手持木棍，来到李某背后将李某打昏在地，用绳子将李某捆住后，到派出所报案。乔某想到这几年受到的侮辱，越发痛恨李某，顺手拿起床边的剪刀向李某的阴部、腹部连扎数下，致李某重伤。

其一，试分析：

(1) 乔某父亲的行为是否属于正当防卫？为什么？

(2) 乔某的行为如何定性？为什么？

其二、阅读分析上述案例后，请回答以下问题：

(1) 李某××××年×月××日的行为构成何罪？简单说明理由。

(2) 李某×月××日的行为是否构成强奸罪？为什么？

(3) 李某的行为有哪些法定的量刑情节？该如何处罚？

6. 根据下列文字写一篇起诉状。

甲找到在某国有公司任会计的朋友乙，提出向该公司借款 10 万元用于购买毒品并出售，并许诺出售毒品获利后给乙好处费。在利益的诱惑下，乙应甲的要求擅自从自己管理的公司款中提取 10 万元借给甲。甲拿到 10 万元后，亲自从外地购得毒品，然后在本地出售。出售一部分后，甲分给乙赃款 3 万元。后甲在出售毒品的过程中被公安机关抓获。甲如实交待了自己出售毒品的行为，但未能如实说明购买毒品的 10 万元资金的来源。乙得知甲被抓后，担心自己受到处罚，便携带 20 万元公款潜逃至外地。后乙在家属的带领下到公安机关投案，并如实供述了自己的上述行为。

第九章　科学实践类文书

第一节　科学实践类文书概述

一、科学精神

科学精神，是写作应用文章的必要条件，因为应用文讲的是真实，具有客观性，这就必然要求写作者具备科学精神。

科学精神简单来说，就是求实、求真、求索精神的执著探索精神；就是创新、改革、实践的理性发展精神；就是坚持真理、反对谬误的明辨是非精神。我们要求大学生要努力学习、刻苦钻研，这就体现了科学精神；我们主张办事情、想问题要遵循事物发展的客观规律，不能想当然办事，这也遵循了科学精神；我们承认“知识就是力量”、“科学技术是第一生产力”等观点的正确性，更是具有科学精神的体现。科学精神作为科学和文化的共同体，影响和引导着社会的发展。

只有有了科学精神，才谈得上科学实践。科学实践，就是要创新，因而创新成为科学精神的重要组成部分。科学精神强调开拓、崇尚创新、勇于怀疑，它体现为独立思考而不武断，尊重先贤而不盲从，敢于创新而不妄加臆断的理性行为。因而，大学生首先应该具有这种科学精神，然后才可能写好科学实践类文书。

二、科学实践类文书的性质

科学实践类文书，是把学生的科学实践活动，行诸文字的一种较高层次的科学实践。

科学实践类文书包括实验报告、创业规划书、毕业论文、申论与学术论文等，都是表述研究成果的文章，它们的共同特点是以真实性为基础的一种应用文章。因此，在体例、格式既有相似处，但它们又有着根本的区别。毕业论文、申论和学术论文以阐述作者的科学见解为目的，具有理论性。实验报告则以报告科研工作的过程与结果为目的，具有技术性。创业规划书却是对未来的一种设计，具有告知性和前瞻性。而毕业论文、申论、学术论文它们是应用文中的论说文，它们与前者最大的区别是各自的表达手法是完全不同的。其实，前者是为后者奠定基础，而后者却

是前者的结晶。

科学实践类文书既是大学生在校学习过程的记录，同时也是大学生在实践过程中综合素质提高的确证。毕业论文，是具有学术性的典型论说文。申论，是具有独创性见解的学术论文。大学生学术论文写作，是为大学生将来走上工作岗位从事科学工作奠定的基础。

三、大学生科学素质的提升

高校是培养高等专门人才的学府，具有培养人才、发展科学、服务社会的职能。知识经济时代对大学生提出了更高要求，将更加重视由思想品德素质、科技文化素质、心理身体素质等方面构成的全面综合素质的提升，将更注重学生的开拓性和创新能力，这是因为当代科学技术和当今世界正处于前所未有的变化中，也正面临着前所未有的发展机遇。计算机与信息技术的发展，新结构材料和功能材料及其生命科学和生物医学工程技术的进展，环境科学与工程的进步，核科学技术、海洋、空间和地下工程等，已使人类的工程活动空间和水平拓展到前所未有的领域、规模和高度，现代科技的蓬勃发展和奇迹不断涌现，全球地区间政治经济的激烈竞争和广泛合作，资源、生态环境与人类发展需要的尖锐矛盾，迫使人们努力寻求一条新的可持续发展道路。

实验报告、创业规划书、毕业论文、申论与学术论文的教学与学习，实际上就要提高大学生的创新能力，亦是大学生科学素质的提升。创新能力的培养包括使学生在学校中具备主动学习的精神、独立获取知识的能力、创造性学习的能力、创造性意识的形成等，但更重要的是使学生走出校门后，成为社会富有创造精神的建设者。

第二节　学生实践文书

一、实验报告

（一）实验报告的概念

实验报告是描述、记录某项实验过程和结果的报告。研究人员为了检验某种科学理论或假说，进行创造、发明和解决实际问题，往往要进行实验，通过观察、分析、综合、判断，将实验过程和结果如实地记录下来，经过整理而写成书面报告。

实验报告在自然科学、技术科学等领域中被广泛运用，在社会科学领域中某些学科，也要借助实验这一手段，或验证前人的理论，或进行新的理论、方法的探讨。

(二)实验报告的分类

按实验的性质划分，实验报告可分为检验型实验报告和创新型实验报告。检验型实验报告是重复前人已作的实验，在教学中就是按教学内容规定的某些实验项目重新演示，是直观教学的重要手段。这类实验报告通常有固定的项目，并按一定格式印成实验报告由实验者逐项填写。创新型实验是实验者进行一项新的研究所做的实验，它既可以是通过实验来探讨某种理论问题，也可以是在实验中摸索出新的操作方法，以便于大面积推广应用。这类报告在写作上也遵循一定的思路，但写法上要相对灵活些。

按实验的场所不同，实验报告还可分为实验室实验报告和现场实验报告两大类。实验室实验通常是自然科学中的实验，而现场实验则一般是社会科学中的实验。这两类实验报告在写法上有所不同，下面分别介绍。

实验室实验报告大体上根据实验步骤和顺序来写：先写实验的时间，有的还要根据实验的要求写明气候和温差的变化，然后写实验的项目和次数，再写实验的内容。

实验内容是这类实验报告的主要部分，应重点写明。

实验的目的是把课堂里学习的理论知识与实践相结合，从思想上提高对科学实验的认识水平，同时训练学生的动手能力，以提高学生的实践技能。因而，要求学生在教师指导下，必须按照实验操作规程进行操作，操作过程中作好记录；实验完成后，应立即写出实验报告，以备查考。

(1)实验的目的和要求。

(2)仪器和配料。即被实验的实物和供实验时用的各种材料，如玻璃器皿、金属用具、溶液、颜料、粉剂、燃料等。

(3)步骤和方法。先写明依据何种原理、定律或操作方法进行实验，经过哪几个步骤等。要把实验的过程以及观察所得的变化和结果写清楚。为便于说明问题，还可以附制图表。

(4)数据记录或处理。这一点可并入第三点写，也可单独列出。

(5)讨论。主要谈谈实验者对整个实验的评价或体会，有什么新的发现和不同见解及建议等。

以上五点，是作为实验报告的内容依次出现的。也有些实验报告将这五点分别称为“实验目的”、“实验用品”、“实验步骤”、“实验内容”、“实验小结”等。这只是表述上的差异，内容是基本相同的。

在教学实际工作中，这类实验报告通常制成了表格或填单，现场实验报告的写

法比实验室实验报告的写法要灵活一些，一般不设立固定项目，但从整体来看其结构顺序大致是依据以下五点展开的。

(1) 阐明实验的背景、条件等。表明该项实验是在什么情况下进行的，实际上是说明了实验的必要性和它的缘起、前提。这也是对实验的外部条件的大致勾勒。

(2) 简介实验的对象，实验所研究的范围和目的。实验对象的基本情况应作大致交代，对这个对象作哪些方面的实验，通过实验将解决什么问题，这些都是事先应予以明确的，以表明实验的针对性。

(3) 详细说明实验的方法，所采用的手段及程序步骤。这部分的内容基本上是对实验过程的回顾。有些实验往往是分几步实施的，应当详细展示每一阶段的成果，说明某一方法或手段采用后导致的变化。

(4) 阐释实验结果。实验结果是全部实验的产物，能清楚地表明实验的成败得失，应尽量用事实说话，作定性定量分析，以增强说服力。

(5) 讨论实验所产生的影响，它的实践意义或推广价值。任何实验的最终目的都是为大面积的实践服务的。阐述这些内容，无疑大大张扬了实验的意义。

☆ 实验报告范文

叶绿体中色素分离实验报告

一、实验目的

(1) 学会提取和分离叶绿体中色素的方法。

(2) 比较、观察叶绿体中四种色素，理解它们的特点及与光合作用的关系。

二、实验原理

光合色素主要存在于高等植物叶绿体的基粒片层上，而叶绿体中的色素能溶于有机溶剂中。故要提取色素，要破坏细胞结构，破坏叶绿体膜，使基粒片层结构直接与有机溶剂接触，使色素溶解在有机溶剂中。

叶绿体中的色素有四种，不同色素在层析液（脂溶性强的有机溶剂）中的溶解度不同，因而随层析液的扩散速度也不同。

三、材料用具

取新鲜的绿色叶片、定性滤纸、烧杯、研钵、漏斗、纱布、剪刀、小试管、培养皿、毛细吸管、量筒、有机溶剂、层析液（20 份石油醚、2 份丙酮、1 份苯混合）、二氧化硅、碳酸钙。

四、实验过程

(1) 提取色素。

(2) 制备滤纸条。

(3) 色素分离，纸层析法（不要让滤液细线触及层析液）。

(4) 观察。

层析后，取出滤纸，在通风处吹干。观察滤纸条上出现色素带的数目、颜色、位置和宽窄。结果是：4条色素带从上而下依次是胡萝卜素（橙黄色）、叶黄素（黄色）、叶绿素a（蓝绿色）、叶绿素b（黄绿色）。

五、讨论

(1) 滤纸条上的滤液细线为什么不能接触到层析液?

(2) 提取和分离叶绿体中色素的关键是什么?

☆ **范文评析**

这是一篇比较简单的实验报告，标题由内容和文种构成。正文分条文叙述，第一条实际上是本报告的前言部分，写明了实验的目的。主体由原理、工具、过程、观察四部分构成。结语为实验后的讨论，能起到对知识的巩固和提高作用。

二、创业规划书

(一) 创业规划书概念

对于正在寻求资金的大学生来说，创业规划书就是大学生的电话通话卡片。创业规划书的好坏，往往决定了大学生创业的成败。

对初创的大学生来说，创业规划书的作用尤为重要，一个酝酿中的项目，往往很模糊，通过制订创业规划书，把正反理由都书写下来，然后逐条推敲。这样创业者就能对这一项目有更清晰的认识。可以这样说，写作创业规划书，首先是把计划中要创立的企业推销给创业者自己。其次，创业规划书还能帮助把计划中的风险企业推销给风险投资家，公司创业规划书的主要目的之一就是为了筹集资金。因此，创业规划书必须要说明：

(1) 创办企业的目的——为什么要冒风险，花精力、时间、资源、资金去创办风险企业?

(2) 创办企业需要多少资金?为什么要这么多资金?为什么值得投资人为此注入资金?对已建的风险企业来说，创业规划书可以为企业的发展定下比较具体的方向和重点，从而使员工了解企业的经营目标，并激励他们为共同的目标而努力。更重要的是，它可以使企业的出资者及供应商、销售商等了解企业的经营状况和经营目标，说服出资者（原有的或新来的）为企业的进一步发展提供资金。

正是基于上述理由，创业规划书将是大学生创业者所写的商业文件中最主要的一种。那么，如何制订创业规划书呢?

(二) 创业规划书的内容

一般来说，在创业规划书中应该包括创业的种类、资金规划及基金来源、资金

总额的分配比例、阶段目标、财务预估、行销策略、可能风险评估、创业的动机、股东名册、预定员工人数等。具体内容一般包括以下11个方面。

1. 封面

封面的设计要有审美观和艺术性，一个好的封面会使阅读者产生最初的好感，形成良好的第一印象。

2. 计划摘要

计划摘要是浓缩了的创业计划书，是创业计划书的精华部分。计划摘要涵盖了计划的要点，以求一目了然，以便读者能在最短的时间内评审计划并作出判断。

计划摘要一般包括以下内容：①公司介绍；②管理者及其组织；③主要产品和业务范围；④市场概貌；⑤营销策略；⑥销售计划；⑦生产管理计划；⑧财务计划；⑨资金需求状况等。

摘要要尽量简明、生动。特别要说明自身企业的不同之处以及企业获取成功的市场因素。

3. 企业介绍

企业介绍的目的不是描述整个计划，也不是提供另外一个概要，而是对你的公司作出介绍，因而重点是你的公司理念和如何制定公司的战略目标。

4. 行业分析

在行业分析中，应该正确评价所选行业的基本特点、竞争状况以及未来的发展趋势等内容。关于行业分析的典型问题有：

(1) 该行业发展程度如何？现在的发展动态如何？

(2) 创新和技术进步在该行业扮演着一个怎样的角色？

(3) 该行业的总销售额有多少？总收入为多少？发展趋势怎样？

(4) 价格趋向如何？

(5) 经济发展对该行业的影响程度如何？政府是如何影响该行业的？

(6) 是什么因素决定着它的发展？

(7) 竞争的本质是什么？你将采取什么样的战略？

(8) 进入该行业的障碍是什么？你将如何克服？该行业典型的回报率有多少？

5. 产品（服务）介绍

产品（服务）介绍应包括以下内容：产品的概念、性能及特性；主要产品介绍；

产品的市场竞争力；产品的研究和开发过程；发展新产品的计划和成本分析；产品的市场前景预测；产品的品牌和专利等。

在产品（服务）介绍部分，企业家要对产品（服务）作详细说明，说明要准确，也要通俗易懂，使不是专业人员的投资者也能明白。一般地，产品介绍都要附上产品原型照片或其他介绍。

6. 人员及组织结构

企业管理包括，人力资源管理、技术管理、财务管理、作业管理、产品管理等。而人力资源管理是其中很重要的一个环节。

因为社会发展到今天，人已经成为最宝贵的资源，这是由人的主动性和创造性决定的。企业要管理好这种资源，更是要遵循科学的原则和方法。

在创业规划书中，必须要对主要管理人员加以阐明，介绍他们所具有的能力，他们在本企业中的职务和责任，他们过去的详细经历及背景。此外，在这部分创业规划书中，还应对公司结构作一简要介绍，包括：公司的组织机构图；各部门的功能与责任；各部门的负责人及主要成员；公司的报酬体系；公司的股东名单，包括认股权、比例和特权；公司的董事会成员；各位董事的背景资料。

经验和成功比学位更有说服力。如果你准备把一个特别重要的位置留给一个没有经验的人，一定要给出充分的理由。

7. 市场预测

市场预测应包括以下内容：

(1) 需求进行预测；

(2) 市场预测市场现状综述；

(3) 竞争厂商概览；

(4) 目标顾客和目标市场；

(5) 本企业产品的市场地位等。

8. 营销策略

对市场错误的认识是企业经营失败的最主要原因之一。在创业规划书中，营销策略应包括以下内容：

(1) 市场机构和营销渠道的选择；

(2) 营销队伍和管理；

(3) 促销计划和广告策略；

（4）价格决策。

9. 生产制造规划

创业规划书中的生产制造规划应包括多项内容：

（1）产品制造和技术设备现状；

（2）新产品投产计划；

（3）技术提升和设备更新的要求；

（4）质量控制和质量改进计划。

10. 财务规划

财务规划一般包括多项内容：其中重点是现金流量表、资产负债表以及损益表的制备。

流动资金是企业的生命线，因此企业在初创或扩张时，对流动资金需要有预先周详的计划和进行过程中的严格控制。

损益表反映的是企业的盈利状况，它是企业在一段时间运作后的经营结果；资产负债表则反映在某一时刻的企业状况，投资者可以用资产负债表中的数据得到的比率指标来衡量企业的经营状况以及可能的投资回报率。

11. 风险与风险管理

（1）你的公司在市场、竞争和技术方面都有哪些基本的风险？

（2）你准备怎样应对这些风险？

（3）在你看来，你的公司还有一些什么样的附加机会？

（4）在你的资本基础上如何进行扩展？

（5）在最好和最坏情形下，你的五年规划表现如何？

如果你的估计不那么准确，应该估计出你的误差范围到底有多大。如果可能的话，对你的关键性参数作最好和最坏的设定。

（三）创业规划书的编写步骤

编写创业规划书是一个展望项目的未来前景、细致探索其中的合理思路、确认实施项目所需的各种必要资源、再寻求所需支持的过程。

需要注意的是，并非任何创业规划书都要完全包括上述大纲中的全部内容。创业内容不同，相互之间的差异也就很大。

第一阶段：经验学习。

第二阶段：创业构思。

第三阶段：市场调研。

第四阶段：方案起草。创业规划书全文：写好全文，加上封面，将整个创业要点抽出来写成提要，然后按下面的顺序将全套创业方案排列起来：①市场机遇与谋略；②经营管理；③经营团队；④财务预算；⑤其他与听众有直接关系的信息和材料，如企业创始人、潜在投资人，甚至家庭成员和配偶。

第五阶段：最后修饰阶段。首先，根据你的报告，把最主要的东西做成一个1～2页的摘要，放在前面。其次，检查一下，千万不要有错别字之类的错误，否则别人对你做事是否严谨会怀疑的。最后，设计一个漂亮的封面，编写目录与页码，然后打印、装订成册。

第六阶段：检查。可以从以下几个方面进行检查：

（1）你的创业规划书是否显示出你具有管理公司的经验。

（2）你的创业规划书是否显示了你有能力偿还借款。

（3）你的创业规划书是否显示出你已进行过完整的市场分析。

（4）你的创业规划书是否容易被投资者所领会。创业规划书应该备有索引和目录，以便投资者可以较容易地查阅各个章节。还应保证目录中的信息流是有逻辑的和现实的。

（5）你的创业规划书中是否有计划摘要并放在了最前面，计划摘要相当于公司创业规划书的封面，投资者首先会看它。为了提高投资者的兴趣，计划摘要应写得引人入胜。

（6）你的创业规划书是否在文法上全部正确。

（7）你的创业规划书能否打消投资者对产品（服务）的疑虑。如果需要，可以准备一件产品模型。

☆ 创业规划书范文

创业规划书

一、市场分析

长期以来，国内居民因生活水平较低，对以“厨房”和“卫生间”为主要服务对象的小家电消费很少。据统计，目前国内城镇家庭小家电的平均拥有量只有三四种，而欧美国家这一统计数字高达37种。据统计，每年国内至少有260万住户搬入新家，随着人们生活水平的提高，对“厨房”和“卫生间”的日益重视，小家电产品的加速普及与换代升级必将孵化出惊人的市场推动力，小家电的市场发展前景非常广阔。今后2～3年，我国小家电行业将步入黄金发展阶段，市场需求量年增幅有可能突破30%。

对于浴室取暖用的小家电目前只有浴霸和暖风机两种。目前，全国生产浴霸的企业为376家，××××年国内销量估计为400万台，××××年为550万台，××××年达到700万台，销售额超过10亿元。在城市居民家庭中，浴霸拥有率不到15%（××××年），国内消费者对浴霸认同度达82%，市场空间巨大。

浴霸在浴室取暖设备中占着绝对优势，其中杭州奥普浴霸××××年销售额为2.6亿元，市场份额占第一。目前生产浴霸和暖风机的厂家大都集中在浙江、广东一带，但其中小厂居多，多为仿制或OEM，自主研发能力不强。

我国长江流域地区，大多住宅没有暖气，冬季洗澡取暖一直是个大问题。虽然有浴霸和暖风机，但人们更期待一种简便、有效的取暖器具。根据我的调查，人们对本产品的印象还是不错的，市场潜力巨大。

比照浴霸和暖风机市场，本产品销售市场至少在5亿～10亿元以上。

我们完全可以借助专利技术优势，迅速占领浴室取暖设备市场，建立自己的品牌和销售网络（以上数据来源于《消费日报》、中国家用电器协会）。

二、我们的目标

我们的目标是：在××××年制出样品进入市场，发展地市级以上代理商10～15家，销售额在200万元以上，××××年达到500万元销售额，××××年达到2000万元销售额，利润率保持在30%～50%。

三、资金使用

由于本产品以前市场上从未有过，所以初期样品试制、模具开发等费用投入较大，估计在10万～15万元；

各种认证、许可证、商标：5万元；

公司组建、购买相关办公用品、人员招募、公司网站等：10万元；

房租、水电费、人员工资（半年）：15万元；

参加展会、广告费：10万元；

小批量生产成本（5000件）：20万～25万元；

周转资金：20万元。

合计：100万元。

四、产品成本及盈利分析

为节省费用，降低投资风险，先期的小批量生产以委托外加工为主，暂不购买生产设备。本产品主要包括：桶体、盖子、加热盘、漏电保护器、防干烧保护器、开关、蒸汽调解板、底座、密封圈等。其中加热盘7～8元，漏电保护器12元，防干烧保护器1.5元，开关0.5元，其余为塑料件，价格15元，另外产品包装，接线螺丝，运费等，成本合计在40元以下（以上数据来源于调查的零配件经销商，还有向下浮动的可能）。

批发价暂定为80元，每个毛利为40元，估计两年能收回投资并稍有盈利。

五、销售前景

目前市场上还没有同类产品，产品销售压力较小。建议利用各地电器批发商现成的销售网络，进行代理销售。目前已与多家商家联系过，初步达成销售意向。

六、合作方案

本专利项目是非职务发明，专利权为个人所有。具体合作方式由双方协商议定。

七、原材料供应方案

可外协生产，无特殊要求。

八、本项目的未来

由于本产品制造简便，门槛不高，难免被人仿造。除了加强打假力度之外，不断升级产品也是拓展市场的必要手段。目前，已开发了两款样品，准备在明年继续推出3～5款新品，随着产品的升级换代，我们必能牢牢站稳市场。

☆ **范文评析**

本规划书标题由内容十文种构成。正文中第一、第二部分为本规划书的前言，写的是本规划书的依据和目的。主体由第三、第四、第五、第六、第七部分构成，这是本规划的核心内容，也是创业者能否得到资金或成功的基础。第八部分是本规划书的结语，是对本项目的保护和进一步发展的期望。

三、毕业论文设计

（一）毕业论文的特点

毕业论文是大学生综合运用已学专业的基础理论、基本知识和基本技能进行研究和探讨后写出的阐述解决某一问题、发表自己的学术见解的文章。它是大学生完成学业的标志性作业，是对学习成果的综合性总结和检验，是大学生从事科学研究的最初尝试，是在教师指导下所取得的科研成果的文字记录，也是检验学生掌握知识的程度、分析问题和解决问题基本能力的一份综合答卷。

毕业论文从文体上看，归属于议论文中的学术论文。毕业论文就其内容来讲，一种是解决学科中某一问题的，用自己的研究成果加以回答；另一种是只提出学科中某一问题，综合别人已有的结论，指明进一步探讨的方向；再一种是对所提出的学科中某一问题，用自己的研究成果，给予部分的回答。

毕业论文与《申论》在本质上属于典型的论说文，其特殊之处有以下三点：

(1) 综合考查已学知识的应用能力。一是考查运用已学专业知识分析问题、解决问题的能力；二是考查查询专业资料（中文资料和外文资料）的能力；三是考查运用计算机分析和处理数据的能力；四是考查语言（中文和外文）的表达能力和文章的撰写能力。

(2) 培养科学工作的素质，要求详细阐述课题研究过程，体现该课题的科研方法。

(3) 培养创新意识，要求学生的选题具有新颖性、实践性。

总之，毕业论文具有指导性，即毕业论文是在导师指导下独立完成的科学研究成果。具有习作性，即根据教学计划的规定，在大学阶段的前期，学生要集中精力学好本学科的基础理论、专门知识和基本技能；在大学的最后一个学期，学生要集中精力写好毕业论文。毕业论文还具有层次性，即毕业论文与学术论文相比要求比较低。

（二）毕业论文的选题问题

选题可从以下三个方面考虑：①从业务强项或兴趣出发进行选题；②从实习或实践中所发现的问题中进行选题；③从有必要进行补充或纠正的课题中进行选题。

选题的方向不仅有以上三种，从论文的价值来看，选题的理论意义和现实意义是首要的，在此前提下，可以发现生产或科研中亟待解决的问题、中外学术观点的异同问题、事关国计民生的问题、学科的现状与发展前沿性的问题。

无论怎样选题，都必须考虑毕业论文的时间要求和容量要求，以及自身的学术水平和研究条件，切不可脱离实际去选题，即不能选择方向虽好但无法完成的课题。

（三）毕业论文资料的搜集

资料可以用直接调查的形式获得，也可以通过图书馆或档案馆查阅获得。

直接调查是获得资料的重要途径。调查形式是多样的，对于学生个人来说，主要还是通过直接观察、个别访谈、查阅有关档案、抽样发放问卷等方式进行。

到图书馆或档案馆查阅资料，可以获得多方面的有用信息：①提供课题的研究状况；②获得二手基础资料；③学习研究方法和论文的撰写方法。

（四）毕业论文的标准格式

1. 论文题目

论文题目位置居中（下附署名），要求准确、简练、醒目、新颖。

毕业论文的标题一般分为总标题、副标题、分标题几种。

2. 目录

目录是论文中主要段落的简表（短篇论文不必列目录）。一般说来，篇幅较长的毕业论文，都设有分标题。设置分标题的论文，因其内容的层次较多，整个理论体系较庞大、复杂，故通常设目录。

目录有两种基本类型：①用文字表示的目录；②用数码表示的目录。

3. 内容提要

内容提要是文章主要内容的摘录，要求短、精、完整。字数少可几十字，多不超过500字为宜。内容提要是全文内容的缩影。在这里，作者以极经济的笔墨，勾画出全文的整体面目；提出主要论点、揭示论文的研究成果、简要叙述全文的框架结构。

内容提要是正文的附属部分，一般放置在论文的篇首。

4. 关键词

关键词是从论文的题名、提要和正文中选取出来的，是对表述论文的中心内容有实质意义的词汇。关键词是用作计算机系统标引论文内容特征的词语，便于信息系统汇集，以供读者检索。每篇论文一般选取3～5个词汇作为关键词，另起一行，排在“提要”的左下方。

主题词是经过规范化的词，在确定主题词时，要对论文进行主题分析，依照标引和组配规则转换成主题词表中的规范词语。

5. 标题

标题、作者与内容提要、关键词亦要求翻译成外文，一般放在中文关键词之下，但也有要求放在全文之后的。

6. 目录

目录是论文中主要段落的简表（短篇论文不必列目录）。一般来说，篇幅较长的毕业论文，都设有分标题。设置分标题的论文，因其内容的层次较多，整个理论体系较庞大、复杂，故通常设目录。

目录有两种基本类型：①用文字表示的目录；②用数码表示的目录。

7. 论文正文

(1) 引言。引言又称前言、序言和导言，用在论文的开头。引言一般要概括地写出作者意图，说明选题的目的和意义，并指出论文写作的范围。引言要短小精悍、紧扣主题。

(2) 论文正文。正文是论文的主体，正文应包括论点、论据、论证过程和结论。主体部分包括以下内容，与上述应用文一样即所谓的“三段式”模式，所不同的是：一般应用文是采用的记叙方法，而毕业论文却是论说文，它使用的方法是九步论证

法。如下列图示：

第一，总分总模式。

正文
- 总论：a. 概括材料　b. 略作分析　c. 提出论点
- 分论：d. 道理论证　e. 举例论证　f. 对比论证
- 结论：g. 联系实际　h. 深化中心　i. 发出号召

第二，提出问题、分析问题、解决问题模式。

正文
- 提出问题：a. 概括搜集的材料　b. 解释材料中相关的概念　c. 提出中心论点
- 分析问题：d. 用所搜集的材料分析论点提出的（社会、经济）背景，即依据
  e. 横向联系实际分析提出中心论点的目的
  f. 纵向联系实际分析提出中心论点的意义
- 解决问题：h. 结合所搜集的材料联系实际进行理论论证
  j. 结合所搜集的材料联系实际进行举例论证
  i. 结合所搜集的材料联系实际进行对比论证，最后重申中心论点

8. 注释与参考文献

1）注释

(1) 对书籍和文章中的语汇、内容、引文等作介绍、说明、评议的文字。中国古代对书籍的注释，因方式的不同而有“注”、“释”、“传”、“笺”、“疏”等之称。按排印位置的不同，又有“脚注”（又称“页末注”，排印于书页地脚）、“篇末注”（又称“文后注”，排印于全篇文章末尾）、“夹注”（注文夹于正文之间）等。注释所用字体一般小于正文。

(2) 辞书的释义也称“注释”。

(3) 注释在文中的具体表述。

撰写毕业论文，除了以上几个部分外，行文中还需要用到各种不同类型的注释，注释是指对文章中重要观点起着直接支撑作用的引语。首先，其内容必须是原作者的完整的观点，不能断章取义。其次，必须注明原著的作者、著作或资料的性质、出版社及地址、页码，国外作者还要注明国别。一般来说，注释多比少好，但要注意，注释尽量是那些核心或重要观点、论据，简洁明了，次要的观点或陈述一般用自己的话语转述，或变成自己的观点，必要的时候指出其出处即可。从上述中可知：现在的毕业论文或学术论文，早已不是古代的“注”、“释”、“传”、“笺”、“疏”了，而仅仅是标明出版信息而已。

毕业论文或学术论文常用的注释有：①题注。对题目或课题的注释，通常在题目右上角用“①”号表示。在该页用脚注形式注释。②页注。也称脚注，是在行文作注的那一页的最下面划一横线，进行注释。③尾注。将整篇论文的注释按先后顺序排列起来，放在论文正文后面一起注释。④夹注。在行文过程中，夹在文句中用括号括起来的注释。⑤原作者注。引用原作者所作的注释时，要写明此注为原作者注。⑥作者注。指作者为帮助读者理解而对术语、人物的介绍，或作者在行文中产生的联想和评论性文字。这样的注释后要写明是作者注。

(4) 毕业论文注释举例。①脚注例：①郭沫若《中国古代社会研究》，人民出版社，1977 年版，第 1 页。②尾注例：［序号］主要责任者．文献题名［M］．出版地：出版年．月．卷（期）．页码．。“［序号］”，即用“［］”以序排列“［1］”、［2］、［3］……“主要责任者”与“文献题名”之间用“．”分隔，如果是两个或以上作者，同样用“．”分隔，“文献题名”与“出版地”之间用“［M］．”分隔，“［M］”代称专著，“出版地”后用“：”分隔，“出版年”与“月”之间及“月”后皆用“．”分隔，“卷（期）”与“页码”之间和“页码”后都用“．”分隔。毕业论文或学术论文根据某些具体要求，页码可以直接标注在文中右上标的后面，加小括号“( )”。

从以上两例可知：脚注仍然采用传统的注释方法（夹注也是这种方法），而尾注却采用 GB7714 推荐的顺序编码制格式。

(5) 英文注释：作者——文献名——出版物信息，与中文注释基本相同。

2) 参考文献

(1) 参考文献的含义。参考文献是对期刊论文引文进行统计和分析的重要信息源之一，在本规范中采用 GB7714—2005 推荐的顺序编码制格式著录。一篇论文的参考文献是将论文在研究和写作中可参考或引证的主要文献资料，列于论文的末尾。

(2) 参考文献类型及其标识。根据 GB3469—83 规定，以单字母方式标识以下各种参考文献类型：

参考文献类型	文献类型标识
专著	M
论文集	C
报纸文章	N
期刊文章	J
学位论文	D

报告	R
标准	S
专利	P

文献类型的标识，皆加以方括号，如［M］、［C］、［N］等。

(3) 文尾参考文献表编排格式。参考文献按在正文中出现的先后次序列表于文后；表上以“参考文献:”（左顶格）或“［参考文献］”（居中）作为标识；参考文献的序号左顶格，并用数字加方括号表示，如［1］、［2］、……以与正文中的指示序号格式一致。参照ISO690及ISO690－2，每一参考文献条目的最后均以“.”结束。

(4) 注释与参考文献的关系。毕业论文或学术论文的注释与辞书的释义虽然都称注释，却是不相同的。通过上述内容，我们可以得知：毕业论文或学术论文的注释与参考文献基本上是相同的，主要区别：注释必须标示页码，而参考文献却不必标示页码。加之注释的页码可以放到文中右上角的标注中，所以，许多期刊要求，注释与参考文献合二为一。这样，在文尾就使用“参考文献”四字，而不必要“注释”二字。

9. 致谢

“致谢”与论文没有直接关系，这是学生为了表示对指导教师的尊敬而设置的，主要写对教师或对学校的感谢。

(五) 毕业论文的撰写过程

1. 做好资料的分析工作

(1) 将资料分类。

(2) 分析资料并从中导出结论。

(3) 给每类资料拟写标题。

2. 内容与结构的思考

(1) 根据拟定的论题，分析各类资料的内容，进一步分析资料的意义或关系。

(2) 根据资料的情况和它们之间的逻辑关系，写出总体结论。

(3) 根据初步研究结果，确定主体结构。比较简单的方法是：将分论组织起来，形成短文。

3. 进一步提炼论点

(1) 观点与材料相统一。

(2) 结论应当升华。有了基本的结论，这个结论还存在哪些问题没有解决？有什么发展前景？可再分析上升认识。

(六) 特别提醒

写作毕业论文需要注意如下三个方面的问题。

(1) 注意过渡。将材料组织成文，要注意内容之间的联系，必要时要增加过渡语。

(2) 完善整体。标题，一般习惯在拟稿时先行撰写，但完稿后，要根据实际需要再行修订，使之概括论文的中心观点或内容，力图做到生动、吸引人。提要，根据全文总论点和分论点，概括全文内容。最为重要的是，提要须阐述清楚论文的意义，论文的意义可以从理论意义和现实意义两方面来阐述。参考文献目录，要写清楚参考资料的出处、篇目名称和作者，不要缺项。

(3) 语言的修改。先过基础关。注意标点符号，不可句读不分，要把句子写通顺。推敲、润色。

(七) 毕业论文写作的基本要求

1. 坚持理论联系实际的原则

撰写毕业论文必须坚持理论联系实际的原则。只有深入到实际中去，同客观事物广泛接触，获得大量的感性材料，然后运用科学的逻辑思维方法，对这些材料进行去粗取精，去伪存真，由此及彼，由表及里的加工制作，才能从中发现有现实意义而又适合自已研究的新课题。

2. 立论要科学，观点要创新

(1) 立论要科学。文章的科学性通常取决于作者在观察、分析问题时能否坚持实事求是的科学态度。

(2) 观点要创新。毕业论文的创新是其价值所在。学术论文如果毫无创造性，就不成其为科学研究，因而也不能称之为学术论文。毕业论文虽然着眼于对学生科学研究能力的基本训练，但创造性仍是其着力强调的一项基本要求。

3. 论据要翔实，论证要严密

（1）论据要翔实。一篇优秀的毕业论文仅有一个好的主题和观点是不够的，它还必须要有充分、翔实的论据材料作为支持。旁征博引、多方佐证，是毕业论文有别于一般性议论文的明显特点。毕业论文的论据要充分，还须运用得当。一篇论文中不可能也没有必要把全部研究工作所得，古今中外的事实事例、精辟的论述、所有的实践数据、观察结果、调查成果等全部引用进来，而是要取其必要者，舍弃可有可无者。毕业论文中引用的材料和数据，必须正确可靠，经得起推敲和验证，即论据的正确性。

（2）论证要严密、富有逻辑性，这样才能使文章具有说服力。从文章全局来说，作者提出问题、分析问题和解决问题，要符合客观事物的规律，符合人们对客观事物认识的程序，使人们的逻辑程序和认识程序统一起来，全篇形成一个逻辑整体。从局部来说，对于某一问题的分析，某一现象的解释，要体现出较为完整的概念、判断、推理的过程。

☆ 毕业论文范文

论《观世音》的宗教色彩

××大学××级 白玛曲珍

摘 要 唐世贵先生的《观世音》是作家在理清各种各样的神话、传说，并将神话故事、民间传说、自然奇观、历史异闻大胆而巧妙地融为一体后，又广泛吸收了当代专家学者有关观世音的研究成果，写成的一部充满宗教色彩的历史文化小说。本论文试图从古代神话传说和民间宗教的关联入手，逐步对《观世音》所流露出来的宗教色彩进行层层剖析，来完成本课题。经过本课题的研究和分析，我不仅对宗教色彩有了深刻的认识，而且还从更深的层次理解了唐先生的作品《观世音》!

关键词：观世音 宗教 色彩

一、《观世音》宗教色彩的概述

（一）“观世音”的内涵

首先，我们要从民间故事说起，有关观世音的故事早就在民间广泛流传，民间传说——这种多宗教说教现象，才孕育出了后世文学——《观世音》。

民间故事是从远古时代起就在人们口头流传的一种题材广泛而又充满幻想的叙事体故事。它们以奇异的语言和象征的形式讲述人与人之间的种种关系。就像所有优秀的创作一样，民间故事从生活本身出发，但又并不局限于实际情况以及人们认为真实的和合理范围之内。它们往往包含着超自然的、异想天开的成分。因而，中国民间叙事散文作品，民间故事可分5

类，即：幻想故事、动物故事、生活故事、民间寓言、民间笑话。

所以，我们了解的有关“观世音”的传说，那又是怎样一段奇妙、带有宗教色彩人神兼备的神话故事。远古时代的神祇，都是由现实的人死后不断演化而来的，观世音菩萨也不例外。在印度婆罗门神话中，阿湿毗尼是万物始祖——大梵天的曾孙，太阳神苏利耶的儿子——他就是“观世音”的原型。[1](1)观世音是神话传说人物。阿湿毗尼显然是观世音菩萨的身世，但另有一种传说，却年代久远，十分离奇。据印度婆罗门教经典《梨俱吠陀》上记载，早在佛教产生以前，印度就有了观世音。后来，释迦牟尼创立了佛教，把婆罗门教的观世音神纳入佛教，成为观世音的自性身。然而，婆罗门教的观世音却是人，而佛教中的观世音却是一对可爱的孪生小马驹——双马童神。[1](10)

（二）宗教色彩的内涵

佛教经典中许多大菩萨，我们所知道而信仰的也不过几位，佛说法华经时，有八万多大菩萨，最重要的大菩萨，只有十八位，观世音菩萨乃十八位之一，其他菩萨不但没有人供养、持诵、礼拜，几乎连名字也不知道。唯有这位观世音菩萨普遍地为人所信仰，这是什么道理呢？这就是观世音菩萨大慈大悲愿甚深故，历史各种记录有关观音史实，不胜枚举。《大唐西域记》，所记载印度、西域各地观世音菩萨感应史实，尤其《大唐西域记》第十号：南印度秣罗矩吒国布咀洛迦山，观世音灵迹至属珍贵。当时清辩论师，对佛法当有诸多疑难无法解释，欲待弥勒菩萨成佛解释他的疑问，乃于观世音菩萨像前，至诚诵持执金刚陀罗尼，绝粒饮水，历时三年，观自在菩萨，乃现妙色身为其说法，指示清辩论师，往阿素珞宫岩石内入定，可以把生命保持到弥勒成佛时的圣迹，所以清辩一直到现在，还在阿素珞宫岩石内入定中。要使人家得到快乐，要拔除人家的痛苦，这就是同情恻隐的心理，这同情恻隐的心理，在佛教叫做慈悲，在儒家叫做仁，在基督教叫做博爱。佛教的慈悲，儒家的仁，基督教的博爱，在含义上虽然相似，而在分量上却有差别。基督教的博爱是“信我者昌，逆我者亡”，这种博爱，未免太感情太自私了。孟子说：“见其生不忍见其死，闻其声不忍食其肉。”这种对于禽兽的同情恻隐的心理，也是很肤浅的。[2](332)佛教的慈悲，是不分有缘无缘，也不分大的动物和微细的昆虫，都把他们看待像自己一样；他们的痛苦就是自己的痛苦，要使他们彻底离苦得乐。这种无缘慈，同体悲的慈悲心，才是大慈悲的心理。佛教主张戒杀放生，乃至蝼蚁之微，也不得故意杀害。这种普遍惠施于一切众生的慈悲心，就是大慈悲的心理。而且佛陀的教化众生，是要众生断烦恼了生死，得到不生不灭的永恒安乐的。这种苦与乐是彻底而永远，不是肤浅而短暂的。所以佛教的慈悲，从空间来说，是无边的，从时间来说，是无限的，这种慈悲，才能称为大慈悲。佛教是本着这大慈悲的精神，来为人群谋福利的。

唐世贵先生的《观世音》一书，以观世音的故事为主线，描写了人神之间、东土显灵，写出了观世音身世渊源、数转人世、兴林国公主、朝山访莲、炼狱、左右胁侍、普陀山道场、江南显神威、斗法、历经中土总是情、善恶之间、大慈大悲等。故事充满了极强的宗教色彩，作家大胆抒发热烈奔放的情感，想象丰富、意境奇特、表达自由、语言通俗。同时，运用生动的比喻、夸张、对比的手法使情节结构突兀多变，显得光怪陆离，异彩纷呈，变幻莫测，富于一种特殊奇幻的艺术魅力。

(三) 宗教色彩下的《观世音》主旨

《观世音》一书中，有对人神之间、东土显灵图景的描写，也有作者想告诉我们要用大慈大悲的观世音菩萨之心来对待我们周围的人和事。但作家并不着意于细节真实，而是驰骋于大胆的想象，说奇人、传奇事、写奇境，把人物事件，环境都理想化；作家把宗教色彩的运用来突破人神境界，时空界限、生死界限。有的民间故事旨在倡导助人为乐、尊老爱幼、和平友善、廉洁奉公、坦诚待人的良好社会风气和做人的道德准则，同事抨击了尔虞我诈、阳奉阴违、自私狭隘、凶残暴虐、以强欺弱、淫荡堕落、贪污腐败等社会丑恶现象和狗官的卑劣人格。这在《观世音》一书中表现得淋漓尽致。[1](2) 正如作家自己所言，生存在这善与恶、美与丑交替的现世，人既难以主宰自己的命运，也无法摆脱痛苦，但那颗菩萨的慈悲之心不可没有。此书与其他书有不同特点——它是人与神的结合体，是从三维空间来塑造人物形象的，使其表现出一种超尘脱俗似的品格和面貌。[1](23) 总之，《观世音》中的宗教色彩的运用，使本书增添了几分佛教意蕴！

马克思在《〈黑格尔法哲学批判〉导言》中写到："宗教的苦难既是现实苦难的表现，又是对这种现实苦难的抗议。"众所周知，菩萨之所以称为菩萨，是要具足自觉和觉他的条件的。自觉就是智慧，觉他就是慈悲。要悲智双运，才能称为菩萨。这位观世音，就是运智以求自利，运悲以达利他的菩萨。正如那些高僧说的：观世音菩萨是已经证到究竟佛果的"正法明如来"，因为度化众生的慈悲心切，所以垂迹示现为菩萨，将自己所觉悟的无上佛道，随众生的机缘，演说开示种种的佛法，以利益无量的众生，所以名为"菩萨"。

慈悲和智慧，如甘露法雨，能普度一切众生。观世音为改变东土的民风，她走遍大江南北，她那庄壮、美丽、大方的慈悲宝像便留在了那名山胜水之间。她的助人为乐的美德以及宣教的做人准则，永远成为普天之下平民百姓的楷模。我想，这就是作家所说的宗教色彩下的观世音菩萨的主旨吧。

二、《观世音》宗教色彩的分析

(一)《观世音》创作的社会背景

第一，佛教传入中国后，观世音菩萨很快又成为中国人心目中的有求必应的慈悲善神。中国佛教在南北朝以前恪守着印度佛经中的男身观世音说，所以中国早期的观世音造像是以"伟丈夫"的形象出现的。但是随着佛教中国化的发展，观世音形象在性别等方面逐渐发生了重大变化。唐宋以后，中国人对印度佛教的许多方面进行了"中国化"的改造，在佛教的诸菩萨形象中，变化最大的就算观世音菩萨了。因为，中国人已大胆地将其从男性变成了女性，而且是"有窈窕风姿"的"美女"。

适应观世音菩萨形象的这种重大"变性"，中国佛教史上出现了观世音菩萨新的身世说，这些富有汉化特点的女性观世音身世说有若干种，最著名的自然就是妙善公主说。这一说法最早出现于宋代朱弁的《曲洧旧闻》，宋末元初的管道升在所著的《观世音菩萨传略》中对这一女性观世音的来历又进一步具体化、完整化，后来中国流传的观世音故事以此为蓝本。尤其是《香山宝卷》、《南海观音全传》、《观音得道》等书，通过文学形式的渲染，把人情揉入佛法之中，以致女性观世音菩萨的灵验深入民间。汉传佛教三个最大的观世音节日（农历二月十九观音圣诞日、六月十九观音成道日、九月十九观音出家日），就是从女性观世音的身世

故事而来的。[1](1)

第二，观音菩萨传入中国大约是魏晋时期，观音菩萨是随着魏晋时期净土宗的盛行而日益深入人心的。净土宗的信仰是称名念佛往生阿弥陀佛净土即西方极乐世界。魏晋时期社会的动乱是造成这种信仰盛行的社会现实根源。哀鸿遍野、苦难深重的动乱社会，更促使人们信崇救苦救难的观世音菩萨。在印度佛教庞大的佛菩萨王国里，中国民众很快选择了观音菩萨，原因无他，就是因为广大民众祈望有一位救民于水火、解民于倒悬的救世主。在频生的天灾人祸面前，束手无策、陷于失望甚至绝望境地的平民百姓，需要这样的救世主。著名的文化人类学家基辛说："宗教强化了人类应付人生问题的能力，这些问题即死亡、疾病、饥荒、洪水、失败等。在遭逢悲剧、焦虑和危机之时，宗教可以抚慰人类的心理，给予安全感和生命意义，因为这个世界从自然主义的立场而言，充满了不可预料、反复无常和意外的悲剧。"中国民众信仰观音菩萨原因即在于此。但是，中国民众接受印度的佛菩萨却又并非全部照搬，而是改造为中国菩萨。

第三，观世音信仰在佛教诸神信仰中传播最广，信徒最多、法事最盛、持行最为普遍的一种宗教信仰形式，尤其是在中国与日本等国度里，观世音菩萨成为中国传统宗教信仰的三大神袛（还有关公、吕祖）之一，几乎达到了"户户拜观世音"的地步。

第四，唐世贵先生喜欢研究民间文学，他在教课之余大量搜集有关资料，并潜心研究，理清各种各样的传说，将民间故事、民间传说、自然奇观、历史异闻大胆而巧妙地融为一体，并广泛吸收了当代专家学者有关观世音的研究成果，生存在这善与恶、美与丑交替的现世，人既难以主宰自己的命运，也无法摆脱痛苦，但那颗菩萨的慈悲之心不可没有，于是，而著《观世音》一书。

《观世音》一书内涵丰富、手法奇特，以连贯的故事讲述民间传说，使原本残缺不全的民间故事变得充满戏剧性和趣味性十足，没有牵强附会，只有宗教色彩的自然流露。

（二）《观世音》所体现的历史文化意义

作为一种流传极广的宗教文化现象，观音信仰对中国和东方许多国家的历史和文化都产生了巨大的影响。唐世贵先生的《观世音》虽然不是学术著作，但却具有一定的学术性。

首先，佛教初传入我国，观世音菩萨形象纯粹是伟丈夫相，以后随着观世音信仰的深入发展，从南北朝开始逐渐被塑造为女性形象，使他完全中国化，这实在是中国佛教的一大创造。这种创造绝非偶然，其原因主要是：缘于经典介绍和民间传说中观世音菩萨经常化身妇女广度众生；缘于与中国传统的女神信仰相结合，用以弥补佛像中缺乏女性形象的不足；缘于与人类伟大的母爱相结合，充分地体现观世音菩萨大慈大悲的精神，以增强其感召力；缘于与度化现实中超过教徒半数的女性教徒的需要相结合，并对封建社会女性备受歧视、苦难深重的境况予以同情；缘于艺术家对中华艺术的不懈追求，以实现艺术上真善美的高度统一。应该说观世音菩萨的女性形象充分展示了东方女性的神韵，难怪艺术界有"西方有维纳斯，东方有观世音"之说。

其次，观世音这一文化现象，它在中国两千年的历史长河中，对中国传统文化的许多方面都产生了很大影响，形成了相对完整、独具特色的佛教文化体系。观世音文化首先是以观世音信仰作为基本前提的，观世音信仰又是以佛教关于观世音的一切说教为依据的。有关观世音的一切说教则是在大乘佛教的基本理论框架之内形成的一种特殊的佛教修道理论。所以，

我们可以从广义上将观世音文化分为观世音宗教文化和观世音世俗文化两部分。观世音宗教文化也就是佛教观世音信仰的基本原理与修持仪轨，它是中国佛教的有机组成部分；观世音世俗文化也就是观世音信仰的世俗化或以世俗文化方式表现出来的观世音信仰，它是中国传统文化的一个重要方面，于是，唐先生著《观世音》，便是对这一世俗文化的记录。

再次，没有观世音宗教文化就没有观世音世俗文化，而观世音世俗文化的发展又促进了观世音宗教文化的传播。历史上，这两种文化形式密切联系，相互影响，相互促进，对中国佛教以及中国传统文化产生了极其重要的影响。观音文化是一种民间信仰文化，经过长期的社会传承，其核心内涵底蕴深厚，它蕴含着体现中国文化传统精神的初原性文化内涵，有着人类共同的生命性心理意识，并已成为集体性表象，具有较大的拓展生成力。

最后，唐世贵先生的《观世音》一书，有对理想英雄人物、理想生活图景的描写和对大自然的热爱，以及对自身强烈感情的抒发，书中作家不腻于细节，而是驰骋于大胆的想象，把观世音的身世渊源、数转人世、所处境界和东土显灵都带有宗教神奇色彩。作家更是巧妙地运用人神境界、时空界限、生死界限，使著作充满一种光怪陆离、淋漓尽致的感觉，让人读罢不仅感觉到神奇，而且美仑美绝。

（三）宗教色彩对《观世音》创作的影响

受民间传说的影响，唐世贵先生的《观世音》也在创作中充满了宗教色彩。民间之观世音故事，实际上是宗教迷信的艺术化，但大多又是济困扶危、惩恶扬善等方面的内容。伴随这些故事的广泛流传及佛教义理哲学的研讨，在中国逐渐形成了独具特色的，不同于印度佛教的“三十三观音”，遂成为中国佛教观世音信仰的重要表现形式，至今影响犹在。文学与宗教是不可分割的，中国现代文学和宗教文化同样是不可分割的。尽管 1949 年以后的中国对宗教采取了极端的态度，但改革开放以来宗教又明显地呈现出自身固有的活力。在中国共产党第十一届三中全会后，通过拨乱反正，广大信众的宗教活动恢复了正常。[3](3) 在作家的笔下，《观世音》的宗教色彩也多姿多彩地表现出来。当观世音信仰在中国扎根时，信徒们以更适合中国人的新方式来了解与呈现观音，他们不只是以新方式描绘观音，同时也赋予观音新的特征与称号。虔诚的信徒们撰写本土经典，并规划新的礼拜仪式，来敬颂与顶礼观音，他们述说关于观音灵验与化身的故事，也创造出新的本土图像，这是非常自然的，明显的带有本土宗教色彩。

唐世贵先生的《观世音》一书中写了水月、白衣、鱼篮、南海观音等民间故事都是地缘性的创作，也许原来尚有其他地方性的观音传统，因为种种原因没有流传下来。虽然有的被遗忘了，但观音的形象却变得非常流行，并普及于全中国，这其中的原因，值得我们更深入地探讨。我想这是以艺术形态保留下来，而且更因仪式与宗教惯例而强化。一旦这些观音的新形象在虔诚信徒的身心中确立时，本土经典、小说、戏剧、通俗文学与宝卷，这些传播媒介都得以更进一步地把这些新形象，广泛地传播给国人。

唐先生的《观世音》一书宗教色彩是采用奇特的情节表达出来的：观世音在东土施教化履行她在佛祖前发的誓言，一千年中她再也没有回过生她养她的父母之邦——兴林国。如来佛祖的白象、青狮由于吕洞宾的挑唆，变成两青年混入妙庄王的宫中，掳走在冷宫中修行的妙清与妙音两公主，并把妙庄王与宝德王后卷到须弥山冰窟之中。从此，这两个畜生不仅篡夺王位，而且还霸占了两位公主。观世音去赴西王母的蟠桃会时，善财与龙女去收服白象、青狮。观世音与佛祖一起参加了瑶池蟠桃会途经兴林国。佛祖答应擒拿白象与青狮，平息兴林国内乱，救出观世音的父母和两个姐姐。从此，一家人都信佛、敬佛，最后，观世音合家受封，她由玉皇大帝正式封为大慈大悲救苦救难南无灵感观世音菩萨，赐莲花宝座，永作南海普陀山道场之主，佛、道终于合流。

观音信仰的发展，拓展了我国宗教哲学、文学、艺术等方面的境界。正是在这种背景下，受民间宗教信仰的影响，唐世贵先生的《观世音》终于问世了。

三、《观世音》宗教色彩的探索

（一）人与神的关系层面

在《古印度神话》提到阿湿毗尼时是这样说的：阿湿毗尼对人类的关怀更甚于对天神的关怀。他们常把凡人从各种灾难和不幸之中拯救出来。他们非常聪明，他们精通医术，常常帮助贫弱者、患病者和残疾者。

但唐先生却以文学家的眼光来描述了大慈大悲观世音菩萨的形象。书中描写："双马童神在佛教神话中是万物始祖——大梵天的曾孙太阳神苏里耶的儿子。这一对兄弟又强壮，又灵巧，又聪明，嗜好蜜，皮肤也是蜜色，还把蜜给了蜜蜂。他们有金色的三轮车，比意念还要快，驾车的是马或鸟（老鹰、天鹅）或牛，在黎明时出现，像太阳一样一天就驶过了天空，掠过了大地。他们就是大慈大悲救苦救难的善神。他们有无比的神力，尤其是能治病，使瞎子复明，使残废复全，公牛产奶，不育女生子。同时，还能使沉船获救，朽木开花。他们曾使一个老人恢复青春，延长寿命，返老还童，他们还主持婚姻使不少人得到妻子。"印度古诗中还常常提到：他们救了一个落水的人。那人沉溺在黑暗的大海中，只抱着一根木头，向双马童呼吁。双马童便驾着百桨木船飞快地救他脱险。还有个仙人被坏人绑起来投在水里过了九天十夜，最后由双马童救活了。有一些人落在黑暗的（或是火焰的）坑里，也得到双马童的援助，喝下了清凉的饮料，出了险境。这许多被救的人中，还有瞎了眼给双马童治好了的。也有一个女人有一只腿在战争中砍掉了，"像鸟失去了一只翅膀"，可是双马童给了她一条铁（铜）腿。像这样得救的人还有很多。这对善神时时处处拯救百姓万民，这对双马童就是观世音菩萨的前身。[1](10)

双马童到了中国，那就是兴林国的公主。西方兴林国国王妙庄王中年无子，便向香山阿弥陀佛祈求，东岳大帝准予赐一女，即后来的妙善公主。于是，妙庄王便把三公主妙善作为王位的继承人，但妙善从小就有一颗佛心，由此违背了父王的意愿，被罚在后园做苦工，父王以此来使她回心转意。但妙善公主却意志坚决，父王不得不为女儿重修了金光明寺，作为她的修持场所。妙善公主正式剃度出家。因她在病中已经看到了须弥山莲花，并在梦中受到了佛祖点化，所以，决定亲自去须弥山访莲。经过重重危险，终于到达了须弥山，得到活佛的指迷，并送给她一只白玉净瓶，说：当瓶中生水长出柳枝，就是你修成正果之时。

（二）历史层面

《观世音》一书中有不少涉及佛教文化的描写，讲述了佛教文化的开始。佛典是最早传入中国这个古老国度的外来文化，从东汉桓帝元嘉元年（公元 151 年）西域僧人安世高第一次把《明度五十校计经》译成汉语（见唐世贵《中国现代文学关系史·第六章中国现代文学与

印度文化》）开始，佛典便通过各种渠道传入中土，其间又经过中土僧人的发展，一千多年来，形成了卷帙浩繁的经、论、律“三藏”。佛典的传入，对于中国儒、道思想是一次空前的冲击，无论士大夫们对佛教的态度如何，或排斥、斗争，或援引、消化，都把佛教视为案头的必备之书。这一点鲁迅先生看得甚为透彻，他说：“其实是中国自南北朝以来，凡有文人学士、道士、和尚，大抵以‘无特操’为特色的。晋以来的名流每个人总有三种小玩意，一是《论语》和《孝经》，二是《老子》，三是《维摩诘经》，不但采作谈资，并且常做一点注释。唐有三教辩论，后来变成大家打诨。所谓名儒，做几篇伽蓝碑文也不算什么大事。宋儒道貌昂然，而窃取禅师语录。清呢去今不远……并且会请和尚到家里来拜忏。”直到近代，刊刻佛经的南京金陵刻经处仍然长盛不衰。[1](1)

佛教传到中国，立即得到封建地主阶级的认可和支持，因为他们认为：百姓奉行佛教，持戒行善，就可以化民成俗，使人心淳朴。于是各地纷纷大造寺院，出家的人数日增。这些出家的人，被灌输了佛教“今世不好修来世”、“因果报应”的教义，希望在渺茫的来生消除种种不幸与苦难。佛教这样告诉人们；凡是今世有苦有难的人，只要好好地念佛经，来世就会有好日子过。谁不想过好日子！既然今世没有好日子过，那就等来世吧。于是，出家信佛教的人数与日俱增，越来越多，再加上封建统治者的大力支持，没有多久就形成了一股风气。从此，“佛教”在中国生根、开花、结果。

中国佛教对观音的改造，突出地表现在编造观音菩萨的新的身世，这就是广泛流传的观音为兴林国妙善公主的传说。[1](53—54)不过，西方兴林国，本身就是神话了的历史。

（三）宗教层面

作家从宗教层面对《观世音》的宗教色彩进行了探索，作家个人虽无明确的宗教信仰，但在《观世音》一书中多次写了关于宗教方面的故事，写了一个关于观世音怎样感化癞子和尚的故事。书中写到水谷法师耐心地劝说癞子和尚：“你如今既入佛门，就应重新做人，事事如律而行，处处依法治心。要知道饱食终日并非解脱之境，无所求取，无所分别才是终极的目标。要达到无所分别，就必须以观世音法门为指导，除去烦恼之情，消灭瞠怒之心，悟清冷之性，见实相之理。”水谷法师为癞子和尚讲解了观世音菩萨的般若空观、耳根圆通等甚深理趣，使这位易怒、好贪又非常愚痴的癞子和尚逐渐走上了明心见性之路，他的性格发生了很大的变化，一位仁慈敦厚、和蔼可亲的癞子和尚出现在关圩的大街小巷。[1](336)

唐先生的《观世音》，在研究民间传说方面有一定的突破，又有对前人不足的补充和校正，容大量的研究成果于一体，且充分发挥了宗教色彩的精髓，于是，说它是一本具有一定学术性的著作也就不足为奇了。

（四）民间崇拜层面

中国民间信仰主要是指俗神信仰，也就是说，是非宗教信仰。这种信仰在中国具有悠久的历史，而且比佛教信仰和道德信仰更具有民间的特色。观世音菩萨，是和我国的众生最有缘的。因此，我国的民间家庭里，供养观世音菩萨圣像的人很多。尤其在台湾，只要是烧香拜佛的信者，其家庭的厅堂，大部分都供奉观世音菩萨的塑像。虽然有的不知道观世音菩萨的圣号，而称呼为“观音妈”，可是从家家户户都供养观世音菩萨这一事实来看，足以证明观世音菩萨，是和我国的众生最有缘的！因为在我国，信仰观世音菩萨的人很多，所以礼拜观世音菩萨的人多，诵念观世音菩萨普门品的人也很多。只要是信仰观世音菩萨的人，都知道观

世音菩萨是大慈大悲，救苦救难的。所以说，中国民间信仰具有多教合一，多神崇拜的特点。[4](348)

观音菩萨（观音大士），在中国是家喻户晓，妇孺皆知的。“家家有弥陀，户户拜观音”，这句古今流传的俗语，就充分说明了中国民众崇敬供奉观世音菩萨的盛况，以及观世音菩萨在中国民间的深远影响。

从印度到中国民间流传的三十三位观音，多是唐以后逐渐定型流传至今的。唐世贵先生《观世音》一书中描写的观音变化形象，有“杨柳观音：手持净瓶、杨柳的立像，戴女式风帽和披肩长巾，赤足踩莲花宝座；白衣观音：身披白衣，左手持莲花，右手作与愿印；阿摩提观音：三目四臂，乘白狮，身有光焰，天衣璎珞，手持宝棍，怒目瞋容。密宗所传，近代以来少见；蛤蜊观音：乘始蜊上或居于两扇蛤蜊壳中、持经观音，坐于崎岖的岩石上、右手持经卷；一叶观音：乘一片莲花，悠然飘荡于水面上；鱼蓝观音：手提鱼盘，或脚踏鱼背手提鱼篮；多宝观音：坐地上，右手向地，左手放在弯膝上；延命观音：头戴宝冠或着白衣，手持草药或杨柳；施药观音：右手撑颊，倚于膝上或手持药草；水月观音：现于水中月光，故名。形象为月下乘一莲花舟荡于水面上，或观水中月影状”。

观世音菩萨慈悲显化的情景深深地刻印在百姓心上，从此万民百姓开始虔诚信佛。唐先生的《观世音》一书最后写到：“自是观世音菩萨灵显圣，她的慧眼可以看到人间苦难之事，只要是诚心祈祷，诚心斋戒，就可以得到她的普度，所以家家供养，人人侍奉。”[1](340)即是说，是因为万民百姓最崇敬观音菩萨，相信观音菩萨，万民百姓才创造了这样众多的观音形象。

（五）文学审美层面

文学审美层面，《观世音》一书从方式上看，既有假定性，又有真实性。文学有不同的对现实的把握方式，《观世音》一书就运用了神话、传奇、荒诞、幻想等审美手法。佛教的形象思维具有自由无羁的联想、想象的性质，也是自身丰富的审美潜在力的艺术展现，具有人类最高潜在力的神化，出世超俗的宗教审美价值。如唐世贵先生《观世音》反映生活，不是“按照生活本来的面目”来再现生活。而作家的真实性是在假定性中透露出来的，可以说是“假中求真”。一方面，它不是生活本身，纯粹是子虚乌有；可另一方面，它又来自生活，它会使人联想起生活，使人感到比真的还真。

《观世音》中写了观世音菩萨裸身救难的故事：离白水洞一里多路的地方，有一条小河。有一天，忽然来了一个二十岁出头的少妇。这位少妇体态迷人，皮肤白皙，容颜秀美，端庄大方，这山区是没有这样的美人儿的，民工们一眼也能看出，她不是仙女，也是一位达官贵人的姨太太。这少妇微笑着从矿区走过来，大家都放下手下的伙计，纷纷观望，其中一些年轻的男人更是厚着脸尾随其后，怎么也看不够。走过一里多路，来到一条小河旁边。这时少妇伫立河岸，回头望着白水洞山崖下的那片房舍，露出几分忧郁之情。就在尾随其后的民工们正在纳闷之时，只见那少妇旁若无人地脱去身上的衣服，一件接着一件，甚至一丝不挂，露出丰满的双乳和雪白的玉腿。少妇披着一头长发，扭动着那迷人的圆臀，大大方方地走进河水中，悠闲自在地洗起澡来。岸上的民工们个个看得目瞪口呆，他们被这少妇的肉体勾去了魂魄。[1](320)就在人们站在河边尽情欣赏那位少妇的美丽身体时，只听“轰”的一声巨响，后面的石崖顷刻之间崩塌下来。他们无不庆幸自己逃脱了这场意外的灾难。再看那位洗澡的

美丽少妇，却已无影无踪了。那些信佛的人立即醒悟到那是观世音菩萨前来帮人脱险的，于是大家纷纷面向河中合掌恭敬地虔诚礼拜。[1](321)

观世音内在的幽致，像汩汩流动的神秘意识，瞬变于千处万应的生命空间，翼翼深情、柔意婉转，难以言传又充分可感，老是把她的形象定格在令人仰望的遥远天边，反倒是负了她的大爱热情，她有红尘之美、最有亲切感的就是《观世音》一书的“鱼篮观音”故事，少了菩萨的邈远出世，却多了几许凡尘俗世的人情味。

佛教对于中国传统文学艺术的丰富和发展起了巨大的作用。佛教的本来面目和真精神就是“人生佛教”、“人间佛教”。佛、菩萨就在平凡的人间，而并不是脱离这个世界的虚无缥缈的神仙。真正的佛法在于拥有平常心、菩提心和慈悲心。爱一切众生为大慈，怜悯一切受苦难的众生为大悲，大慈大悲即是观世音。《观世音》一书，作家在选材上采自神话故事、民间传说、自然奇观、历史异闻并将之大胆而巧妙地融为一体，显得光怪陆离，异彩纷呈，富于一种特殊奇幻的艺术魅力。要求我们也理应见贤思齐，学习和发扬观世音菩萨大慈大悲、救苦救难、无私奉献、普度众生的精神，成为现实生活中的“活观音”。作家不仅充分注意佛教文献与传统历史文献的综合分析，还注意到中国传统文化观念对观音崇拜的中国化过程的影响，体现了作家深厚的中国传统文化素养。作家要有积极向上的精神来创作带有宗教色彩的作品，而宗教色彩的作品又要求读者有正确的宗教观来欣赏。经过本课题的研究和分析，我不仅对宗教色彩有了深刻的认识，而且还从更深的层次理解了唐先生的作品《观世音》!

参考文献

[1] 唐世贵．观世音［M］．成都：巴蜀书社，2002.1.

[2] 张志刚．宗教研究指要［M］．北京：北京大学出版社，2005.6.

[3] 吴蓉章．民间文学理论基础［M］．成都：四川大学出版社，1987.9.

[4] 黄德海．张禹东．宗教与文化［M］．北京：北京社会科学文献出版社，2005.3.

[5] 麦克斯．缪勒．宗教的起源与发展［M］．金泽译，上海：上海人民出版社，1989.6.

[6] 李淼．观音的故事［M］．北京：华文出版社，2006.2.

[7] 孙昌武．佛教与中国文学［M］．上海：上海人民出版社，1988.6.

[8] 温金玉．观音菩萨［M］．太原：山西高校联合出版社，1994.10.

[9] 池田大作．我的佛教观［M］．成都：四川人民出版社，1998.4.

[10] 施船升．马克思主义宗教观及其相关动向［M］．成都：四川人民出版社，1998.9.

[11] 霍松林．文艺学简论［M］．北京：中国社会科学出版社，1982.6.

[12] 刘衍文．刘永翔．文学的艺术［M］．广州：花城出版社，1985.3.

[13] 张少康．中国文学理论批评史（上）［M］．北京：北京大学出版社，2005.8.

[14] 童庆炳．文学理论教程［M］．北京：高等教育出版社，2003.4.

[15] 刘长久．中国佛教［M］．南宁：广西师范大学出版社，2005.7.

[16] 秋石．社会主义的宗教论［J］．求是，2003.9.

☆ **范文评析**

该毕业论文是严格按照论说结构模式写出来的，在发表时省略了“目录”、“内容提要”的译文及文尾“致谢”部分。

本文标题现旨，使中心论点在文章中环环紧扣。论文摘要百余字，既是对本论文的概述，又在概述中提出了中心论点。正文是按照提出问题、分析问题、解决问题的结构模式来写作的，因此，结构合理，层次清楚，加之论证过程言之有理，持之有故，并提出了自己的新颖观点，所以是一篇比较优秀的大学生毕业论文。参考文献符合论文格式的要求。

第三节　素质提高类文书

一、申论

（一）申论概念

“申论”一词，语出孔子的“申而论之”。“申”字有“说明”、“申述”之意，如“三令五申”、“重申前令”、“申明立场”等，都取此意。这是“申”字的基本义项，也是其常用义。而“申论”一词，除了“说明”、“申述”之外，还有进行“论说”、“论述”和“论证”，亦即对事件、材料、问题、现象、事理等进行分析和说明。在“申论”试卷中，要求考生就所给定的背景材料，通过仔细阅读和系统分析，形成自己的看法和观点，展开有礼有节的论述，从而论证自己的见解和主张。这是对考生综合分析能力的考查，是国家公务员在日常工作中经常涉及的内容，也是公务员为考试所作的一种尝试。这种考试是根据目前机关工作的需要，对考生阅读能力、文字水平及分析、解决实际问题的一种综合考查方法。在市场经济条件下，国家公务员更需要具备搜集、分析、概括、解决问题的能力，而通常情况下的写作考试基本上已经形成了固定的模式，很难真实地体现出考生的实际能力。

中国古代科举考试中有一种八股文考试形式，要求依据给定的题目论证某项政策和对策，撰写论文，称为“论策”。申论与传统的作文有些类似，但又有很多不同之处，在一定程度上说，它比一般的作文难度要大些。申论考试的内容、方法及测评要素，涵盖了作文的两种考试的基本方面。申论考试主要测查应试者的写作水平，作文只是要求考生根据给定的题目展开议论，侧重考查考生的语言文字能力。考生可以凭自己的主观爱好去立论选材，尽情张扬自己的个性，发表议论。因此，作文只在一定程度上反映应试者的写作水平，而无法全面体现考生的综合素质，尤其是

解决实际问题的能力。申论考试则不同，它不仅仅对应试者的阅读理解能力和语言文字能力进行考查，而更侧重考查应试者发现问题和解决问题的能力，具有较强的综合性和针对性。

申论的载体是文字，应试者在反复阅读试卷上所给定的1500～7000字的文字材料和提出的有关问题后，应试者应仔细分析，然后根据涉及的主要线索、主要问题进行阐述和论证。与传统的作文相比，申论考试要求应试者摒弃套话、空话，而要立足分析问题、解决问题的现实性和针对性，因此更便于应试者发挥自己的优势。

2000年中央国家机关公务员录用考试，第一次把申论列为考试内容。当年公务员考试的笔试部分由《公共基础知识》、《行政职业能力倾向测验》和《申论》三部分构成。其中的申论部分是新增加的内容，因此也更为广大应试者所关注。2001～2009年，中央国家机关公务员录用考试，申论科目仍然出现。2002年公务员考试分为A、B两大类，而B类不参加申论考试，而大多数考生都需要参加A类的申论考试，而且考试内容和形式基本上没有大的变化。根据人事部对今后公务员的考录工作的安排，申论将继续作为今后国家公务员录用考试的固定内容。

（二）申论考试的性质与特点

申论考试，是具有模拟公务员日常工作性质的能力测试。这就要求考生对社会生活的方方面面都有所认识、有所思考，并且具备较高的思想水平和较强的分析能力；要求考生具有比较丰富的常识，但不是对某种专业知识特别倾斜。由于考生来自各个方面，所学专业也不相同，所以申论考试中让考生处理加工的材料大都具有普遍性、非专业性。申论考试的试题，没有倾向性，适合于各类考生，主要让考生对背景材料进行充分地分析和论述，从而测查出考生处理公务员日常事务的潜能。公务员录用的考试性质决定了申论考试的命题思路，即所给定的背景材料虽然涉及面很广，但绝对具有针对性、现实性和可行性。

作为考试录用中央国家机关公务员和工作人员的必考科目之一，申论考试的命题、阅卷都有一整套严格的规定，其基本特点如下。

1. 内容广泛

目前，我们国家正在大力发展公务员队伍，提高公务员的综合素质。因此，作为选拔国家公务员主要途径的录用考试，就更加注重国家公务员的实际能力。出于考查考生综合素质的要求和能力的需要，《申论》所给定的资料的范围极其广泛，内容涵盖了政治、经济、法律、教育等社会问题的诸多方面，从这个意义上讲，考生再像从前那样事先押题，对题目有充分的准备就很难了。因此，事先对考试的具体形式、内容结构等基本情况有所了解就显得尤为重要。需要说明的是，给定资料所反映的问题一般都已经有定论。主要立足于考查考生的分析和判断能力，只要分析判断无误，就不会得很低的分数，同样，要想得到很高的分数难度也不小。也还存在这样一种可能性，即给定的资料所反映的问题尚无定论或存在争议，让考生以自己的理解来进行判断和分析，并作出结论。这恰恰最能考查出考生的分析判断能力。作为很严格的一种国家公务员录用考试，《申论》考试试题一般不会出现偏差。其主要表现在试题的表述标准明确，不论涉及哪方面的内容和观点基本上都无争议，让每个应试者均有话可说。因此，对于一些难以定论的问题，特别是那些争议激烈的前沿问题，一般不会考，考生在复习时没有必要去涉及过多。

2. 形式灵活多样

与传统的作文相比，申论考试的形式比较灵活。《申论》由概括内容部分、提出对策部分、论述问题部分组成。就问题而言，概括内容部分可能属于记叙文、说明文、议论文中的某一种形式，也可能综合了多种文体形式，还可能是公文写作中的应用文写作。提出对策部分，主要是应用文写作。论述问题部分主要是议论文写作。因此，从这个意义上来说，申论既考查了普通文体的写作能力，也考查了公文写作能力。

3. 考查目的明确

虽然，申论涉及的内容非常广泛，形式也灵活多样，但其考查的目标却是非常明确的。申论主要考查应试者的阅读理解能力、综合分析能力、提出问题能力和文字表达能力。因此在题目中主要是分析、概括两个方面，然后再在此基础上对主要问题进行论述，这主要是考查应试者的思辨能力。在应考时，考生要仔细阅读材料，理清文章的逻辑关系，抓住主要的问题，认清事情的本质和规律，考虑特定的条件、环境、结合社会实际，进行综合分析，作出正确的判断，提出切实可行的解决对策，力争做到合情、合理、合法，切忌提出一些理想化、抽象化、超越现实的对策。同时，需要指出的是，在应考时不要把申论要求的三个部分割裂开来，而应当统筹兼顾，前后衔接。概括内容的过程既是熟悉文字资料的过程，也是分析判断的过程；提出对策的过程既是解决问题的过程，也是进行思辨的过程。三部分应协调统一，相互配合且彼此照应。

（三）申论考试的内容与试卷设计

申论考试的内容、考试方法和测评要素都体现了人才考核的基本点和设计的思

路。这种方法可以有效地测试考生的基本常识、专业知识、管理知识、相关知识，以及综合分析能力、语言表述能力等综合素质和能力要素。

申论考试，是具有模拟公务员日常工作特点的测试。但在规定的时间内进行考试，无论如何不可能与日常工作等同。在考场上，不可能展开调查研究，也不可能把大量的原始信息全部摆在考生面前令其筛选。所以申论考试所面对的背景材料，是经过初步加工的，但反映的问题需要考生进行分析、概括。

申论考试所提供的背景资料，一般是社会性、现实性较强，对政治、经济、管理、法律、教育、科技、文化问题均有所涉及。因此公务员对社会生活的方方面面都应当关心，应当有所认识、有所思考，对社会热点或大众传媒关注的焦点也应有所了解，否则很难有较高的思想水平和较强的分析问题、解决问题的能力。

申论试卷主要设计了以下四部分内容。

1. 注意事项部分

(1) 申论考试与传统作文考试不同，它是对应试者阅读能力、综合分析能力、提出和解决问题能力、文字表达能力的测试。

(2) 作答参考时限：阅读材料 40 分钟，作答 110 分钟。

(3) 仔细阅读给定的材料，按照后面提出的申论要求依次作答。

2. 给定材料部分

给出 1500～7000 字的一组材料，内容可能涉及政治、经济、法律、教育等社会现象的诸多方面。

3. 申论要求部分

(1) 就一组材料中的某一条或几条，不从格式、语言上谈问题，仅从内容上指出主要问题、归纳其观点（200～500 字），既可以写一段文字，亦可以分条作答。

(2) 就一组材料，自拟标题写一篇文章（800～1500 字）。一是用一定的篇幅（大约 150 字），概括给定材料所反映的主要问题。二是用一定的篇幅（大约 350 字），提出给定材料所反映的问题的解决对策。要有条理地说明，要体现针对性和可操作性。三是就所给定的材料反映的问题，用一定的篇幅（大约 1200 字）进行论述。要求中心明确，论述深刻，有说服力。

要求部分，近几年来每年的具体情况略有不同，但大体上是相似的。下面以 2010 年模拟试题中的热点问题为例说明。

一、认真阅读给定材料，简要回答下面两题。(20 分)

1.“给定资料 1”提到，权威部门指出，如果再不采取果断措施，渤海将在十几年后变成“死海”。这里的“死海”是什么意思？(10 分)

要求：准确、简明，不超过 100 字。

参考答案：

此处的“死海”是指由于人类对海洋资源过度开发、污染海水而产生的自然环境破坏、海水水质恶化、野生动植物减少乃至灭绝、自然灾害增多、环境自我调节能力大大下降的海域。(80 字)

2. 请结合给定资料中的具体事例，谈谈你对“海洋的污染将毁灭鱼儿的家园，但让人类不寒而栗的毁灭绝非仅此而已！”这句话的理解。(10 分)

要求：准确、简明，不超过 150 字。

参考答案：

一方面，人类对海洋的污染破坏了海洋生态，导致水质恶化、野生动植物减少甚至绝迹。更严重的是，这种污染可能导致海洋生态环境自我调节能力受损，自然资源减少，自然灾害增多，影响经济社会的可持续发展；另一方面，污染还可能导致疫病，直接威胁沿海地区居民的生命和身体健康。这些危害比动植物减少更加值得担忧。(145 字)

二、依据给定资料，谈谈你从下面一段文字中得到哪些启示。(20 分)

荷兰的“围海造田”与我国的“围湖造田”有着相似的初衷，而“退耕还海”与“退耕还湖”都反映了人类可贵的自省；还应该注意到，荷兰人的“退耕还海”虽然只涉及 3 平方公里的海域，但留给人们的思考却是很宝贵的。

要求：分析全面，条理清晰，不超过 300 字。

参考答案：

无论是“退耕还海”还是“退耕还湖”，都是牺牲人类经济社会的局部利益来复原、改善自然环境。这带给我们几点启示：第一，人类在改造自然、发展经济的同时必须注意经济与环境的协调，开发要适度、合理，要符合自然资源的承受力，否则会导致严重后果。第二，对人类过去经济发展中一些错误做法造成的对自然的损害要敢于承认和纠正，从协调经济、环境的角度出发，适当牺牲人类经济发展的需要，采取措施恢复自然环境。无论这种错误多么微小，都要坚持改正。第三，在经济发展过程中要坚持对发展思路、方式的错误进行反省和纠正，不断改进发展方式，促进经济与环境协调，保障人类社会的长远可持续发展。(277 字)

4. 申论写作部分

1）拟制标题

申论写作，标题必须是中心论点，或者反映中心论点，主题力求醒目、简练。

（1）回避总论点的万能标题。例如，《5.12汶川大地震现象引发的思考》、《华尔街金融风暴后的对策》、《倒卖火车票现象的反思》。

（2）表达总论点的题目。①介词短语式，如《以科学发展观统领××市的市政建设》；②动宾式（动词＋宾语），如《树立社会主义的荣辱观》、《开创法制时代的新局面》；③主谓式（主语＋谓语），如《利用外资的关键在于提高质量》。

（3）标题类型。这就是说，对作文的题目首先要分清类别。以标题与主题的关系为主要标准，标题类型如下：

第一，直接标明主题，标题是一个判断句，有主语（可以省略）、谓语和宾语，如《做一个合格的青年》，又如《好习惯使人终生受益》、《同学，你不能这样》、《天下无难事》、《不要畏惧困难》。这类标题有《……是（动词）……》和《……要……》模式。

第二，指出内容范围，如《论华尔街金融风暴对我国经济的影响》、《应对华尔街金融风暴的策略》标题模式。有的标题省去了“论”字，如《革命友谊与“江湖义气”》、《比金钱更有价值的东西》、《谈舟曲泥石流地质灾害给我们的启示》、《我的兴趣爱好》。

第三，设问、反问、感叹以显示主题倾向，如《中国人失掉了自信力了吗》、《“下不为例”可以休矣》。这类标题在考试作文中罕见。再如，《母亲真爱吃鱼头吗》、《让种树人再多些吧》。

第四，提出问题，引起深思，如《在华尔街金融风暴面前，我国该不该扩大内需》、《为什么没有人倒卖飞机票》。

自拟标题的要求：①确切。一要与内容符合，不能写跑题。二要含义大小与作文一致，《谈困难》不能写成《谈火车票实名制问题》。三要与文体风格一致，一般不能写成公文或者记叙文的标题。②精炼。特殊需要时标题才能长。③醒目。一要形象，二要新颖。

2）写主题句

主题在作文中具有核心的地位，也是申论考试中就那一组材料中的某一条或几条作答的基础。如果说申论写作的主题句是一个精神生命，那么材料是血肉，结构是骨骼，语言是细胞，表达方式是皮肤，线索是脉络，而主题则是心脏。主题是考生在作文中通过全部材料所表达的基本认识，具体表现为一个逻辑判断句（10个字左右）。标题称作中心论点，或者基本论点，作为一个判断句的形式来说是非常明晰的，并且往往在标题中直接表达出来。如论文标题《实践是检验真理的唯一标准》、《华尔街金融风暴既是挑战又是机遇》等。

正如灵魂的高低决定作文的水平一样，主题句的高低也决定作文的水平。也就是说主题句具有层次性。作者一定要充分发挥主观性，让主题句达到更高的层次。我们不谈作者自身的提高问题，仅就作文主题句本身的提炼简要地谈一谈。主题句最基本的层次应该是客观层次，即主题句准确反映了作文中心内容的真实本质。

在记叙文中，主题句或者概括了一个人真实客观的性格特色，或者刻画了一个事物的本质特点。例如："他是一个有创造力的人。"在议论文中，中心论点揭示了所论述事物的客观本质。

主题句更高一层次的认识，是具有科学文化深度与广度的认识。这就要求作者思想认识修养的提高，这样的主题句可以说达到了充满文化色彩的层次。

主题句再高一层是具有哲理意味的认识。哲理简单地说就是具有普遍性和永久性。例如："他是一个有永恒追求的人。"黑格尔认为，美学是哲学的高度发展，而哲学又是人类所有认识的精华。所谓美，其实就是促发人们积极意义的高级生命及其自由创造的本质。据此，笔者以为，主题句最高层次的应该是审美的生命认识。例如："他代表着新人类。"

主题句是作文的核心，作为主导思想贯穿全文，指导全文。这是人尽皆知的。但是，究竟怎样主导，有些人就不甚了解，尤其是对主题句在作文中的位置更不能清楚把握。笔者以为，主题句在作文中的位置是明晰的。仅就《申论》中主题句的位置略谈一二。

标题：一般写出主题句即中心论点这句话，即标题现旨。

开头：一般要在段首写出主题句，或写出与主题句相关的论题。

中间：主要采用分析法——分出二三层来，说明为什么和怎么样，行文中兼用其他论证方法，如列举事实的例证法，在中间部分的靠后处突出主题句。

结论：重申主题句，可以在文字上变化，或者更深入一步。

申论写作不仅要围绕着主题句，而且要穿插着主题句来写作，要有一个"提出—强调—重申"主题句的三段式过程。这是提高考生作文水平的一个切入点。

3）简述内容（包括关键词）

内容简述或者内容在论说文作文中包括主题和层义以及要点，在文学性作文中可以写作过程、部分及要点，一般要用30字左右。注意：平时作文，可以练习写内

容简述，考试时不必写出。

2007 年 4 月 22 日的重庆市的申论考题考的是“食品安全问题”，考生应在简述内容的基础上，提出“为什么食品安全问题总是在新闻媒体曝光后才引起政府有关部门的关注”，关键的论述点是“政府相对新闻媒体的‘滞后性’问题”。

4）选择结构

(1) 并列式。一般写的是对象的横向的、静态的情况。各部分相互间紧密联系，独立性强，但共同为说明主旨服务。先后次序不那么固定，往往运用序码，如“第一”、“第二”、“第三”。这种方法的好处是概括全面，条理性强。

(2) 递进式。一般写的是对象的纵向的动态过程或者事理，各部分层层递进，每一部分又不可缺少，前后顺序也不能颠倒，这种方法的好处是逻辑严密，能说明问题。

在一篇文章中，上述两种方法可以互相交叉，即以一种方法为主，在某一部分即层次中用另一种方法。

5）标明层义

标明层义与写主题句训练方法基本相同，但训练目的却不同。层义这一提纲的主要部分有两种写法。一是标题写法，结尾没有标点符号，几个至多十余字，简明扼要。这种写法的优点是简洁清楚，易于把握（字数少，提纲短）。缺点是别人不易看懂，自己也可能在一段时间后弄不明白。二是句子写法，是完整的一句话。这种写法的优点是具体明确，缺点是易于冗长，不利于思考。最好是两种方法交替，在简单明了的地方用标题写法，在复杂难记的地方用句子写法，根据具体情况而定。这样，层义交替表现在文章中有两种：一是居中排列的小题目，二是项目（但在申论考试中，应该使用关联词来自然过渡）。

注意：在备考训练中，提纲就要运用序码。序码一般分为四层：一是汉字小写的一、二、三等，后面用顿号（小标题的层次顺序不用顿号，空一格）；二是半圆括号和汉字，如（一）；三是阿拉伯数字 1、2、3、4 等，后面用点号；四是半圆括号和阿拉伯数字，如（1）。以下还可以有第一，第二，第三等。要保持一致，不能混乱。

6)《申论》正文的写作模式及试题分解

《申论》作为典型政论文（应用文），从本质上看它仍然是一种实用性文体，但从结构上看，它仍然是一种模式化写作。这一模式（《申论》的正文），又分为两种结构：一是总论、分论、结论三大部分；二是提出问题、分析问题、解决问题三大部分，通称“三段式九步论证法”，如下列图示：

(1) 总分总模式（从略，参考毕业论文设计“7. 论文正文”一小节相关叙述）。

(2) 提出问题、分析问题、解决问题模式。

正文
- 提出问题：a. 概括材料　b. 解释相关的概念　c. 提出中心论点
- 分析问题：d. 用所给材料分析论点提出的（社会、经济）背景，即依据
  - e. 横向联系方针、政策分析提出中心论点的目的
  - f. 纵向联系实际情况分析提出中心论点的意义
- 解决问题：h. 结合所给材料联系理论、政策进行分析论证
  - j. 结合所给材料联系社会现实进行对比论证
  - i. 结合所给材料联系过去、未来进行综合论证，重申中心论点

任何论说文的正文就只能是这两种结构模式，如果把正文写成四部分、五部分，甚至六部分，那只能是堆砌材料了。申论考试中，因为文章字数有限，是不需要标明小标题的，也不一定要写成九个自然段，第一、二部分各写一段亦可，第三部分可写三至五个自然段，使阅卷人一眼就能看出来是一篇符合论说文结构要求的规范《申论》。下面以 2009 年国家公务员考试申论试题（略）及答案为例说明。

一、我国改革开放30年，取得巨大成绩，也面临许多问题，请概述“给定资料”反映的我国当前经济发展要解决的问题。(20分)

要求：紧扣给定资料，全面，有条理，不必写成文章，不超过300字。

二、本题仅限报行政执法类、市（地）以下综合管理类职位的考生作答。

1. 对“给定资料3”中林老板的心态进行分析，并指出他的心态所反映的本质问题。(20分)

要求：观点鲜明，分析恰当，不超过200字。

2.“给定资料11”提出了解决我国粮食问题的策略，认为提高粮食价格是关键之策，不必担忧对低收入人群的影响，他的这种观点有没有道理？为什么？请谈谈你的理解。(20分)

要求：观点明确，分析恰当，条理清楚，不超过400字。

三、本题仅限报考省级（含副省级）以上综合管理类职位的考生作答。

1.“给定资料5”对内地省区“欢迎沿海地区产业专业”的口号提出质疑，请对它进行分析，谈谈你的见解。(20分)

要求：观点明确，分析恰当，条理清楚，不超过300字。

2. 某学术团体为贯彻党的十七届三中全会精神，就我国粮食问题召开研讨会，在关于解决问题对策的讨论中，有人发表了“四点对策”：

其一，建议加大农业投入，以使粮食产量满足人类不断增加的需求，我国粮食生产有很大潜力，只要持续加大农业投资，我国的粮食产量就不仅完全可以在长期内满足国内需求，而且可以保证出口。

其二，建议科学地分配全球粮食，近年随着全球能源供需矛盾凸显，石油价格上涨，一些国家把粮食加工生产成生物燃料。当欧美一部分人填满他们油箱的时候，很多人正为如何填饱他们的胃而苦苦挣扎，要优先满足人类最基本的需求，科学地解决全球有限粮食合理分配的问题。

其三，建议大力倡导粮食节约，据某市场调查显示，该市饮食行业及单位食堂的就餐者，平均每人每天浪费大米14克，每天浪费大米多达7000公斤，如果在全国调查，粮食浪费一定是一个惊人的数字，要厉行节约，这是我国可持续发展能力不断增强的重要保证。

其四，建议切实加强国际合作，发达国家国际组织要向发展中国家提供相关政策和指导，世界银行和国际货币基金组织应向受到粮价攀升冲击严重的发展中国家提供近期紧急粮食援助，并对如何促进发展中国家在长期提高粮食生产能力给予切实帮助。

这“四点对策”在内容上、表述上都存在问题，请指出这份“对策”存在的问题，并提出修改意见。(20分)

要求：

1. 明确提出存在哪些问题；

2. 写出相关的修改意见（包括写出需要补充的内容)；

3. 条理清楚，表达简明，不超过400字。

四、胡锦涛总书记到河南、安徽考察，引发我们许多思考，请联系“给定资料”整理自己的思考，自拟题目，写一篇文章。(40分)

要求：

1. 观点明确，内容充实，结构完整，语言生动流畅。

2. 报考省级（含副省级）以上综合管理类职位的考生要深入思考，紧密结合“给定资料”所反映的问题，写一篇视野开阔、见解深刻的文章。

3. 报行政执法类、市（地）以下综合管理类职位的考生结合“给定资料”中所反映的主要问题，写一篇见解比较深刻的文章。

4. 1000～1200字。

☆ 2009年申论范文

在“生产者”与“消费者”之间的权衡

——浅议粮价调控机制的构建

近来，有学者指出：“次贷危机后，下一场危机将是农产品危机。”尽管世界各地农民全力增产，谷物供应依然紧张。粮价飙涨已演变成最急迫的经济问题。全球飙升的食品价格，导致许多发展中国家带来极大的风险。对此，胡锦涛总书记在河南焦作市视察时，有村民提出希望政府提升农产品价格和补贴。谈到这里，我们不禁思考：如果从全国发展的大局考虑，对农产品价格的调整是大势所趋，但从执行的角度看，我们应该如何调控农产品的价格呢？这确实是一个值得我们深思的重要问题。

从经济学和社会学的角度看，粮食价格是基础价格，是百价之基，粮价可以说和每个人都息息相关。农产品价格的特殊性在于其既串联了“消费者”，也串联了“生产者”。粮价太高，会对消费者，特别是城市低收入群体产生影响。而中国有句俗话叫做“谷贱伤农”，粮价太低，又会影响农民的收入，不利于农民增收，进而会影响农民发展粮食生产的积极性，甚至影响到粮食的持续稳定发展。所以在“高价”与“低价”之间，如何找到一个恰当的平衡点，对于保持国民经济平稳运行，保持粮食稳定发展都十分关键，可谓举足轻重。那么我们该如何恰当地权衡利弊，建立合理的粮价调控机制呢？我们认为应从以下角度考虑：

从定价的标准上看，我们应该更多地由市场机制来决定粮价，由市场机制为主导，政府调控为辅。我们不应该动辄对粮食价格上涨进行“不假思索”的政府调控。或许很多地方政府对粮食价格进行宏观调控的政策含义通常简单地理解为：采用各种手段抑制粮价上涨。其实，粮食等农产品价格的上涨，从经济学角度看，属于通货膨胀下补涨和比价复归的自然过程。当粮食之外的所有商品价格都发生大幅度增长，单纯控制或靠补贴方式抑制粮价上涨，不仅会打击农民种粮和出售商品粮的积极性，而且可能导致不合理现象，包括粮食走私增多、促进对粮食的不合理加工和转换、粮食消费的浪费等。我们应该明确的是，粮食本质上除了满足生存需要之外，其本质核心是“商品”。如果粮食价格的变化幅度不至于影响群众的生存问题时，那么粮食这一“商品”在流通过程中，市场供应量与需求量的辩证关系，或许就是最合理的调整标准。

另外，政府在建立粮价机制的过程中，应该尽量与国际接轨，参照国际市场价格，采用适当的幅度提高粮食收购价格，调动农民种粮的积极性。同时政府财政预算中应加大对农业的补贴力度。由于目前国内的 CPI 增长幅度高企，许多农资纷纷大幅涨价，我们只有将粮食补贴的增幅调整到与农资涨价同步或者高于农资涨价的水平，农民才会有增产的积极性。促进农产品生产的目标才不至于流于形式。

近年来，国内外的严峻形势已深刻表明，国内外对于粮食的需求都在日益增长。比如人口的增加还在持续；随着人们生活水平的提高，膳食结构的变化，肉类消费比重越来越高，由此带来饲料需求的持续增长；随着城市化的推进，农业人口的流失，众多农民从粮食的“生产者”变成粮食的“消费者”；甚至粮食目前是在与能源、与城市争夺有限的土地资源，这些现状几乎都是不可逆转的趋势。在现实面前，建立合理的粮价调控机制，引导“生产者”和“消费者”的行为模式，将决定了我们能否更好地应对未来的挑战。

☆ 范文评析

从这份申论试卷可以得知：申论考试是由两部分构成的，首先是就所给材料回答所提出的问题，其次是依据所给材料，按要求进行写作。依据近几年申论写

作的参考答案和考生的实际操作来看：选择“提出问题、分析问题、解决问题模式”、“总论、分论、结论”两种结构模式皆可。上述范文即采用的“总论、分论、结论”这种结构模式。1～2段为总论，提出粮食调控机制建立的问题；3～4段为分论，论述粮食调控机制建立的措施；5段为结论，强调粮食调控机制建立的重要性。

2009年的国家公务员考试其实围绕的是胡锦涛总书记到河南、安徽考察这个热点新闻展开的。究竟我们应该写“粮价调整”问题还是“产业结构调整”问题？其实从总体上看，我们应该是围绕题目要求去思考。一方面，题目中“胡锦涛总书记到河南、安徽考察”，而材料中“材料一”就提到这个问题。胡锦涛总书记在河南郑州谈的是工业问题，其中涉及品牌构建和自主创新等问题，所以我们认为考生从“自主创新”（或“产业结构调整”）这个角度切入，其实是符合题意的。而另一方面，胡锦涛总书记在河南焦作市谈的是农业问题，其中涉及粮食价格的问题，所以考生从“粮价调整”这个角度切入，其实也是符合题意的。

（四）申论试题论证过程

1. 内容设计

设计原理：申论是公开的、公正的、客观的人才录用方法，内容和测评都体现了人才考核的基本设计要求和设计思路。这种方法可以有效地测试考生的基础知识、专业知识、管理知识、相关的知识，以及综合分析能力、文章表达能力等素质和能力要素。

1）基本内容

首先在试卷上给定的一篇（或一组）1500～7000字的资料，要求应试者在认真阅读所给资料的基础上，理解给定资料所反映的事件（或案例、或社会现象）的性质和本质，然后按要求答题。

2）答题形式

(1) 仔细、认真地阅读背景资料，经过整理、分析、归纳后，准确地用简明扼要的文字概括出给定整理所反映的主要问题（一般要求在150字以内）。

(2) 针对主要问题提出解决的对策和可行性方案（一般要求在350字以内）。

(3) 在完成上述两项程序的基础上，紧紧扣住给定资料及其反映的主要问题，申明、阐述、论证应试者对问题的基本的看法和解决问题的方法（一般要求1200字左右）。

2. 论证方法

《申论》的论证方法主要有联想法、分类法、层递法、阐述法和反弹琵琶法等。下面具体谈谈下列几种常用的论证方法。

1）联想法

有些事物，孤立去谈，易平淡、枯燥，如果展开联想，由这个事物联想到与之相关的另一个事物，在它们的相互联系中，去突出事物的特征，发觉事物的本质，这样不仅可以使议论更深入，而且可以使思路变得活泼而开阔。除了古今联想外，还可以进行类似联想（有相似的特点或本质）、对比联想（有相反的性质）、因果联想、连锁联想等。

但是《申论》写作追求的是真实，所以，不能像文学创作那样随意去想象。

2）分类法

看到比较抽象的论题，笼统地谈，议论就很难展开。这时候我们可以考虑将所要讨论的事物一一分类。比如对“友谊”一词，我们并不陌生，但难以深层论述。这时，我们可将不同类型的友谊一一分类，这样就打开了思路。友谊，按不同的时代，可以分成“伯牙摔琴”、“桃园结义”式的反映封建伦理道德的友谊，“基督-博爱”式的资本主义社会中的友谊，以马克思和恩格斯为典范的无产阶级的革命友谊。按不同的目的，可以分成为了一个人或几个人的利益而建立的友谊，为了国家、民族的利益而产生的友谊。按不同的性质，可以分成在共同的奋斗中互相深刻了解建立起来的友谊；在一起吃喝玩乐中、互相吹吹拍拍中建立起来的“友谊”。按不同的内容，又可以分成，在你工作遭受挫折时给你帮助、生活遇到烦恼时给你安抚的友谊；在你一帆风顺时给你捧场，在你自鸣得意时为你叫好的“友谊”；“患难相共、生死相托”的友谊；“利则相攘（偷窃）、患则相倾（坑害）”的友谊；君子之间“淡淡如水”的友谊；小人之间“甘言如饴”的“友谊”……

有了分类，可供议论的内容一下子变得丰富多了。分类，不仅打开了你的思路，而且使你看到了问题的更深层次的东西。由此看出，分类法是从各个不同角度来发掘事物的性质，把那些抽象论题具体化的一种方法。

3）层递法

层递法是一种把论题加上其他成分，进行变形思考的方法。有些概念比较抽象，如果只是就这个概念来谈就很容易使议论空泛、不深入。这时候，可以考虑采用“层递”的方法。缩小议论，使文章层层深入。

层递法可以分两种方式：一种是增加定语，随着论题不断增加定语，文章的思路便不断向前发展，议论的范围就不断集中到更小的范围之内。比如《谈奋斗》这

样一个题目，第一层次可以泛谈“奋斗”；第二层增加成分，谈“青年的奋斗”，第三次继续增加成分，谈“21世纪中国青年的奋斗”；另外一种是扩展论题内容，把一个抽象的论题具体化，从而使文章的思路更开阔、论述更全面。比如谈《论学习》这个题目，就可以首先谈“学习的目的”；其次谈“学习的兴趣”；再次谈“学习的规律”；最后谈“学习的方法”等。

注意使用层递法时，第一种情况不要出现论点转移，第二种情况增加成分以后的概念只能作为分论点，不要造成论点不集中的情况。

4）阐述法

阐述法，即在论证的过程中对论据进行阐明、解释、把论据中蕴含的借以证明论点的内容揭示得更加鲜明、更充分。可以借助于这一方法打开思路。例如，邓拓的《不要秘诀的秘诀》中曾引用南宋陈善在《扪虱新话》中的一段话来论证读书不能求助于“秘诀”，而须自己下工夫：“读书须知出入法。始当求所以如，终当求所以出。见得亲切，此是入书法；用得透脱，此是出书法。盖不能入得书，则不知古人用心处；不能出得书，则又死在言下。惟知出知入，得尽读书之法也。”接着作者作了如下阐释：“用现在的眼光读这段文字，也许觉得他的见解很平常。然而，我们知道，陈善是南宋淳熙年间人，即公元12世纪后半期的人。在那个时候他就能够提出这样鲜明的主张，也算是难能可贵。他主张要读活书而不要读死书，就是说要知入知出；要体会古人著作的精神和实质而不要死背一些字句，就是说要体会古人用心处而不可死在言下。不但这样，他还反对为读书而读书的倾向。他主张读书要求实际运用，并且要用得灵活，即所谓‘透脱’。他的这些主张，还是值得推荐的。”

5）反弹琵琶法

对于有些似成定论的问题，如果仔细分析一下，就会发现未必恰当。这就需要我们拿出破旧立新的气魄，推翻传统的看法，提出新的见解。这种逆向思维推出新意的方法，称之为“反弹琵琶法”，它可以打破陈旧观念，使新的观念出台。

比如，“近朱者赤，近墨者黑”是千百年来流传至今的名言，似乎是不可以移易的真理，仔细研究一下就会发现，这个观点意在强调环境对人的影响作用，但外因总是要通过内因而起作用的，因此在一定的条件下这句话是不对的，是有一定局限性的。这样我们就可以写出《近墨者未必黑》这样的文章，来阐明我们的观点：每个人都应该加强自身修养，做到出淤泥而不染，濯清涟而不妖。

不过大家在运用反弹琵琶法时，要注意不能刻意地标新立异而没有事实根据，那样就不是思路的创新，而成为哗众取宠了。

3. 论证的四个主要环节

(1) 阅读资料。这是最基础的环节，只有认真地读懂读通全部资料，才能把握资料所反映的事件的性质。在阅读申论材料时，如果我们能够事先清楚资料本身反映情况的性质，我们在申论考试中就占有了很大的优势。在历年研究的基础上，我们总结锤炼出阅读资料的内在表现三大类型：一是问题型；二是成就型；三是混杂型。

(2) 概括主题。概括出资料所反映的主要问题。

(3) 提出对策。针对主要问题，就资料所涉及的范围和条件，提出切实可行的解决问题的对策和方案。提出对策是申论考试的关键环节，重点考查考生的思维开阔程度、探索创新意识、应变和解决问题的能力。它给考生提供了充分发挥的自由空间，考生可以根据各自的知识、阅历、抒发见解。注意必须结合给定资料所涉及的范围和条件，才可能提出切实可行的对策和方案。

(4) 进行论证，就给定的资料所反映的主要问题，用1000字左右的篇幅，自拟标题进行论述。要求中心明确、内容充实、论述深刻、有说服力。可以说，这才算是申论的真正开始。它要求应试者充分利用给定资料，切中主要问题，全面阐明、论证自己对给定资料所反映的主要问题的基本看法以及解决问题的方案。

(五) 申论考试的发展趋势

《2009年国家公务员考试申论大纲》指出："申论材料通常涉及某一个或某几个特定的社会问题或社会现象"，其中的"某一个或某几个"指明了申论材料内容的复杂性。从历年来申论取材的主题变迁看，2001年是"PPA事件"，2002年是网络给社会生活带来的影响，2003年是有关安全生产与伤亡事故问题，2004年是我国汽车工业的发展及城市交通问题，2005年是"三农"中的扶贫、维权问题，2006年是突发性公共事件应对，2007年是国土资源的开发与保护，2009年是自主创新问题、粮食问题，这些社会热点。在材料主中心确定的情况下，2003年以前的材料是一中心模式，围绕一个特定的社会问题组织材料，便于考生阅读与分析。从2004年开始，申论材料的一中心模式未变，但在选材上从更多的社会问题或社会现象、从不同侧面形成了多个分中心，要求考生从不同的分中心来把握、概括主中心。由此带来第一个变化就是，材料字数逐年增加。从2001年的1574字，逐年增加至2007年的6756字，在考试时间长度不变的情况下，增大了考生的阅读难度和信息捕捉难度。第二个是理解分析难度加大。阅读量的膨胀背后是信息的杂糅和对主旨的干扰。而这正体现了当今信息时代对行政工作的新要求。所以，今后的申论命题会继续体现

并强化这个思想。要求考生用联系的观点来整体把握材料，在此基础上进行强归纳、精概括，抓住主要问题。

2008年，中央、国家公务员录用考试试题围绕怒江水坝的修建问题组织材料和设计问题，紧密结合申论考试大纲，紧扣社会焦点。一般情况下申论考热点，不管是热点问题或者是热点现象，总之，申论考的是热点。这样的回答不能说是错的，但又不完全对。这是因为申论考热点的背后，是要求考生对党和国家的路线、方针、政策的理解。这可以说是整个申论考试的核心内容，因为只有了解并能够正确理解党和国家的相关的路线、方针、政策才能较好地回答申论考试所设计的相关问题。这也就是说热点问题或现象要靠正确的理论来回答。

那么申论考试的正确理论从哪里来？一句话，从党和国家的相关文件中来，如党的报告、政府工作报告、党和政府对相关问题的批示等。2008年申论考试所涉及的材料也深刻反映了这一特点。本次考试试题实际上是考察考生对党的十七大报告中有关科学发展观的理解。胡锦涛总书记对科学发展观作出了完整的表述：科学发展观，第一要义是发展，核心是以人为本，基本要求是全面协调可持续，根本方法是统筹兼顾。2008年中央、国家公务员考试试题材料涉及的怒江水坝的修建，这体现了党的科学发展观这一命题。如要解决怒江州人民的贫困问题，只能靠发展。邓小平同志指出，发展才是硬道理，中国解决一切问题的关键都要靠自己的发展。修水坝是解决当地居民生活的一条切实可行的途径。但发展还必须是以人为本，即发展为了谁，发展依靠谁，发展的成果由谁享有。以人为本的科学发展观，必须体现发展为了人民、发展依靠人民、发展的成果由人民共享。而且，在发展过程中要充分考虑到经济、社会、资源、环境、人类自然文化遗产等全面协调可持续的发展，需要相关部门的统筹兼顾。

根据2010年中央、国家公务员录用考试试题，还透露出一个更重要的信息，也可以说未来公务员考试的一个趋势：就是要求考生对申论材料的分析越来越深刻。从2000年至今，申论考试越来越成熟，要求越来越高。这一方面是考试本身的要求，另一方面是公务员本身职位的要求。以2010年的考试为例，说明申论考试不回避热点，而且深入政府相关职能部门的决策、论证过程。这对考生的要求很高，要能够以特定的公务员身份，分析这些问题。

总之，未来中央、国家公务员录用申论考试有一个更加明确的信号，就是要求考生能深刻理解党的路线、方针、政策，而且要做到正确理解，来解读当下的热点问题。

二、学术论文

1. 一般通用论文的格式

一般通用论文，指的是没有严格按照国家制定的编写格式要求而撰写的论文，但这类论文的格式符合现行通用论文的格式要求。

这类论文的格式及内容要求有以下五点。

1）标题

标题位于首页居中位置，论文标题可用正、副标题，文中可设小标题。标题的内容有三种情况：一是标题明确显示论文的研究课题，使读者对论文的基本内容有所了解。如《幼儿园综合课程的概念辨析》、《全语言教学思潮及其对我国幼儿语言教学的启示》。二是标题明确概括了论文的中心观点，即研究结论，使读者对作者的观点一目了然。如《转变学前教育策略，培养幼儿创造精神》。三是标题显示出研究方法或论文类型。如《对一个有社会退缩行为的小孩的观察记录》、《幼儿园双语教育的实践研究》。第一篇作者采用个别观察的研究方法，第二篇用实验的方法对幼儿进行双语教学，是篇实验研究报告。

2）绪论

绪论用论文的首段或前几段表达，“绪论”二字不在文中出现。绪论的内容主要包括：提出中心论点；阐释论题所涉及的概念；说明所选论题的缘由和研究背景，交代写作动机和写作目的，论题的价值和意义。如《试论儿童抽象思维在美术活动中的表现和发展》的绪论（原文第一段）：

当今儿童美术教育活动中，在强调重视儿童形象思维发展时，却忽视了儿童抽象思维的培养，似乎儿童美术教育只与想象、感知、形象思维有关，而与抽象思维无缘。其实，尽管儿童期抽象思维能力有限，分析、综合、概括的水平不高，可能只能达到简单、浅显的逻辑思维程度，但它也是儿童思维发展特点的重要组成部分，也是教育的依据和内容。因此，本文拟初步探讨儿童抽象思维在美术活动中的表现和发展，恳望专家和同仁予以斧正。

在这段文字中，作者首先提出问题，阐明研究问题的缘由和背景，点出论文的写作动机和目的。值得注意的是，作者仅用三句话，便完成了绪论部分的写作，体现了论文紧扣论题、言简意赅的特点。

3）本论

本论是全文的主体部分，由多层次段落表达，层次段落用一、（一）、1.、（1）四级序码标示。本论部分注意层次段落的过渡自然衔接、论证的逻辑贯通、结构的

严谨。

4）结论

结论是对全文的结束，其内容包括：归纳总论点；反复强调中心论点；说明有待研究的问题。

5）注释与参考文献

现今不少人文科学的杂志，也仿效自然科学的做法，要求作者在注释之外，另加上参考文献，但各个杂志的要求不统一，作者的理解也不一致，这就造成了现在各行其是的局面。但却可以简单理解为：如果文章中引用了别人的材料或观点，于文内、文外标示出来，这就是注释。至于参考文献，应该是较为权威的著作或极为分量的文献标示在文尾。

有关注释与参考文献的详解，请参见毕业论文设计中“8. 注释与参考文献”一小节。

2. 学术论文的文面格式

中华人民共和国制定的国家标准《科学技术报告、学位论文和学术论文的编写格式》，规定为前置部分、主体部分、附录部分、结尾部分四大部分，具体编写格式如下：

封面、封二（学术论文不必要）；

题名页；

序或前言（必要时）；

摘要；

前置部分关键词；

外文摘要及关键词（必要时）；

目次页（必要时）；

插图和附表清单（必要时，符号、标志、缩略语、首字母缩写、单位、术语、名词等）；

正文。

3. 学术论文的写作要求

学术论文的写作要求，由学术论文的特点而定。学术论文的写作要求主要体现在两个方面：科学性和创见性。

1）科学性

学术论文的写作目的，在于揭示事物的本质及其发展规律，并以具有普遍意义的科学结论或理论表述出来，它是学术研究的结晶，是对某一学科领域的科学规律的揭示。这就决定了学术论文必须具有科学性。

科学性在学术研究过程中主要体现为研究态度、研究方法的科学性，即以实事求是的科学态度、严谨的学风、严密的方法进行研究，运用马列主义的立场、观点，用辩证唯物主义和历史唯物主义进行科学探索。在撰写论文过程中，科学性体现为思维方式的逻辑性。“撰写论文，第一也是最重要的一点，就是要运用逻辑思维，如果没有科学头脑，就写不出科学论文。所谓科学头脑，也就是逻辑的头脑。”① 在论文的内容中，科学性体现为正确的论点、明确的概念、确凿充分的论据、严密的推理，精确、庄重的语言。

2）创见性

创见性是学术论文写作的基本要求，它指的是作者在论文中要有自己独特的发现或独到的见解，在专业领域中的新的创造和新的见解。这些创造、发现和见解不是重复别人的结论，更不是对别人成果的剽窃。学术论文的创见性表现为以下三点。

（1）利用已有的理论和方法解决本专业领域内有理论意义或实际意义的问题，进行了理论分析和实验研究，得出了新的结果。

（2）将其他学科领域中的理论或方法引入本学科，解决了本学科中有意义的问题，并有实际意义。

（3）采用新的实验方法和测试手段，获得了有意义的实验结果。

学术论文的创见性表现在论文中表达的科研成果上。从上述文字中，我们可以将科研成果的创见性归纳如下：①通过自己的发现和发明活动，填补了某个方面空白的新发现、新发明、新理论；②在原有研究的基础上，继承原有的研究，并发现其不足，进而对原研究发展、完善，甚至创新。或者在对原有资料的综合过程中，发现问题、提出问题，进而创造性地解决问题。或者推翻前人的定论，提出新的见解。

在学术研究中，对别人的观点有不同见解，经过认真的思辨，积极参与争鸣，提出自己的独立见解和立论根据。

☆ 一般学术论文范文

《山海经》至上之神——帝俊

××大学 ×××

帝俊，他是《山海经》至上之神，他亦是巴蜀的创世之神，所以，先秦两汉中原文献无征。影响所及楚地，有待地下考古来佐证。

---

① 王力：《谈谈写论文》，北京大学出版社，1981年。

郭璞最早认为帝俊就是帝舜，此后又有人认为是帝喾、太昊，而王国维还用一个甲骨文字来作证。可在《山海经》中帝俊、太昊、帝喾、帝舜这四位古帝王是各不相谋的，强行把他们拉扯在一起，未免不符合《山海经》所叙内容。究其根源，这些看法，不过是司马迁为黄帝编造的一姓家天下（家谱）的余绪罢了。帝俊在《山海经》中出现的次数比黄帝还多，比黄帝的创世功能更大，他与黄帝同时代，可能是还比黄帝更早的一位巴蜀古帝王。当然，绝不可能是黄帝的后裔。

一、巴蜀创世之神

帝俊的事迹既不为先秦中原正史所载，也不为诸子所传，只见于《山海经》之中，尤其集中反映在《大荒》、《海内》两经之中。究其神系渊源与脉络，显然不属于楚地炎帝世系，也不隶属于中原黄帝世系，是与炎、黄两大神系并存的巴蜀第三神系。帝俊不仅是《山海经》中的至上之神，而且还是巴蜀创世之神（四鸟）。帝俊有两个妻子，一个名叫羲和，住在东方海外的甘渊，生了十个太阳（金乌）；另一个名叫常羲，住在西方的荒野，生了十二个月亮。他还有一个名叫娥皇的妻子，住在南方荒野，生了三身国的先祖。这位先祖一个头三条身子，传下来的子孙也都是这般模样。帝俊时常从天上降下来，和下方一些面对面翩跹舞蹈的五彩鸟交朋友；下方帝俊的两座祭坛，就是由这些五彩鸟管理的。在北方的荒野，有一座帝俊的竹林，斩下竹的一节，剖开来就可以做船。尧的时候，十日并出，帝俊曾经赐给羿红色的弓，白色的箭，叫他到下方去拯救人民的困苦。

秦汉时代，巴蜀已经融入华夏，成为汉族的一支重要来源，正是这样，伴随种族和语言的消亡，上古巴蜀神话由此得到了进一步发展演变，帝俊又化身为传说中人间的两个帝王，一个是帝喾高辛氏，另一个是帝舜，他们都是半人半神的英雄，他们都有各自的神话传说流传下来。因而，巴蜀的创世之神帝俊居然成了黄帝的后裔。

帝俊作为巴蜀的创世之神，在《山海经》中记载他的后裔之国有六：中容、司幽、白民、黑齿、三身、季厘等。《山海经·大荒东经》曰："东荒之中，有山名曰壑明俊疾，日月所出。有中容之国。"[1](357)《大荒东经》曰："有中容之国。帝俊生中容，中容人食兽、木实，使四鸟：豹、虎、熊、罴。"[1](244～345)帝俊之后裔，多有"使四鸟：豹、虎、熊、罴"的记载，根据这一标志，还可以联想到经中所记载的玄股、长肱、先民、毛民、蔿国、叔歜、北齐等国。除北齐外，其他皆为西南、西北民族的祖先。作为巴蜀之创世神来说，他就远胜于其他诸帝。

下列巴蜀创世之神帝俊（从原始到分离）之神谱：

帝俊（Jùn）	羲和，帝俊之妻，生十位太阳神	帝舜，是从帝俊的神格中分离出来的神
	常羲，帝俊之妻，生十二位月亮神	帝俊化身帝喾，常仪就是常羲。姜嫄、简狄、庆都、常仪是帝喾的妻子
	娥皇，帝俊之妻，生少昊	太昊，即帝喾，亦是从帝俊的神格中分离出来的神

《山海经》并非出自一时、一人之手，所以，内容不仅重复杂沓，而且踳骏不伦。对比帝

俊与“帝”，相重叙者大约七事，列表如下[2]：

类别	帝	帝喾
祭坛	帝台，帝下两坛	俊坛
后裔	帝念毛民，潜为之国	毛民使四鸟
农业	叔均为田祖	叔均是始作牛耕
交通	帝令竖亥步	番禺为舟，吉光为车
除害	帝置旱魃于赤水之北	羿恤下民之百艰
司夜	二八为帝司夜	晏龙生司幽
开辟	帝令重与黎开天地	帝俊生日月

从上表中可以看出：巴蜀创世之神帝俊，他就是《山海经》中至上之神。秦汉以后，巴蜀创世之神帝俊，为迎合司马迁编造的黄帝家谱，他被“中原中心论者”移到了当时的黄河下游之山东，帝俊就变成了太昊。在魏晋乱与篡的时代，“巴蜀禁区”早已不存在了，中原文人希望天下统一、安定，于是把《山海经》中的至上之神帝俊挪来附会帝喾、帝舜。在《山海经》中帝俊原本与黄帝各不相谋的，此时竟变成了黄帝的后裔。虽然，顺应了天地人心，却背离了上古历史。

二、巴蜀自然之神

帝俊既是巴蜀创世之神又是巴蜀自然之神——“四鸟”。《山海经·大荒西经》曰：“西海陼中，有神，人面鸟身，珥两青蛇，践两赤蛇，名曰弇兹。”[1](401)“西海”，即蜀伏（汶）山之下的内陆海。“鸟”字在经中出现204次，并作部首，是经中出现频率最高的字之一。广汉三星堆出土全世界最大（底座高80厘米，人像高172厘米，冠高10厘米，人像及底座通高2.62米）一尊鸟足带冠青铜立人像，它应该是上古蜀人崇拜鸟的象征，鸟身上高扬着人首，整体造型神灵诡异，寓意深不可测。因为鸟能够腾空飞翔，它便成为人与神相沟通的使者。当代著名学者龙晦先生认为，凸目面具代表的是鸟的形象。古蜀人相信他们的图腾祖先与鸟有关，纵目面具实际上也应是人鸟合体的一种正式表现形式。这尊世界上最大的青铜立人像，上古蜀人命名为“四鸟”，因为，它原本就是上古蜀人的创世之神帝俊的化身，抑或具象化。古代文献记载：鸟，原本就是柏濩、鱼凫、杜宇三代蜀王的名讳，并把鸟作为部落图腾。鸟又作为古蜀族的自然崇拜、神灵崇拜、祖先崇拜之物，反映了古蜀人渴求能像鸟一样，在天地之间自由飞翔而升华。

《山海经》中的太阳就是鸟，太阳神也是鸟。“羲和浴日”所讲的就是太阳的母亲帝俊之妻羲和为她的十个太阳儿子沛浴的故事。《山海经·大荒南经》曰：“东南海之外，甘水之间，有羲和之国，有女子名曰羲和，方日浴于甘渊。羲和者，帝俊之妻，生十日。”[1](381)帝俊之妻常羲亦“浴月”，《山海经·大荒南经》曰：“有女子方浴月。帝俊妻常羲，生月十有二，此始浴之。”[1](404)羲和、常羲原本是古蜀的两个小部落，帝俊娶这两部落首领的女儿为他掌管天文，因

那时尚无姓氏，只有跟国而姓，所以称羲和、常羲。“金乌西坠，玉兔东升”，“金乌”就是太阳。三星堆遗址共出土6株青铜树，修复后的一株大青铜神树高达3.96米，上端已残损，上有枝、叶、花果，枝间和枝头立有九鸟，挂有龙、刀、剑等物，与《山海经》所记建木、若木形象十分相似。青铜树实际上是羲和、常羲设置在“石阵”——天文观测站中的坐标。文献记载成都平原上的“石阵”，正是古巴蜀人按照《山海经》中的山系建立的天文观察站！因此，“石阵”就是《山海经》中山系之日出日落具体山峰的浓缩图，从地球绕日自转的黄道与赤道交角之变化，推演夏、冬之交替。《海内经》云：“有九丘，以水络之：名曰陶唐之丘、有叔得之丘、孟盈之丘、昆吾之丘、黑白之丘、赤望之丘、参卫之丘、武夫之丘、神民之丘。有木，青叶紫茎，玄华黄实，百仞无枝，有九欘，下有九枸，其实如麻，其叶如芒。大暤爰过，黄帝所为。”[1](445)这山环水绕之势的九丘，就是上古蜀人以九位古帝王命名的观测天文的九大石柱。古蜀人不仅引水环绕石阵，而且石阵之中心还置有青铜神树，以树为坐标，枝上之鸟为准星测定方位。

金沙遗址出土的“太阳神鸟”中的4只逆向飞行的鸟，与《山海经》记载的“使四鸟”和“金乌负日”的神话传说以及太阳神鸟和太阳神的崇拜有关。这和三星堆文化中的“崇鸟崇日”习俗是一脉相承的。三星堆遗址出土的考古材料中的众多“青铜鸟”、“圆日形器”和有着10只鸟的“青铜神树”，以及《山海经》等文献记载中的“十日神话”的传说等，无不说明了上古蜀人就是“崇鸟崇日”的民族。

上古时代的成都平原，正如同汉代中原人淮南王刘安所说的：“昆仑之丘，或上倍之，是谓凉风之山，登之不死。或上倍之，是谓悬圃，登之乃灵，能使风雨。或上倍之，乃维上天，登之乃神，是谓太帝之居。扶木在阳州，日之所曊。建木在都广，众帝所自上下，日中无景，呼而无响，盖天地之中也。”[3](548~545)刘安所说的“太帝”，即《山海经》中的至上之神帝俊，帝俊又是巴蜀自然之神。把这一段与《山海经》的叙述对照起来看：讲的就是太阳运行的一种自然规律。《山海经·海内经》说：“西南黑水之间，有都广之野，后稷葬焉。爰有膏菽、膏稻、膏黍、膏稷，百谷自生，冬夏播琴。鸾鸟自歌，凤鸟自舞，灵兽实华，草木所聚。爰有百兽，相群爰处。此草也，冬夏不死。”[1](448)郭璞注云：“其城方三百里，盖天地之中，素女所出也。”建木，“正立无影，疾呼无响”，这应是鱼凫王都城——三星堆遗址出土的通天树的化身。都广之野在北纬31°，虽不会出现阳光垂直照射现象，然而，古今黄赤交角却不同。“太阳系九大行星自转轴倾角有相当的离散性，一般认为系行星形成晚期受到不规则的大星子撞击的结果。近年科学家根据地质时期的生物分布，推测在地球形成以后，地轴倾角仍发生过多次大的变化。”[4](361)也就是说：帝俊与他的两位妻子羲和、常羲一起在这“日中无景，呼而无响”，“天地之中”的都广之野的“石阵”——天文观测站里，以凭青铜树为坐标来观测天地的。

三、巴蜀文化之神

巴蜀创世之神帝俊对于文明的贡献，编译者集中书于专记上古蜀人历史文化之《海内经》里，兹罗列如下：

帝俊生禺号，禺号生淫梁，淫梁生番禺，是始为舟。

番禺生奚仲，奚仲生吉光，吉光是始以木为车。

少暤生般，般是始为弓矢。

帝俊赐羿彤弓素矰，以扶下国，羿是始去恤下地之百艰。

帝俊生晏龙，晏龙是为琴瑟。帝俊有子八人，是始为歌舞。

帝俊生三身，三身生义均，义均是始为巧倕，是始作下民百巧。

后稷是播百谷。稷之孙曰叔均，是始作牛耕。

上文已叙，商王朝战胜夏王朝之后，对夏遗民（羌族）进行了疯狂的镇压，而殃及到巴蜀。周王朝发祥于西北岐山下，与蜀人有亲缘关系。可周王朝的文化却掌握在中原文人手中的，加之中原诸侯与巴蜀没有直接的关系，从他们的那种优越感出发，必然会对蜀人采取排斥、贬抑态度，最明显的就是从孔子开始，逐渐在中原文化领域内形成了一股“巴蜀”禁区之社会心理。帝俊作为《山海经》的主神，早在夏之初已经由禹、益带到了中原。由于帝俊作为上古巴蜀文化之神，他和他的后裔原本就是上古巴蜀文明的创造发明者，而且，他的两位妻子羲和、常羲又是上古巴蜀的天文学家，却与中原部落没有发生直接的联系，所以，先秦中原文献是绝不会记载他们的功绩的。唯有常羲、羲和在巴蜀创立的天文制度，在夏之初已初具规模，并借用常羲、羲和这两位巴蜀天文学家作为夏王朝掌管天文的官职。商、周两朝皆承袭了下来，并有其补充与发展。其纪年法，称之为“夏历”（沿传至今）。所以，中原文献《尚书》中便有天文官职常羲、羲和的记载，但却与帝俊的两位妻子常羲、羲和早已是毫不相干的了。

参考文献

［1］袁珂．山海经校注［M］．上海：上海古籍出版社，1980.

［2］李川．〈山海经〉神话记录系统性之研究．广西师范大学硕士学位论文，2003.

［3］（汉）高诱注．淮南鸿烈解［M］．文渊阁四库全书［M］．台北：台湾商务印书馆，1986.

［4］山海经新探［M］．成都：四川社会科学出版社，1986.1.

☆ 范文评析

此文第一、第二自然段为诸论，开篇直接提出了本文的中心论点：即帝俊是《山海经》中的至上之神。接下来就是本论和结论，本论言之有理，持之有据。最后再次强调了中心论点，使本文首尾照应，结构紧凑。

✼ 训练与实践

1. 谈谈你对大学生的科学精神的认识。

2. 简述实验报告的写作顺序。

3. 简论毕业论文的写作结构模式。

4. 简论申论写作中的论证方法。

5. 根据你自己对家乡工农业生产情况的了解，以及从其他渠道获得的二手资料，参考下列提供的文字，写一篇大学生创业规划书。

受全球金融危机的影响，我国高校毕业生的就业形势越发显得突出与紧迫，出路何在？大学生就业难是诸多因素共同作用的结果。在政府方面，存在着人事、户籍等管理制度和社会保障制度不完善的地方；在企业方面，存在着买方市场苛求人才、性别歧视、学校歧视等现象；在市场方面，存在就业信息流通不畅、数字化信息平台不到位的现象；在高校方面，存在着专业设置不合理导致的结构性失业问题；在家庭方面，存在着大机关、铁饭碗等传统观念的束缚；在学生自身方面，存在着自我定位不清、就业观念淡薄等现象。然而，不论是国家宏观政策与体制的限制，还是就业市场的用人导向，核心因素还是在于大学生的综合素质，在于自身品格和人文素养的全面提升。

所以，通过教学，使学生了解自主创业的含义，了解国家鼓励大学生自主创业的政策，了解自主创业必备的基本素质、能力和条件，重点使学生明确大学生自主创业的作用和意义，注重自主创业意识的树立和培养，掌握自主创业的程序，创办企业所需条件，创办企业程序等。

6. 依据下列三段文献，自拟标题，写一篇800字的一般学术文章。

罗泌《路史》："包羲（伏羲氏）亦号天皇，人帝皇雄氏，苍精之君也。母华胥居于华胥之渚。"下注云："记云所都国有华胥之渊，盖因华胥居之而名，乃阆中渝水（四川省阆中嘉陵江）之地。予年以华胥为九江神女诬。"

赵晔《吴越春秋·无余外传》："禹家于西羌，地曰石纽，石纽在蜀西川（今四川省北川县）也。"

马骕《绎史》卷十一注引《遁甲开山图》记载："古有大禹，女娲十九代孙。"